台湾拓殖株式会社の東台湾経営
―国策会社と植民地の改造―

林 玉茹 著
森田 明 訳
朝元照雄 訳

汲古選書 58

台湾拓殖株式会社の東台湾経営
―国策会社と植民地の改造―

Transformation of Colonial Frontier
by National Policy Company:

Operations of Taiwan Development
Corporation in Eastern Taiwan (1937–1945)

この本は私に台拓研究の啓蒙をしてくれた
故人の王　世慶教授に捧げたい。

許所長序

　清代、東台湾は台湾の奥庭であり、日本統治以降も辺地と言える。光緒初年に清代の福建巡撫(じゅんぶ)(知事)の丁日昌は、汕頭(スワトウ)一帯の住民を募集し、移民として東台湾に移住を勧めたが失敗した。日本統治初期、官営および民営の移民開墾を実施したが、成功しなかった。日本統治時代の戦争準備期および戦争時期に国策に合わせて、台東で熱帯農作物を栽培し、花蓮で鉱工業基地を設け、西部の本島人(台湾人)を導入し、綿花、苧麻の栽培のマンパワーの重要源にした。帝国政府から見ると、これは戦時国防資源の開発のために必要とする東台湾開発戦略であり、この経営期間は長くはないが、必要とする機能を発揮することができた。台湾総督府から言えば、国策企業の台湾拓殖株式会社(台拓)を設立し、全面的に日本政府の政策に合わせ、帝国における台湾の役割を発揮したことがその重要な任務である。日本人の東台湾の急速な開発は、果たしてどんな意義があったのか。

　本書は国策企業の台拓が東台湾での経営メカニズム、農林事業、移民事業および投資事業を詳しく分析し、戦時国防資源の緊迫した需要の下で、台湾総督府が如何にして台拓を通じて、従来から植民地辺地の東台湾を積極的に開発し、新興軍需産業の構築を行ったかを指摘した。台拓の東台湾の投資は、この地域が帝国の全体の戦略的配置に一席を占めるようになり、その熱帯栽培の経験を更に一歩進んで華南(中国南部)、南洋に"複製"し、熱帯地域の台湾の日本帝国のなかでの特殊性を反映している。他方、国策企業の台拓の東部経営は、軍国日本経済の統制化、

計画化および工業化に充分に合わせて、戦争および辺地資本主義化、近代経済的連結の過程をあらわしている。戦時東部の産業開発も植民地の飛び地経済および植民地遺産の二重性を持っていた。

　作者の林玉茹副研究員は私の後輩であり、同僚である。この数年来、私と女史との接触は日々多くなり、氏の仕事ぶりは勤勉誠実で責任感があり、効率が極めて高い研究者であり、近年の経済史の研究では優れた成果をあげた。台湾拓殖株式会社の檔案（原始資料ファイル）を利用し、東台湾を研究するほかに、台湾沿海の搶船事件などを研究し、台湾経済社会史の中堅学者と言える。近年、台湾史研究所の研究群関連の業務に協力し、経済史関連の研究評価の上でも多くの精力を注ぎ込んでいて、氏の努力は衆目が認めているところである。

　今日、氏は台拓に関する研究論文を一冊に集成し、これは東台湾の研究の一歩前進だけでなく、台湾史研究所から出版の「研究選書」シリーズの第1号であり、その意義は特別に大きい。私が所長から退任するに際して、この書籍の出版を見ることができ非常に喜んでいる。謹んで序文を寄せたい。

中央研究院台湾史研究所所長

許雪姫

2011年8月11日

日本語版に寄せて

　台南で育った私は、最初に山脈の向こう側の東台湾を知ったのは、1981年に当時の省立台東師範専門学校（現在の台東大学）に進学した時であった。当時、台南から台東に行くには、1930年代の日本植民地時代に完成した南廻道路を利用するしかなかった。若い時の私は初めて山と海が連結した景色を見た。「金馬号」の遠距離公共バスに乗って山と海の間を曲がりくねって走った様子は、今になっても鮮明に覚えている。台東での5年間の勉学の余暇に、ある時には山地の部落、山の間の原野地に遊びに行き、バスの中では常に多くの「特殊」な言語を話し、顔の様子は「特異な」原住民たちが互いに熱情的に暖かく気を配っていた。山と海および原住民に充満した地域は、私にとって熟知する西部の景観とは大きく異なっていた。これは私にとって最初の東部のイメージであった。

　東部での勉学の縁のために、1997年に中央研究院台湾史研究所に入所の後、夏黎明先生と東台湾研究会の誘いに応じて、私は始めて東台湾を主な研究地域にした。東台湾地域は中央山脈と海岸山脈の隔離によって、地理的な位置は孤立していて、長期にわたり清朝によって立ち入りが禁じられ、開発は相当緩慢であった。1874年の牡丹社事件以降、やっと全面的に解禁された。清朝の軍隊による武装植民の主導の下で、後山がやっと積極的な開発段階に移行するようになった。しかし事実上、清帝国の掌握力は部分的な地域に限られていた。日本の植民地統治時代は、今日の東部のイメージを構築する重要な時期である。そのために、清朝から

日本統治時代東台湾における政治経済の様態の変化は、私の主要な関心と課題となった。なぜ東台湾は長期にわたり台湾の辺境地域に位置し、なぜ東台湾の景観は終始西部と大きな相異があるのか、私にとって興味のマトになっていた。

1990年代末期から私は続々といくつかの課題の探究を行い、2007年に研究成果をまとめて、遠流出版社から『植民地の辺区：東台湾の政治経済の発展』（殖民地的辺区：東台湾的政治経済発展）を出版した。他方、1999年以降、国家科学委員会の専門課題計画から2年間の補助（日本の科研費に相当）の下で、私は持続的に「戦時台湾拓殖株式会社の東台湾経営」の研究を行い、2008年に至るまで4編の論文を発表した。1937年の日中戦争の勃発以後、長期にわたり、台湾の政治と経済の辺境に位置する東台湾に大きな変化が起き、台湾総督府が大幅に東部の政策を調整するようになったと、考えていた。戦争時期の東部は、国家の強力な操作の下で、積極的に軍需を準備するようになり、日本帝国の戦略体系の中の一環に組み込まれるようになった。国策会社・台湾拓殖株式会社の東台湾の活動はこの典型であった。台湾総督府によって促進された特殊会社は、基本的には植民地政府の意を受けて、東部で各種の農業開墾、移民および投資事業を展開した。戦時の日本帝国は如何にして緊迫的に植民地を動員し、辺地の東台湾もその中に組み込むようになったのか。戦時の体制は如何にして東台湾に影響を及ぼしたのか、その「遺業」が戦後の東部の重要な地方の景観を変化させた。これらは私の関心の焦点である。

2008年に国家科学委員会の専門著書出版計画の助成を得て、私は台湾拓殖株式会社の関連研究の成果を書籍にまとめるようになった。他方、2000年以降、明清水利史と台湾社会経済史を研究していた森田明教授は常に私と連絡していた。長年にわたり森田先生はご指導とご面倒を見て

くれた。2004年に森田先生の監訳の下で、汲古書院から私の最初の日本語版の著書『台湾史研究入門』が出版された。2009年に森田先生が拙作論文「軍需産業と辺地移民政策の転向：台拓の東台湾の本島人移民事業」を翻訳し、『現代台湾研究』に紹介した。さらに、本書の執筆を知った後に、先生は完成すれば日本語版の翻訳出版を希望すると伝えた。この数年以来、先生の励ましによって、一気にこの著書を完成した。先生は徳望が高く、逆に後輩の私にこのように力を尽くしてくれて、非常に光栄で感激している。謙虚に学び、後進者に世話をすることは私が長年にわたり森田先生との交流の心得であり、模範にし、心に深く刻み込むことにしている。

　この日本語版は森田明教授が九州産業大学の朝元照雄教授を誘い、共同で翻訳したものである。両教授からはこの書籍の翻訳のために、数回にわたり書函の往来交流でも多くの指導を受けた。慎重かつ緻密な翻訳の態度に深い印象を感じている。2人は私の先輩であり、拙作のために力を尽くし、この感謝の意は筆では表現できないものである。そのほかに、現在の学術書籍の出版が困難な状況のなか、汲古書院が特別の配慮によって、この書物を「汲古選書」の1冊に入れられたことにも感謝したい。

　最後に、本書は10年間ぐらいかけて完成したが、依然として未熟であり、私の研究の途上の一作品に過ぎず、漏れや不足の点はやむを得なく、読者からの鞭策を希望したい。

林　玉茹
2011年台南の実家にて

自序：研究への歩み

　私は研究が好きである。常に安心して研究室で読書や自分が興味のある文章を書くことに、大きな幸福を感じている。私の研究はまだまだ未熟であり、果たしてどのくらいの人々が興味を持ってくれるのか、どのくらいの学術的な貢献があるのかを把握することができない。しかし、これも研究の楽しみであり、永遠に自己に対する挑戦である。ドイツ歴史家のランケ（Leopold von Ranke）は九十数歳の晩年になっても大作の歴史書を執筆し続けていた。これは私の憧れであり、研究を一生の志とする所以である。

　台東師専（今の国立台東大学）4年次の頃、小学生時代に戻ることに気がついた。時間があるといつも図書室で読書していた。新知識に対する切望は、ずっと私の生活の中の大きな楽しみであった。若い時の最大の理想は、世界中の書籍を読み終えることであったが、直ちにこれは不可能なことであると気がついた。逆に、知らず知らずに研究への道を歩むことになった。今に至るまで歩んできて、同好者たちと切磋琢磨を行い、学ぶことには限度がないと時々心に虚しさを感じることがある。

　本書は私個人の学位論文の後の1冊目のシステム的な専門書である。私にとっての意義は大変大きく、自らの研究能力に対する新しい挑戦である。修士論文から博士論文に至るまで、私は焦点を清代台湾の港湾史や地域経済史の研究に置き、日本植民地時期の台湾史は不慣れであり、日本語文献の解読も障害があった。「東台湾研究会」に参加し、資料蒐集の機会の下で最初に台湾拓殖株式会社（以下、台拓）の文献と接触した。

自序：研究への歩み

1997年に中央研究院台湾史研究所の職に就いた後、研究の領域を東台湾に移すようになり、これらの文献から日本植民地末期の東台湾の歴史を再構築するように試みることになった。文献から研究のスタートをするには大きなリスクを負うことである。大変幸運にして、2002～2008年に台拓の東台湾の経営を通じて、次第にもう１つの植民地経済史の画像を見ることが出来た。この専門書の執筆は前に書いた４本の論文の研究成果を基礎に、大幅に新たに再編成と修正を加え、以前の学位論文のように一気に書いた執筆の経験とは異なっていた。

研究業績の圧力を受けて、事実上、私の台拓研究は試行錯誤の中でつまずきながら進み、絶えず視野を広げ、まるで１つ１つの高山を登り、ようやく歴史を解釈できる脈絡を掴み、研究の楽しみをちょっと味わうことができた。私個人は依然として満足はしていないが、自らの研究能力の限界を知っていた。しかし、私は常に楽観的に、或いは無邪気に考えた。自らが未熟であると知っていたので、更に研究への道を続けて頑張って邁進することができた。

台拓研究の過程の中で、特に多くの先生、名声の高い研究者、友人たちの協力に感謝したい。まず、趙川明先生、夏黎明先生の紹介に感謝したい。先生たちの紹介によって、日本植民地時期に東台湾で開墾に参加した台拓移民および小作農たちを見つけることができた。このことは私の研究経歴から言えば、まったく新しい経験である。確実に、史料の中に記載された一群の人々と対談し、彼らの顔は今になっても依然として鮮明に私の脳裏に焼き付いている。彼らからは史料以外の多くの物語を教えてもらった。その次に、数年も経ていて、多くの人の名前は憶えていないが、東部の関連の戸籍事務所、地政事務所、国有財産局、台湾歴史博物館および他の部署の職員も私に研究上の多くの便宜を図ってくれ

たことに感謝している。それに、本書は3名の匿名審査人、5名の書籍編集委員および黄富三先生、張隆志、林文凱、曾品滄、洪紹洋などの博士から鋭く、具体的な修正意見を頂き、本書の間違いを減らしてくれた。最後に、特に感謝したいのは許雪姫所長が忙しい中で本書のために序文を書いてくれた。劉鴻徳、張雅恵、陳柏棕、郭立媛、許雅玲、李佩蓁、黄懐賢、楊森豪などは図の作成、編集および校正の上で協力してくれた。

そのほかに近年、森田明教授は私に多くの励ましと支持を与えてくれた。先生の心のこもった気遣いがなかったら、本書の完成はもっと遅延したであろう。先生の極力推薦の下で、九州産業大学の朝元照雄教授が拙書の共同翻訳に参加してくれた。そのために、汲古書院の格別のご厚意によって、「汲古選書」の1冊に入れられた。森田明教授の長年の提携とお世話に感謝したい。そのほかに、台湾拓殖株式会社の文献を始めて発掘した王世慶教授を記念し、本書を今は亡き先生に捧げたい。

林　玉茹

台北宅にて

2011年3月27日

※ 本書（中国語版）は台湾・行政院国家科学委員会の専門書籍執筆計画の補助を受けた。（計画番号：NSC-97-2420-H-001-024-MY2）

目　　次

許所長序 ……………………中央研究院台湾史研究所所長　許雪姫　iii
日本語版に寄せて……………………………………………………… v
自序：研究への歩み………………………………………………… viii

第1章　緒　　論 ……………………………………………………3

第2章　経営系統：特殊な辺地のメカニズム ……………………41

　　　　第1節　府庁の東部経済政策の執行機関 …………………41
　　　　第2節　辺地ランクの組織構成 ……………………………52
　　　　第3節　政府の色彩濃厚な人員構成 ………………………68
　　　　小結 …………………………………………………………78

第3章　土地の開墾と栽培事業：
　　　　国家と企業の共同構築下の農林開発 ……………………93

　　　　第1節　東部の台拓熱帯栽培事業センター ………………95
　　　　第2節　荒野地優先の開墾事業 …………………………107
　　　　第3節　栽培と造林事業の戦略的価値の高まり…………118
　　　　第4節　農業の転換と限界土地の開発……………………127
　　　　小結…………………………………………………………136

第4章　移民事業：軍需産業と移民政策の転換 ………………155

　　　　第1節　東台湾の内地化から軍需産業の開発……………157

　　　　第 2 節　本島人移民事業の経営……………………………167
　　　　第 3 節　移民政策転換後の本島人移民の趨勢………………176
　　　　小結…………………………………………………………196

第 5 章　投資事業：資本主義化と工業化の推進………………219

　　　　第 1 節　台拓の投資事業と東部の投資構造…………………221
　　　　第 2 節　台東庁の熱帯拓殖企業の勃興………………………233
　　　　第 3 節　花蓮港庁の軍需鉱工業企業の発展…………………246
　　　　第 4 節　軍需企業と地域の発展………………………………270
　　　　小結…………………………………………………………278

第 6 章　結　　　論……………………………………………………303

付　録……………………………………………………………………315

　　　付録 1　台拓の東台湾事業の職員の任免………………………315
　　　付録 2　台拓の東台湾の事業地…………………………………322
　　　付録 3　台東出張所職員の経歴…………………………………324
　　　付録 4　花蓮港出張所職員の経歴………………………………326
　　　付録 5　台拓島内の栽培と造林作物成果の変遷………………328
　　　付録 6　東台湾各事業地の栽培項目と数量……………………336
　　　付録 7　台拓の東部熱帯栽培作物の用途と理由………………338
　　　付録 8　台拓による東台湾会社投資の重要理事・監事………341

参考文献…………………………………………………………………343
訳者あとがき……………………………………………………………367
人名地名索引……………………………………………………………369
事項索引…………………………………………………………………373

台湾拓殖株式会社の東台湾経営
―国策会社と植民地の改造―

第1章　緒　　論

(1) 問題提起

　過去の日本統治期の台湾植民地経済史に関する研究の論著は、往々にして台湾を1つの同質の単位として、全体的な観点から台湾がどのように、日本帝国主義の拡大過程のなかで、近代化あるいは従属化されたかを対象としている[1]。矢内原忠雄と涂照彦は、糖業を通じて日本国内の大資本が如何にして台湾に進入し、台湾の日系資本と台湾の地場資本が合併あるいは従属させられたかについて論じている[2]。従属化や帝国主義搾取論の提出に対しては、時代背景として1990年代以来、朝鮮、満州の研究に既に批判が提出されてきた[3]。欧米の発展モデルを法則とする近代化理論は、次第に「植民地近代化」(colonial modernity) 論に取って変わられる趨勢であった[4]。前のこれらの論述は、植民地内部地域の発展の比較に重点を置かず、植民地の未開発地域の特殊性の問題に注目していない。しかし、清代以来の台湾では既に地域的発展のアンバランスが生じており、特に遅く清代末期になってから東台湾地域を開発するようになった。その発展の軌跡は西部と同じように論じられるのか、台湾西部地域の観察と論述に基づいて、東部では成立できるか否か、更に一歩進んで検証する必要がある。

　台湾東部の台東庁（今の台東県）および花蓮港庁（花蓮県）は、中央山脈によって隔てられ、従来から後山と見られていて[5]、日本統治期に

は「東台湾」と呼ばれていた。その地は中央山脈と海岸山脈によって隔離され、交通が不便であり、自然条件も悪く、エスニックグループ（族群）は複雑であったなど、開発が遅れた歴史的脈絡を持っていた。そのために、孤立した歴史的、地理的特徴が形成され[6]、台湾の政治、経済の発展システム上、終始辺地の位置にあり、植民地においても台湾西部とは大きく異なっていた。

施添福は総督府の現地を台湾の日本人の新故郷として造成する出発点としようとする計画によって、東部を「第2の台湾」と呼び、これは移住植民地である。資本型植民地の西部台湾（第1の台湾）や、封鎖型植民地の山地台湾（第3の台湾）とは異なっていた[7]。植民地政府も長期的に東部に対しては、西部とは異なる特殊な地域政策を採用し、独特な辺地統治の経験を展開している[8]。東台湾の企業発展の過程から見ても、植民地経済史上の独特性と辺地の性格を展開している。日本の台湾統治の初期、早熟の帝国主義のために、台湾総督府は各種の政策に入念な策定を行い、日本国内の資本家をスタートしたばかりの台湾での事業投資に誘致する必要があった[9]。こうした状況下では、市場、労働力の不足、交通の不便、それに初期には原住民の抵抗もあった東台湾では、日本の大企業の興味を引き起こすことは困難であった。1930年代以前、東部企業は地場の日本資本が主導していたが、日本国内の大財閥の大挙の進出は、遅く日中戦争時期になってからである[10]。言いかえれば、東部の植民地経済との遭遇は、初めから矢内原忠雄の指摘するように、日本の大企業による一歩一歩「蚕食現象」に直面したのではなく、辺地経済の近代的展開および資本主義化は、明らかに遅く緩慢であった。このように一般的な植民地経済史の命題では、常に植民地辺地を解釈することができなかった。植民地政府の辺地での経営は、日本植民地主義の

第 1 章　緒　　論

別の様相を反映しており、これは検討に値する課題である。

　「辺地」（Frontier）[11]とは、他の地域に対して、相対的に未開発であるとか、発展が遅れている地域を指している。日本統治期、常に後進性、停滞性、未開発性および人口の希少などの辺地のイメージを持って、東部を指していた[12]。昭和12年（1937）の『読売新聞』には、依然として東部は長期にわたり地理的関係のために、ごく小さく、存在しないようであると指摘していた[13]。こうした低開発地域に直面して、国家は大量な基礎建設（インフラ建設）の資金投入が必要であり、コストとリスクは一層高くなり、植民地主義搾取論の観点を完全に適用することができない。事実上、台湾総督府は、投資収益率の植民地統治状態（colonial govern mentality）[14]に基づいて、辺地の東部の積極的開発の是非に対しては、終始躊躇して決まらなかった。大正末期になって、東部開発論が次第に高まり、情勢の転換に及んで、始めて軽視の態度を改め、各種の基礎調査の進行に着手した。1930年代以降、日本帝国主義の拡張に従って、植民地政府の東部政策も積極的に転じた[15]。昭和12年（1937）7月、日中戦争の勃発後、東台湾に新局面をもたらした。10月に総督府は東部資源の開発のために、遂に西部で1920年から実施されている「郡、街、庄」制度[16]を東部にも施行し、大企業が発展するように極力誘引した。特に、昭和11年（1936）11月に設立した国策会社の台湾拓殖株式会社（以下、台拓）は[17]、東台湾での経営の意義が大きく、最も代表的な存在である。

　初期の戦時日本の企業研究については、多くは財閥や軍関係、政府との競合関係に偏重しており、国策会社の役割については比較的少ない[18]。しかし、国策会社は民間企業の財閥とは異なっていて、日本帝国主義の拡張によって国策企業が大量に増加した。いわゆる国策会社とは、単独の特別法に依拠して設立したもので、ある地域内において特定事業を独

占し、特殊な使命を担い、設立時には政府が出資に参与した。政府の支援を受け、株式の配分と社債の発行を行うとともに、政府の統制と監督を受け入れる特殊会社であった[19]。企画院研究会の分類によれば[20]、それには生産力拡充型、統制型、拓殖・開発型、交通・通信型および金融型などの5種類の特殊会社があった[21]。昭和6年（1931）、満州事変の前に日本帝国内に合計19の国策会社があった。そのうち、台湾には2つがあり、1つは明治32年（1899）に設立した台湾銀行で、もう1つは大正8年（1919）に設立した台湾電力株式会社であった[22]。昭和11年（1936）になって、はじめて台拓が設立された。台拓および明治39年（1906）に満州に設立した南満州鉄道株式会社（以下、満鉄）[23]、明治41年（1908）に朝鮮で設立した東洋拓殖株式会社（以下、東拓）、昭和11年に設立した南洋拓殖株式会社[24]などは、拓殖型特殊会社である。東拓と台拓は、それぞれが日本植民地内の2大拓殖型の国策会社である。

　東拓は明治41年（1908）12月に資本額1,000万円をもって創立され、本社を京城（ソウル）に置き、大正6年（1917）に東京に移転した[25]。東拓は日本が朝鮮を併合する前に、内閣総理大臣の桂太郎をトップとする東洋協会が提唱し設立された。日本政府は一定額の補助金を支給し、朝鮮政府は国有地を出資して、部分的な事業用地とした[26]。本来、東拓は朝鮮内の農林業の拓殖と移民が目的であったが、大正6年以降、前後3回の東拓法の修正を加え、漸次事業をシベリアの沿海、満州、モンゴル、華北、華中、台湾および南洋に拡張し、同時に海外移民事業と企業に低金利融資を提供した。しかし、事業の重点は依然として朝鮮が主体であり、満州と中国は副次的であった[27]。他方、逆に政府の東拓に対する出資比率は次第に低下し、創設当初の30％から戦後の清算時には僅か3％となり、「民有」の色彩が益々濃厚となっていた[28]。

東拓は早くも明治43年（1910）日本が朝鮮を併合する前に設立されたのに対し、台拓は昭和11年（1936）11月になって、資本額3,000万円をもって正式に創設された。本社は台北に置き、終始台湾をもって事業基地とした。台拓は台湾総督府の提唱によって設立され、同時に製糖会社と財閥企業の共同出資の半官半民の特殊会社であった[29]。日本政府と総督府は台拓に対し、業務監督権を持っていたのみならず、その上に監理官を設置し、決議の否決権、幹部社員の解任権をもって厳格な監督を行った。社員と理事・監事の任命と免職、増資、企業規則の変更、合併と解散、支店と出張所の設置、社債の発行、利益の配分、事業の拡張および重要資産の処分などに至るまで、拓務大臣や台湾総督府の認可が必要であった[30]。台拓創立時の社長加藤恭平は、さらに台拓は政府の提案と議会の協議による「国策会社」であり、すなわち、「国家と国民に付託された公共機関である」と明白に述べていた[31]。台拓と東拓は同じであったにも拘わらず、台拓は絶えず増資し、政府の出資比率が次第に減少して、創社当初の50％から戦後の清算時には6％にまで低下し[32]、「民有」の色彩が次第に増加するようになった。しかし、国策会社の運営規制および戦時経済体制の必然性によって、台拓は依然として一般の民間企業の性質とは大いに異なっており、経営方針と事業発展とは、極度に国家意志の支配を受けていたと言える。

「国策代理機関」としての台拓の創立の使命は、台湾島内と華南、南洋地域の拓殖事業を経営し、拓殖資金の提供を目的としていた[33]。そのために、東拓が朝鮮から次第に外部に向けて拡張して行ったのとは異なっていて、最初から台拓は南洋拓殖株式会社と並んで、日本の2大「南方国策会社」と称された。他方、台拓は国家の信用を背景に、増資と社債の発行を通じて、ごく短期間に1億円の資金を擁する拓殖会社になった。

これは日本帝国主義の発展と戦争の特需の産物にほかならない[34]。金子文夫の研究によれば、第2次世界大戦の終結時に、台湾には資本額が3,000万円を超える巨大会社が7社あったが、その大部分は明治年間に設立された製糖会社であり、台拓は1930年代後に生まれた唯一の超大型会社であった[35]。台拓は戦時下の台湾企業を代表するものであることは言うまでもない。

昭和20年（1945）8月、日本の敗戦後、台湾は中華民国の統治に帰属するようになり、関係人員によって台湾の政治、経済および社会文化の施設などが接収された。台拓は台湾総督府の監督管理機構によって、日本資産として組み込まれた。民国35年（1946）3月5日に、台湾行政長官公署に台湾拓殖株式会社接収委員会を設立し、接収事務を担当した。しかし、長官公署はいったん台拓の保留を考慮したが、台湾人の反対によって、最終的に清算業務を行い、戦時の超大型拓殖会社の事業は終焉を迎えたのである[36]。

台拓はその代表性と重要性によって、製糖会社を除いて、特に重視されてきた企業として、研究成果は非常に豊富である。しかし、過去の研究は主として、台拓の組織や海外の拡張に重点が置かれ、島内事業と地域発展の関係、特に植民地辺地に対する影響についての専門的研究は少ない[37]。事実上、シュナイダー（J. A. Schneider）の指摘によると、時期、性質、規模および目的から言えば、台拓の台湾島内と島外の発展の差異は極めて大であった[38]。島外活動は島内の自主性の高さに及ばず、常に日本の外交と通商政策を顧慮しなければならず、同時に総督府の他に拓務省および外務省の監督も受けていた[39]。島内事業は極めて重要な地位を占めており、それにこの事業の起点と運営資金の来源は戦時植民地政府の地域産業政策を反映しており、国策会社は台湾での特別責務

と役割を体現している。それのみならず、更に一歩進んで、戦時経済体制下の台湾各地の日本帝国における戦略的位置を表現していると言える。台拓の東台湾地域に対する経営は、まさにその顕著な例証である。

　台拓の設立初期、東部では最も多くの事業地が設けられ、その島内事業のうちいくつかの重要項目も、東部を試験の大本営として、徐々に西台湾に拡張されていった。長期的に辺地の東部に対して言えば、戦時の台拓の経営は突出しており、極めて指標的意義を持っていた。今日に至るまで、日本統治期から戦後期にかけての東台湾の地域研究は、常に台拓の役割を無視することができない[40]。東台湾は戦時になってから始めて、政治経済の形態上の大きな変動が生じたと言える。それは日本帝国主義の拡張過程のなかで、東部の戦略的価値が浮上したか、否かを意味することであろう。それに、国策会社はどんな役割を演じてきたのか。

　しかし、戦争が植民地内部の地域に与えた衝撃は、むしろ重視されることは少なかった。昭和4年（1929）の世界経済大恐慌および昭和6年（1931）の満州事変の勃発は、世界経済の自由貿易をいくつかの地域ブロック経済圏の発展へと転換をもたらした。日本は日満地域経済圏内の自給自足を積極的に強化し、同時に工業の発展を極力促進し、いわゆる「準戦体制」に進入していった[41]。昭和7年～11年（1932～1936）にかけて、日本の工業の技術革新と急速な工業生産力の向上によって、この時期の年平均経済成長率は6.3%に達し、これは第1次世界大戦以後の最高水準であると、中村哲は指摘している[42]。同時に、植民地との貿易関係は一層緊密となり、貿易額は4倍近くに増加した。植民地経済は成長を加速したばかりでなく、また日本から技術と資本の導入によって工業化を推進した。1930年代末に至り、世界最大の植民地帝国のイギリス、フランスと比べると、日本と植民地の貿易の比重は非常に大きく、植民

地に対する依存度が最も大きい帝国政府と言える[43]。

昭和12年（1937）7月、日中戦争が勃発し、帝国政府は植民地産業の支配を強化し、経済の「計画化」および「統制化」に向けて進行した[44]。20世紀の戦争は、近代戦争の性格を備えており[45]、動員兵力が大幅に増加し、兵器も著しく発展するとともに、持久戦となり、交戦国は全力で自給自足（autarky）を実現しなければならなかった[46]。そのために、冶金、機械、化学、車両、造船および電力通信など重化学工業の発展を促し、軍需生産の膨大化を促進した[47]。しかも生産、労働力の膨大な動員および財政の膨大な支出によって、国家の統制経済の名の下に様々な介入を実施した[48]。しかし、まさにジャック・スナイダー（Jack Snyder）が指摘するように、戦時の日本は典型的な過度拡張（overexpansion）であった[49]。日本は従来からの過度に外国に依存してきた原料問題を克服するために、また絶えず拡張下の軍需原料の不足に対応するために、徹底した国土の全面的な資源開発および工業化の推進が必要であった。日本本土内の辺地である和歌山地方も、当時は重工業化および国土計画の発展下に置かれていた[50]。それでは、従来の政治と経済において植民地の辺地に位置する東台湾地域は、同じ境遇に遭遇したのか、戦時植民地の経済政策の再調整は、現地の地域経済にどのような衝撃を与えたのか。マイヤーズ（Ramon H. Myers）の満州と華北の考察によると、工業化と戦争との協調のために、昭和7〜20年（1932〜1945）に日本は満州と華北地域において、特殊な法律を通じて大型で半官半民の日本企業に、現地の原料、加工品および物品の生産をさせ、1つの日本経済を統合する「近代飛び地経済（modern enclave economy）」を構築したのである。逆に、この新しい軍需産業複合体（military-industrial complex）は、もともと中国の伝統および条約港（treaty port）経済に齟齬をもたらした[51]。このような近代飛び地経済の特徴は、東台湾において出現したのか。ホー（Samuel P. S. Ho）が称する「工業飛び地（industrial enclave）」や戦後以降の韓国の学者が熱心に探究した「植民地工業飛び地経済論」は[52]、東台湾において成立するであろうか？

　日本の帝国主義の拡張と情勢の変化にしたがって、戦時経済体制も変化を免れなかった。中村隆英の指摘によれば、昭和12年～20年（1937～1945）に、日本帝国の戦時統制経済政策は、4段階の変化を経ていると言う[53]。国策会社の台拓の活動も、充分な政策と情勢の変動の影響を受けており、絶えず経済方針を調整し、国策の必需事業の発展を図ってきた。そのために、戦時経済体制の変化に伴い、台拓の東台湾の経営戦略が同様であるか否かを考察する必要がある。台拓の東部事業はどのような重要性と意義があったのか、その経営の成果はどうか、特にその東部産業と地域の発展に対して、どのような影響を与えたのか、東部での影響は日本帝国の拡張行動中において、どのような役割を演じたのか、以上のすべてが本書の関心を持っている課題である。

　要するに、本書は基本的に国策会社と植民地辺地の改造の観点から、台拓の東台湾地域の経営を例として、戦時経済体制下の植民地政府が如何にして日本帝国の全体の戦略的配置の下で、国策会社を通じて植民地辺地の資源開発を積極的に進行させたかを検討する。更に進んで国家、企業および地域の発展との間の関係を究明することである。本書の研究の目標は基本的に以下の3つである。

⑴　台拓の東台湾地域に対する経営理由、メカニズム、各項目の事業内容、変遷および成果を説明する。
⑵　国家が如何にして国策会社を通じて辺地の地域経済の計画、開発およびその地域の発展に対する影響を及ぼしたかを分析する。同時

に、帝国政府、総督府から地方庁に至るまでの、東部開発に対する役割および政策の落差を解明することである。
(3) 台拓の東部事業と経験が日本帝国の拡張の中での戦略的位置を明らかにする。

(2) 研究の回顧

　台拓は戦時台湾の超大規模の拓殖型国策会社である。同時に、台湾と海外の農業開墾および工業化の上で重要な役割を演じており、関連する投資会社は非常に多い。そのために重視され、日本統治期の研究成果が最も多い企業である。1975年の涂照彦の『日本帝国主義下の台湾』は、まず、台拓の性質、投資および人事関係を分析し、台拓の投資会社の類型、並びに日本帝国主義の拡張の中での役割について指摘している[54]。1979年の梁華璜の論文「台湾拓殖会社の成立経過」は、最初の論文である[55]。本文は主として植民地搾取論から日本帝国主義の観点を批判し、台拓の資本は台湾農民の手から略奪を行ったと主張した。また、設立の動機は、華南および南洋の日本人の経済勢力の育成であり、軍事的侵略の歩道を作ったとしている。逆に、台拓の台湾本島での拓殖は、次要の地位にあり、南進を支援するだけの手段に過ぎなかった。梁は台拓の南進の役割を強調し、それが1990年代以降の台拓研究の主要な基調となり、島外事業の探究が重視されるようになった。

　しかし、1970年代の台湾史研究はまだ始まったばかりなので[56]、梁の研究は直ぐには注目されなかった。逆に、1990年代初めになって、日本の学者が台拓に注目するようになった。1992年に久保文克の「台湾拓殖株式会社の『南方進出』」は、最初の論文であった[57]。1997年に久保

は『植民地企業経営史:「準国策会社」の実証研究』を出版した[58]。そのうちの第2部は台拓を研究対象としており、一方ではその設立背景、経過および国策会社の性質を検討した。他方では、台拓と台湾の工業化および南進拡張との関係を分析している。久保の指摘によれば、台拓は東洋拓殖株式会社や満州の満鉄株式会社と同じ国策会社とは言え、台拓は台湾総督府の主導型であるのに対し、後2者は日本政府の主導型である。更に言えば、台拓の島内と島外の投資会社の数量、資本額の比重を通じて、台拓が特に島内事業を重視していたと、久保は指摘している。明らかに、久保の見解は梁の見方とは異なっていて、重要な新しい論点を提出している。しかし、久保の研究は『台拓文書』の公開以前に書かれたもので、主としては1946年の接収資料を利用したものであり、台拓の事業並びにその動態的変化を表現するには、なお充分とは言えない。

1993年、王世慶は最初の台湾大学歴史系主催の「台湾史料国際学術研討会」において、台拓文書の存在を披露し、台拓の設立、組織と事業、檔案(文献資料)の処理と保存、および檔案の接収について概説を行った[59]。これが契機となり、台拓檔案は始めて着目されるようになった。1994〜2002年の間に、游重義、簡栄聰、周菊香、河原林直人、朱徳蘭などが続々と、台拓檔案文書の価値と利用について紹介し[60]、厳然とした「台拓檔案学」が形成されたのである。

他方、関係の研究も次第に展開されるようになった。林孟欣、游重義、張静宜および褚填正の修士論文はその代表である[61]。そのうち、游重義は1995年に「台湾拓殖株式会社の創立の背景」を発表し、台拓の南進政策の役割、台湾経済の再編および南洋の日系資本の困窮により、その設立の原因を分析している。1997年にはこれを更に修士論文として発表した。游重義の論文は台拓初期の安定した事業基礎として、先に島内事

業を進行させ、華南、南洋事業の調査と研究段階に止まっていた。ところが昭和14年（1939）になって、南方に関係した部署の組織を大幅に拡編した後に、始めて積極的な行動に乗り出し、日本経済の南進の急先鋒および軍事的南進の後衛となった[62]。この修士論文は、非常に秀れたものであり、游重義の更なる関心は台拓の南進と台湾総督府との関係に向けられ、島内事業の発展への注目が少なかった。

1997〜2003年の張静宜の修士論文、博士論文およびそれ以降に発表した論文は、いずれも台拓を研究対象としており、台拓の設立、組織および島内、島外の事業の発展と帝国政府および台湾総督府の台拓事業に対するおおまかな制約を探究している。台拓の南洋への拡張、後援の運輸補給事業および島外各地の事業経営方式と指導権がそれぞれ異なっていたことを、張は指摘している。特に東南アジア地域において、太平洋戦争の後に台湾総督府の台拓に対する影響力は大幅に衰微し、日本軍部が指導的地位を掌握するようになった[63]。しかし、張の研究は「共犯構造」と「軍国主義搾取論」の角度から日本帝国主義を批判しており、強烈な目的論的傾向を持っており、常にその史料運用と解釈上において、やや検討する余地がある。2007年に張は『戦時体制下の台湾特用作物増産政策の研究（1934〜1944）』を出版し、1930年代以降の台湾特用植物の増産政策の背景、試験過程、奨励と普及、台拓の協力および特用作物の栽培経験の南洋への移植を論じている[64]。この著書は台湾の特種作物の増産を全面的に整理し、その栽培経験が海南島と南洋への拡張に貢献したことを指摘している。しかし、この著書の台拓の東部事業に関する論議は、おおまかに言えば、筆者が2002〜2003年に提出した論点を超えるものではない[65]。

1998年にシュナイダー（J. A. Schneider）の博士論文『*The Business of*

第 1 章 緒　論

Empire: The Taiwan Development Corporation and Japanese Imperialism in Taiwan 1936-1946』(帝国の企業：台湾拓殖株式会社と台湾の日本帝国主義、1936〜1946) は、梁華璜、久保文克および游重義の研究の基礎に立って、この3人の論点の欠点を全面的に検討した。同時に、台湾の戦前と戦後の経済成長の連携上から、搾取論や植民地飛び地工業論の問題点を批判した。論文は台拓をもって台湾、仏領東南アジア (仏領インドシナ、今のベトナム、ライス、カンボジアを含む) および海南島の事業を中心としていた。一方では「開発の帝国主義」(developmental imperialism) の概念を採用し、台拓の戦時台湾の工業化および南洋に対する原料地の拡張の貢献を指摘し、日本帝国主義とヨーロッパの帝国主義との相異を強調している。他方では「サブ帝国主義」(sub-imperialism) の概念をもって、帝国周辺の台湾と帝国政府が発動した拡張との差異は突出していた。シュナイダーは台湾総督府と台拓が、華南と南洋にサブ帝国主義圏の建設を試みようとしたのと、日本帝国の軍隊の北東アジアへの拡張とは、その趣旨が大きく異なっていたと指摘している。しかも帝国と他の財閥の干渉を受けていたと考えている。シュナイダーの別の論文では、台拓が最も早くから海外の拠点を海南島とベトナムでの活動を中心としたことで、東南アジアへの拡張と活動の意義を論証した。同時に、台湾籍の職員が如何にして台拓の東南アジア事業に従事したかによって、サブ帝国主義者の役割へと変化したかを検証している[66]。

　概ねシュナイダーの研究は、台拓の役割と日本帝国主義の拡張中の意義を既に相当の程度に明らかにした。この研究は理論と実証の双方を兼ねる力作である。シュナイダーは台拓の台湾に残した人的資本および設備は戦後に至って依然として貢献があると主張し、過去にわたり純粋に略奪の視線から台拓を理解する論点に挑戦している。シュナイダーが主

張するサブ帝国主義とは、帝国周辺の勢力が自らの利益を第1として努力することを指している。すなわち、台拓および総督府の目標は、東南アジアでの全ての経済計画の実施が、自身の発展のために有益であり、帝国の利益に基づくものではない。シュナイダーが提出したサブ帝国主義の概念は、非常に啓発的であるが、台拓および総督府の南洋および華南での拡張行動における自主性を、高く評価するあまり、陸軍および海軍から帝国政府の役割を軽視していた。事実上、台拓の島外への拡張行動の中に、軍部の命令によるものが少なくない。前に述べた張静蘭、朱徳蘭、鍾淑敏のそれぞれの南洋、広東、海南島の研究は、このような現象の展開となったのである。そのほかに、シュナイダーは、台拓の化学工業会社を例として、台拓の台湾の工業への貢献および植民地遺産を強調しているが、しかし、台拓の農林事業と投資事業が台湾地域の発展への影響を低く評価し、特に台拓の東部での活動に対する評価が足りない。

2001年、中央研究院人文社会科学研究所（今の人文社会センター）主催の「台湾資本主義発展学術研討会」において、12編の論文が発表されたが、その半分は台拓を研究の主題とするものであり、戦後以来の台湾学界で初めての台拓を課題とする学術会議であった。その後、5編の会議論文が国史館台湾文献館から1冊にまとめて公刊された[67]。そのうち、王世慶の「台湾拓殖株式会社の土地投資と経営：総督府からの出資の社有地を中心として」は、台拓の島内事業研究の先駆けをなした論文である。論文は台拓の社有地の経営形態、土地の数量と価値、地代収入率、土地の収入における、台拓営業利益比重の変化および戦後の接収状況を解明したものである[68]。

2002年以降、台拓の島内事業は次第に研究の焦点となった。最初に林玉茹は、台拓の植民地辺地の経営に特に注目し、2002～2008年にかけて

第 1 章　緒　　論

次々に 4 編の論文を発表した。「国策会社の辺地開発メカニズム：戦時台湾拓殖株式会社の東台湾の経営系統」では、台拓の東部出張所の設立、各種の事業展開は、主に1930年代の総督府の東部政策の変化に基づくものであったと指摘した。昭和11年（1936）に「東台湾開発調査委員」から提起された東部開発方策は、台拓の東部事業の基本的な青写真であった。「国家と企業の共同構築下での植民地辺地の開発：戦時『台拓』の東台湾の農林栽培業」では、台拓の東台湾での農林事業は、初期には各種の軍需新作物の不断の試植栽培の意図が極めて明確であり、主として南洋地域の非台湾原産の新作物の移植であることを指摘した。しかし、自然災害および労働力の不足のために、成果は芳しくなかった。ただし、台拓の東部の農林事業には、戦時植民地政府の国策会社を通じて、植民地辺地の開発構想が秘かに隠されていたのである。「戦争、周辺および植民地産業：戦時台湾拓殖株式会社の東台湾投資事業の配置」では、台拓の投資事業を通じて、戦時植民地政府の辺地の産業開発の空間的配置の形跡を指摘した。すなわち、台東庁は熱帯拓殖企業の要地になり、花蓮港庁は戦時東部の軍需鉱工業の基地になった。「軍需産業と辺地政策：台拓の東台湾移民政策の転向」では、台拓の移民政策が日本人の移入から台湾人の移入に転換した理由を指摘した。一方では、日本統治初期以来の東台湾内地化（日本化）計画の破綻である。他方では、戦時東部の綿花および蓖麻などの軍需産業の開発および南洋拡張の需要によるものである。その次に、移民政策の企画と実施は、帝国政府の植民地イメージと地方の植民地統治との落差をあらわしていた[69]。以上の論文は台拓の東台湾経営の概要をおおまかに示したものであるが、当時は日本の外務省所蔵の「茗荷谷研修所文書」を使用していないので、見落としや間違いが少なくない。それに加えて、異なった期刊論文のページ数の制

限の要求を受けて、完全に系統的に台拓の東台湾における活動および意義をあらわすことができなかった。更に最も重要なことは、日本帝国主義全体の戦略的配置からの観察が不足のため、なお補充と修正を要する箇所があった。

台拓の島内事業研究のもう１つの重点は、工場と鉱業の両者の顕著な違いであることで、前に述べた褚填正の修士論文は、台拓子会社の嘉義化学工場の経営を焦点として、それが当時の世界最大の発酵溶剤工場であり、またこれは海軍の秘密工場であり、技術および労働力は台湾から調達されたものであることを指摘している。そのあとに、褚填正は次々と嘉義化学工場、三徳鉱業に関連する研究を発表している[70]。張炎憲、范雅鈞の「台湾拓殖株式会社の台湾での工鉱業事業の経営」では、島内の10社の工鉱業会社の経営成果を概論し、台拓が台湾での経営の工鉱業には定着しないまま、日本の敗戦によって破綻したと考えていた[71]。しかし、本論は各会社の設立の資料を簡単に紹介しているが、その論点を支持する証拠としては不十分と考えられる。

そのほかに、2006～2008年に王世慶の先行研究に引き続いて、何鳳嬌は戦後の台拓社用地の接収問題について、更に深く探究した。「戦後台湾拓殖株式会社の社有地の接収と処理」は、今まで注目されていなかった国史館所蔵の「台湾省地政処檔案」と「財政部国有財産局檔案」を利用し、戦後の台拓社有地の接収、経営および農村への影響について究明した。この論文は1948年の公地放領政策に合わせて、台拓の社有地が小作農に放出され、土地改革の試金石になったことを初めて指摘した。社用地のほかに、台拓には収購地、開墾地および干拓地があった。戦後の開墾地および干拓地は、事業地に分類された。何氏の「戦後台湾拓殖株式会社事業地の接収と経営」は、戦後の事業地の接収の処理と経営状況

を考察したものである。この論文は事業地と社有地の区別、戦後の事業地がもとの小作農に放領されないで、その事業地を土地銀行に渡して代理的に管理させた過程およびその開墾の成果を解明している[72]。

　島内事業の研究に対し、台拓の島外事業は最も早くから注目され、成果が最も豊富である。前述のシュナイダー、張静宜のほかに、朱徳蘭、鍾淑敏、周婉窈、谷ケ城秀吉および柴田善雅の論文があり、主に台拓がアジア占領地での活動およびその地域の社会経済への影響を検討したものである。1999〜2002年には、朱徳蘭の系列の論文は、台拓の広東における事業、活動およびその史料の特性を論議し、特に台拓の営業利益性および日本軍の拡張への協力との矛盾を重視している。「台拓檔案から見た日拠の広東時期」は、日中合弁の興粤公司を例として、この企業は主に日本軍の軍需物資を供給し、占領軍に協力して「以戦養戦（戦争をもって、戦争を養う）」政策を施行し、利潤追求の重視でないことを指摘した。そのために、日中合弁事業も名実は一致せず、広東の経済建設の目的の実現は根本的に不可能であった。「戦時台湾拓殖株式会社の広東支店のタングステン鉱買付活動」は、国策会社の軍部に対する軍需原料の供給の実情を明らかにしたものである。論文では台拓が日本軍に協力してタングステン鉱の購入をしたが、その成果は芳しくなく、他の財閥との競争および広東支店の収益は僅少であったなどの要因で、最終的には事業を清算せざるを得なかった。これによって、国家の利益と会社の利益が互いに衝突した時に、企業の利益が依然として台拓の経営方針であることを明らかにした[73]。

　鍾淑敏は台拓の海南島事業地の研究に力点を置いた。「台湾拓殖株式会社の海南島事業の研究」では、台拓の海南島での地位、技術、資源、原価および経営が帝国政府からの制約などの要因によって、現地の事業

は農林業に限られていたと指摘している。しかし、台湾での経験の移植は、海南島の農業の発展に顕著な役割を果たし、台北帝国大学（今の台湾大学）も学術研究と実験のチャンスを提供した。「台湾総督府と南進：台拓の海南島を中心に」は、台拓の海南島での活動を例として、総督府の南進拡張政策と役割を考察している。この論文では総督府の華南と南洋政策は、事実上抵抗し難い限界があったが、近代日本の対外拡張の中に「台湾の要因」は無視することができず、台湾での植民地の経験も日本帝国の大東亜共栄圏の統治に効果があった[74]。そのほかに、周婉窈の「『南支南洋』調査から南方共栄圏に：台湾拓殖株式会社の仏領中南半島の開発を例として」も参考になる[75]。

　台湾の学者の多くは、台拓が如何にして総督府の南進政策や日本帝国の拡張の尖兵役を果たしたかに関心を寄せて注目している。日本の学者は戦前から今に至るまで、国策会社の性質、特に「国策性」と「営業利益性」の対立と矛盾を重視している。すなわち、国策会社の対外政策、植民地政策における国策、国益の方向と企業の私益方向の間の相互の抵触や国策性と営利性の軽重の関係について論議してきた。この方面の研究は、戦前に松沢勇雄が論じてきた[76]。戦後は金子文夫が最初に、国策会社の南満州鉄道株式会社を例として、これらの課題を取り上げている。氏は満鉄経営の高い収益は鉄道事業によるもので、したがってかなり高水準の配当率の維持が可能であった。そのために、国策性と営利性の矛盾は比較的に軽微であったと考えている[77]。黒瀬郁二は朝鮮の東洋拓殖株式会社の国益と私利との間の対立関係について論じている[78]。その後、湊照宏、谷ケ城秀吉、斉藤直および久保文克は前後して台拓を例として、国策会社の台拓の国策性および営利性の問題を継続的に論証している。湊照宏は国策会社の資本面から着手し、台拓が社債発行を通

じて資本調達の需要から、利益の低い国策事業を次第に縮小し、営利性の高い木材伐採事業を増加したことを論証している[79]。谷ケ城秀吉は台拓の華南事業を例として、台拓の営利的傾向を強調している[80]。斉藤直は台拓の増資状況から、台拓の国策性(開発と投資事業)事業と営利性(土地の出資)事業との連動的関係を説明している[81]。しかし、いわゆる国策性事業と営利性事業とは、絶対的に分割することは不可能で、国策性事業はかならず低利益を得るか否かについては、依然として論議の余地がある。王世慶の研究から見られるが、台拓の総収益に占める土地の小作料収入の比率は年々減少し、投資事業の収益が益々重要になり、遂に土地の収入を凌駕した[82]。他方、柴田善雅の「台湾拓殖株式会社の南方事業活動」では、台拓の資金運用を通じて、台拓の仏領中南半島、フィリピン、タイ、英領マレー、蘭領インドネシアなど南洋事業の全貌を考察している。論文では日中戦争初期、台拓の島外事業は海南島と広東を発展の重点に置き、南洋事業の規模は大きくなかった。しかし、太平洋戦争以降、台拓が既に南洋の事業に着手していたことにより、台湾の農林事業の栽培技術と知識を南洋に移転することができ、台拓が日本軍の南洋占領後の発展の優勢を取得し、事業範囲の大幅な拡大を得ることができた[83]。

そのほかに、朱徳蘭の「台湾拓殖株式会社の政商ネットワーク関係(1936～1945)」では、別の角度から台拓の指導幹部の社交活動、会社の寄付行為および日本帝国の台拓に対する支援などに分けて直面し、その人間関係と企業行為との間の関連について検討した。朱徳蘭の論文では台拓の中・高級幹部は、政商界のエリートの出身や政府の退職官僚であり、彼らは台拓に「ネットにネットを重ねる」重層的な政商ネットワークを構築することができた。注目に値するのは、この論文では陸軍と海

軍の命令公文書の通知数量の多寡を通じて、戦時の台拓の国家資源配分の受益程度は、事実上、日本の旧財閥には及ばないことを指摘した[84]。戦時の国策会社と旧財閥との地位の比較は、明らかに重視する必要がある。

要するに、近20年来の台拓に関する研究は相当豊富な成果をあげ、その焦点は台拓の設立背景、組織、性質、島外事業と日本帝国主義拡張との関係、子会社の経営から社有地などと多岐にわたる問題と直面している。台拓の営利性と国策性は、更に高い注目を受けている。しかし、台拓の資本は半官半民の性質を持ち、人事組織と運営方針は帝国政府と植民地政府の監督を受けていた。その上、政府の政策執行の義務があり、直接的に一般の民間企業と同等視することはできない。その次に、戦時台拓の任務と役割については、島内と島外事業に分けて検討する必要がある。台拓の海外事業は確実に常に、軍部と他の会社の影響や競争に直面する。台湾総督府の海外拡張政策でさえ、軍部と帝国政府の制約を必ず受けたことである。逆に、台拓の島内事業は主に総督府の意志を執行するために、更に多くの特権と主導力を擁し、往々にして戦時島内の軍需産業をコントロールしていた。

台拓の戦時台湾の産業発展の重要性から言えば、島内事業の議論は依然として研究の意義と価値がある。特に、1つの地域を研究地域として、国策会社と台湾の地域研究との関係および日本統治末期の台湾総督府が如何にして台拓を通じて、各地の資源開発と工業化の進行を図ったかを検討することである。特に、東部の植民地辺地のように、国家の力量の支持、外来の資本および労働力の投入が不可欠であり、台拓のこの地域の経済に対する影響は台湾の他の地域よりも大きい。他方、植民地帝国の全体の戦略配置は如何にして植民地の辺地の開発に影響を及ぼしたの

か。戦時の植民地政府は如何にして自らの能力を尽くして、島内の資源の運用ができたのか。これらは国策会社の東台湾の経営中にその縮図を見ることができる。本書は過去に書いた4編の論文を基礎に、新しい史料および新観点を補充し、大幅に書き直して、1冊の系統的な論述の専門書として完成したものである。

(3) 研究方法

　本書の研究方法は主としては文献の分析であり、フィールドワークを補助としている。文献資料の方面では多くは刊行されたものであるが、未刊行や滅多に使用されていない原始史料も利用することができた。既刊の史料は、例えば台拓から出版された各種の事業要覧、『台湾拓殖株式会社社報』および関連の出版物である。そのほかに、『台湾日日新報』、『東台湾新報』、台湾総督府報、庁報、各級統計書、会社年鑑および各種類の紳士名鑑などは、本書の重要文献である。本書では台湾人の日記を特別に使用している。例えば張麗俊の『水竹居主人日記』(1906～1937)および林献堂の『灌園先生日記』(1927～1944)によって、日本統治期の東部のイメージを西部の台湾人の心の中での変化として説明している。

　未公刊資料は『台湾拓殖株式会社文書』(以下、台拓文書)が最も重要である。これらの文書は合計で2857冊であり、現在台湾にある少数で極めて完全に整備され、内容が豊富な会社檔案(文献資料)である。この中には各支店や出張所の往復文件、本社と各投資事業の営業報告書、帳簿、帝国議会の諮問資料、株主名簿、株主総会の資料、会計院検査資料、接収登記台帳などが含まれている[85]。他方、過去の台拓関連研究では、日本外務省、公文書館および防衛庁所蔵史料の使用が少なく、そのため

に、台拓が帝国議会に提出した計画書および台拓の設立後の実際の行動との間の乖離を解明することができなかった。特に、日本外務省の外交史料館が近年に公開した茗荷谷研修所の台拓関連文献、合計13冊には昭和10～19年（1935～1944）の台湾総督府、台拓および帝国政府各部門の台拓に関する業務の往来文件を含んでいる。これらの文書には台拓事業の計画が示されており、多くは台湾総督府、帝国政府および海軍、陸軍から提出されたものである。そのうち、非常に機密性の高い計画書および台湾にはない出版物があるので、台湾の所蔵の不足を補うことができ、しかも帝国政府、総督府および台拓との間の関係および意見の差異を突出させている。台拓文書のほかに、その子会社や投資会社の営業報告書、台湾総督府公文類纂、土地台帳、戸籍寄留簿および国有財産局保存の土地銀行の代理保管の台拓地の関連図冊が含まれている。これらも本書の重要な史料である。

フィールドワークは主に台拓の東部と西部の各事業地を実地調査し、その地形、位置および属性を観察して、東部事業所が直面する問題を明らかにした。他方、各事業地の台拓移民、借地小作農および関係者を訪問し[86]、文献と照らし合わせて、その不足を補った。移民の東部移入の背景、開墾過程、生活形態および会社との間の関係を解明した。

本書の資料の処理は、地図や計器および簡単な統計を加え、文献資料の意義と特徴をより系統的かつ明解にした。しかし、台拓の各種の事業予算、経費および開墾の成果の記載について、記載の時期の相異、性質が異なっているほか、年度計算の差異などの要因によって[87]、そのデータは常に前後の不一致が見られる。甚しい場合は、同一年においても差異の現象がある。特に、各事業地の面積には、官側の許可面積、申請面積、異なる時期の実測面積、年度開墾面積および流失や廃耕などの要因

によって、台拓自身の資料に非常に不一致があり、変化も小さくない。本書が採用したデータは基本的に信頼される『事業要覧』と『営業報告書』など出版された資料を主としている。

そのほかに、用語の使用について、大部分の歴史研究者が直面するように、本書は執筆の便宜および日本統治期の歴史観、歴史的形跡に近づけるために、重要な専門用語はおおまかに当時の「歴史的用語」を使用している。例えば、「出張所」（事務所）、「会社」（企業）、「本島人」（台湾人）、「内地人」（日本人）などである。また、そのほかに部分的な特有用語も同時に中国語と日本語を記入し、読者の解読に便宜を図った。台拓の東部の農林事業には、多くの特殊作物が含まれているので、本書はなるべく当時の記録や植物図鑑に従って、付録7に再構築している[88]。

最後に、本書は「国策会社と植民地辺地の改造」の角度から、日本帝国主義の拡張下の国策会社台拓の東台湾の経営、成果およびそれに反映した意義を分析している。台拓の東部の事業は主に農林事業、移民事業および投資事業を含んでいる。そのために、本書は前言、結論のほかに、台拓の東部の経営メカニズムおよび事業内容に照らすと、おおむね以下の論証過程を取っている。

第1に、企業の組織機構はその運営管理、事業方針および地域経営の配置を反映している。そのために、先に台拓の東部の経営システムの特徴を説明する必要がある。第2章では台拓の設立の背景、国策会社の責務および東部の経営の理由を明らかにする。その次には、台拓の組織構造を通じて、東部のランクおよびその変遷を分析し、台拓の東部での特殊な辺地メカニズムを解明する。最後に、東部の組織人員構成を構築し、更に一歩進めてその事業規模、経営の特色および南進農業開墾人材の育成の上での役割を検討する。

第2に、台拓が初めて設立した時には、土地開墾および栽培などの農林事業が中心であったが、しかし、逆に東台湾が事業の本拠地になり、次第に西部に拡張するようになった。第3章はまず1930年代からの農業の多元化政策と東部の自然・人文条件の優勢の2つの方面から、東部が台拓の熱帯栽培事業の要地になった理由を説明している。その次に、戦時経済体制下の軍需の農業資源の開発の角度から、東部の開墾、栽培および造林事業が如何にして、日本帝国の全体資源の配置に合わせて展開したのか、執行の成果およびその戦略的意義の反映を論証している。最後に、台拓の農林事業の東部地域の発展と南進の農業開墾事業に対する影響を解明している。

　第3に、過去の東部研究では日本植民地政府が意図的に「東台湾の内地化」の執行を強調し、主に東部で日本人の官営移民を行うことであった。しかし、1930年代後半には、国策会社の台拓は農林事業の労働力を提供するために、逆に東部に台湾人を移入し、日本人の移民ではなかった。明らかに、戦時東部の移民政策は転換に直面している。第4章では、最初に日本統治初期に東台湾内地化計画の破綻および軍需産業の開発の2つの方面から、台拓の東部で進行の本島人移民の理由を論証する。その次に、移民事業の計画、移民の招募、土地の耕作および作物の栽培を通じて、移民事業の内容を明らかにしたい。最後には、最大規模の本島人の農業移民、東部における本島人の移民ブームの出現および南洋の本島人移民の再出発から、台拓の本島人移民事業の成果と意義を論じる。更に一歩進んで、帝国政府、植民地政府、地方官庁および企業家の東部移民政策および施行との落差を検討する。

　第4に、東部出張所の直接経営の農林事業と移民事業のほかに、台拓も東部企業に投資し、これは投資事業であった。台拓の東部での投資の

企業数は、終始トップクラスを維持しただけでなく、かつ戦時の植民地辺地の工業化および資本主義化に展開する特性をあらわしている。第5章では、まず、台拓の投資事業の内容および東部の投資事業の構造を述べ、それによって、台拓の全体の事業における東部の投資の位置づけおよび東部の産業の発展に与えた衝撃を突出させることである。その次に、台拓の東部の投資においても、明らかに地域の差異をあらわしていた。台東庁は熱帯の拓殖産業が多く、花蓮港庁は軍需の鉱工業の基地になった。本章では、両庁の産業の異なった発展の道を歩んだ背景と条件の解釈を試みたものである。同時に、各企業の経営と成果を説明し、植民地帝国の軍需の重化学工業の配置の中での戦略的意義を明らかにしたものである。最後に、戦時の軍需産業と花蓮港庁と台東庁の両庁の地域発展の関係について分析している。

注

（1）　プラスの面の角度から植民地台湾が、如何にして近代化や急速な経済発展に向かったことを論じたのは、主として欧米と日本の学者である。最も典型的なのは、George W. Barclay, *Colonial Development and Population in Taiwan.* (New Jersey: Princeton University, 1954) および Ramon H. Myers、Mark R. Peattie 編集の *The Japanese Colonial Empire, 1895-1945.* (Princeton: Princeton University Press, 1984) の2冊である。Samuel P. S. Ho（何宝山）は、一方では植民地時期に台湾の農業が如何にして伝統から転換し、成長したのかを強調した。他方、日本の植民地政策が如何にして台湾の農業余剰を略奪したのかを批判した。(Samuel pao-san Ho "Agricultural Transformation Under Colonialism," *The Journal of Economic History*, Vol.28, No.3, 1968, pp.313-340)。発展（development）、近代化（modernization）および略奪（exploitation）も、上述のマイヤーズ（Ramon H. Myers）などの著作の中で日本

植民地帝国に対する主要な論点である。Thomas B. Gold は、日本植民地台湾の遺産はポスト植民資本主義（postcolonial capitalism）に対する影響を強調した（Thomas B. Gold, "Colonial Origins of Taiwanese Capitalism," in Edwin A. Winckler and Susan Greenhalgh eds., *Contending Approaches to the Political Economy of Taiwan*, New York: An East Gate Book, 1988, pp.116-117）。溝口敏行と山本有造はGDP（国内総生産）とGDE（国内総支出）から1936年以前の台湾経済の成長と農業の近代化を分析した（Mizoguchi, Toshiyuki and Yuzo Yamamoto "Capital Formation in Taiwan and Korea," in Michael Smitka ed., *The Interwar Economy of Japan*, New York: Garland Publishing, 1998, pp.51-71）。近年、葉淑貞の論文「日治時代台湾経済的発展」（『台湾銀行季刊』60(4)、(2009年12月)、224-273頁では、インフラの発展、人的資源の蓄積、技術の研究と普及および資本累積など4つの方面から、日本統治期の台湾経済の近代化と日本化を論証している。

(2) 矢内原忠雄と涂照彦の論点に関する柯志明の批判は、Chih-ming Ka, *Japanese Colonialism in Taiwan: Land Tenure, Development, and Dependency, 1895-1945* (Colorado, Oxford: Westview Press, 1995), Introduction および柯志明『米糖相剋：日本殖民主義下台湾的発展与従属』（台北：群学、2003年）、1-7頁、10-15頁を参照。

(3) 中村哲『近代アジア史像の再構成』（東京：桜井書店、2000年）、第1章および第2章の論議を参照。木村光彦は朝鮮を例に、過去のHobson-Leninistの理論に反論し、日本が朝鮮での植民地での収益は必ずしも多くなく、かつ日本の経済発展の貢献に限りがある。(Kimura, Mitsuhiko "The Economics of Japanese Imperialism in Korea, 1910-1939," *Economic History Review*, XVIII 3 (1995), pp.555-574)。中兼和津次も満州国を例にし、長期にわたり満州の対日貿易は輸出超過であり、かつ日本の資本の対満州の投入は満州からのフィールドバックの資源価値よりも大きいと指摘した。(Nakagane, Katsuji "Manchukuo and Economic Development," in Michael Smitka ed., *The Interwar Economy of Japan* (New York: Garland Publishing, 1998), pp.156-157)。

（4） 張隆志「殖民現代性分析与台湾近代史研究」、若林正丈、呉密察編『跨界的台湾史研究：与東亜史的交錯』（台北：播種者文化、2004年、145-149頁に収録）。近代性（modernity）と近代化の意義は、詳見：Frederick Cooper, *Colonialism in Question: Theory, Knowledge, History* (Berkeley: University of California Press, 2005), pp.3-4, 113-149に詳しい。植民地近代性の論述はポスト植民文化理論と関連していて、経済史の関係がすくない。その研究と検討は、Tani E. Barlow, ed., *Formations of Colonial Modernity in East Asia.* (Durham, London: Duke University Press, 1997); Gi-Wook Shin and Michael Robison, eds., *Colonial Modernity in Korea* (Cambridge, London: Harvard University Asia Center, 1999) および、戸辺秀明「ポストコロニアズムと帝国史研究」日本植民地研究会編『日本植民地研究の現状と課題』（東京：アテネ、2008年）、65-74頁に収録を参照していただきたい。

（5） 清代の「後山」の用語は地理空間の範囲は固定されて変化しないものではない。後山はおおまかに言えば、今の花蓮、台東の両地域を指す。清末に形成されたものである。康培徳「清代『後山』地理空間的論述与想像」『台大文史哲学報』61（2004年11月）、301-318頁。

（6） 施添福「台湾東部的区域性：一個歴史地理学的観点」夏黎明、呂理政編『族群、歴史与空間：東台湾社会与文化的区域研究研討会』（台東：国立台湾史前文化博物館籌備処、2000年）、1-8頁に収録。

（7） 施添福「日本殖民主義下的東部台湾：第二台湾的論述」中央研究院台湾史研究所籌備処（以下、中研院台史所）主催「台湾社会経済史国際学術研討会：慶祝王世慶先生七五華誕」（2003年5月8-9日）、1-47頁に発表。

（8） この方面の論議は、林玉茹「国家在東台湾歴史上的角色」『東台湾研究』5（2000年12月）、164-167頁を参照。

（9） Chang Han-yu and Ramon H. Myers, "Japanese Colonial Development Policy in Taiwan, 1895-1906: A Case of Bureaucratic Entrepreneurship," *Journal of Asian Studies*, 22(4) (1963), pp.448-449.「日本資本主義の帝国主義の展開」および早熟帝国主義の論議は、大石嘉一郎『日本資本主義史論』（東京：東京大学出版会、1999年）、第7章を参照。

(10) 林玉茹「殖民地辺区的企業：日治時期東台湾的会社及其企業家」『台大歴史学報』33（2004年6月）、316-363頁。

(11) 「辺地」の定義は多元的であるということができる。方法論の上で、異なる論述ができる。David Harry Miller and Jerome O. Steffen, *The Frontier: Comparative Studies* (Oklahoma: University of Oklahoma, 1977). pp.6-7を参照。東台湾辺区（周辺）と中心との間の弁証関係は、夏黎明主編『辺陲社会及其主体性論文集』（台東：東台湾研究会、2005年）には、多く論議されている。

(12) 東台湾を植民地辺地の位置付けについて、林玉茹『殖民地的辺区：日治時期東台湾的政治経済発展』（台北：遠流、2007年、第1章の序）を参照。

(13) 『読売新聞』昭和12年3月28日付、夕刊2版。原文では「存在が極めて微弱」としている。

(14) 統治理性的概念はフランス人学者 Michel Foucanlt から提出された。David Scott はその基礎の上でさらに植民地を研究の対象にし、「植民地統治理性」の概念を提出し、植民地権力の政府の統制理性を指している。David Scott, "Colonial Governmentality," *Social Text* 43 (Autumn 1995), pp.191-193.

(15) 林玉茹「戦時経済体制下台湾東部水産業的統制整合」『台湾史研究』6(1)（2000年9月）、62-63頁。

(16) 林玉茹『殖民地的辺区』57頁。

(17) 株式会社とは、台湾の「股份有限公司」に相当する。日本統治期の会社の類型と定義は、林玉茹『殖民地的辺区』216-223頁。本書は執筆の便宜のため、日本統治時の「歴史的用語」を使用した。「公司」の替わりに「会社」を使用する。

(18) 1945～1970年代末、特に欧米の学者は財閥が戦時経済の位置付けおよび軍部、政府との関係を注目する。Thomas Bisson, *Japan's War Economy.* (New York: Institute of Pacific Affairs, 1945); J. K. Fairbank, E. O. Reischauer, and A. M. Craig, *East Asia: The Modern Transformation.* (Boston: Houghton Mifflin, 1965); John G. Roberts, *Mitsui: Three Centuries of Japanese Business.* (New York:

Weatherhill, 1973); Richard Rice, "Economic Mobilization in Wartime Japan: Business, Bureaucracy, and Military in Conflict," *Journal of Asian Studies*, Vol.38, No.4 (August, 1979), pp.689-706. 石井寛治の『日本経済史』(東京大学出版会、1976年)、309〜310頁も特に戦時財閥が軍需産業との協力によって、資本が急速に膨張したとしている。

(19) 企画院研究会『国策会社の本質と機能』(東京：同盟通信社、1944年、24-28頁)；河合和男「国策会社・東洋拓殖株式会社」(河合和男等編『国策会社東拓の研究』(東京：不二出版、2000年)に収録、11-14頁。

(20) 昭和12年(1937)10月、日本中央政府は企画庁と資源庁を合併し、企画院になった。平時と戦時の国力の拡充と運用の企画と協調を行った。物資動員計画を中心とする貿易、資金および労働力の動員など各種の計画、生産力拡充計画の制定・作成を行った。企画院は戦時経済統制参謀本部の任務を担当した。中村隆英「概況」『「計画化」と「民主化」』(東京：岩波書店、1989年)、8-9頁。

(21) 企画院研究会『国策会社の本質と機能』13-24頁。

(22) 野田経済研究所『戦時下の国策会社』(東京：野田経済研究所、1940年)、3-4頁。

(23) 昭和12年(1937)に満州5カ年産業計画の重工業の発展に合わせ、満州政府は「満州重工業開発株式会社法」を公布し、満州重工業会社(MHID：満業)を設立した。この企業は新興財閥日本企業が主導したが、政府の出資比率が50％であり、特権を与え、年間配当率は7.5％であり、依然として特殊会社で、重工業の発展の中心である。この企業は満鉄の地位に代替し、1部分の満鉄の付属企業は満産に移籍した。昭和20年(1945)に傘下には40社の企業。(Nakagane, Katsuji, "Manchukuo and Economic Development," pp.88-91) 昭和12年(1937)以降、満業は拓殖型の満鉄に替わり、満州重工業のトップになった。それに比べて、台湾では拓殖型国策会社の台拓が主導していた。明らかに、この2つの地域での戦時植民地戦略が異なっていた。

(24) 昭和11年(1936)8月に日本が制定した南進を国策とする雰囲気に合わせて、同年6月に、まず、日本政府は「台湾拓殖株式会社法」を公布し、7月

に再び南洋拓殖株式会社の設置の勅令を公布した。大畑篤四郎「南進論の系譜」矢野暢編『東南アジアと日本』(東京：弘文堂、1991年)、43頁に収録。

(25) 大正6年 (1917)、東拓の対外拡張に従って、本社も京城（ソウル）から東京に移転した。拓務大臣官房調査課『拓務要覧』昭和13年版（東京：杉田屋、1939年)、昭和13年版、448頁。

(26) 東拓の設立後8年間以内に、日本政府は毎年30万円の補助金を提供した。閉鎖機関整理委員会『閉鎖機関とその特殊清算』（東京：クレス、2000年)、278頁、282頁。

(27) 上の注に同じ。281頁。企画院研究会『国策会社の本質と機能』124-125頁。

(28) 金早雪「東洋拓殖株式会社における国策投資と戦時体制」河合和男など編『国策会社・東拓の研究』132頁。

(29) 朱徳蘭「十五年戦争と日本企業の経済活動」『九州国際大学社会文化研究所紀要』第43号（1999年3月)、189頁、192頁。朱徳蘭「台湾拓殖株式会社在広東的経済活動」『中国現代史専題研究報告二十二輯：台湾与中国大陸関係史討論会論文集』（台北：国史館、2001年)、422頁、424頁。

(30) 『台湾拓殖株式会社文書』（以下、台拓文書)、第998冊、18頁。

(31) 台拓『台湾拓殖株式会社社報』（以下、台拓社報)、第35号、(1939年5月31日)、101頁。

(32) 日本政府や植民政府の東拓と台拓への出資比率が次第に低下し、逆に南洋拓殖会社、満州拓殖会社、北支開発株式会社、中支那振興株式会社および樺太開発株式会社の出資金額は終始50％以上を占めていた。かつ、満拓、北支那および中支那など会社は逆に増加した（金早雪「東洋拓殖株式会社における国策投資と戦時体制」、表4-3）このような現象は植民地の2大拓殖型会社が日本政府の保障の下で、公開株式の募集から資金が獲得することができることを意味している。満州や中国などの拓殖型会社の大半は依然として日本政府の持続的な補助に頼っていた。

(33) 「台湾拓殖株式会社要項」『台拓文書』第762冊、367頁。

(34) 涂照彦著『日本帝国主義下の台湾』（東京：東京大学出版会、1973年)、347～348頁。

(35) 金子文夫「対外経済膨張の構図」原朗編『日本の戦時経済：計画と市場』（東京：東京大学出版会、1995年）に収録、191頁、194頁。
(36) 王世慶「台湾拓殖株式会社之土地投資与経営：以総督府出資之社有地為中心」劉沢民、傅光森編『台湾拓殖株式会社檔案論文集』（台北：中研院人社中心、2007年）に収録、48-49頁。
(37) 研究回顧、第2節に詳しい。
(38) J. A. Schneider, *"The Business of Empire: The Taiwan Development Corporation and Japanese Imperialism in Taiwan 1936-1946."* Ph.D. dissertation (Cambridge, Massachusetts: Harvard University, 1998), pp.183-185.
(39) 台拓と拓務省、外務省の関係は、近藤正己『総力戦と台湾』（東京：刀水書房、1996年）、107-108頁に詳しい。
(40) 何玉雲「池上平原的土地利用与農業経営」（台北：国立台湾師範大学地理所碩士論文、1996年）；林聖欽「花東縦谷中段的土地開発与聚落発展」（台北：国立台湾師範大学地理所碩士論文、1995年）参照。しかし、これらの研究は初期の台拓の資料の獲得が難しいため、東部事業地の分布、経営内容の論議には限界があり、また検討の余地がある。例えば、林聖欽は終戦の前に台拓の大里事業地の移民は既に離散したと誤っている。
(41) 戦後大蔵省管理局出版の調査書では、昭和6年（1931）の満州事変から昭和12年（1937）の日中戦争の勃発期間は戦争準備段階と戦争準備経済段階としている。（『日本人の海外活動に関する歴史的調査』第12冊、台湾編1（東京：大蔵省管理局、1947年、68頁）。堀和生はこの時期を「準戦時体制」と呼んだ。（堀和生「植民地の独立と工業の再編成：台湾と韓国の事例」中村哲編著『東アジア資本主義の形成』（東京：青木書店、1994年）、191頁。中村隆英は「備戦体制」と呼んだ。その形成過程は、中村隆英『昭和史』（東京：東洋経済新報社、1993年）、203-214頁を参照。
(42) 中村哲編著『1930年代の東アジア経済』（東京：日本評論社、2006年）、4-6頁。1932-1936年の日本産業の重化学工業化は、橋本寿朗「産業構造の重化学工業化と資本の組織化」社会経済史学会編『一九三〇年代の日本経済：その史的分析』（東京：東京大学出版会、1982年）に収録、103-185頁。

(43) 1930年代末、日本の対植民地の貿易は、輸出が60％、輸入が40％を占めていた。堀和生「植民地帝国日本の経済構造：1930年代を中心に」『日本史研究』462（2001年2月）、32頁。後進の日本帝国主義と西方経済帝国主義の比較は、W. G. Beasley, *Japanese Imperialism, 1894-1945* (New York: Oxford University press, 1987) が挙げられる。

(44) 中村隆英「『準戦時』から『戦時』経済体制への移行」近代日本研究会編『近代日本研究9：戦時経済』（東京：近代日本研究会、1987年）、2-3頁。三輪芳朗『計画的戦争準備・軍需動員・経済統制』（東京：有斐閣、2008年）は、政府の執行能力から、戦時経済の計画化と統制化の通説に挑戦している。

(45) 戦前から今まで、日本の学者は近代戦を「総力戦」と呼んだ。小林英夫は第1次世界大戦から戦後の冷戦時期の20世紀は総力戦の時代を呼んだ。1930年代以降、日本帝国はファシズム型総力戦体制に入った。小林英夫『帝国日本と総力戦体制』（東京：有志舎、2004年）、1-3頁。

(46) 日本は如何にして第1次世界大戦以後、近代戦の特質を認識するようになり、次第に自給自足の達成のために、対外拡張の過程を辿ったかは、Michael A. Barnhart, *Japan Prepares for Total War: The Search for Economic Security, 1919-1941.* (Ithaca: Cornell University Press, 1987), pp.22-49を参照。

(47) 軍需、軍需品の概念および軍需と重工業化の関係は、下谷政弘『戦時経済と日本企業』（京都：昭和堂、1990年）、4-16頁。

(48) 安藤良雄『太平洋戦争の経済史的研究：日本資本主義の展開過程』（東京：東京大学出版会、1987年）、47-48頁。

(49) Jack Synder, *Myths of Empire: Domestic Politics and International Ambition* (Ithaca, N.Y.: Cornell University Press, 1991), Chap.4. Peter Duus 更に一歩進んで、その意義の解釈は、過度の軍事投入（military overcommitment）、領土の過度拡張（territorial overextension）、自己的包囲（self-encirclement）である。Peter Duus, "Introduction," in Peter Duus, R. H. Myers, and Mark R. Peattie eds., *The Japanese Wartime Empire, 1931-1945.* (New Jersey: Princeton University

Press, 1996), pp.Ⅷ-ⅩⅣ.
(50) 高嶋雅明『企業勃興と地域経済：和歌山県域の検証』（大阪：清文堂、2004年）、49-56頁、478-481頁。
(51) Ramon H. Myers, "Creating a Modern Enclave Economy: The Economic Integration of Japan, Manchuria, and North China, 1932-1945," in Peter Duus, R. H. Myers, and Mark R. Peattie eds., *The Japanese Wartime Empire, 1931-1945.* pp.136-170.
(52) 1978年 Samuel P. S. Ho は、日本統治期の台湾の工業発展を「工業の飛び地」と呼んだ。しかし、その中身については定義していない（*Economic Development of Taiwan, 1860-1970.* New Haven: Yale University Press, 1978, Chap.5）。植民地の工業の飛び地（enclave）論は、戦後初期に韓国の学者が提起した。彼らは日本植民地時期の軍需工業化は朝鮮を帝国の中国への北侵の兵戦基地としたもので、朝鮮内部の需要と連結していないと批判した。堀和生、中村哲、安秉直などは植民地の貿易規模の拡張と経済の大幅な成長を批判した見方である。中村哲『近代アジア史像の再構成』（東京：桜井書店、2000年）、第2章。植民地工業の飛び地論の特徴は本書の第5章に詳しい。
(53) この4つの段階は、（1）昭和12年（1937）～昭和14年（1939）9月の統制の開始、基本法の準備。（2）昭和14年（1939）10月～昭和16年（1941）7月の統制は軍需に限らず、全民生活に波及する。（3）昭和16年（1941）8月～昭和19年（1944）の軍需生産の増強のため、軍需省を設置、軍需会社法の制定、大規模企業に向かって発展。（4）崩壊期。中村隆英「概説：1937-54年」10-14頁。
(54) 涂照彦『日本帝国主義下の台湾』346-349頁。
(55) 梁華璜「台湾拓殖株式会社之成立経過」『成大歴史学報』6（1979年7月）、187-222頁；梁華璜『台湾総督府南進政策導論』（台北：稲郷、2003年）、1-50頁。
(56) 1970年代の台湾史研究の状況は、林玉茹、李毓中『戦後台湾的歴史学研究1945-2000：台湾史』（台北：国科会人文研究中心、2004年）、379頁を参照。同書の和訳は、森田明監訳『台湾史研究入門』（汲古書院、2004年、291

頁）である。

(57) 久保文克「台湾拓殖株式会社と『南方進出』（Ⅰ）：植民地期台湾の本格的工業化との関連で」、『中央大学企管研究所年報』13（1992年7月）、79-105頁。同「台湾拓殖株式会社と『南方進出』（Ⅱ）：植民地期台湾の本格的工業化との関連で」、『中央大学企管研究所年報』14（1993年7月）、45-182頁。

(58) 久保文克『植民地企業経営史論：「準国策会社」の実証的研究』（東京：日本経済評論社、1997年）。

(59) 王世慶「台湾拓殖株式会社檔案及其史料価値」、国立台湾大学歴史学系編『台湾史料国際学術研討会論文集』（台北：台湾大学歴史系、1993年）に収録、157-176頁。

(60) 游重義「台湾分館館蔵台湾拓殖株式会社資料及其利用」、国立中央図書館台湾分館編『慶祝中央図書館台湾分館建館七十八週年紀念暨改隸中央二十週年紀念館蔵与台湾史研究論文発表研討会彙編』（台北：中央図書館台湾分館、1994年）に収録、99-116頁。簡栄聰「台湾拓殖株式会社檔案典蔵過程及其価値評估」『台湾文献』45(2)（1994年6月）、89-111頁。簡栄聰「台湾拓殖株式会社『華南事業檔案』反映之史料価値」『檔案与微縮』40（1996年）、22-41頁。周菊香「檔案評估：以台湾拓殖株式会社檔案為例」『台北文献』直116（1996年6月）、55-88頁。河原林直人著・鍾淑敏訳「関於台湾拓殖株式会社檔案」『近代中国史研究通訊』26（1998年9月）、128-138頁。朱徳蘭「台湾拓殖株式会社文書中的広東檔案資料」周偉民編『瓊粵地方文献国際学術研討会論文集』（海口：海南出版社、2002年）に収録、434-471頁。

(61) 林孟欣「台湾総督府対岸政策之一環：福大公司対閩粵的経済侵略」国立成功大学歴史語言所碩士論文、1994年。林孟欣「台湾総督府対岸政策之一環」『台湾風物』47(3)（1997年9月）、89-125頁。游重義「台湾拓殖株式会社之成立及其前期組織研究」国立台湾師大歴史所碩士論文、1997年。張静宜「台湾拓殖株式会社之研究」国立中央大学歴史所碩士論文、1997年。褚塡正「戦時『台拓』的嘉義化学工場研究」国立中正大学歴史所碩士論文、1999年。

(62)　游重義「台湾拓殖株式会社創立之背景」(上)(下)(『国立中央図書館台湾分館館刊』2(2)、2(3)、1995年12月、100-101頁、1996年3月、75-102頁。
(63)　張静宜「台湾拓殖株式会社在南洋貸款投資事業之初探」『東南亜季刊』3(3)(1998年7月)、83-101頁；同「台湾拓殖株式会社組織推移之探討」、『台湾風物』48(2)(1998年6月)、43-83頁；同「台湾拓殖株式会社董事任用之分析」『台北文献』131（2000年3月)、139-158頁；張静宜「台湾拓殖株式会社与日本軍国主義」国立成功大学歴史所博士論文、2003年。
(64)　張静宜『戦時体制下台湾特用作物増産政策之研究（1934-1944)』(高雄：復文図書、2007年)。
(65)　林玉茹「国策会社的辺区開発機制：戦時台湾拓殖株式会社在東台湾的経営系統」『台湾史研究』9(1)（2002年6月)、1-54頁；同「国家与企業同構下的殖民地辺区開発：戦時「台拓」在東台湾的農林栽培業」『台湾史研究』10(1)（2003年6月)、85-139頁。
(66)　J. A. Schneider, "*The Business of Empire: The Taiwan Development Corporation and Japanese Imperialism in Taiwan 1936-1946.*"; J. A. Schneider, "The Taiwan Development Company and Indochina: Subimperialism, Development and Colonial Status," *Taiwan Historical Research*, 5(2) (2000), pp.101-133.
(67)　その会議後、ただちに論文集を出版していない。このシンポジューム（研討会）は台拓を研究対象とする論文は6編である。そのなかに、劉序楓「台湾総督府対華南調査活動初探：以対福建之調査為中心（1937-1945)」は中央研究院中山人文社会科学研究所主催の「台湾資本主義発展学術検討会」に発表していた。2001年12月27-28日。
(68)　王世慶「台湾拓殖株式会社之土地投資与経営：以総督府出資之社有地為中心」、1-55頁。
(69)　林玉茹「国策会社的辺区開発機制：戦時台湾拓殖株式会社在東台湾的経営系統」、1-54頁；同「国家与企業同構下的殖民地辺区開発：戦時「台拓」在東台湾的農林栽培業」、85-139頁；同「戦争、辺陲与殖民産業：戦時台湾拓殖株式会社在東台湾投資事業的佈局」『中央研究院近代史研究所集刊』

43（2004年3月）、117-172頁；同「軍需産業与辺区政策：台拓在東台湾移民事業的轉向」『台湾史研究』15(1)（2008年3月）、81-129頁。

(70)　褚塡正「戦時台湾拓殖株式会社之研究：試析嘉義化学工場、1939-1945」（上）（下）（『台北文献』141、142（2002年9月、12月）、87-118頁、87-121頁）。同「台拓三徳礦業所之経営困境研究、1940-1946」『台北文献』150（2004年12月）、131-164頁。

(71)　張炎憲、范雅鈞「台湾拓殖株式会社在台湾之工礦事業経営」劉沢民、傅光森編『台湾拓殖株式会社論文集』、56-102頁。

(72)　何鳳嬌「戦後台湾拓殖株式会社社有地的接収与処理」『国史館学術集刊』7（2006年3月）、257-295頁；同「戦後台湾拓殖株式会社事業地的接収与経営」『国史館学術集刊』16（2008年6月）、223-258頁。

(73)　朱徳蘭「日拠広州時期（1938-1945）的広州社会与台拓国策公司的自来水事業」、唐力行主編『家庭、社区、大衆心態変遷国際学術研討会』（安徽：黄山書社、1999年）に収録、400-410頁。同「従台拓檔案看日拠広東時期的中日合辦事業」、葉顕恩等編『中国伝統社会経済与現代化』（広東：人民出版社、2001年）に収録、332-346頁。同「台湾拓殖株式会社在広東的経済活動：以農産事業為例（1939-1943）」、419-439頁；同「戦時台湾拓殖株式会社広東支店的鎢礦収購活動（1939-1943）」劉沢民、傅光森編『台湾拓殖株式会社檔案論文集』175-202頁。

(74)　鍾淑敏「台湾拓殖株式会社在海南島事業之研究」『台湾史研究』2(1)（2005年6月）、73-114頁；同「台湾総督府与南進：以台拓在海南島為中心」『台湾拓殖株式会社檔案論文集』、205-246頁。

(75)　周婉窈「従『南支南洋』調査到南方共栄圏：以台湾拓殖株式会社在法属中南半島的開発為例」、劉沢民、傅光森編『台湾拓殖株式会社檔案論文集』、103-168頁。

(76)　昭和16年（1941）に、松沢勇雄などが組織した研究会は、二重の角度から国策会社の性質を検討した。国策会社の営利性から言えば、松沢は「最低の統制および救済事業利益率」、「低い開拓事業利益率」および「まずまずの開拓事業利益率」に分けられるとしている。松沢勇雄『国策会社論』（東京：ダイヤモンド社、1941年）、2頁、第1章、第7章。

(77) 金子文夫『近代日本における対満州投資の研究』(東京：近藤出版社、1991年)。

(78) 黒瀬郁二『東洋拓殖株式会社：日本帝国主義とアジア太平洋』(東京：日本経済評論社、2003年)。

(79) 湊照宏「日中戦争期における台湾拓殖会社の金融構造」『日本台湾学会報』7 (2005年5月)、1-17頁；同「太平洋戦争期における台湾拓殖会社の金融構造」『日本植民地研究』18 (2006年6月)、35-50頁。

(80) 谷ヶ城秀吉「戦時経済下における国策会社の企業行動：台湾拓殖の華南占領地経営を事例に」『東アジア近代史』10 (2007年3月)、103-127頁。

(81) 斉藤直「国策会社における「国策性」と「営利性」：戦時期の台湾拓殖における増資をめぐる議論の検討」『早稲田商学』416 (2008年6月)、71-103頁。

(82) 王世慶「台湾拓殖株式会社之土地投資与経営：以総督府出資之社有地為中心」、44-45頁。

(83) 柴田善雅「台湾拓殖株式会社の南方事業活動」、『日本植民地研究』20 (2008)、1-21頁。

(84) 朱徳蘭「台湾拓殖株式会社的政商網絡関係 (1936-1945)」『台湾史研究』12(2) (2005年12月)、75-119頁。

(85) 台拓の目録と檔案の紹介は、前の節の説明を参照。

(86) 本書では11件の関係者のインタビュー記録を収録した。インタビュー対象者、期間および基本資料は、参考文献を参照。

(87) 台拓年度の計算は毎年の4月1日から翌年の3月31日を該当年度とする。台拓文書の性質と問題は、王世慶「台湾拓殖株式会社檔案及其史料価値」、157-176頁；朱徳蘭「台湾拓殖株式会社文書中的広東檔案資料」、434-471頁を参照。

(88) 注目に値するのは、日本統治末期の台湾の特殊作物の知識は突出しているために、本書は依然として当時の記録を主とし、現行の植物図鑑の基本属性の紹介を補助とする。部分的な植物については資料の制限を受け、完全に再現することができていない。付録7のほかに、表3－2を参照。

第2章　経営系統：
特殊な辺地のメカニズム

　長島修の指摘によれば、戦時経済体制下の企業の特徴は、集団化、組織化および企業規模が拡大に向かうことである。同時に、半官半民の組織の大幅な増加である[1]。国策会社の台湾拓殖株式会社（以下、台拓）は、戦時経済体制の産物であり、それも台湾で最大規模の半官半民の拓殖会社である。台拓は国家資本の性質を持ち、近代企業の組織形態を取り、多数の部門を掌握した。そして、絶えず新事業を発展させ、新たに多くの子会社や広範な投資関連会社を設け、超巨大な企業集団になった。

　企業の組織的な仕組みはその運営管理、事業方針および地域経営の配置を反映していた。本章は台拓の東部経営システムを主題として、以下の課題を検討する。昭和12年（1937）7月以降、台拓はなぜ積極的に東部に進出したのか。台拓は果たしてどのようなメカニズムによって東台湾を経営したのか。時代の環境変化の中で、東部の組織変化およびその反映の意義は何か。以下ではまず、台拓の東台湾経営の背景を検討し、その次に台拓の東台湾の管理上の仕組みを説明する。最後に、その人事組織の構成を分析し、台拓の東部の経営メカニズムと特色を解明する。

第1節　府庁の東部経済政策の執行機関

　昭和11年（1936）5月、長年の議論によって遅れていた「台湾拓殖株式会社法案」は、遂に日本帝国議会第69回特別議会を通過した。6月、

日本政府は法令第43号に基づいてこの法律を公布し、7月には施行細則を公布した。11月25日には台拓は東京で創立大会を正式に開催し、12月5日に運営が開始された[2]。それから、台湾初の拓殖型の「国策会社」が登場したのである。同様の植民地朝鮮の東洋拓殖株式会社に比べて、30年近くも遅れて創設されたものである[3]。

　台拓は台湾島内、華南、南洋地域の拓殖事業を経営し、拓殖資金を営業目的に提供していた。一方では台湾総督府から台拓に官有地を出資の半分とし、他方では日本政府と総督府は、台拓に対して監督管理権を掌握し、発展方向については国家的意志の支配を行った。これは「国家と国民の委託を受けた公共機関」であった[4]。台拓の事業方針は、短期の利潤を追求する営利会社とは違い、その経営は国家に対する重要な事業であり、政府の特別な保護を受け、色々な特権が与えられていた[5]。そのために、東台湾を島内事業地の1つとして選択することは、日本統治末期の東部の発展に対して特別な意義を持っていた。しかし、なぜ台拓は辺地の東台湾で事業を経営したのか。この課題を解明するには、台拓の設立の動機と使命、植民地政府の東部政策の転換および昭和11年（1936）以降の山地開発の3つの方面から説明する必要がある。

(1) 国策会社の設立と使命

　台拓の創設の動機と目的については、多くの論述がある[6]。過去の研究成果および昭和10～11年（1935～1936）の台拓の設立以前の台湾総督府と帝国政府との往来文書からまとめると、少なくとも以下の4つの要因に基づいている。

1) 南進政策の確立

　帝国政府は明治38年（1905）の日露戦争に勝利してから、陸軍の朝鮮、

中国大陸に向けて発展する北進論が優勢であった。大正3年（1914）の第1次世界大戦以降、日本はドイツに代わって南洋の植民地を統治するようになり、いったん南進に対する興味があったが、直ちに消失した。昭和10年（1936）になると、海軍の南進論がやっと帝国政府の承認を得て、台湾の地位もそのために大いに高まった[7]。他方、既に昭和10年（1935）の「領台40年」が大いに宣伝され、台湾の「南進基地論」は再び沸き上がった。総督府は進んで「熱帯産業調査会」を開催し、南進の方針を確立するようになった。そして、特殊会社を設立して、南進政策の代理機関とし、直ちに海外事業を推進して南洋の日本人企業に協力することを決定した[8]。帝国政府の承認を得るために、昭和10年5月～11年6月（1935～1936）までに、台湾総督府と拓務省が協調して台拓の設立案の作成時に、提出した台拓の設立主旨、要綱および説明書の中で、特に台湾の帝国政府の南洋に発展する有利な位置に所在することを強調した。台拓を政府の代理機関として、東洋拓殖株式会社と共に南洋事業の発展に協力するのが、その設立の主要な理由であった[9]。すなわち、時代の雰囲気に合わせて、総督府は特に帝国政府の利益の角度から台拓の南進の役割を強調し、帝国議会の支持を取り付け、長年にわたり遅延してきた会社の設立の許可を取得したのである。

2）島内の未開発および官有地の管理と開墾

台拓の設立の第2の理由は、台湾島内の未開発であり、なお広大なフロンティアおよび未墾地があった。内地人（日本人）の移民の移植をもって、台湾統治が強固にできるのみならず、当時の帝国圏内の熱帯産業の開発の重要な使命を完成することができる。つまり、台拓はその使命を執行する総督府の代理機関になることである[10]。次に、台湾総督府は自らが地主の身分によって官有地を管理し農民の抗争が発生し、農地が

台湾人の手中へと流失するのを避けるとともに、膨大な官有地の資本を台湾および南洋の拓殖基金に充てるために、拓殖会社の設立を必要としたのである。それによって、官有地と原野や荒地の開墾を統一的に管理するようにした[11]。そのほかに、総督府も過去の小地域の零細な開墾が、資源の開発上では不利であると考え、大資本を投入して統制計画的な開墾事業を進行させるようとしたのである[12]。

3）農業多元化への発展

1930年代以前の台湾の農業は米、糖の生産が中心であった。1930年代以降、日台の米穀競争、工業化および軍需原料の需要、山地開発事業の展開などの要因によって[13]、台湾農業の発展は多元化の方向に転じた。特に熱帯作物の栽培を奨励し[14]、外貨の節約、輸出の増加、国際収支の改善を図ることであった[15]。そのために、台拓の設立の使命の1つは、戦争準備および工業化の需要に応じ、官有地の利用による熱帯農業の発展であり、台湾で長年にわたり熱帯栽培業の研究および経験を華南や南洋において応用することであった[16]。

4）台湾工業化の推進

1930年代以降、日本の資本主義の発展とその限界、台湾の農業発展の飽和状態、台湾と南洋地域の産業の競争などの要因、および満州事変以降の日本帝国は戦争準備体制に入り、現地で軍需品の調達が必要となり、植民地台湾は農業から工業の発展への積極的な転換となったのである[17]。特に、昭和9年（1934）の日月潭水力発電プロジェクトが完成した後、台湾での工業化進行の条件はさらに完備するようになった。台拓の設立後、新興工業の資金の提供が可能になり、電気化学工業、重工業などの方面においても、機関車の役割を演じるようになった[18]。

全体的に言えば、台拓は南進および南洋拓殖資金の提供、台湾の長年の

懸案の官有地問題、熱帯原料の開発および台湾の工業化の促進などの要因の積極的な解決のために設立したものである。南進の発展のほかに[19]、未墾地やフロンティアの徹底的な開発および内地人移民の移入は、台拓島内の最優先の事業であった。しかし、総督府の大半の官有未墾地のうち、特に山地は主に東部に分布していた。総督府内務局局長の西村高兄は、「台拓の使命の半分は東部開発である」[20]と主張した。その次に、東部に荒地が最も多く、西部の土地開発が飽和状態に達しており、米穀とサトウキビの相剋の不利な状況下にあるのに比べて、東部は熱帯特殊作物の栽培の推進にさらに良い条件を持っていた[21]。そのために、早くも台拓の創業の検討の初めに、既に東台湾の広大な未墾地の開発、移民事業の施行および熱帯栽培業の発展の方針を確立していたのであった。

(2) 東部産業政策の調整：
東台湾開発計画調査から東台湾開発委員会の設置

前述のように、台拓は台湾総督府の極力的推進によって設立したもので、台拓の施行令の中で特に総督府の台拓に対する監督管理権が確立されている[22]。そのために、台拓の事業経営は必然的に、総督府の政策をもって指導の準則とした。1930年代、植民地政府の東部政策は、台拓がその地の経営を主導する理由の1つになった。そうであるならば、植民地政府の東台湾に対する政策は何か。1930年代にはどのように変化したのか。

東台湾の台東および花蓮港の2つの庁は交通が不便なため、開発が遅延し、人口が少なく、経済的および政治的な価値が高くなく[23]、終始植民地の辺の位置にあった。そのために、歴代の政権の東部統治の初期

には、主権の確立のみであり、放任や現状維持の軽視の態度を採用していた[24]。1920年代末以前、台湾総督府の東台湾に対する政策は概ね官営移民と理蕃事業が主であり、産業開発は民間会社に委ねられていた。大正15年（1926）以降、東部開発問題に始めて注目するようになった。昭和20年（1945）の第2次世界大戦の終焉に至る20年間近く、植民地政府は数回にわたり東台湾の開発の青写真を描いた。そのうち、大正15年（1926）の「東台湾開発計画調査」と昭和11年（1936）の「東部開発調査委員会」の設置が最も具体的で、最も重要である。東部開発調査委員会が提出した具体的な計画案は、台拓の東部経営に対して具体的な指導的作用を備えていた。大正15年の調査は昭和11年の委員会の設置の基礎であり、それについては説明を加える必要がある。

大正15年〜昭和3年（1926〜1928）の間、台湾総督府は総経費17万円をもって、3年間の東部開発計画調査を展開した[25]。この調査の展開は当時の総督府の南進政策の挫折と、東部の交通改善、日本移民の成果、東部の資源開発および地方官民の促進が関係していた。

まず、1920年代半ばに、加藤高明内閣の施政方針に合わせて、台湾総督府の南進政策が次第に鎮静化に向かい[26]、転じて島内の発展、特に東部開発に力を注ぐようになった。大正15年（1926）に伊澤多喜男総督は、自らが東部を視察し、次のように指摘した。「東台湾の開発がなければ、台湾の開発は全うしたとは言えない」[27]。

明らかに、西部の統治が安定した後に、如何にして東部を開発し、東部の資源を活用するかが、植民地政府の重視するところであった。その次に、東部開発の最大の障害は交通の不便であった[28]。大正15年（1926）3月、17年間を費やして台東から花蓮に至る縦貫鉄道が正式に開通し、東部の産業開発が可能になり、またそれが東部開発論の促進剤に

なった[29]。第3に、明治末期、植民地政府が「東台湾の内地化（日本化）」計画を策定した[30]。明治43年（1910）から東部の官営日本人農業移民と林野調査事業を行った[31]。大正5～10年（1916～1921）には、東部の土地を次々と査定し、土地の所有権を確定した。同時に、土地の国有化を通じて、土地を日本の資本家や日本人移民に開放した[32]。そのほかに、東台湾は農業、林業、水産業および鉱業の資源を問わず、相当豊富であった。大正5年（1916）以降、塩水港製糖会社を始めとして、日本内地の大型会社は東部の鉱産に対して数回に分けて測定と発見を行ったが、躊躇して投資・発掘は進まなかった[33]。そこでは国家の力量によって東部開発調査の必要性が明らかであった。大正末期、東部の官民、特に日本人は強力に「産業第一主義」をもって、東部資源の開発を鼓吹した[34]。

　明治末期から大正初期の東部で展開した官営移民事業の成果が芳しくないにも拘わらず、日本人移民を名義として帝国議会に対して東部のインフラ予算を取得するのが、総督府の一貫した戦略になった[35]。大正15年（1926）の開発計画調査は、日本人の東部開拓への移入を「第1要因」とするものであり[36]、そのために、調査項目は主に移民事業と関係していた[37]。調査の結果、東部開発には交通設備の構築、耕地開発および保護施設、移民施設、関連産業施設および衛生設備などが急務であることが確認された[38]。

　昭和3年（1928）、財政の窮迫によって、調査計画は一時的に中止となった[39]。しかし、この計画は調査を重点としていたので、総督府はこれらの調査事業を通じて、次第に東部開発問題に正面から向かったのみならず、東部の殖産の特性と発展方向に対してより深く理解するようになった。昭和4年（1929）7月、花蓮港の建設を考慮し始め、事業の調査を継続し、完全な「東部地方拓殖計画書」が提出され、10カ年の継続事業

の基礎とした[40]。しかし、この計画は投資額が多すぎたために、実際には実行することができなかった。一方、昭和4年に総督府の積極的な努力による資金獲得によって、東部地方の農産奨励費が配分され、12月には台東庁に「東部農産試験場」（現在の行政院農業委員会台東区農業改良場）が設置された。農業の指導奨励機関であると同時に熱帯栽培業の試植を行った[41]。この試験場の設置は大正15年以来の計画の具体的な成果であり、「東部開発の先行」であり[42]、1930年代以降総督府が選定した東台湾の島内の熱帯栽培試植地の起源であり、さらに昭和12年（1937）には台拓の東部熱帯栽培事業の大本営とする基礎となった。

昭和4年以降、東部開発調査事業は次第に下火となり、僅かに零細な砂金資源の調査のみであった[43]。昭和10年（1935）の戦争準備情勢の下で、総督府は前後して台湾博覧会と熱帯産業調査会を開催した。来台の「日本の有力企業家」を迎え、東部の視察の後に、具体的な開発案について様々な意見が提出された[44]。東部開発論は再び高揚し、あたかもその後の『台湾日日新報』の報道によれば、

「昨年（昭和11年）、東部開発の声が天の一角に起こり、案のじょう東台湾の存在意義は満天下の注目を浴びることになった。直ちに、総督府を始め、府庁当局の主導下に活動を開始し、日本有数の企業家は続々と進出し、久しく眠っていた台東庁は遂に夜明けの声を聞いたのである」と述べている[45]。

明らかに、東部開発論は再燃し、総督府は再び東部開発を重視するように促した。昭和11年（1936）1月13日に東部開発調査委員会を設置した[46]。この委員会は主に総督府総務長官の平塚広義が委員長を担当し、その下には委員、幹事および書記の合計25名を設置した。そのうち、台東庁と花蓮港庁の庁長が委員のほかに、主に総督府の各局の局長、事務

官および府属などの官僚が担当していた[47]。委員会のメンバーによれば、総督府は明らかに国家権力の強力な主導の下に、東部発展の方向に決意をもっていたことが見られる。

　正式な会議の開催の前に、事実上、台東庁と花蓮港庁によって、先に予備調査が行われ、昭和12年度の具体的な予算編成の根拠が作成された[48]。しかし、大正末期の調査と同じであった。経費の制限のため、調査項目は移民関連事業を主としていた[49]。5月末に調査が終了した。7月24日に中川健蔵総督は正式に委員会を開催し、調査資料を根拠に多くの具体的な提議案を作成した[50]。この計画案は本来の総経費3,500万円の予算をもって、10年間を継続することであった。しかし、総督府の経費の限度のために、昭和12年（1937）度は僅か20万円の河川整理、用水道、堤防の建設および移民村の整備などの工事の予算を計上したのみであった[51]。その後、10カ年計画は総督府の人事異動によって、うやむやのうちに終わってしまった。昭和14年（1939）の花蓮港の築港が完成した後、再び新たに動き始めることになった[52]。

　要するに、東部開発事業が極めて困難なことと経費が膨大であるために、大正末期以来、総督府は国家の力量をもって、東部開発の構想を試行してきたが、常に具体的な調査の後に、経費の限度と実施の困難によって中断された。明らかに、植民地政府の辺地の投資とリスクに基づいて、統治性（governmentality）を考慮していた。しかし、昭和11年（1936）の東部開発委員会の設置は、戦争準備期の東部の重要性を突出させただけでなく、総督府はさらに東部産業の特性を深く掌握し、台拓が東台湾の経営計画に大きな影響を与えたのである。

　最初は経費の困難によって、総督府は終始辺地開発の意志を実現することができなかったが、昭和11年の台拓の設立時にはまさに東部開発論

の高潮期に当たっていた。国策会社によって東部開発を牽引することは時局の趨勢であった[53]。翌年（1937）3月と4月、殖産局長の田端幸三郎はその他の関連局長、課長、技師および台拓幹部を召集し、それぞれ、前後して台東庁長の大磐誠三、花蓮港庁長の藤村寛太が東部開発に関する協議会を開催した[54]。同年1月～5月の間に、台拓社長の加藤恭平と理事の日下辰太も、前後数回にわたり東台湾の事業予定地を視察し、数回にわたり総督府と地方庁当局と東部開発問題について協議を行っていた[55]。日下理事はさらに「台拓の東部に対する使命は、総督府と地方庁の経済方面の執行機関である。東部開発および天然資源の確保を目的とすることにあり、いささかも民業を圧迫する意志はなく、企業計画のない用途、あるいは開発の遅れているものについて、援助や開発を促進するものである」[56]と明言していた。すなわち、台拓の東部事業の性質は、民間と利益を争う意図はなく、東部の資源開発の角度から特に企業の投資の意志がないもの、あるいは発展の遅延している項目に即応して、現地を援助するものであった。その次に、昭和11年の開発調査は、移民を政策の重点としたが、しかし、日本人移民の適地を除いて、企業と開墾移民の予定地も調査した。計画の移民適地と企業の予定地は、台拓の東部事業地の拠り所であるばかりでなく[57]、この計画の具体的な意見方案は、台拓の東台湾の事業の基本的な青写真として作成したものであり[58]、台拓の創立当初の農業発展と移民事業を中心として確立されたものである。

(3) 山地開発事業の展開

台湾は山が多く、山地の全島に占める面積は68％で、日本統治以来の大部分は蕃地と区画され、隔離状態に置かれてきた[59]。1920年代半ば、

総督府は理蕃と林業の必要上、基礎的な山地資源調査に始めて着手した。大正14〜昭和11年（1925〜1936）までに、森林調査計画を実施した。昭和5〜12年（1930〜1937）の間には、「蕃地開発調査」を推進した[60]。言い換えれば、1920〜1930年代は主として、森林と蕃地調査事業に力を注いだが、これはその後の山地開発の前触れであった。

　1930年代中期以降、一方では台湾の平地開発は既に飽和状態に達し、速やかに新しい耕地の拡張が必要であった。他方では、日本は従来から熱帯性工業原料と食糧の不足によって、毎年大量の外貨を輸入に使っていた。戦時準備期の自給自足の戦略的需要にしたがって、山地の開発は時局の趨勢になった[61]。そのほかに、日本は人口過剰、山地農家の貧困問題に直面し、山地の開発は日本の山地移民を移入し、貧農の救済および人口の圧力の緩和を可能にした[62]。昭和11年（1936）、台湾総督府は遂に4ヵ年の山地総合開発計画を正式に進行させ、農林牧畜企業と日本人移民が利用できる山地資源の提供を目標とした[63]。

　台湾の林野面積のうちの90％は東部地域にあるために、山地開発計画が始まると、直ちに東台湾が重点となった[64]。しかし、山地の地形は険しく、開発は非常に困難であった。総督府と地方庁当局は、台拓、三井、三菱などの有力な大企業を東部山地に進出するように勧誘を図った[65]。その後、総督府と台東庁長の大磐誠三の鼓吹の努力の結果、台拓を始めとして、塩水港製糖株式会社、明治製糖株式会社、森永製菓株式会社などが東部山地の開発を申請した[66]。台拓は東部山地開発の「主体」となり、技手を派遣して大武地方の山地開発調査に参加させた[67]。それのみならず、台東庁の知本渓流域、太麻里流域、大武山地（大竹高渓流域）、新武呂（池上と関山）および花蓮港庁の清水渓流域などの地はすべて事業地となった[68]。明らかに、昭和11年（1936）には、精力的に

山地開発調査が展開されたが、これも台拓が東部に事業地の設置を促した要因の1つであった。

全体的に言えば、台拓の進出の前の東台湾では、主に民間企業に開発事業の進行を任せていた。しかし、これらの企業は営利を目的としているため、辺地の開発に対して必要なインフラ建設の投資を行わず、消極的な態度を取り、成果には限界があった[69]。昭和11年（1936）、国策会社の台拓が成立し、まさに東部開発計画の調査と山地開発の調査の展開の時期であった。台拓は島内外の拓殖事業の進行および拓殖資金の提供を目標として、短期間の経営では利益が得られないが国家に有利な事業、あるいは民間では経営に適しない事業を対象にしていた[70]。そのために、自然と台拓は東部開発においてリーダーとしての役割を演じ、さらに進んで日本の資本家に、東部企業の価値を理解するように誘導し、その地への投資を勧誘したのである[71]。台拓は国策に即応して東部で拓殖事業を進行するもののほかに、同時に損失を考えず、およそ国家建設、河川整理、灌漑設備、日本人の移民事業の募集などの事業のすべてをあげて引き受けた[72]。それは東部地域の開発に重大な影響を与え、以前の民間企業とは比較できない成果である。台拓の創立初期は農林拓殖事業を主とする発展方針であり、東部の経営系統を反映したものである。

第2節　辺地ランクの組織構成

昭和11年（1936）11月に台拓が設立された翌年（1937）7月に台東出張所を設置し、東部事業を担当した。その後、台拓は東部において出張所（事務所を含む）、苧麻試験所（後の苧麻事業所）、投資会社など3つの

経営組織が次第に発展するようになった。そのうち、出張所と事業所は台拓の直属の経営系統であった。投資会社は出張所と密接な関係にあったが[73]、独立した企業の組織に属し、性質は複雑であり、第5章において検討する。本節は東部の管理の位置付け、出張所の組織および事業地の設立と構成など3つの部分から説明する。

(1) 台拓の東部の構成と位置付け

　台拓の創設初期の運営組織は社長室、総務部、拓務1部、業務部など1室3部であった。本部の組織は業務の拡大の需要に応じて、数回の調整を経ていた（表2－1）。本部の下には、次第に支店、出張所、事務所、工場および農場などの地方の分支部機構が発展してきた[74]。

　出張所は台拓が最も早く設けた分支機構である。昭和11年（1936）12月、最初に台中、台南と東京の3つの出張所を設けた。翌年（1937）5月に高雄出張所が設立された。台拓の西部事業は社有地の現金地租の徴収を主とし、これは台拓の拓殖事業の資金の基盤であり、各種の事業の根幹であった[75]。あるいは業務規模の差別に基づいて、昭和12年6月30日に台中など3つの出張所は支店に昇格し、その後、7月15日に始めて台東出張所が設置された[76]。言い換えれば、台拓の設立時には、政府側からの出資によって西部社有地の管理を主としており、東部にはまだ支店機構が設置されていなかった。東部出張所の設置は西部よりも遅く、その組織ランクは最初から西部よりも低い。

　台拓の最初の計画の中では、東部にはわずか1つの出張所を設置しただけであった。創立初期は開墾と造林、栽培業を発展の重点にしていた。台東庁は下記の要素によって、特に重視されていた。①台東庁は熱帯気候区に位置し、綿花、苧麻、キナノキ（キニーネ）など特殊作物の栽培に

表2-1 台湾拓殖株式会社の本社組織系統の変遷

部門	昭和11年	昭和14年	昭和16年	昭和17年
社長室	秘書課 調査課 検査課	秘書課 調査課 検査課 鉱業課 船舶課	秘書課　調査課 検査課　礦業課 船舶課　人事課	秘書課　調査課 検査課　鉱業課 人事課
総務部	文書課 経理課	文書課 経理課 調度課	文書課　経理課 調度課　資材課 主計課　営繕課	文書課　経理課 調度課　資材課 主計課　営繕課
拓務部	土地課 拓殖課	土地課 拓殖課 企業課	土地課 拓殖課 企業課	土地課 拓殖課 企業課
土地部				
業務部	企画課 資金課（12年2月に事業課に改称）	南支課 南洋課	南支第一課 南支第二課 南洋第一課 南洋第二課＊	
南方第一部				第一課 第二課
南方第二部				第三課 第四課
南方整理事業部				
林業部				作業課 庶務課
科学室		科学室	科学室	科学室

（資料）　張静宜「台湾拓殖株式会社之研究」（桃園：国立中央大学歴史研究所碩士論文1997）78頁。游重義「台湾拓殖株式会社之成立及其前期組織研究」131頁。台拓調査課編『事業要覧』昭和16年度、5-6頁、昭和17年度、5頁。

昭和18年	昭和19年	昭和20年	備　註
秘書課　調査課 鉱業課　人事課 電信課	秘書課　人事課 電信課　企業課 資料課　検査役	秘書課　電信課 資料課　検査役	昭和19年2月以前は秘書、人事、調査、電信、鉱業等などの5つの課および検査役。
文書課　経理課 物資課　資材課 主計課　営繕課	文書課　経理課 物資課　主計課 営繕課	総務課　経理課 人事課　物資課 営繕課　企業課	
土地課 拓殖課 企業課	拓殖課	拓殖課 農業課	
	土地管理課 開墾干拓課	土地管理課 開墾干拓課 総務課	昭和19年に拓務部から分割。
			＊昭和16年2月に改設、10月に南支課、南洋課に変更。
第一課 第二課	第一課 第二課		
第三課 第四課	第三課 第四課		
		総務課 第一課 第二課	
作業課 庶務課	作業課 庶務課 鉄道課	作業課　庶務課 鉄道課　用度課 会計課　販売課	
科学室	科学室	科学室	

適していた。かつ、最も早くから設置された熱帯栽培試験場である[77]。②昭和12年（1937）5月に台拓の子会社の台湾綿花株式会社は、台東で原綿加工（繰綿）場を設置する予定であった[78]。③台東庁の大武地域は山地開発調査の中心であった。そのために、台拓は東部初期の発展戦略において、台東を重視し、花蓮港を軽視する傾向があり、出張所も台東に設置したのである。

昭和13年（1938）9月27日、花蓮港庁の業務が増加したので、常駐人員が必要となり、花蓮港事務所が開設され、これが台拓の島内事務所の開設の始まりである。台東出張所の本来の業務範囲は縮小され、僅か台東庁内を含むものになった[79]。昭和14年（1939）12月、花蓮港庁は再び事業の急増のために、出張所の昇格を申請し、昭和15年（1940）1月に本社から正式に認可されるようになった[80]。花蓮港庁の機構の変化は、事実上、昭和14年（1939）の花蓮港の築港の完成を反映したものであり、花蓮港庁は次第に東台湾の工業の要地に躍進し[81]、重要性は台東庁を超えるようになった。

台拓の創立初期、総督府の「まず島内の事業を強固にし、その上に南方に発展する」と言う主張に合わせ、台湾の島内の拓殖事業の発展を主とし、海外事業は計画と調査の段階に止まっていた[82]。そのために、台拓の最初からの計画は島内の組織を優先し、日中戦争の情勢の変化に応じて、南進の歩調を加速した。昭和16年（1941）の真珠湾攻撃以降、日本帝国の拡張にしたがって、台拓の事業の範囲を華南、南洋から、更にインド、オーストラリアなどの地域までに拡張した[83]。支店機構の拡張も島外を主とするようになった。昭和19年、新たに設立した9つの支店はすべてが華南と南洋地域であった[84]。逆に、台湾島内の機構の増加は相対的には限界があり、辺地の東台湾では言うまでもなかった。

昭和20年（1945）の日本の敗戦以降、台拓の東部の基本的な管理の仕組みは、1出張所、1出張所1事務所から2つの出張所へとの変化を経たが、基本的な仕組みは昭和14年（1939）に決められた形式のままであった。相対的に、西部や島外機構は事務所や出張所から次第に支店に昇格する現象が見られた。東部の組織のランクは一貫して出張所のランクを維持し、第2級組織の位置付けであり、その業務の拡張にも終始限界があることが明らかであった。

　花蓮港庁と台東庁の2つの出張所のほかに、昭和15年（1940）2月に台湾島内に新竹出張所が増設された。昭和17年（1942）に林業部の設立後、その傘下に羅東、嘉義、豊原、竹東など4つの出張所が設立された[85]。これらの出張所の性質は東部とは異なっていた。木材伐採と木材の販売を主要な業務とし、林業部に直属していた。新竹と東部の出張所は拓務部の下に所属し、開墾、栽培および移民事業を主要な業務としていた[86]。

　林業部の設立の前に、台湾島内の事業の経営は基本的には拓務部の責任であった。その下に土地課と拓殖課が設置された。台南、台中および高雄などの支店の社有地の地租徴収は、土地課が担当していた。東部は開墾拓殖事業をもって主とし、拓殖課の管轄に属していた[87]。昭和19年（1944）には、土地部が設けられ、拓務部は拓殖事業を主とすることになった。同年7月、拓務部拓殖課の管轄の17の事業地のうち、東台湾地域は依然として11カ所を占めていた[88]。台拓の創立当初、最も早いのは東台湾で設立した事業地であり、事業地の数も最も多かった。戦争末期には事業地の数量はなお65％を占めていた。ここから分かるように、島内の開墾拓殖事業は終始東部が重点であった。

　出張所の下の組織は事業地である。台東と花蓮港の出張所の下にそれぞれいくつかの事業地を統括していた。事業地の数は時期と同時に変化

した。戦後の接収時に、台東出張所の下には、初鹿、都蘭、新開園、萬安、池上および新武呂など6つの事業地があった。花蓮港出張所には、鶴岡、大里、落合、長良および萬里橋など5つの事業地があった[89]。

全体的に言えば、台拓の東部の基本的な管理の仕組みは、「拓務部→出張所→事業地」であった。しかし、出張所のほかに、花蓮港庁においても、出張所と同格の台拓の直営工場が設けられ、拓務部の管轄に属していた。昭和16年（1941）、「短茎苧麻および屑茎苧麻綿状化」の方法が発明されたので、台拓は花蓮港庁の鳳林郡瑞穂庄（今の瑞穂郷）に、苧麻綿工場を設立し、苧麻の栽培者の収益を増加させ、戦時軍需製綿用品の増産需要に応じることを決めた[90]。昭和17年（1942）5月、苧麻綿試験工場が正式に設立され、大里と鶴岡の2つの事業地の苧麻の対応と、苧麻綿製造試験の進行を森五郎に委託した。試験の成果は産業価値が非常に高いために、昭和18年（1943）9月に苧麻事業所を改めて設立し、苧麻の栽培、増産指導および製綿紡績事業を統括するようになった[91]。苧麻事業所は原料購入権が特別に許可され、同時に農協の土地28.54甲を購入し、苧麻を栽培し[92]、生産と製造加工の機能も備えていた。

要するに、台拓の台湾島内の機構組織は、前後に出張所、支店、事務所、工場や事業所など4つの類型が出現した。そのうち、出張所と事務所は台拓の東部の最も基本的な経営系統であった。東部の機構は台湾西部や島外機構のように、支店に昇格することが出来なかったのは、事業の規模が終始大幅な拡張がされず、台拓の全体の事業の中での比重が高くなかったことを意味していた。つまり、台湾西部の3つの支店が経営する社有地のレンタル管理事業は、拓殖資金を提供する金庫であり、華南、南洋地域への南進政策の大義名分の"光のリング"の雰囲気の下で、地位も日々高まっていた。これらの優勢はすべて農林拓殖事業が中心で

あり、具体的な成果が定まっていない東台湾地域とは比べることができなかった。その次に、東部の経営メカニズムの発展からわかるように、台拓の東部経営の初期に、山地の開発と熱帯栽培ブームの時代的な雰囲気によって、台東庁の拓殖事業が重点となり、明らかに「台東重視・花蓮軽視」の特徴が現れていた。昭和14年（1939）以降、築港の完成および軍需工業の発展に伴って、花蓮港庁の地位が次第に台東庁を凌駕するようになった。

(2) 出張所の組織と業務

台拓の東部の基本的な管理系統は、台東と花蓮の2つの出張所を主としていたが、昭和18（1943）には苧麻事業所が成立した。経営機構は東部の業務の拡張によって次第に増加した。

台拓は最初に台東出張所を設立し、東部の事業を統括していた。昭和12年（1937）7月の出張所の創設時には主任1名を設けた。昭和13（1938）7月に所長に改称した[93]。出張所はもともと数名の職員で業務を担当し、各事業地を管理した。1940年代以降、組織が次第に完備され、各事業地には常駐の駐在員が設けられた（付録1）。また、庶務課、農務課、土地課および林務課などの4つの課に分けられ[94]、その下で各事業地の業務を管轄していた。

出張所の職員は所内定例の事務のほかに、業務の需要に応じて各事業地に出向き、測定、調査、種子の分配、指導および監督などの業務を行い、定期的に台北の本社に出張する必要があった[95]。そのほかに、台拓本社の理事・監事、技術職員や総督府と拓務省の官員は、常に定期的に東部の視察を行い、監理官を派遣して毎年の帳簿検査と事業地の現地調査を行い、東部の技術職員に執行の成果と問題について質問していた[96]。

図2-1 台拓の台東出張所

（資料）　桜田三郎『事業概観』台北：台拓、1940年、150頁。

帝国政府と植民地政府は台拓の機構組織に対し、明らかに監督と指導の責務を持ち、さらに台拓の総督府の東部産業政策の代理機構の役割を強化することになった。

　花蓮港出張所の前身は花蓮港事務所であり、主任1名を設け、主な事務を担当していた。昭和15年（1940）1月に、出張所に昇格したあとも、その営業の範囲は変わらず、その業務の権限は少し調整された[97]。事実上、所長の権限の弾力的な範囲は終始大きくなかったし、すべての事務は依然として台拓の本社に頼っていた。本社の各機構組織に対する、管理と支配力は極めて強大であった。

　昭和15年（1940）、花蓮港出張所は所長の下に、所長代理、庶務、農務、土地、会計などの4つの課が置かれ、各事業地を統括していた。会計課の新設のほかの、その他の3つの課は台東出張所と同じであった[98]。しかし、台東出張所の管轄内には、総督府の山地開発事業に合わせて、別途に林務課が設けられていた。花蓮港出張所は資金の管理が重視され

ていた。逆に、台拓の島内のその他の支部機構の台中、台南、高雄など各支店と新竹出張所は、概ね総務、土地および拓殖の3つの課が基本的な構成であり、それに各地の業務の特質の相異によって、他の課が新たに設けられた。課の下では係を置いた[99]。明らかに、東部出張所の組織構成はその事業の特色において西部との相異を反映し、自らの特色を備えていた。他方、各課の下に係を設けず、規模も西部より小さかった。

苧麻事業所は試験工場の改変によって作られ、台拓の島内機構の中の唯一の農業加工事業所であった。その主要な業務は、直営農場、苧麻栽培の指導、産物の購入および苧麻の加工と製綿などの事業であった[100]。昭和18年（1943）に事業所が設立され、組織は2度の調整を経た。最初は所長1名、下には4つの課があり、付属の直営農場と工場がそれぞれ1つ設けられていた。

昭和20年（1945）7月、苧麻事業所は、業務と組織を拡張した。業務範囲は花蓮港庁から東台湾に拡大し、組織は5つの課に拡編され、付属の農場と2つの工場があった。新しい組織は業務の拡張に合わせて、新課と工場が設けられ、財務管理部門を縮小し、生産加工部門を強化した。もとの工場課の業務は、原料、製綿、紡績の3つの課に拡編され、付属工場も1つから製綿工場と紡績工場に分けられ、分業がさらに緻密になった（**表2－2**）。

以上によって見えるのは、戦争末期の苧麻の製造加工は一層重要になったのみならず、東部の台拓の苧麻事業の重要な地位が突出していたことを示すものであった。

表 2 − 2　台拓の苧麻事業所の組織と業務

時期	昭和18年8月	時期	昭和20年7月に改定
事業所の業務	1．花蓮港庁下の直営農場を経営。 2．花蓮港庁下の苧麻農園栽培に対する指導、奨励、生産物の購買を指定。 3．苧麻の皮むき製綿など他の関連事業。 4．花蓮港庁下の一般苧麻栽培の指導と奨励。	事業所の業務	左に同じ。花蓮港庁を東部台湾に変更。
組織	職　　務	組織	職　　務
所長 ＊A	社長の命令を受け、事業所業務を担当。 昭和19年2月に制定した基本業務： 1．本社の承認範囲内の傭員の任免、昇給および賞罰に関する事項。 2．臨時労働者に関する労使事項。 3．所長と職員が花蓮港内の出張所に関する事項。 4．100円以内安価の物品の購入事項。	所長	社長の命令を受け、事業所業務を担当。
庶務課	1．秘書に関する事項。 2．人事に関する事項。 3．文書に関する事項。 4．調達と資材に関する事項。 5．他の課でない所管事項。	総務課	1．秘書に関する事項。 2．人事と労務に関する事項。 3．文書に関する事項。 4．調達および資材に関する事項。 5．他の課でない所管事項。
農務課	1．直営農場に関する事項。 2．苧麻の奨励および企画に関する事項。 3．苧麻栽培試験に関する事項。	農務課	左項に同じ。 第5項が少ない。

	4．その他の苧麻栽培技術に関する事項。 5．苧麻収集および購入に関する事項。		
経理課	1．予算、決算および計算整理に関する事項。 2．金銭出納、一般会計、資金運用および貸出に関する事項。 3．その他の経理に関する事項。	原料課	1．原料収入に関する事項。 2．原料枯化精錬に関する事項。 3．原料浸水精錬に関する事項。 4．原料管理および支出に関する事項。
工場課	1．工場に関する事項。 2．苧麻の皮むきおよび製綿に関する事項。 3．苧麻製品管理および販売に関する事項。	製綿課	1．製綿に関する事項。 2．製綿管理、支出および販売に関する事項。 3．機械器具の修理に関する事項。
		紡織課	1．紡織に関する事項。 2．製綿に関する事項。 3．管理製品および販売に関する事項。 4．紡織機械器具の修理に関する事項。
直営農場＊B	直営農場に関する事項。	直営農場	直接経営に関する事項。
工場＊C	工場経営に関する事項。	製綿工場	製綿工場経営に関する事項。
		紡織工場	紡織工場の経営に関する事項。

（資料）『台拓社報』第145号（1944年2月15日）、448頁。『台拓文書』第1121冊、138-140頁、第2309冊。

（説明）＊A所長の下は必要に応じ、所長代理を設ける。B事業所の下の付設部署、農場長や主任を設ける。C事業所の下の付設部署、工場長や主任を設ける。

(3) 事業地の設立と構成

　台拓の島内支店や出張所の下にいくつかの事業地が設置されており、東台湾も同じであった。しかし、時期の変化、自然災害の破壊および執行の成果などの要因の影響を受け、『台拓文書』自体にこれらの事業地の設立時期、面積および記録などの前後に不一致が発生していた。本節では基本的には事業地の設立と構成の検討に重点を置き、その事業内容については次の章で検討する。

　付録2から見られるように、台東出張所は昭和12年（1937）12月の都蘭事業地の創立以来、昭和13年（1938）には次々と初鹿、萬安、新開園など3つの事業地を設置し、綿花の栽培を主力事業とした。他方、昭和12年に薬用植物の魚藤（デリス）の栽培に着手するために、池上の原野と新武呂渓の右岸を栽培地域とすることを予定した。昭和14年（1939）には既に池上と新武呂の2つの事業地が実現した[101]。基本的に、昭和14年以前に、台東出張所の直接管轄の事業地は、既に次々と設立され、分布の地点は主に今の台東県卑南郷、池上郷、関山鎮および東河郷などの郷鎮であった。そのうち、特に池上郷には3つの事業地があり、最も多い。昭和16年（1941）に、もともと昭和19年（1944）には更に呂家事業地（台東県卑南郷利嘉）の設立を計画していたが[102]、概ね戦局が不利になり、うやむやのうちに終わった。

　花蓮港出張所の事業地の設立は台東よりも遅い。昭和13年（1938）5月に、最初に鶴岡と大里の2つの事業地を設け、苧麻の栽培が主力の事業であった。昭和14年（1939）に、花蓮港事務所が設立された後に、落合と長良の2つの事業地が次々と設立された。長良は主に煙草の栽培地である。昭和17年（1942）前後に、台拓は花蓮港庁の農協から、鳳林郡萬里橋地域の土地を借りて、萬里橋事業地を設立した（付録2）。台拓

の花蓮港庁の事業地は、主に現在の富里郷、玉里鎮、瑞穂郷および鳳林鎮の4つの郷鎮に分布し、そのうち、玉里鎮には長良と落合の2つの事業地があり最も多い。

台東出張所と比べると、花蓮港事務所の事業地の大部分は、昭和14年以前に設けられていた。それにもかかわらず、事実上の初期事業は鶴岡と大里が中心である。落合と長良事業地は、早くも昭和13年に既に開墾が計画され、昭和14年に予算、土地のレンタルの編成が開始されたが、順調に進まなかった[103]。昭和17年以降、始めて萬里橋事業地が増設され、さらに落合事業地の開発に着手した。鶴岡、大里および長良も昭和18年（1943）に第1、第2事業地に分けられた[104]。花蓮港事業地の発展形態は、明らかに前後の2つの段階に分かれており、第1、第2事業地に分けられたのは、台東地域には見られない現象であり、事業地の拡張は台東よりも顕著である。これによって、花蓮港事業地の発展主力は苧麻事業であり、明らかに台東の綿花事業よりも成功したと見ることができる。

事業地の類型から見ると、台拓島内の機構組織の管轄下の事業地は、少なくとも開墾、栽培、干拓および芭蕉繊維事業地などの4つの型態がある[105]。東部事業地は開墾事業地と栽培事業地が主体である。台東庁内の事業地は、綿花、蓖麻、黄麻などの熱帯作物の栽培を奨励し、花蓮港庁の鶴岡と大里は苧麻の栽培が主体であった[106]。昭和14年（1939）には、煙草と魚藤（デリス）の栽培の特殊な需要のため、長良と池上の2つの栽培事業地を設置した。前の開墾と栽培の事業を同時に実施する経営モデルとは異なって、この2つの事業地は栽培専門の事業地である。前後の2つの種類の事業地の性質が異なるために、昭和15年（1940）以降に、台拓の東部事業地は東部第1栽培地と第2栽培地の2種類に分け

られた。すなわち、前の都蘭などの開墾事業地は第1栽培地に属し、後に出現した栽培専門地は第2栽培地と称した（付録2）。言い換えると、東部事業地は開墾と栽培を主としていたが、先に開墾事業地があり、後に栽培事業地が出現したことである。そのほかに、台拓の開墾と栽培事業地は最初に東部に設けられ[107]、試験が中心であった。その後、次第に西部や島外へと発展するようになった。

事業地の土地の来源について言えば、台拓の土地は官側からの社有地、買収地および租借地（貸渡地）などの3つの類型があった。社有地は主に台拓の創立時および増資時に、総督府よりの現物出資としての土地であり、台湾の西部に分布していた。買収地は台拓が自ら出資して購入した土地である。租借地は台拓が総督府、地方政府や民間団体から租借した既墾地や未墾地である[108]。東部の土地について萬里橋事業地を農会（農協）からの租借した以外は、総督府から租借した未開墾の原野地が多かった。そのために、土地の所有権は総督府にあって、台拓にはなかった。そのほかに、都蘭、初鹿、鶴岡、萬里橋の1部分の土地は台拓が自ら民間から購入したものである（付録2）。おおまかに言えば、東部事業地の性質は、明らかに官有未墾地が中心で、総督府の台拓の東部拓殖開墾事業に対する影響と支配力はより強力であった。

台拓の創立初期、東部事業地の大半は出張所によって管理し、統括していた。昭和15年（1940）前後に、台拓は既に各事業地に事務所および関連設備を設置し、専業人員を派駐し、事務所の経費も単独で編成した[109]。事業地の設備は各事業地の規模と発展状況を反映していた。台東出張所では初鹿事業地の規模が最大で、実施の成績が最良であった。花蓮港出張所では、鶴岡事業地の規模が最も完備していた。全体的には、鶴岡が台拓の東部事業中、規模が最も大きく、発展も最も安定した事業地で

表 2 − 3 東部出張所と事業地の設備

出張所	機構別	設 備
台東出張所	台東出張所	事務所1棟、宿舎3棟、文書倉庫1棟。
	初鹿事業地	事務所兼宿舎1棟、傭員宿舎3棟、倉庫3棟、トイレ3間、牛小屋1棟。
	都蘭事業地	事務所兼宿舎1棟。
	新開園事業地	事務所兼宿舎1棟、傭員宿舎1棟、倉庫1棟、トイレ1間。
	新武呂農場	昭和16年：事務所および宿舎1棟、農舎1棟、猪舎堆肥舎1棟。 民国35年：傭員宿舎1棟、倉庫3棟、人夫小屋2棟。
	池上農場	昭和16年：事務所宿舎1棟、農舎1棟、堆肥舎1棟、貯水槽1個、井戸1口。 民国35年：傭員宿舎1棟、倉庫1棟、豚舎2棟。
花蓮港出張所	花蓮港出張所	事務所2棟。
	鶴岡事業地	事務所2棟、宿舎1棟、浴室トイレ1間、肥料倉庫1棟、製品倉庫1棟、石油倉庫1棟、マラリア防治所兼家族宿舎1棟、水槽1、牛小屋1棟、乾燥場1棟、実習生宿舎、苧麻皮剝場、人夫小屋。
	大里事業地	事務所兼宿舎1棟、移民小屋8棟。
	長良事業地	事務所、宿舎2棟、浴室トイレ1間、倉庫1棟、井戸4口、煙草乾燥室7棟、倉庫小屋1棟、苦力小屋8棟、堆肥舎。
	萬里橋事業地	事務所1棟。

（資料）『台拓文書』第2274冊、22頁、28頁。第2309冊、54頁。第1038冊、228-229頁。

あった（**表 2 − 3**）。

　要するに、台拓の東部の経営系統において、出張所と事業地が根幹であり、そのほかに、苧麻事業所を設置していたが、事業の主力は開墾と栽培事業であった。事業地の規模は鶴岡と初鹿事業地が最大であった。

第3節　政府の色彩濃厚な人員構成

　経営系統は人事操作に依拠し、台拓の東部機構の人事組織の分析を通じて、組織のランク、事業の規模およびその経営の特色が反映されていることがわかる。以下は人事配置、出身および昇遷などの項目について検討する。

(1) 政府編制型の人事構造

　台拓の創立当初、社務を担当する職員は、社員、準社員、傭員の3つの階級に分かれていた。社員は参事、技師、副参事、書記および技手を含んでいた。準社員は見習と雇員が含まれており、運転手、タイピスト、電話交換手、守衛、小使いや雑役などの需要には傭員を雇用した[110]。昭和12年（1937）2月には、職員の等級規定が変更され、準社員が削除され、社員、雇員および傭員の3ランクとなった。社員の等級の順序は参事、副参事、技師、書記、技手および見習であった[111]。職員の編制はこれでほぼ確立し、その後は嘱託が増えただけで、実際の需要に応じて臨時傭員が雇用される場合があった。台拓の職員の編制は一般の民間会社とは異なっていた。表面上は会社の社員制を採用していたが、職務階級は政府の編制と類似していた[112]。台拓の組織は擬似官僚組織の特色をあらわしていただけでなく、業務経験のある退職の官僚を吸収することが有利であった。

　昭和12年（1937）、台東出張所の設立時の編成は、技師、書記、技手の計5人に過ぎなかった（**表2-4**）。すなわち、技師が出張所の主任や所長を兼ねていた。相対的に島内のその他の支店は、参事が支店長を担

第2章 経営系統：特殊な辺地のメカニズム

表2－4　台拓の東部出張所と事業地の人員構成

出張所や事業地	設立年月	組織	資料来源
台東出張所	昭和12年7月	昭和12年8月技師1、書記1、技手3。 昭和13年3月社員4、傭員2、臨時傭人1。 昭和13年所長技師1、書記4、技手5、雇員1。 昭和15年3月社員6（技師1、書記2、技手3）、雇員2、傭員4。 昭和16年11月社員6、雇員4、傭員3。 昭和17年副参事、書記2、技手4、雇員5。 昭和18年10月所長副参事1、書記2、技手3、雇員13、嘱託1。	『台拓社報』第15号、226頁。『台拓文書』第410冊、18頁、36頁、998冊、9頁、999冊、73頁、1136冊、473頁、2308冊、11頁、『台湾拓殖会社とその時代』511-512頁、『役員及職員名簿』23-24頁。
都蘭事業地	昭和12年12月24日	昭和16年雇員1、臨時傭員1。	『台拓文書』1038冊、210頁、2308冊、12頁。
初鹿事業地	昭和13年1月25日	昭和16年技手1、傭員2。	1038冊、209頁、2308冊、12頁。
萬安事業地	昭和13年1月25日	昭和16年新開園の職員兼任。	1038冊、215頁、2308冊、12頁。
新開園事業地	昭和13年3月28日	昭和16年技手1、傭員2。	2308冊、12頁、1038冊、210頁。
池上事業地	昭和14年	－	2308冊、12頁。
花蓮港事務所	昭和13年9月設立	昭和14年7月技師1、技手1、傭員1。	368冊、66頁。
花蓮港出張所	昭和15年1月23日升格	昭和17年技師1、書記2、技手2、雇員3。 昭和18年10月副参事1、書記1、技手7、雇員10、嘱託1。 昭和19年4月参事1、技手1、雇員3、傭員3。	1136冊、474頁、1839冊、2215冊、13頁、『台湾拓殖会社とその時代』512頁。
大里事業地	昭和13年1月	昭和19年傭員2。	745冊、110頁、2215冊、16頁、2309冊、1839冊。
鶴岡事業地	昭和13年5月14日	昭和19年雇員1、傭員4。	745冊、108頁、2215冊、15頁、2309冊、1839冊。
長良事業地	昭和14年	昭和19年雇員1、臨時傭員1。	2215冊、17頁、2309冊、1839冊。
落合事業地	昭和14年1月	地租255甲請求の後、未整地利用。	745冊、110頁、2309冊、1839冊。
萬里橋事業地	昭和17年	昭和19年雇員2。	2309冊、2215冊、17頁、1121冊、46頁、1839冊。

（資料）三明直之『台湾拓殖会社とその時代：1936-1946』、511-512頁：台拓編『役員名及職員名簿』、昭和13年版、23-24頁：『台拓社報』15（1937年8月9日）、226頁。『台拓文書』、第368冊、9頁：第999冊、73頁：第1038冊、209-210頁、215頁：第1121冊、46頁：第1136冊、473-474頁：第1839冊：第2215冊、13頁、15-17頁：第2308冊、11-12頁：第2309冊。

当し、昭和15年の初めに設立した新竹出張所も副参事が所長を担当していた[113]。台東出張所の所長の職務階級は明らかに低く、辺地の位置の構成を示していた。他方、東部の経営階層の中で、技術官僚は明らかに事務官僚よりも多く、初期事業が農業指導を中心としていたことを意味するものである。その後、台東出張所は業務の拡張と組織上の仕組みの制度化にしたがって、職務階級のわけかたがより明確化した。雇員と傭員の2つの階級が増えただけでなく、特に必要に応じて嘱託と臨時傭員を雇用するようになった。しかし、昭和16年（1941）12月になると、所長は始めて副参事の担当に変更され、昭和19年（1944）4月には、始めて参事職をもって所長に就任することになった（付録1）。

　花蓮港出張所の配置は台東出張所とほぼ同じであったが、花蓮港は事務所の段階を経て、初期の規模は台東出張所よりも小さかった（**表2－4**）。昭和18年（1943）までは、花蓮港出張所の編制は、いずれも台東出張所よりも小さい。明らかに台拓の東部の経営の大半の時期は台東がトップであった。しかし、後期になると、花蓮港工業化の地位が高まり、苧麻製造事業の成功につれて、花蓮港出張所は益々重要になった。昭和18年以降、花蓮港と台東出張所は共に副参事が所長を担任していた。花蓮港出張所の技手以上の職員は、台東の職員に比べてより多く、明らかにこの時期に花蓮港の地位が後から追い越したのであった。昭和19年（1944）4月、もと台東所長の副参事の石塚正吉は昇進して参事になり、同時に台東と花蓮港出張所の所長を担当した。間もなく、台東から花蓮港出張所所長に転任した（付録1、付録3、付録4）。前述の台拓の東部事業所の初期には「台東重視・花蓮軽視」の傾向があったが、後期には転じて「花蓮重視・台東軽視」の趨勢になり、その例証が得られた。台拓の事業発展の方向と総督府の東部の産業政策は同じように、植民地政

第2章　経営系統：特殊な辺地のメカニズム　　　　　71

表2－5　苧麻事業所の職員表

職別	姓名	性別	着任年齢	赴任時期	経歴	技能
技師	森五郎	男	51	昭和18年9月	東京商大本科1年修了、興国繊毛会社理事、工場長。	苧麻の綿化状。
雇員	加藤政次	男	43	昭和20年7月	高等小学校卒業。	和紡技術員。
雇員	筒井元広	男	33	昭和20年1月	中学校卒業、天理外文1年修卒。	織布技術員。
雇員	林木鎮	男	37	昭和19年12月	公学校卒業、産業講習会修了、瑞穂産業会社支配人。	
雇員	黄栄盛	男	23	昭和19年4月	甲種工業学校卒業。	機械技術員。
傭員	黄輝耀	男	35	昭和18年3月	公学校卒業。	
傭員	林輝栄	男	17	昭和19年9月	公学校卒業。	
傭員	蘇様生	男	15	昭和19年8月	公学校卒業。	
傭員	馮先妹	女	18	昭和18年7月	公学校卒業。	
傭員	廖雲妹	女	15	昭和19年3月	国民学校卒業。	

（資料）『台拓文書』第2309冊。

府は国策会社を通じて、辺地の開発政策を執行する事実を体現したのである。

　出張所の編制のほかに、昭和15年（1940）以降、各事業所は別途に事務所を設け、職員を長期に派駐させた。彼らの仕事は主に直営農場の栽培事業、移民の募集、農耕の指導、土地の分配、農地レンタル費用の徴収を担当した[114]。表2－4および付録1からわかるように、台東出張所傘下の各事業地の配置人数は概ね2～3人で、雇員と傭員が主であり、僅かに新開園と初鹿事業地には、技手や嘱託が派駐していた。新開園は萬安事業地の事務を兼ねていて、編制を拡大しており、初鹿は明らかに台東出張所のうち、最も規模を備えた事業地であった。花蓮港出張所下

の事業地の人数は概ね2～5人で、完全に雇員と傭員が主であった。規模最大の鶴岡事業地の人員は、初鹿よりも多かったが、しかし、職務階級は相対的に低い。例えば、池上と長良の2つの栽培地を比較すると、鶴岡などの開墾型事業地は明らかに専門栽培事業地の規模よりも大きい。

昭和18年9月に設立された苧麻事業所は、技師が所長を担当していた。その下には雇員、傭員若干名で、そのほかに、数十名の「工員」(工場作業員)を雇用し、実際の製造業務を担当させた[115](表2-5)。

(2) 地方官庁からの職員

台拓の東部の両出張所の職員の出身も注目に値する。付録3と付録4から見られるように、資料の制限によって、全職員の出身と経歴を明らかにすることができない。しかし、明らかに東部職員の来源は新任の応募以外に、主に東部の地方庁、総督府、その他の地方庁、台拓のその他の課などの4大系統によるものである。

明らかに、台拓の東部職員の最初は台東と花蓮港の地方庁からで、特に庶務課、産業課および警務課で、「現地採用」の傾向が顕著である。庶務、産業の2つの課の業務は会社の経営と関連していた。警務課の職員の台拓の職員への転任は、東部の長期にわたる理蕃政策を重点とする地域的な特色が突出したものである。他方、主として浅山丘陵に位置する事業地では、現地を熟知する退職警察の協力があると、事業の推進に一層有利であった。注意すべきことは、台東出張所の設立時に、技手の加来惟康は総督府から来たほか、他の職員は台東庁の官僚であった。初代所長の後藤北面は大正6年(1917)以降、台東庁の庶務課と産業課で長期にわたり勤務していた。台東出張所の設立当初、台東庁の分身と言ってもよく、台拓の支部機構と地方の官庁の関係は極めて密接であった(付録3)。

花蓮港事務所の設立時当初も例外ではなく、初代事務所主任の田中正穎が台拓に移籍の前に、総督府殖産局で永年勤務し、昭和9～12年 (1934～1937) に、花蓮港庁の産業技師を担当した (付録4)。台拓の西部の機構組織と比べると、台南、台中出張所の各時期の主任は総督府の退職官僚が担当していた[116]。東部の機構の創立初期の経営階層は現地の地方庁官僚が主であった。このような現地採用の現象は、台拓自身の人材不足や辺地の東部では一時的には人材を吸引することが難しいほかに、東部の産業状態を熟知する地方庁の技術官僚が直接に台拓の職員を担当すると、政府側の政策を持続し、有効的に、素早くチャンスを掌握して、東部事業を展開することができた[117]。台拓の東部機構の政府依存の色彩は極めて濃厚であり、事業の経営は総督府と地方官庁の影響を多分に受けていた。

地元の地方庁のほかに、総督府の官僚は台拓の東部職員の第2の重要な来源であった。特に殖産局と内務局の官僚の転任が最も多い[118]。これらの人員は長年の実務経験を持ち、かつて熱帯栽培業の養成訓練を受けた人もいた。台東出張所の2代目所長の押見仁は最も良い例である。押見は東北帝大の農業科を卒業し、前後して日本各地の農事試験場で技師を担当し、大正12年 (1923) に台南州農事試験場に転任し、昭和14年 (1939) に総督府殖産局農務課に入り、肥料試験所所長を兼任した (付録3)。押見仁の資格と経歴は極めて完璧であると言える。農業の栽培方面に相当豊富な経験を持ち、東部に就任後も自然と容易に任務を遂行することができた。言い換えれば、直ちに経営目標を達成するために、台拓は帝国政府と総督府で長年養成した技術官僚を活用し、東部事業を推進したので、限界地域における熱帯農業の発展に対する影響を軽視することができない。

時期の経過とともに、台拓の社内の人事移動は頻繁になった。後期の東部職員の多くは台拓の本社と島内外の組織機構からの転入であった。その他の地域の人員を東部に吸引するために、転任者の多くは先に昇格した後に転任した。明らかに、辺地の人事任用の特徴を示すものである。例えば、台東出張所の3代目所長の石塚正吉はもともと台中支店の書記であった。東部に着任時には副参事に昇級した。花蓮港出張所の鈴木丈夫はもとの台中支店の技手であったが、花蓮に赴任した後は技師に昇級した（付録4）。

そのほかに、昭和16年（1941）以降、台拓の華南や南洋事務所から東部への転任の現象が現れた。特に、雇員と傭員である。昭和18年（1943）10月、7名の台拓の南洋地域事務所と本社の南方部の技手や雇員が、鶴岡事業地に臨時的に2ヵ月の駐在をした（付録1）。文献資料の中にはこれらの南洋業務関連の技術職員が、なぜ鶴岡事業地にきたかの記録はないが、推測すれば或いは現地の苧麻栽培の優れた成果と関係があると考えられる。すなわち、南洋の熱帯栽培業の推進のために、関係者を東部の現地に送り、短期訓練を行った。今まで、辺地に位置した東部は、明らかに台拓の農業開墾拓殖事業試験と人的訓練センターに変化し、台拓の台湾の農業開墾の経験を南洋に伝播する、創業の使命を達成しようとしていたのである。

再び、東部職員の学歴から見ると、台拓は任用資格上、適材適所の企業経営の特色を発揮した。付録3と付録4から見ると、東部の雇員以上の職員の大多数は、農業関連の各級の学校の卒業者で、たとえ雑役作業の担当を主とする傭員でも、少なくとも公学校卒の学歴を持っていた。

職員の年齢から観察すると、社員以上の職務級は主として他の部署からの転入によって、経歴が豊富であり、東部に就任した時は、既に大半

は40歳以上であった。特に、いくつかの出張所所長は45歳前後が多く（付録3、付録4）、業務の推進上には一層有利であった。中年以上になると、多くの経験を積んでいるが、歳を取ったために仕事が消極的になるか、あるいは若いための経験不足の欠点がある。このように見ると、台拓の東部の基層経営人材の選抜は厳格であり、東部の産業発展政策の推進に合わせる決心があらわれていた。

　全体的に言えば、台拓の東部機構は、総督府と地方官庁出身の技術官僚に依存している。技術官僚は経営管理階層を担当し、事業の発展に有利であるとともに、台拓の地方機構の背後の政府側の色彩が明らかであった。事業の推進には植民地政府の支配を受けていた。

⑶　東台湾から南洋へ

　台拓の雇員以上の職員は、本社からの任免を受けなければならず、傭員の任免は出張所所長の責任であった。昭和16（1941）以前、東部の2つの出張所の人事は相対的には安定しており、業務の拡張によって新たに職員が増える以外は、職員の任期は比較的に長く、転職や退職が少なかった（付録1）。明らかに、創社初期は人事の安定戦略を採用し、経営体系を強化し、政策的な一貫性を維持し、開発政策の完成を目指していた。

　昭和15年（1940）以降、事業の基礎は既に確立し、東部では豊富な開墾および熱帯栽培事業に経験のある職員を擁し、それを台拓の南進の発展の重要な人的資本に転じるようになった。東部の初期の重要幹部は、台拓本社の南洋部門に転じて勤務するか、または直接的に新たに開拓する南洋事業地に転じて勤務するようになった。前述した台東庁産業課の出身の台東出張所の初代所長の後藤北面の経歴は、最も良い例である。

後藤は台東出張所所長を2年8カ月担当し、同時に台湾綿花会社台東工場の主任と星規那会社の理事を兼ねており、台東庁協議会の会員でもあった。後藤は出張所の経営、工場の管理や地方当局との交渉のすべてに豊富な経験を持っていた。そのために、台拓が初めて海南島に業務を拡張するに当たり、後藤が最も良い人選になった。昭和15年（1940）2月、後藤は命令を受けて海南島の陵水と馬嶺事務所に行き、初代所長を担当した。昭和18年（1943）6月、後藤は海南島から南洋に渡り、マレー半島とスマトラの事業の調査に尽力した[119]。後藤は台拓の海南島と南洋地域の熱帯農業開墾事業の先駆者であり、貢献は極めて大きい。後藤北面のほかにも、昭和17年（1942）以降、台東出張所の創立初期のベテラン職員は次々と南洋の関連部門に転出した[120]。東部初期に養成した人材が主に南洋の関連部門に転任したことから見れば、台拓の東部機構は南進の人的資源の養成所だけでなく、現地の熱帯栽培業の研究成果と経験を、南洋に応用する目標を達成しようとしていたのである。

　他方、昭和16年（1941）以降、台拓の東部出張所では、職員が自ら退職を希望する現象が出始めた。特に昭和18年（1943）が最も多かった。このような変化は台拓の東部出張所の人事グループの構成に深く影響を与えることになった。台拓の設立の当時は、就職難および政府が人事の刷新を図ろうとしていた時期に当たっていたので、国策会社のポストは多くの人々が望んでも得ることは難しかった。そのために、上の理事、監事から下の職員などのポストに至るまで、当時の人々が求める対象であった[121]。このような戦時の特製の「大きなパイ」を奪う状態の中で、当然、植民地側の人々は外に排除される状態であった。

　東部の2つの出張所の創立初期には、傭員、雇員から社員に至るまで、日本人しか使われず、「日本人優先」の植民地的な色彩が濃厚であった。

昭和14年（1939）から使役専門の傭員に台湾人の採用が始まった。昭和16年（1941）から退職者が次第に多くなり、その上、日本人が絶えず戦争のために召集されたので、マンパワーがさらに不足になり、やむをえず台湾人を雇員に起用するようになった。昭和18年（1943）以降、現実を考慮して、台湾人が大量に台拓に就職するようになった[122]。しかし、主に下級の雇員と傭員を担当した。昭和19年（1944）4月になってから、花蓮港出張所の技手の陳春枝が着任し、初めて出現した台湾人出身の社員であった（付録1、付録3、付録4）。戦争末期のマンパワーの不足によって、逆に台湾人に、特に現地の台湾人にとって国策会社に就職するチャンスが生まれ、そのためにより高い地位の技術者が養成されるようになった。

明らかに、台拓の人事の配置には種族の差別待遇があった。日本人を優先的に採用し、日本人と台湾人の職務上の地位の上下の差別以外に、当然給料も明らかに不平等であった[123]。依然として植民地主義の陰影（かげ）が明らかにあらわれていた。しかし、東部の給料は現在の「遠隔地加給」に似た転任手当があり[124]、再び辺地の東部の特殊な地位をあらわしていた。

要するに、台拓の東部機構の人事構成には、政府側の編制および辺地開発のメカニズムと規模があらわれており、しかも発展戦略には明らかに初期の「台東重視・花蓮軽視」から「花蓮重視・台東軽視」への傾向があった。東部出張所の職員の養成は、台拓の南進の人的資源の備蓄であった。他方、日本人と台湾人との間の差別待遇は依然として歴然としており、明らかに国策会社の経営は、植民地主義的な枠組みから離脱することができなかった。

小　結

　日本統治下の初期台湾では、東台湾地域の産業開発は、依然として民間企業の経営に任されていた。しかし、東部の自然環境は極めて悪く、大量な資本と人的資本の投入が不可欠であった。民間企業は営利を目的としているために、東部開発に要する各種の建設への投資には甚しく消極的であったので、成果は芳しくなかった。大正末期以来、総督府は国家の力量をもって、東部開発を試みたが、経費の限度と執行の困難によって、常に具体的な調査の後に、そのままで終わってしまった。植民地政府は速やかに帝国政府の政策に合わせて、営利を目的としない会社によって、植民地の辺地の開発を主導するようにした。昭和11年（1936）末、南進を日本の国策とする雰囲気の下で、台湾総督府が長年にわたって提案してきた台湾拓殖株式会社が遂に設立の許可を獲得するようになった。この時に台湾では多くの特権を擁し、官民共同出資の超巨大拓殖型の国策会社が出現するようになった。この企業の出現によって、東部開発に新たな契機をもたらしたのである。

　台拓の設立は主として、台湾の島内外の拓殖事業の進行と拓殖資金の提供によって、長期にわたり官有地の問題を解決し、台湾の工業化および熱帯栽培業を促すことであった。このような使命の下で、大量な官有未墾地、地下埋蔵の豊富な鉱産物を擁し、熱帯作物の栽培に適した東台湾は、台拓の島内開発の重点の1つであった。他方、昭和11年（1936）、東部開発と山地開発が盛んに唱えられ、総督府は「東部開発調査委員会」を設置し、発展の対策を討論して、委員会が作成した具体的な方策は、台拓の東部事業の基本的な青写真であった。

総督府、地方官庁および台拓の多くの協議を経て、昭和12年（1937）7月、台拓は正式に台東庁に台東出張所を設置し、積極的に東部業務を展開した。時期の経過に伴って東部事業は持続的に拡大し、経営機構も絶えず拡編されて行った。しかし、台湾西部、華南および南洋地域と比べると、西部や島外地域の出張所では最後に大半は支店に昇格したが、東部はずっと出張所のランクのままであり、階級が低く、その辺地の地位があらわれている。しかも、東部の事業規模は終始大幅な拡張がなかったことを意味していた。その次に、西部支店は社有地の地租管理を主とし、東部の出張所は農林開墾と栽培業を重点としていた。

　台拓の東部経営系統の発展は、概ね昭和15年（1940）をもって分水嶺として、前後の2つの時期に分けられる。前期は東部機構の初創期で、経営組織はまだ健全化せず、開墾型事業地の拓墾が主力であり、未墾地の開発および移民の召募に全力を注いだ。発展戦略の上で、台東庁は熱帯気候地域に位置していたため、台湾総督府は早くから東部を熱帯栽培業の試験地に計画していた。相対的に、花蓮港庁の大半の地域は亜熱帯気候地域であり、熱帯植物の栽培に適しなかった。そのために、山地開発と熱帯栽培業を東部事業の発展の重点とする時に、明らかに「台東重視・花蓮軽視」の現象が見られた。組織のフレームワークと人事配置の上にもこの特色を見ることができた。また、経営の安定、および早く成果をあげるために、東部機構の創設当初の人事移動は大きくはなく、所長から基層職員に至るまで、主として現地の地方庁出身の技術官僚という、「現地採用」主義が明らかである。さらに、台拓の組織上の仕組みは政府依存の色彩をあらわし、植民地政府の意志による掌握を受けていたことがわかる。

　後期になると、組織や人事構成を問わず、顕著な変化が生じてきた。

まず、組織構造がおおまかに完成し、各出張所の下でも既に各課が設立され、「拓務部→出張所→事業地」の管理メカニズムが形成された。事業地は第2段階の発展に入り、専門栽培型事業地の成果が次第に現れ、東部第1と第2の栽培地の区分が生まれ、各企業地が独立して運営されるようになり、専門職員が派遣されて管理するようになった。次に、発展戦略の上で、花蓮港の築港の完成後、植民地政府は花蓮港を東部の工業化の基地にすることを意図していた。戦局の変化によって、軍需工業の需要が急速に増え、それに苧麻事業の発展が順調になり、花蓮港出張所の地位が大幅に高まった。次第に「花蓮重視・台東軽視」の現象が形成されるようになった。それに、人事移動が次第に頻繁になり、新任と離職者が増えた。しかし、戦局が激しさを加え、戦線の拡大のために、日本人の人材が次第に不足になり、大量の台湾人を起用するようになり、高いランクの社員に昇進するチャンスが与えられるようになった。最後に、昭和15年（1940）から、東部のベテラン所長と職員は、次第に台拓の華南、南洋地域の事務所や本社の南洋部門の職務へと移動するようになった。南洋に関連する部門の職員も東台湾の事業地に短期訓練を受けるようになった。明らかに、東台湾地域は台拓の熱帯栽培業の発展の大本営であっただけでなく、東部機構はさらに台拓の南進農墾の人的資源の育成所であった。東台湾地域も台拓の熱帯栽培業の研究成果と経験を、華南と南洋地域に応用するという、創社の使命を達成した。

　要するに、台拓の辺地東部の経営管理メカニズムは、そのランクと発展の方向をあらわしていた。それ以外に、植民地主義の下における植民地政府の政策に合わせて、台拓の東部の産業開発は完全に歓喜していたことを示していた。戦争準備期と戦争時期に、日本帝国圏内の軍需資源の自給自足を達成するために、植民地の資源開発はさらに切迫するよう

になった。総督府は過去に放任してきた態度を改め、東部の産業発展の方向を転じて積極的に計画するようになり、国策会社を通じて執行するようになった。台拓は総督府の身代りにすぎず、完全にその政策をもって指導方針として、東部の経営をリードし、経営構造も総督府と地方官庁の影響を充分に受けていたのである。

注
（1） 長島修『日本戦時企業論序説：日本鋼管の場合』(東京：日本経済評論社、2000年)、5-8頁。満州地域を例として、昭和7～16年（1932-1941）、満州の特殊会社（special companies）と半特殊会社（semispecial companies）が大量に増加した。昭和12年（1937）には25社、昭和16年（1941）には70社に達した。Nakagane Katsuji（中兼和津次）, "Manchukuo and Economic Development," in Michael Smitka ed., *The Interwar Economy of Japan* (New York: Garland Publishing, 1998), p.76.

（2） 游重義「台湾拓殖株式会社之成立及其前期組織研究」(台北：国立台湾師範大学歴史所碩士論文、1997年)、103頁、『台湾拓殖株式会社文書』(以下、台拓文書)、第998冊、12頁。1935～1938年12月、アメリカ国務院の極東事務部文件や駐東京領事の Edward S. Maney が国務院への報告から見られる。アメリカは台拓会社の設立とその活動を密接に注意し、台拓会社の法案を逐条翻訳し、台拓の重要性が突出していることがわかる。U.S. National Archiues, Japan at War and peace, 1930-1949：U.S. State Department Record on the Intenal Aggain of Japan（アメリカ国家文献局文書）、番号893516、894A.52、894A.52（2）、894A.5034。

（3） 東洋拓殖株式会社は明治41年（1908）に設立し、同年3月末の第24回日本帝国議会の決議を経て、日本と韓国の両国政府公佈の「東洋拓殖株式会社法」を根拠に設立した国策会社である。(河合和男「国策会社・東洋拓殖株式会社」、河合和男等編『国策会社東拓の研究』東京：不二出版、2000年、8頁) に収録。台拓の設立過程と法律はおおまかに東拓に似ていた。J. A. Schneider, "*The Business of Empire: The Taiwan Development*

Corporation and Japanese Imperialism in Taiwan 1936-1946." (Ph.D. dissertation, (Cambridge, Massachusetts: Harvard University, 1998), pp.37, 79. 東拓、台拓など日本帝国圏内の8大拓殖型国策会社の規則と会社法の比較は、金早雪「東洋拓殖株式会社における国策投資と戦時体制」、河合和男等編、『国策会社・東拓の研究』131-135頁を参照。

（4） 国策会社の性質は、第1章第1節を参照。

（5）『台拓文書』第998冊、10頁。

（6） 台拓の設立過程、波乱曲折および各方面の勢力争いは、游重義「台湾拓殖株式会社之成立及其前期組織研究」75-120頁：および J. A. Schneider *"The Business of Empire: The Taiwan Development Corporation and Japanese Imperialism in Taiwan 1936-1946."* の第2章に詳細に説明している。

（7） 日本海軍の南進論および陸軍北進論の発展と融合は、Sumio Hatano, "The Japanese Navy and the Development of Southward Expansion," in Sugiyama Shinya and Milagros C. Guerrero eds., *International Commercial Rivalry in Southeast Asia in the Interwar Period* (New Haven: Yale Southeast Asia Studies, 1994), pp.95-108を参照。

（8） 小林英夫著、許佩賢訳「従熱帯産業調査会到臨時台湾経済審議会」黄富三等編『台湾史研究一百年：回顧与研究』（台北：中央研究院台湾史研究所籌備処、1997年）、41頁。後藤乾一著、李季樺訳「台湾与東南亜1930-1945」、黄富三、古偉瀛、蔡采秀編『台湾史研究一百年』71-72頁。游重義「台湾拓殖株式会社之成立及其前期組織研究」27頁、75-83頁。「熱帯産業調査会」の性質、目的および経過に関しては、梁華璜「台湾拓殖株式会社之成立経過」、『成大歴史学報』6（1979年7月）189-195頁。長岡新治郎「熱帯産業調査会と台湾総督府外事部の設置」、『東南アジア研究』、18(3)（1980年12月）、446-459頁。明治時代～1940年代の南進政策の発展については、Mark R. Peattie, "Nanshin: The 'Southward Advance,' 1931-1941, As a Prelude to the Japanese Occupation of Southeast Asia," in Peter Duus, R. H. Myers, and Mark R. Peattie eds., *The Japanese Wartime Empire, 1931-1945.* (New Jersey: Princeton University

Press, 1996), pp.189-242に詳しい。波多野澄雄「日本海軍と『南進』：その政策と理論の史的展開」、清水元編『両大戦間期日本・東南アジアの諸象』(東京：アジア経済研究所、1985年)、207-236頁に収録。

(9) 日本外務省外交史料館所蔵「台拓設立ノ趣旨」、『本邦会社関係雑件：台湾拓殖株式会社』、「外務省外交史料館茗荷谷研修所旧蔵記録」、ファイル番号E112、昭和11年。

(10) 日本外務省外交史料館蔵「台湾拓殖株式会社設立の趣旨」、『本邦会社関係雑件：台湾拓殖株式会社』、「外務省外交史料館茗荷谷研修所旧蔵記録」、E112、昭和11年。

(11) 游重義「台湾拓殖株式会社之成立及其前期組織研究」64-65頁。梁華璜「台湾拓殖株式会社之成立経過」、209-210頁。

(12) 外務省外交史料館所蔵「台湾拓殖株式会社起業目論見参考資料」『本邦会社関係雑件：台湾に於ける会社現況概要」「外務省記録」、昭和11年、E.2.2.1.3-10、149頁。『台拓文書』第132冊、36頁。

(13) 1930年代の植民地政府の熱帯作物栽培、農業多元化の発展戦略の推進理由については、第3章の論議を参照。

(14) 台湾は熱帯と亜熱帯気候区にあり、昔から熱帯作物のサトウキビなどを栽植し、相当重要である。しかし、1930年代以降、植民地政府所は熱帯有用特殊植物を大いに提倡した。それは綿花、麻類（苧麻、亜麻、黄麻、アンパリヘンプ（洋麻））、蓖麻、サツマイモ、落花生、大麦、魚籐（デリス、トバ）、ナタールパークなど軍需国防と関連する作物を含んでいた。詳細は第3章と付録7を参照。

(15) 楠井隆三『戦時台湾経済論』(台北：南方人文研究所、1944年)、42頁、62-63頁。

(16) 桜田三郎『事業概観』(台北：台湾拓殖株式会社、1940年)、9頁。

(17) 1930年代の台湾の工業化の原因に関する論著は多い。張宗漢『光復前台湾之工業化』(台北：聯経、1980年)、31-35頁。小林英夫「1930年代後半期以降の台湾「工業化」政策に就て」『土地制度史学』16：1（1973年10月）、21-42頁：やまだあつし「植民地時代末期台湾工業の構造：国民党の接収記録を利用」『人文学報』79（京都大学人文科学研究所）、1997年3月、59-

75頁。北波道子「戦前台湾の電気事業と工業化」『台湾史研究』（日本）15（1998年3月）、16-28頁。
(18) 昭和17年度の台拓『事業要覧』（台北：台拓、1933-44年）では、台拓は台湾の工業化の「前衛」と指摘している（昭和17年度、7頁）。
(19) 東台湾の南進政策の中の位置付けは、各事業の進行にしたがって浮上するので以後の各章において逐一論証する。
(20) 西村高兄「東部台湾の開発に就て」『台湾地方行政』10(3)（1937年10月）、13頁。
(21) 田村貞省「東部台湾に於ける栽培事業」、坂田国助編『第二回本島経済事情調査報告』（台北：南支南洋経済研究会、1932年）、82-85頁。熱帯特殊作物は薬用、油脂および軍需作物が主であり、1930年代半ば以降、なぜ植民地政府当局が東部は西部よりも熱帯作物の栽培に適すると判断したかの理由は、第3章に詳しい。
(22) 台拓編『台湾拓殖株式会社法施行令』（台北・台拓、1936年）。
(23) 赤木猛市「国策上より観たる東部開発問題」、『台湾農事報』273（1929年9月）、606頁。西村高兄「東部台湾の開発に就て」、8頁。
(24) 夏黎明「国家作為理解東台湾的一個角度」『東台湾研究』5（2000年12月）、158頁。
(25) 『台湾日日新報』1929年6月18日、第1版。
(26) 中村孝志「台湾と『南支・南洋』」、中村孝志編『日本の南方関与と台湾』（奈良：天理教道友会、1988年）、22-23頁。久保文克『植民地企業経営史論：「準国策会社」の実証的研究』（東京：日本経済評論社、1997年）、206-207頁。
(27) 『台湾日日新報』1926年3月28日、第6版。
(28) 佐々英彦「東台湾開拓問題」、東台湾研究会編『東台湾研究叢書』26（台北：成文出版社、1985年、1926年10月原刊）に収録、13頁。『台湾日日新報』1926年3月27日、第2版。
(29) 『台湾日日新報』1926年2月25日、第3版、3月27日、第2版、第3版、3月28日、第6版。
(30) 施添福「日治時代台湾東部的熱帯栽培業和区域発展」国立台湾大学歴史

第 2 章　経営系統：特殊な辺地のメカニズム　　　　85

学系と中研院台湾史研究所籌備処主催、「台湾史研究百年回顧与専題研討会」において発表、（1995年12月15-16日）、41-42頁。
(31)　東部官営農業移民の研究については、張素玢『台湾的日本農業移民（1909-1945）：以官営移民為中心』（台北、国史館、2001年）、第3章。李文良「林野整理事業与東台湾土地所有権之成立型態（1910-1925）」、『東台湾研究』2（1997年12月）、175-186頁を参照。
(32)　李文良「林野整理事業与東台湾土地所有権之成立型態（1910-1925）」、189頁。
(33)　これらの企業は、塩水港製糖会社のほか、藤田組、三井、久原、田中、三菱などの鉱業会社がある。高橋春吉「鉱業上より見たる東部台湾」『台湾時報』1926年9月号、10-14頁。
(34)　『台湾日日新報』1926年1月4日、第7版、1月26日、第3版、3月27日、第3版。
(35)　東台湾の内地化計画の破滅、日本人移民の成果の不明、および日本人移民の予算争奪問題については、第4章第1節の論議に詳しい。
(36)　『台湾日日新報』1926年3月27日、第3版。台湾総督府殖産局『東部開発計画調査書』（手書き本、1926年）、14-15頁。大正15年（1926）台湾総督府殖産局農務課編の『東部開発計画ニ関スル予備調査』（手書き本、1926）と『東部地方拓殖計画書』（手書き本、1929年）も移民に関する調査を主としている。
(37)　これらの項目は、灌漑排水測定と調査、河川測定と調査、港湾調査、衛生調査、上水道調査、道路開拓および移民適地と農業経済の調査。『台湾農事報』261（1928年9月）、611頁。東部開発調査隊の実際の行動は、『台湾日日新報』に多くの報道が掲載された。『台湾日日新報』1926年5月20日、第1版、6月10日、第1版、10月27日、第1版、11月18日、第4版。
(38)　西村高兄「東部台湾の開発に就て」9頁。
(39)　『台湾日日新報』1928年3月23日、第2版。
(40)　『台湾日日新報』1929年6月8日、第1版、8月14日、第4版。施添福「日治時代台湾東部的熱帯栽培業和区域発展」39頁。
(41)　東部農産試験場は台東街に設けられ、昭和4～9年（1929-1934）の4

カ年の持続事業を予定。『台湾日日新報』1929年8月26日、第1版、8月27日、第4版。『台湾農事報』261（1928年9月）、611頁。

(42) 西村高兄「東部台湾の開発に就て」9頁。『台湾農事報』293（1931年4月）、5頁。筒井太郎編『東部台湾案内』（1932年原刊、台北：成文出版社、中国方志叢書、台湾地区、1985年）、184頁。

(43) 昭和2〜5年（1927-1930）、東台湾を中心に砂金の調査を行った。昭和6年（1931）に東部には大量の砂金の埋蔵の噂があった。昭和8〜10年（1933-1935）に再度数回の調査と発掘を行った。楠井隆三『戦時台湾経済論』76-77頁。

(44) 『台湾日日新報』1936年2月11日、第3版。

(45) 『台湾日日新報』1937年10月1日、第7版。

(46) 『台湾総督府府報』第2585号、1936年1月14日。

(47) 上の注に同じ。それには交通局、殖産局、内務局、警務局、財務局などを含んでいた。

(48) 今回の計画に基づいて、台東庁と花蓮港庁は数回の協議があった。しかし、事実上、調査事業は2つの庁に分けて各自展開した。台東庁は地方庁の官僚を主とし、特別に「庁下開発委員会」を設置した。『台湾日日新報』1936年1月15日、第4版、1月27日、第5版、1月28日、第8版、2月5日、第5版、3月26日、第12版、4月11日、第3版。

(49) 調査項目は移民適地面積、耕作適地、経費、道路および漁業移民対策などを含んでいた。『台湾日日新報』1936年1月16日、第4版、3月19日、第9版。

(50) これらの建議案は、河川整理、灌漑水利と造成の耕地建設、日本農業移民招募政策、企業勧誘政策、労働力不足の対策、鉄道と海運賃の調整、道路の改修と橋梁建設等であった。『台湾日日新報』1936年7月27日、第2版。西村高兄「東部台湾の開発に就て」9頁。

(51) 『台湾日日新報』1936年6月5日、第5版、6月9日、第5版、6月19日、第9版、6月26日、第5版、8月4日、第5版、10月29日、第5版、1939年9月5日、第5版。

(52) 『台湾日日新報』1939年9月5日、第5版。

(53) 昭和12年（1937）1月、台拓理事の日下辰太が東部に事業予定地を視察の時に、台拓は東部の開発に「相当な力を注入する」と述べていた。『台湾日日新報』1937年1月8日、第9版、4月2日、第9版。

(54) 『台拓社報』第11号、1937年4月20日、186頁、第12号、1937年5月21日、196-197頁。

(55) 『台湾日日新報』1937年1月8日、第9版、4月21日、第3版、4月28日、第7版、5月22日、第5版。

(56) 『台湾日日新報』1937年5月22日、第5版。

(57) 昭和11年（1936）の計画の中で、台東庁のもともとの移民適地調査は13カ所、花蓮港庁は10カ所である。台東庁を例として、最後に確定した移民適地には、日本移民地は卑南圳灌漑区、美和村、新武呂渓右岸、雷公火、池上である。企業の予定地は初鹿台地、日奈敷台地、萬安、雷公火である。開墾移民の予定地は富原、都巒、八里埔、哈拉八湾原野である。また池上に牧馬場予定地を設置する（『台湾日日新報』1936年8月7日、第3版）。これらの場所と台拓の台東庁に設置の都蘭、萬安、新開園、池上、初鹿などの事業地とは一致していた。台拓の日下辰太理事も台拓は総督府の調査結果を根拠として、花蓮港庁に設置の烏鴉立（すなわち、鶴岡）と大庄（大里）の2つの事業予定地を指摘した。『台湾日日新報』1937年1月8日、第9版を参照。

(58) 『台拓文書』は明らかに、台拓の東部の栽培事業地は、昭和11年（1936）に総督府の東部台湾産業開発委員会が予定した企業家と労働者の移住、および熱帯有用植物の栽培計画に応じたものであると指摘している。しかし、原文は会議の時期を誤植して昭和10年としていた。第194冊、108頁。

(59) 高橋亀吉『現代台湾経済論』（東京：千倉書房、1937年）、362頁。

(60) 井出季和太『台湾治績志』（原刊1937年、台北：南天、1977年）、790-791頁。李敏慧「日治時期台湾山地部落的集団移住与社会重建」（台北：国立台湾師範大学地理所碩士論文、1997年）、31-37頁。

(61) 安詮院貞熊「失業問題と森林資源」『台湾山林会報』16（1925年11月）、12-13頁。台湾経済年報刊行会『台湾経済年報昭和17年版』（東京：国際日本協会、1942年版）、452-453頁。高橋亀吉『現代台湾経済論』452-453頁。

『台拓文書』第778冊、48-49頁。『台湾日日新報』1937年5月22日、第7版。
(62) 『台拓文書』第778冊、48-49頁。台湾経済年報刊行会『台湾経済年報昭和17年版』453頁。
(63) 『台拓文書』第778冊、48頁。『台湾日日新報』1936年5月23日、第3版。
(64) 高橋亀吉『現代台湾経済論』369頁。『台湾日日新報』1936年7月29日、第5版。事実上、昭和12年（1937）3月、山地開発調査も最初に台東庁で進行し、台東庁が最初に「山地開発要綱」を編成した。『台湾農会報』1(1)(1939年12月)、192-193頁。全体的に言えば、東台湾地域の山地開発調査の面積が最大であり、計画では計30カ所で、総数38カ所の79%を占めていた。明らかに、昭和11年の山地開発調査計画では、殆ど東台湾地域を重点としていた。『台湾農会報』2(12)(1940年12月)、180-181頁。
(65) 『台湾日日新報』1937年2月3日、第8版、5月6日、第5版。報道は明らかに次のように指摘している。台東大武地域の標高と地質は各種の工業原料と軍需品などの有用樹種の栽植に適していた。しかし、その地域は交通の不便と労働力の不足があり、国家の施設に沿って、企業家の開発の勧誘を行った。1936年1月4日、第4版。
(66) 第3章第1節の論議に詳しい。
(67) 『台拓文書』第778冊、75頁。『台湾日日新報』1937年7月17日、第3版。三日月直之『台湾拓殖会社とその時代』（福岡：葦書房、1993年）、38-48頁。
(68) 山地開発の予定地は計27カ所。台拓のほかに、明治製糖会社、台東殖産会社、塩水港製糖会社、森永製菓会社、杉原産業会社、花蓮港物産、日本樟脳などの会社および台湾農会が参加していた（『台拓文書』第778冊、57-65頁）。これらの会社の中で、資本規模から言えば、台拓が筆頭である。台拓は山地開発計画に参加し、明らかに企業の山地への進出作用をリードした。しかし、台拓の記載と殖産局編『山地開発概略計画調査書：台東地方』、（手書き本、1937年）とは少し異なっている。
(69) 台湾総督府殖産局農務課『東部開発計画ニ関スル予備調査』（手書き本、1926年）、9頁。
(70) 台拓調査課『事業要覧』昭和14年度、8頁。

(71) 『台湾日日新報』1937年3月2日、第5版。

(72) 『台湾日日新報』1937年9月16日、第6版。

(73) 例えば、台湾綿花会社の部分的な人事費用は台東出張所が担当していた。例えば、星規那会社の傭員も都蘭事業地に行き、相思樹（タイワンアカシア）造林の実測に協力した。『台拓文書』第1189冊、20頁、第2142冊、2頁。

(74) 『台拓文書』第1188冊、755頁。

(75) 王世慶「台湾拓殖株式会社之土地投資与経営：以総督府出資之社有地為中心」劉沢民、傅光森編『台湾拓殖株式会社檔案論文集』（台北：中研院人社中心、2007年）に収録、22-24頁。

(76) 『台湾日日新報』1937年6月19日、第2版。桜田三郎編『事業概観』、144-145頁。

(77) 綿花は温寒帯地域にも生長し、熱帯作物と見なすことはできない。しかし、1930年代台湾の「熱帯特殊有用作物」栽培計画では綿花をトップにしており、しかも南洋の綿花栽植の拡張と関係している。そのために、本書は綿花を当時の熱帯作物の一環と見なしている。台東庁が熱帯作物発展に適する理由は、第3章第1節の論議に詳しい。

(78) 游重義「台湾拓殖株式会社之成立及其前期組織研究」133頁。

(79) 『台拓文書』第163、164冊、57頁。

(80) 『台拓文書』第407冊、25頁。

(81) 林玉茹「戦時経済体制下台湾東部水産業的統制整合」『台湾史研究』6(1)（2000年9月）、62-63頁。第5章第4節の論議を参照。

(82) 游重義「台湾拓殖株式会社之成立及其前期組織研究」134頁。

(83) 上の注に同じ。135頁。

(84) この9つの支店はもともと事務所や出張所であり、後に支店に昇格した。台拓調査課編『事業要覧』昭和19年度、2頁。

(85) 台拓調査課編『事業要覧』昭和15年度、9頁。

(86) 『台拓文書』第2404冊、86頁。

(87) 2つの課の業務内容と変化は、張静宜「台湾拓殖株式会社之研究」（桃園：国立中央大学歴史所碩士論文、1997年）、99-103頁を参照。

(88) 『台拓文書』第1121冊、46頁。
(89) 『台拓文書』第2347冊、5頁。事業地の増設と変化は付録2に詳しい。
(90) 『台拓文書』第828冊、25頁。
(91) 『台拓文書』第2309冊、2404冊、103頁。
(92) 『台拓文書』第1674冊。
(93) 昭和14年(1939)に必要と確定した場合は所長代理1名を設けることができる。『台湾日日新報』1937年7月17日、第3版。台拓『役員及職員名簿』(昭和13年版)、23頁。
(94) 各課の職務は、林玉茹「国策会社的辺区開発機制：戦時台湾拓殖株式会社在東台湾的経営系統」『台湾史研究』9(1)(2002年6月)、表3を参照。
(95) 台東出張所職員の出張の記事を参照。『台拓文書』第1189冊、20-21頁。
(96) 『台拓文書』第368冊、7-8頁。
(97) 主任の下に若干名の「事務補助」を設ける。事務所の設立時の営業範囲は土地経営、農業、土木および移民指導などの拓殖事業を含んでいた。その業務の権限には限りがあり、本社命令や承認された管轄内の所員の出張と登記の手続き、臨時人員や人夫の任免と雇用、50円以下の安価な営業用品の購入、および本社が事前に承認した事項の社外照会のみを決定することができた。出張所に昇格した後に、土地租金の決定と納入通知書の発行ができた。『台拓社報』第27号、1938年9月27日、382-383頁。『台拓文書』第407冊、25頁。
(98) 会計課は事実上、台東出張所の庶務課から分割され、庶務課は人事と文書などの業務を担当していた。
(99) 張静宜「台湾拓殖株式会社之研究」114頁。
(100) 苧麻事業所と花蓮港出張所は同格である。両者の間の関係について、台拓は別途に条例規範を決めていた。基本的に、苧麻事業、大里と鶴岡の2つの事業地に関する事項については、花蓮港出張所の所長と苧麻事業所の所長と互いに協調が必要であった。「有関苧麻事業事務聯絡之件」『台拓文書』第1121冊、69頁。
(101) 『台拓文書』第467冊、80頁。台拓自身は常に新武呂と池上事業地を混乱していた。ある時には池上事業地をもって、池上農場と新武呂農場を統

第 2 章　経営系統：特殊な辺地のメカニズム

称していた。昭和19年以後の文書は常にこの2つの事業地を区分していた。
(102) 『台拓文書』1060冊、9頁。
(103) 『台拓文書』第127冊、第564冊。
(104) 現在、第1事業地と第2事業地区を区別する原則を説明する資料がない。推測によると、開墾時期の前後によって区分している可能性がある。
(105) 『台拓文書』第2081冊、62頁。「干拓」、polder、浅海、潟湖や浅湖沼の水を抽出して陸地化の過程を指す。台拓の干拓事業は主には台湾の西部の沿海で進行され、事業地は台南州新港（現在の雲林県の口湖郷新港）、崙背（雲林県崙背）、新竹州中港（苗栗県竹南）を含んでいる。したがって本書では、干拓工事によって造成する新生地開発を称している。
(106) 『台拓文書』第127冊、32頁。
(107) 西部開墾事業地の中の大渓事業地と都蘭事業地は同時に設立。しかし、大渓は雑作を主とし、東部の綿花の栽培を重点としたのとは異なっていた。その次に、昭和14年以前、西部は僅かに大渓、清水、社尾、社皮など4つの開墾事業地であった。大部分の事業地は昭和15年以後から次第に出現した。昭和16年になって西部で始めて、統櫃（台中）最初の栽培事業地として出現した。台拓『第二期営業報告書』（台北：台拓、1938年）、4-5頁。『台拓文書』第2347冊、9頁、2348冊、168頁、178頁。
(108) 『台拓文書』第2404冊。事業地の土地所有権に変化。第3章第2節に詳しい。
(109) 『台拓文書』第663冊、57頁。
(110) 『台拓社報』第1号、1936年12月10日、3頁。
(111) 『台拓社報』第8号、1937年2月12日、23頁。
(112) 特に交通局、専売局などの部署の編制と完全に同じである。
(113) 台拓編『役員及職員名簿』昭和13年版、20-23頁。台拓調査課編『事業要覧』昭和16年度、6-7頁。
(114) 『台拓文書』第1038冊、209-210頁。
(115) 昭和17年（1942）苧麻綿花工場の設立時に、主任1名、事務会計、原料購買員、工場助手および使用人各1名、男女工員10名である。そのうち、主任と事務会計は日本人のほか、その他は台湾人。（『台拓文書』第984冊、

35頁)。
(116) 游重義「台湾拓殖株式会社之成立及其前期組織研究」153頁。
(117) 例えば、初代主任の後藤北面は台東庁産業部門で20年間勤務し、東部の発展に相当理解があった。当時の人は後藤の転任に対し、「東部の開発上において、後藤の抱負を発揮できたのは、まさに適材適所」であると認めた。鍾石若編『躍進東台湾』(昭和13年原刊、台北:成文出版社、1985)、84頁。
(118) 例えば、台東創所初期の技手の加来惟康は、内務局地方課の出身であり、花蓮港出張所の技手の松永主一と陳春枝はそれぞれ殖産局と内務局の出身である(付録1)。
(119) 日本外務省外交史料館所蔵、『本邦会社関係雑件:台湾拓殖株式会社』、「外務省外交史料館茗荷谷研修所旧蔵記録」、E121、昭和18年。
(120) 書記の佐野福一は南方第一部に転任し、技手の清瀧竜山は業務部南洋課に転入した。花蓮港出張所の最もベテランの技手の清杉九一も南洋課に転任した(付録1)。
(121) 游重義「台湾拓殖株式会社之成立及其前期組織研究」、151-153頁。
(122) 池上郷錦園村の潘国神の証言によると、昭和20年の新開園事務所の職員は全員が台湾人である。2000年5月5日のインタビュー記録。
(123) 例えば、昭和17年(1942)9月1日、同時に花蓮港出張所で雇員に就任した日本人の鍋古時雄の月給は109円、台湾人の謝逢保は僅か82円である。傭員の差別はもっと大きい。台湾人は基本的には日給で計上。日給は1.6~1.7円。日本人は月給で計上。月給は50円。男女の給料にも格差がある。台湾の女性傭員の日給は僅か55銭。『台拓文書』第1136冊。
(124) 昭和16年(1941)の資料から見られるが、台拓の職員がその他の地方から花蓮港、台東あるいは澎湖の3庁の何れかの庁に転任した場合、職級の区分によって、特別移転補助金がある。しかし、台東と花蓮港庁の間の互いの異動には補助金がない。『台拓文書』第1123冊、22頁。

第3章　土地の開墾と栽培事業：
国家と企業の共同構築下の農林開発

　台拓の島内事業の経営方針は、戦時体制下の日本政府の生産力拡充計画に合わせて、情勢が必要とする産業を強化し、拡大することである[1]。そして、「台湾開発10カ年計画」の任務を実施することである[2]。そのために、事業の内容は情勢の変化と総督府の政策に沿って変化していた。**表3－1**から見られるように、台拓の設立初期に、総督府は社用地管理事業に出資したほか、島内の天然資源の開発のために、特別に開発10カ年計画を確立し、優先的に拓殖事業を推進した[3]。拓殖事業は開墾事業、栽培事業および干拓などの農業開墾事業を中心としていた。その後、移民事業、鉱業、化学工業および伐採事業などを相次いで展開した。基本的に、島内の事業は農業、林業、畜産業、水産業および鉱工業などの各部門の開拓を目標にしていたが、創業初期には、農林事業が第1の任務であり[4]、終始一定の比重を占めていた[5]。しかし、農林事業のうち干拓地開発は西部で進行され、開墾事業、栽培事業および後の造林事業は最初から熱帯特殊有用作物の栽培を中心にしていた[6]。東台湾地域の主要な試験地として、その後、次第に西部地域に拡大するようになった。そのほかに、台拓は東部で最も多くの事業地を設置し、面積も最大であった。造林栽培事業の初期には、ほとんど東台湾が台拓の大本営であった[7]。

　本章は台拓の東部で最も重要な開墾、栽培および造林などの農林事業を焦点にし、以下の課題を検討する。なぜ台拓は東台湾で熱帯栽培業を発展させようとしたのか。なぜ東台湾での台拓の島内農林事業は重要な

表3-1 台拓島内事業の変化

時　期	事業類別	
	社有地貸出	拓殖事業
昭和11年度	社有地貸出	開墾、栽培、干拓地開発。
昭和12年度	社有地貸出	開墾、栽培、干拓地開発、移民、綿花事業、サトウキビ原料加工事業、キナノキ事業、パルプ事業。
昭和13年度	社有地貸出	開墾、栽培、干拓地開発、移民、キナノキ事業、化学工業、鉱業。
昭和14年度	社有地貸出	開墾、栽培、干拓地開発、移民、綿花事業、造林事業、キナノキ事業、バナナ繊維事業、鉱業、化学工業。
昭和15年度	社有地貸出	同上。
昭和16年度	社有地貸出	開墾、栽培、干拓地開発、移民、造林事業、キナノキ事業、バナナ繊維事業、鉱業、化学工業、営林所木材販売事業、中国労働者処理事業。
昭和17年度	社有地貸出	開墾、栽培、干拓地開発、移民、造林事業、バナナ繊維事業、鉱業、化学工業、木材伐採事業。

（資料）　台拓『営業報告書』（台北：該社、1937-1944）、第1回～第8回。
（説明）　台拓の年度計算は該当年の4月から翌年の3月までである。

地位を占めていたのか。東部の農林栽培事業の経営内容と成果はどのようなものであったのか。地域の発展に対し、どのような影響を与えたのか。また、日本帝国全体の戦略的配置の中の位置付けおよび意義はどのようなものであったのか。

台拓の島内事業は台湾総督府の政策の影響を受けやすいために、本章は国家と企業の「植民地の共同構築」（co-colonization）の角度から[8]、1930年代後期に総督府は如何にして戦時の国策に合わせて、東台湾の熱帯栽培業の発展方針を制定したのか。台拓は如何にして資本と労働力を全面的に組合せ、それによって、効果を発生させたのかを検討する。以下の各節では政策の背景、開墾事業、造林栽培事業およびその影響など

の4つの方面から説明する。

第1節　東部の台拓熱帯栽培事業センター[9]

　前に述べたように、社有地の管理のほかに、台拓の島内事業は「拓殖事業」が主要な事業である。創業初期には、主に東台湾地域で開墾事業および栽培事業の推進を重点としていた。開墾、栽培事業と社有地の管理、それに、昭和17年（1942）以後の木材伐採事業の性質は極めて異なっていた。社有地の管理および木材伐採事業は、地租の収入および伐採した木材の販売を通じて資本を稼ぐことであり、台拓の「カネのなる木」であった。開墾、栽培事業では直ちに収入が得られないうえに、敢えて台湾の未墾地の開発を目的にするには、大量な資金と労働力の投入を要するだけでなく、原価でさえ回収できないリスクがあった[9]。事実上、台拓の開墾および栽培を中心とする農林事業には、その進行過程においては多くの問題が群がって発生したと言える。

　しかし、なぜ台拓は資本の投入を惜しまずに、この事業を持続的に進行したのか。この問題は戦争準備期および戦時の植民地の資源開発、軍需原料の自給自足、特に1930年代の米穀、サトウキビ作付け以外の熱帯特殊作物の積極的な栽培と関係していた。次に、台拓の東部事業に対して言えば、開墾栽培事業の成果を問わず、終始特殊作物の栽培を重視していた。相対的に、昭和14年（1939）末に、日本の米穀生産が明らかに不足になった。遂に、西部事業地は昭和15年（1940）以降、戦時米穀増産計画によって、次第に食糧作物へと栽培変更を推進するようになった[10]。ここから見ると、総督府の熱帯作物政策および東部の栽培優勢は重要なキーポイントである。以下、まず1930年代の総督府が熱帯特殊作物を積

極的に奨励した背景を説明する。次に、なぜ大正年間以前に、植民地政府はもともと西部を熱帯栽培業の試験地にしたのに、1930年代半ば以降は東部に転換したのか。すなわち、なぜ戦時東台湾を熱帯栽培業の大本営にしたのか、その理由を究明する。

(1) 農業多元化政策の展開：稲・サトウキビの栽培から熱帯栽培業の推進

　台湾は亜熱帯および熱帯に位置していて、日本唯一の熱帯植民地であり、熱帯作物の栽培に適していた。日本の台湾領有の初期に、台湾総督府は前後して台北、恒春、台南、嘉義などの地域に熱帯植物の試験苗圃や植育場を設立し[11]、南洋の特殊有用作物を導入して台湾で栽培するようになった。大正元年（1912）、国産と国内原料の自給方針の奨励の下で、総督府は特別に地方税を支給し、各地の林業試験場でサトウキビ作付け以外の熱帯有用作物の試験的栽培を行った。その後、試験の結果に沿って、南洋地域から種子を購入し、各庁の苗圃や民間の植林栽培を奨励した[12]。この時期にはただ民間の栽培奨励を目標にし、部分的には作物の栽培の成果がかなり良かったが、米穀、サトウキビとの競作の下で、わずかな零細な地点の試験にとどまり、普及することはなかった[13]。他方、栽培項目は園芸と果樹作物を主とし、1930年代の軍需作物の奨励に比べると、差異があった[14]。1930年代の戦争準備段階の新しい情勢に入ってから、植民地政府は全面的に栽培政策を奨励し始めた。「調査研究段階から実行段階に入った」だけでなく[15]、更に主導的な役割を演じるようになった。台拓の初期事業は総督府の政策に積極的に合わせたことが、その証拠である。しかし、1930年代以降、なぜ農業栽培政策を変化したのか。

昭和4年（1929）の経済大恐慌以降、資本主義国家の間の対立が日々激しくなった。しかし、日本国土は狭く、天然資源が極めて不足し、軍需や一般的な工業原料に熱帯産や亜熱帯産のものを求め、毎年輸入に大量の外貨を使っていた[16]。昭和6年（1931）の満州事変以降、国際協商が崩壊し、日本と植民地との間に、いわゆる「日満（満州国）地域経済圏」が形成された。国家的利益への着眼を強調し、国防工業の原料の自給自足を達成して、輸入を減少させ、国際収支のアンバランスの回復を図った[17]。台湾は熱帯性原料の生産に最も良い条件を持ち、総督府はもともと米穀やサトウキビ栽培偏重の農業政策から、国策の特殊有用作物の栽培の奨励に転換するようになった。それをもって、「帝国国力の充実によって、広義の国防力の進展」を図るようになった[18]。

次に、昭和5年（1930）に、日本の米穀の大豊作によって、日本米と台湾米の競争現象が発生し、総督府は一連の米穀の調整措置を採用するようになった。昭和8年（1933）から黄麻、苧麻および蓖麻の栽培を奨励し、米穀の代作（米穀の替わりに他の栽培に変更）とするようにした。翌年（1934）正月に、全島の「代作奨励協議会」を開催し、繊維作物および野菜などの栽培を確定し[19]、農業発展の多元化を推進した。

1930年代半ばには、山地開発計画の協議と推進を行い、農業の多元化および熱帯栽培業の拡張を促進した。昭和11年（1936）に、台湾総督府は4カ年の山地総合開発計画を推進し、山地の土地利用状況および開発の可能性を調査し、農林牧畜企業および日本人の移民による山地資源の利用を提供した[20]。事実上、山坡地の開発は、熱帯作物の栽培と造林を重点としていた。

しかし、1930年代半ば以前の植民地政府による熱帯特殊作物の栽培奨励の政策的な考慮は、輸入原料の減少と米稲転作を目標にしていた。

昭和12年（1937）7月に、日中戦争が勃発後、日本の過度の外国原料に依存する問題を緊急に解決する必要があり、自給自足の帝国（autarkic empire）の構築を試みるようになった[21]。日本政府は「臨時資金調整法」を通じて、「財政経済3原則」を公布し、国際収支を調節して、貿易統制を強化し、「時局産業」の発展を図った[22]。熱帯性原料の輸入が更に困難になり、軍需化学工業の原料の生産を確保するために、「報国産業の実行」、「戦時有用作物の生産拡充の強化」を極力強調した[23]。すなわち、以前の島内の自給自足に着眼した一般的熱帯樹種や特殊有用植物の栽培は、「高度な国防国家体制の樹立」および「企業戦」進行の国策の特殊有用作物として更に重視されるようになった[24]。最終目標は、長年にわたり、台湾の熱帯農業の研究と経験を華南および南洋に移植し、日本とこれらの地域との経済関係の強化を期待した[25]。

1930年代以降、植民地政府の多元化農業政策は、台拓の農林事業の発展方向に充分に影響するようになった。昭和11年（1936）9月、台拓の設立章程には明らかに次のように掲示されていた。

「本社は国策に応じ、我が国で不足する各種の原料の増産を図り、台湾の特殊気候および地形を利用し、農産物と林産物を生産するとともに、さらに奨励して推進する」[26]。

また、付録5から見られるように、台拓が栽培した18種類の熱帯作物の中に、昭和12年（1937）に着手したのが、綿花、苧麻、蓖麻、魚藤（デリス）、ナタールバーク（黒栲）[27]、キナノキ（規那）[28]、紅茶などの7種類である[29]。これらの作物の全ては総督府が提唱する熱帯作物で、10カ年前後の栽培計画を行うことであった。他方、初期において実際の

栽培や予定栽培の特殊作物は何れも先ず東台湾で展開された[30]。台拓の熱帯栽培業の施行はほぼ完全に日本の国策および総督府の農業政策に合わせたものであった。東台湾は台拓の熱帯栽培業の試験地と大本営であった。

しかし、東台湾地域は如何にして台拓の熱帯栽培事業の試験センターになったのか。次の節で説明する。

(2) 新興熱帯産業の中心地

昭和11年（1936）、台湾総督府は過去において東部の産業発展軽視の地域政策を修正し、東台湾開発調査委員会を正式に設置した。同時に、山地開発計画を展開させ、台拓が先頭に立ち、他の大企業を導いて、東部開発を奨励した[31]。しかし、果たして東部の未墾地にはどんな農業を発展させるのか。それは植民地政府と台拓の主要な課題であった。

1930年代から東台湾で新興熱帯栽培業が次第に発展し、明らかに優先的に考慮されたことがわかる。昭和10年（1935）、長期にわたり知本でキナノキ事業を経営した星製薬株式会社の社長星一は[32]、台湾の東部でその地域の特色を発揮し、西部と異なる農業を推進するように、積極的に主張した[33]。その後、台東庁庁長の大磐誠三は東部開発の議題が重視されるように、東部は「新興熱帯産業の中心地」であると積極的に鼓吹した[34]。地方官民の熱心な催促および戦争準備という戦時国策産業の需要の下で、台拓は遂に東部の熱帯栽培業の推進を主要な任務とするようになった。

しかし、既に台湾領有初期の植民地政府は、日本で不足する熱帯原料の栽培と発展を考慮し、当時の試験地は西部を中心とし、昭和11年（1936）の台拓の設立計画書においてもなお西部で推進するように予定

していた[35]。しかし、台拓の設立の後、特に昭和12年（1937）以降、逆に東台湾地域が熱帯栽培業の推進の中心になった[36]。果たして、東部にはどんな熱帯栽培上の優勢や背景があり、総督府と台拓に変化をもたらしたのか。以下ではこの点を説明する。

1）自然条件の優勢

　熱帯作物の栽培条件は特に気温、雨量および風害を重視していた。一般的に言えば、普通の熱帯作物の成長の極限は北緯23度半以南の地域が適していた。すなわち、台湾西部の嘉義の南、東部の花蓮瑞穂の南がそれにあたる[37]。気温から言えば、冬の東部は西部よりも暖かく、夏の酷暑の時期の気温が少し低い。雨量から言えば、東部の夏の雨量は西部の雨量よりも少ないが、冬の西部は乾燥期で、東部の雨量がより多いのである[38]。そのほかに、東部地域は中央山脈と海岸山脈の間に挟まれ、日照時間がより短い。乾燥期になっても、湿気があり、熱帯作物の成長に適している[39]。

　台湾の東部、特に当時の台東庁のエリアは西部と比べると、熱帯栽培業に適していた。昭和12年（1937）の『台湾日日新報』には以下の報道がある。

「台東庁は北回帰線以南に位置し、近海には黒潮が流れている。海岸地帯の気温が高く、温度の激しい変化が少なく、熱帯農業に適する栽培地が多い。特に、今まで大武支庁の平地が少なく、海岸に聳える山麓地帯の内側地域では、季節風と暴風雨の損害が少なく、山の傾斜度が比較的に緩やかである。2,000～3,000尺（1尺は約30センチメートル余）の高地でも霜害が全くなく、恐らく全島第一の熱帯農業の適合地であろ

う。台東以南の庁界に至るまで、地質が良く、総面積は約9万甲であり、人口は僅か1万5,000人余りである。逆に、西部を見ると、荒廃山地が少なく、なお原生林を保っている急斜面の山地が少なく、拡張できる土地は多くない」[40]。

以上から見られるように、東部、特に大武地域の気候が安定し、山麓地の受ける季節風や暴風雨の襲来が少ない。他の地域では成長しにくい有用作物も栽培することができ[41]、「全島第1の熱帯農業企業の適合地」である。

おおまかに言えば、昭和11年～12年（1936～37）に、台拓の創業前後に、地方の官民から世論に至るまで、東部の熱帯栽培業の優勢の「イメージ」を意識的に、無意識的に造りあげ、総督府と企業家の注目を引き付けようとした。台拓の東部の農林事業は、自然にこのような雰囲気の影響を受けるようになった。

2）広大な未開墾地

1920年代以前の東部は交通の不便、労働力の不足、原住民の脅威、河川の未整理および衛生状態が良くないなどの要因によって、広大な原野だけでは多くの企業の投資を誘引することができなかった[42]。1930年代以降、東台湾の各種の建設が次第に完備され、産業の開発の基本条件を備えるようになった。東部未開墾の山の斜面地、河川による平野の氾濫および山地は、「広大な未開墾の処女地」になり、その多くは官有地のために、企業家から注目を受けるようになった[43]。1930年代初期には、既に1部の本島人や日本人の企業家は東部で珈琲、パイナップル、苧麻および熱帯園芸作物の栽培を計画していた[44]。

他方、西部と比べると、東部は多くの未墾地を持ち、西部での耕地不足や米穀とサトウキビの競作などの不利な要因がなかった[45]。花蓮港庁と台東庁の2つの庁の山地面積は全面積の85％以上で、多くの熱帯作物の栽培は山の斜面地の栽培に適していた。そのために、総督府および地方庁は東台湾の広大な未開墾の山の斜面地を重視するようになった[46]。特に、日中戦争の勃発後、資源の獲得が益々重要になり、広大な官有荒地を擁する東台湾は、国策産業の開発の進行に最も適する地域になった[47]。

3）東部の適作地調査と栽培試験の成果の有利性

昭和4年（1929）12月、台東街に東部農産試験場を設立し、総督府の東部開発の先導的な措置としていた[48]。この試験場は単なる農業指導の奨励機関だけでなく、同時に東部開発に必要とする熱帯果樹、珈琲、パイナップル、苧麻などの種苗と農作物の試験栽培および品種の改良を進めていた[49]。昭和5年（1930）以降、一般の農家および企業の栽培奨励が開始された[50]。台拓の創立以降、初期では東台湾で綿花、苧麻、キナノキ（規那）および蓖麻の栽培を計画した。事実上、昭和10年（1935）に試験が完成され、その実施の可能性を確認した（表3－2）[51]。台東庁下で珈琲および綿花を生産し、しかも世界クラスの優良品種であった[52]。明らかに、東部農産試験場の設立は、未墾地域に1部分の特殊作物の栽培を促進し、東部に台拓の熱帯栽培業試験センターの開設の契機を拓くことになった。

試験の成績が良好のほかに、大正15年（1926）と昭和11年（1936）に台湾総督府の東部開発論の影響を受け、規模の大きい東部開発計画調査を2回展開した。これらの調査は、植民地政府が東台湾の産業特性を掌握し、農業開墾の「移民適地」を中心とする調査結果によって、台拓の

東部の開墾および栽培事業の発展の重点的基礎を築いた[53]。他方、昭和11年に同時に山地開発調査を進行し、東台湾の調査を中心に、大武山地が熱帯特殊産業の経営に適合していると確認した。それに、東部山地と山麓地帯の適作物に対し、より深く理解するようになった[54]。

表3－2　台拓設立前の東台湾における栽培作物の試験

作物名	生長型態	導入時期	栽培試験の状況
綿花	栽培期間は5～6カ月、サツマイモの7～8カ月よりも有利。東部綿花の品種は海島綿、西部の陸地綿の品質よりも良い。光沢があり、病虫害に対する抵抗力が強い。特殊な気候が必要である。	明治末期／＊昭和4年	明治35年、総督府が先に試作。 明治末年から大正年間に各地で栽培。 高雄と台南では大規模面積の栽培。 しかし、暴風雨、病虫害により、収穫量が少なく、成績が悪い。 昭和4年、宮本勝が東部の台東庁に海島綿種を導入し、東部農事試験場で試作の結果、品質が極めて良好。 昭和6年に宮本勝は近くの住民に栽種を鼓吹、台東庁と試験場の指導の下で成績が良好。同年、台南州農事試験場で栽培。 昭和9年、総督府が研究を開始した、台南州と高雄州で指導圃を設けた。東部農場試験場が里壠支庁と新開園分場で多くの農作物を試作、綿作の実績が良い。 昭和10年に新港で台湾最初の原綿加工（繰綿）工場を設置。 昭和11年に殖産局の補助で、新港、鹿野、東部試験場で試作。
洋麻（アンパリヘンプ）	錦葵科、一年生草木。山の麓地帯、高乾燥地の成績が良好。米穀とサトウキビの栽培と相剋しない。	明治41年	明治41年、インドから導入し台湾で栽培、成績が良好。 しかし、腋芽と小刺の調製は黄麻よりも難しい。島民が栽培に慣れていない。
煙草	大正3年	大正3年	大正3年に花蓮港庁が栽培を計画した。 大正9年に花蓮港で栽培した黄色葉煙草が顕著に増加し、専売局、煙草の70％を占めた。 大正15年前後に吉野、林田などの移民村で栽培。

蓖麻	気温の高い山野に見られる畑の輪作。河川荒地、新開墾地で栽培可。東部と南部の栽培に適合。	大正10年	大正10年に総督府殖産局は全島農家の栽培を提唱した、しかし、暴風雨の損害により失敗。 昭和9年に米穀の転作作物になった。 昭和10年に花蓮港庁寿村、玉里および西部の各州に栽培された。 台拓は東部農産試験場用地160甲を借りて、苗圃栽種を設置。
キナノキ（規那）	喬木、涼しい気候が適合、霜が降らない肥沃な原生林。台東以南の高度2,500〜3,600メートルの山地に適合、気温は南部の山の斜面地に適合。	大正13年	大正13年、星製薬会社が知本温泉南方の山地で試験、成績が良好。 昭和9年に中央研究所は台東庁の大武支庁太麻里渓の左岸3,000メートルの山地を選んで700甲を栽培試験地にした。 昭和10年4月に庁舎、苗圃を設置し、昭和11年に正式に栽植した。 昭和10年に大阪の武田長兵衛商店は大武山地で国有地700甲を借りて栽培した。
油桐		昭和4年	昭和4年、花蓮港庁の中村要平が北埔で油桐22甲を栽培。花蓮港支庁の渓口で14甲を栽培し、製油所を設置し、桐油を絞り、基隆から輸出。 昭和6年、花蓮港庁は栽培を奨励した。 昭和10年に総督府当局は将来に油桐の栽培を奨励する場合、花蓮港庁を第一候補地にすると承諾した。
魚藤（デリス）	熱帯地域に広範囲に分布。	昭和6年	昭和6年に、マレーから導入、静岡で試作に失敗。台湾農事試験場で試作し、その結果は良好であった。
苧麻	亜熱帯の原産、高温多湿を好む。経済作物に有利になり、平地から山麓地帯に移動。	昭和9年	東部農産試験場の試験結果、栽培可能と確認された。 昭和9年、苧麻の栽培に緊急性があり、有利なため、当局は米穀統制問題の方策の一つとして、栽培を奨励した。花蓮港庁の大和柏尾農場の3甲地で栽培、成績は極めて良好。 10年に2.5甲を栽培。新港で台湾人が3甲を栽培。花蓮港の小川浩が新開園で5甲の集団栽培、会社を組織した。

ナタール バーク	東オーストラリア の原産。涼しい気 温に適し、霜降り が無い地。大武山 地の2,000～3,000 メートルの地が最 も適する。移植 ができず、直接播 種が必要。約8年 で伐採可。	昭和9年	台湾領有の初期と明治35年に台北と恒春で試 験栽培に失敗。 総督府は昭和9年から試験的栽培。 営林所の試作の結果は、台湾で栽培可能。 台拓が台東庁の十数の蕃社に、種子を分配し、 30甲余りを栽培。
大麦		昭和12年	花蓮港庁当局は馬の飼料のため、吉野村で大 麦の栽培。
軽木 (バルサ)	喬木。中南米の原 産。伐木期は8年。	不明	総督府営林所が高雄州旗山郡の試験結果から、 台湾での栽植可能を確認。 台拓の台東出張所の苗圃と各蕃社で試験栽培、 この土地の技術上の植林が可能と確認された。
桂竹、 莿竹	桂竹は台湾の海抜 100～1,500メート ル地域。台湾の特 有種。莿竹の皮が 厚く、耐磨。	原生作物	花蓮港庁の竹材の需要が増加し、民間栽植を 奨励した。昭和10年に総督府の補助が得られ た。

(説明)　＊は昭和年間の東部の引進や栽植栽培の開始期間。これらの植物の日本語と英語の名称は付録7を参照。

(資料)　台湾銀行編『台湾に於ける新興産業』、1-11頁、18-19頁。鍾石若編『躍進東台湾』86頁。大谷光瑞『熱帯農業』、575-576頁。大蔵省管理局編『日本人の海外活動に関する歴史的調査』第13巻：台湾編2、50-56頁。『台湾日日新報』1935年4月7日、第3版、4月14日、第8版、5月14日、第4版、5月8日、第8版、9月22日、9版、12月4日、第5版、1936年10月1日、第3版、1937年1月4日、第4版、3月7日、第5版、9月7日、第3版、9月23日、第2版。『台拓文書』第127冊、110-111頁、第129冊、29頁、第132冊、118-119頁、第163冊、第164冊、第759冊。台拓調査課編『事業要覧』昭和19年度、8頁。萩野萬之助「花蓮港蕃地煙草栽培に関する意見書」手書き本、1914年。日本公益財団法人三井文庫所蔵「台北支店長会議報告」、『三井物産会社第八回支店長会議資料』1921年、23頁。李文良「帝国的山林：日治時期台湾山林政策史研究」(国立台湾大学歴史所博士論文、2001年)、298頁。『台湾農会報』4(4)、1942年4月、89頁。鄭武燦編『台湾植物図鑑』(台北：茂昌、2000年)、593頁、647頁、929頁。

しかし、台拓が東部での熱帯栽培業の推進を決めたキーポイントは、日本の紡績産業の発展に必要とする綿花の入手であった[55]。日本の綿花の国内生産量は多くなく、主に輸入に依存していた。植民地台湾は帝国政府の需要に合わせて、明治末年から大正3〜4年（1914〜1915）の間、綿花栽培組合および総督府殖産局は嘉義、台南、高雄、恒春および東部の移民村で既に試験栽培を行った。しかし、綿花の開花期には台風（雨期）に遭遇し、虫害が頻繁に発生して、成績が芳しくなく、失敗するようになった。大正末期に、日本綿紡績業は長年にわたりインドに依存していた原綿の輸入の困難に遭遇した。そこで再び、綿花の栽培奨励の議論が湧き上がった。昭和初期、民間と政府側は次々と綿花の試験栽培を行った[56]。昭和8年（1933）に、日本綿糸の輸出量は既に世界第1位を占めていたが、毎年多くの外貨を使い、原料を購入していた。また、原料の品質の問題によって、高級品はイギリス製品には遥かに及ばなかった[57]。

逆に、東台湾地域の綿花の栽培は、昭和4年（1929）に東部農産試験場と民間人の試験栽培に成功した。昭和10年（1935）に台東庁は全島の先頭に立ち、新港（今の台東県成功鎮）に最初の原綿加工（繰綿）工場を設置した。最も重要なのは、台東庁の綿花の品質が最も良く、市場価格が最高で、日本と朝鮮では栽培できない海島綿（エジプト綿）を産出することができた[58]。そのために、東部では綿花栽培の推進が、総督府の重要な目標になった。

綿花の栽培が期待され、東部開発の全面的推進の下で、昭和12年（1937）4月に総督府、地方庁および台拓の3つの方面からの決議によって、台東庁で資本額数百万円の台拓の子会社「台湾綿花株式会社」が設立されるようになった[59]。同年7月、日中戦争が勃発した後、熱帯作物は直ちに「国策産業」になり、台拓を先頭に、明治製糖、森永製菓、

塩水港製糖、杉原産業などの5大株式会社に東部の経営は、「企業戦」の使命を付与されるようになった[60]。遂に、台拓は台東出張所を正式に設立した。初代所長の後藤北面が示した事業計画は綿花、苧麻と蓖麻などの栽培の奨励、キナノキ（規那）の増産および本島人（台湾人）の移民などを重点にしていた[61]。明らかに、農業開墾と栽培事業は台拓の東部の初期事業の中心である。以下ではその経営の状況を説明する。

第2節　荒野地優先の開墾事業

　昭和11年（1936）、台湾総督府は東部の開発調査を積極的に展開した。この調査は「東部耕地の造成」が主要な課題であり[62]、その後、台拓の創業初期の東部事業の基本的な方針になった[63]。昭和12年7月の日中戦争の勃発後、戦時経済体制の下の重要な農業資源の生産力開発と拡充を強調した。さらに、荒野地の開墾と利用を重視するようになった[64]。台拓の東台湾の開墾事業は「荒野地を開墾して農耕地に」のスローガンの下で展開され、官有未墾地を中心に開始された。

　昭和12年12月から13年5月（1937～38）の間、台拓は台東庁と花蓮港庁に都蘭など6つの事業地を次々と設立した。昭和14年（1939）と昭和18年（1943）に再び花蓮港庁に落合と萬里橋の2つの事業地を新たに増設した（**図3-1**）[65]。これらの事業地の分布には3つの形態がある。第1は、海岸山脈の東西側の海抜600メートル以下の浅山丘陵地である。主に現在の花蓮県の瑞穂郷鶴岡の南から台東県の池上郷水墜、振興の間の海岸山脈の西側である[66]。海抜が約200メートルから500～600メートル前後の浅山丘陵地であり、特に200～300メートル前後が最も多い（**図3-2**）。海岸山脈の東側の都蘭事業地は、都蘭から隆昌に至るまで、

108

図3-1 台拓における東台湾の事業地

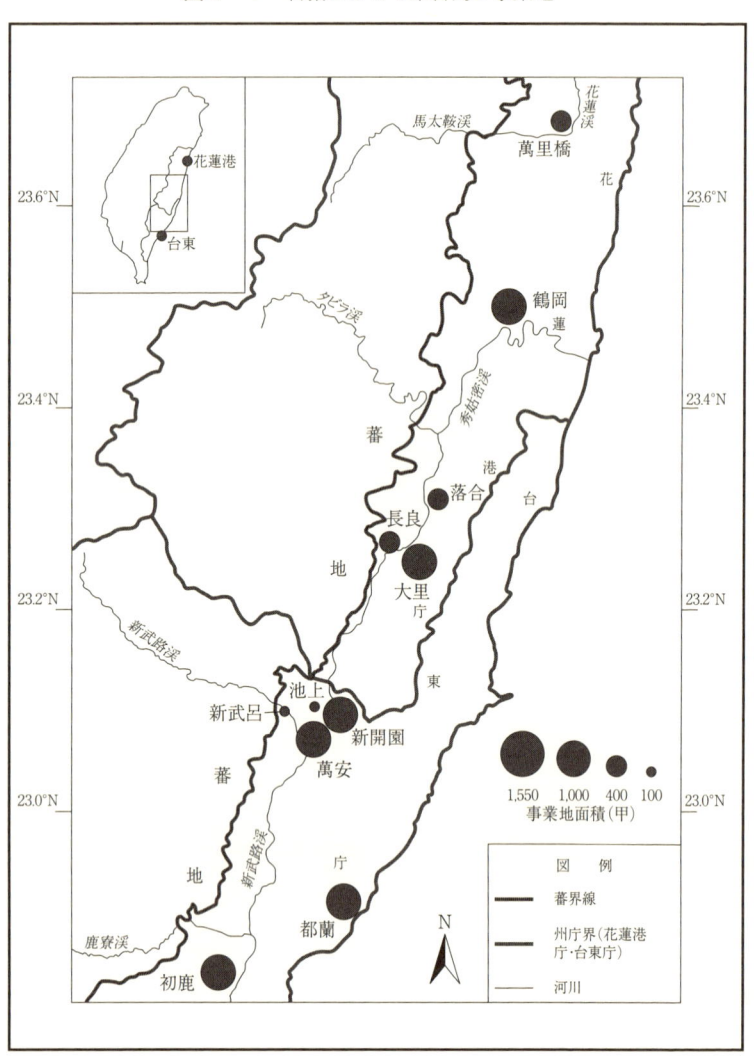

(資料) 附録2。作図者：楊森豪。

第 3 章　土地の開墾と栽培事業：国家と企業の共同構築下の農林開発　109

図 3 − 2　海岸山脈西側の台拓の鶴岡事業地

（資料）　桜田三郎編『事業概観』台北：台拓、1940年、37頁。

図 3 − 3　萬里渓干拓地の萬里橋事業地

（資料）　2009年 1 月に撮影。

海抜が600メートル以下の山の傾斜地である。第 2 は、河川荒野地で、例えば萬里事業地は萬里渓の氾濫平野である（**図 3 − 3**）。第 3 は、中央山脈の東側周辺の丘陵地である。すなわち、初鹿事業地（**図 3 − 4**）は[67]、おおよそ今の初鹿牧場から岩湾一帯で、海抜150〜400メートル前後の丘陵地である[68]。ここからわかるように、台拓の開墾事業地は、主に従

図3－4　中央山脈周辺の初鹿事業地

（資料）　桜田三郎編『事業概観』台北：台拓、1940年、27頁。

来から利用されていない浅山丘陵地および河川の荒廃地などの限界地域であり、特に丘陵地が多い。

　土地の所有権から言えば、各事業地には認可・租借地、社有買収地の2種類がある。政府の認可地はおおよそ600～1,000甲前後、面積が最も大きいのは初鹿事業地と大里事業地の2つである。買収地は僅か19～43甲である。そのほかに、昭和18年（1943）に台拓は花蓮港庁の農協（農会）から萬里橋地域を租借し、開墾を始めた。明らかに、台拓の東部事業地の大部分は官有原野地であり、総督府から租借（貸渡し）方式で取得したものである。西部の台拓地とは異なっており、西部は直接購入によって所有権をもっていた。土地の所有権を持つ総督府は、東台湾の台拓の事業地の発展に対し、より大きな権限を持っていた。しかも、戦後にこの事業地の管理委託を受けた土地銀行は、東台湾の3大地主の1人になった[69]。

　台拓の都蘭、初鹿、鶴岡および萬里橋などの4カ所には、民間から購入した19～40甲余りの私有地があり、「社有買収地」と呼ばれた。これらの土地の大部分のもとの所有者は阿美（アミ）族や卑南（プユマ）族

第3章　土地の開墾と栽培事業：国家と企業の共同構築下の農林開発　111

の原住民である。大正末期や昭和年間に次第に日本人や台湾人の掌中に移り、昭和14年（1939）以降に台拓が買収したものである[70]。戦後、これらの社有買収地の大部分は、小作農に直接払い下げられ、1部分は省政府が接収した[71]。これは官有認可地と異なる所である。

　台拓の開墾事業地の経営は、委託経営と直営の2つの方式に分けられていた。創業初期、台拓は政府認可の租借地を得た後に、直ちに未墾地の全てを7～10年間の期限に分けて、東台湾の資産家や声望の高い請負代行者に委託して開墾事業を行った。そして、関連の請負人と小作契約を定決した。請負代行者は招佃権を持ち、自ら移民を募集し、3年間以内に開墾を終え、租借料を支払わねばならなかった[72]。昭和13年（1938）に、詳細な測定、企画および道路と橋梁の設計後[73]、台拓は既墾地と未墾地の全てを経営請負代行者に引き渡して経営した[74]。既墾地は2年後から農地の租借料（田租）を徴収し、未墾地は4年目から租借料を徴収した。通常、請負代行者は既墾地を小作農に渡して開墾させ、農地の租借料（佃租）を徴収する。未墾地の1部分は西部の台湾人移民の東部開墾の招募、一部分は現地の小作農の耕作に使われた[75]。贌耕（賃借）の現地の小作農は台湾人が多く、あるものはもともとが地主であったり、製糖会社および現地の蕃社であった[76]。

　各事業地の請負代行者は、台拓と移民、小作農の間の仲介者の役割を荷っていた。**表3－3**から考察できるように、台拓の各事業地には1～3人の請負代行者がいた。それらの出身は、あるものはもともとが地主であり、横川長太が一例である[77]。あるものは農場の経営と原野の開墾経験者や東部に最初に綿花を導入して栽培した人物であり、宮本勝が一例である。彼らは東台湾在地の日本人であり、農場や拓殖会社の経営の経験者であり、しかも現地とは深い関係を持つものである。例えば、玉

表3-3 台拓の東部開墾事業地の委託経営者

事業地	姓名	経営請負期間	背景と経歴
大里事業地	玉浦 重一	昭和13年～民国35年 (1938～1946)	昭和16年、富里庄協議会員、東台湾林産資源開発株式会社理事、皇民奉公会富里分会参贊、富里農事実行組合、花蓮港森林副産物生産業者組合評議員。
	河俣 河重	昭和13年～16年 (1938～1941)	
鶴岡事業地	横川 長太	昭和13年～17年 (1938～1942)	香川県人、明治45年、花蓮港に移住、除虫菊とバナナの栽培、土木建築申請業および原野開墾に従事。 大正15年、精米業を経営。 昭和2年に瑞穂農場を開設。 12年向台拓から700甲地を租借し、小作農に委託し、苧麻を栽培。 昭和13年に大和で樟樹（楠）造林業を経営。 昭和12～18年、花蓮港庁協議会員。 昭和16年、東台湾魚藤株式会社顧問。 昭和16年、瑞穂自治農事実行組合長、鳳林郡瑞穂庄協議会員。 昭和12～18年、瑞穂相互信用販売購買利用組合理事、18年に組合長、皇民奉公会花蓮港支部奉公委員、花蓮港庁林業組合評議員、台湾青果同業組合連合会花蓮港代表。 富里と春日の両地で黄色煙草農場を開設。
新開園、萬安	比嘉 一正	昭和13年～15年 (1938～1940)	沖縄人、花蓮港市会議員、花蓮港拓殖株式会社専務理事。
	江口 豊次	昭和13年～17年 (1938～1942)	滋賀県人、大正元年に台湾に渡る。 大正5年、花蓮港駅前に丸ッ運輸組を創設。 その後、玉里で精米工場を設立、運送業と精米業では相当活躍していた。 昭和5年、豊南興業合資会社を設立、代表。 昭和8年に泰記汽船株式会社を設立、社長。 同年11月、高雄海運株式会社理事。 昭和13年、花蓮港街協議員。 昭和15年、東台湾運送株式会社理事。 同年11月、花蓮港市議員。

第 3 章　土地の開墾と栽培事業：国家と企業の共同構築下の農林開発　113

初　鹿	木山源次郎		
	毛利　之俊	昭和13年～14年 (1938～1939)	新港電気利用組合理事、新港水産合資会社代表、台東水産会員。 昭和5年、台湾新報主筆を辞職。 昭和10年、官選台東街協議会員。
	高須隆千代	昭和13年～14年 (1938～1939)	
都　蘭	宮本　　勝	昭和12年～15年 (1937～1940)	茨城人、大正10年警部嘱託。 大正14年、台東庁警務課、保安課と衛生課課長兼警部、兼支庁長代理、農会職員。合資会社新港自動車商会有限会員（昭和6年設、昭和13-16年任職）。 昭和4年、綿花の栽植を導入、 昭和7年、加走湾区大掃別で宮本勝農場を経営。

（説明）　1943年、新武呂事業地は星規那会社の経営に租給（賃貸）。代理人は陳阿欉。
（資料）　入沢滲編著『台東庁人名要鑑』（台東：東台湾宣伝協会、1925年）39頁、84頁、根上峰吉編『花蓮港庁下官民職員録』（花蓮：東台湾宣伝協会、1941年）7頁、28頁、54頁、88-89頁、137頁、159頁、160頁、162頁。台湾総督府『台湾総督府及び付属官署職員録』（台北：台湾時報発行所、1940年）、昭和15年版、648頁：塩見善太郎編『台湾銀行会社録』（台北：台湾実業興信所、1938年）、昭和13年版、348頁、昭和16年版、147頁、275頁。興南新聞社編『台湾人士鑑』（台北：興南新聞社、1943年）、昭和18年版、45、423頁。鍾石若編『躍進東台湾』、248頁。東台湾新報社編『東台湾便覧』（台北：成文出版社、1985年：1925年原刊）、161頁。『台拓文書』第409冊、第2309冊、第2822冊。『台湾日日新報』、1930年12月2日、第2版、1935年7月8日、第3版、1935年11月8日、第5版、1937年9月16日、第6版。

浦重一、横川長太、江口豊次および毛利之俊などは地方協議会員、宮本勝は長期にわたり地方の警務、衛生官僚を担当していた。ここから見られるように、初期の台拓はリスクの小さい委託経営方式を採用し、移民の招募、開墾補助金および関連建設の任務や費用を負担していたが、農地の租借料を享受していた。しかし、開墾の直接的な責任は経験の豊富な東台湾現地の農場経営者に渡し、契約期限が終了した後に、回収して直営に変更すると、試行錯誤の確率を低減することができ、速やかに開墾の目標を達成することができた。しかも原価とリスクを減少するこ

とができ、一層安定した経営戦略を構築することができた。

　台拓の開墾事業地の経営は困難が多く、委託経営も決して理想的ではなく、経営の不適切によって次々と解約されたものもあった（**表3-3**）。昭和14年9月、初鹿事業地の委託経営者の1人の高須隆千代は、経営不振によって最初に解約された。事業地は台拓の直営になり、直営農場を設立し、労働者を雇い耕作した[78]。昭和15年（1940）3月、賃金の高騰および請負代行者の資金の緊縮によって、都蘭の宮本勝、萬安と新開園の比嘉一正の委託経営の成果も芳しくなく、台拓の直営に変更された。もとの請負代行者は台拓の「嘱託」になり、事業地に駐在し、移民の農耕を指導した[79]。そのあと、台拓の事業開墾は難易度によって直営と委託経営の2種類に分けられた。開墾が容易な地域では依然として委託経営方式を採用し、「熱心な企業者」を厳選し参加させた[80]。そのために、昭和14年（1939）以降、個々の事業地の土地の租借利用と経営形態は一致していなかった。

　直営にしろ、委託経営にしろ、初期の企画の中で台拓は栽培作物を指定した。昭和13年（1938）を例にすると、台拓は台東庁の開墾事業地を指定し、総督府から要請された米穀から綿花、蓖麻および黄麻（ジュート）の転作を推進した。初期の請負契約では、開墾地面積の2分の1以上は綿花の栽培が必要であると規定された。花蓮港庁の鶴岡と大里事業地は苧麻を栽培する必要があった[81]。委託経営では指定作物以外に、米穀、サツマイモ、サトウキビや他の雑作物を栽培することができた[82]（付録2）。しかし、土地の開墾は極めて困難で、天災が絶えず、移民の離去する者が頻繁であり[83]、指定作物の予定した栽培目標を達成することが難しかった。他方、国策の需要に合わせて、新しい指定作物が絶えず出てきた。そのために、昭和15年（1940）以降、開墾事業所の栽培

第3章　土地の開墾と栽培事業：国家と企業の共同構築下の農林開発　115

作物の種類が多くなり、雑作の傾向が益々顕著になった。指定作物の中に新たにアンパリヘンプ（洋麻）、大麦などの作物が増えた（付録2）。そのほかに、開墾が困難な耕地では相思樹（タイワンアカシア）、桂竹、莿竹などの造林を行った[84]。

　明らかに、東部事業地は終始一貫して熱帯作物の栽培を主としたが、戦局の変化によって、食糧の増産および軍需資源の開発が益々重要になった。「適地適作」および荒地開墾の優先の観念の下で、台拓は最優先の国策指定作物の栽培比率を堅持しなくなり、地の利を尽くし、開墾を第1位の目標にした。言い換えれば、開発の趨勢はもともと計画された「標準化栽植」から、実際の必要に沿って、「適地適作」の雑作の傾向に調整するようになった。国策会社の農地開墾の経営上の弾力性、および辺地の開発の主要目標の特色が非常に顕著であった。

　東部の開墾事業地の比重は、**表3－4**、**表3－5**から見えるように、昭和12年〜19年（1937〜1944）の台拓の全島の認可面積は約3倍以上に増加した。実際の開墾面積は2倍の増加で、約5,000甲に達した。そのうち、東部は約2,500甲で、50％前後を占めていた。東部の総認可面積は5,000甲余りであるから、開墾達成率は約50％であった[85]。昭和16年（1941）以前に、東部の台拓の年度開墾達成率は70％〜90％に達した[86]。すなわち、歴年の成績から見ると、総督府の認可面積や実際の開墾面積から言えば、台拓の島内の開墾事業の半分以上を占めていた。昭和19年（1944）の『台湾年鑑』によると、台拓の設立以来計7,273甲の耕地を開墾し、そのうち、東部は60％を占めていた[87]。明らかに、台拓の東部開墾事業はビジネスの中心であり、しかも、戦時台拓の東台湾における開墾の具体的な成果を反映していた。

　全体的に言えば、台拓の開墾事業の最初の計画は楽観しすぎていた。

表3－4　台拓開墾事業の認可と開墾面積の変化

期　間	州庁別	認可面積	実際開墾面積
昭和12年度 12.4～13.3	台東庁都蘭、萬安、初鹿、新開園；新竹州大渓；高雄州社皮	3,380甲を著手。	
昭和13年度 13.4～14.3	台北州、台中州、花蓮港庁		前期開墾の継続、新増開墾3,197甲。開墾地2,579甲を完成。
昭和14年度 14.4～15.3	新竹州、台中州	認可開墾地351甲。（＊台北州503甲、新竹州315甲、台中州913甲、高雄州83甲、花蓮港庁1,773甲、台東庁3,098甲、昭和15.3.31計6,925甲の認可）。	＊台東庁1,518甲、花蓮港庁846甲、高雄州83甲、台中州566甲、新竹州203甲、台北州340甲。14年度末開墾地3,556甲。
昭和15年度 15.4～16.3	台中州、台東庁、花蓮港庁	前期認可の6,888甲を継続的に開墾。開墾地には米、綿花、苧麻、サツマイモ、サトウキビを栽培。台中州から396甲の土地を予約購入、台東庁および花蓮港庁から6,513甲の土地を予定保留。（＊新竹州313甲、台中州1,120甲、花蓮港庁7,409甲、台東庁3,096甲）。	開墾地3,152甲を完成。（＊昭和16年3月、開墾面積：台北州367甲、新竹州313甲、台中州956甲、高雄州83甲、花蓮港庁907甲、台東庁1,671甲、合計4,297甲）
昭和16年度 16.4～17.3		前期認可の7,519甲を継続的に開墾。本期の認可地は347甲。	開墾完成地3,415甲。
昭和17年度 17.4～18.3		前期末認可の7,537甲を継続的に開墾。昭和17年末の認可は9,100甲。申請中は23,226甲。	開墾完成地4,409甲。
昭和18年度 18.4～19.3	台北州、新竹州、台中州、台南州、高雄州、台東庁、花蓮港庁	全島の総認可面積は10,742甲。台東庁3,372甲、花蓮港庁2,046甲、台南州1,899甲、新竹州1,416甲、高雄州と新竹州はそれぞれが1,000甲余り、台北州は500甲。	開墾完成地4,636甲。

(説明)(1)　台拓『営業報告書』第1回～第8回。『台拓文書』第285冊、86頁、第507冊、18頁、第783冊、第864冊、341頁、第981冊、第1311冊、23頁、1484冊、第1810冊。
　(2)　日本外務省外交史料館所蔵「事業概況説明書」、『本邦会社関係雑件：台湾拓殖株式会社』。「外務省茗荷谷研修所旧蔵記録」、E117、E118、昭和15年、昭和16年。

表3-5　台拓島内各州庁開墾事業の栽植項目および認可面積

州　庁	認可性質	昭和14年6月	昭和15年8月	昭和16年8月	昭和17年2月	昭和19年2月
台北州	予約販売、昭和17年販売に成功	苧麻、その他503甲	水稲、その他503甲	水稲、苧麻、其他503.16甲	水稲、苧麻、その他485甲	500甲余
新竹州	租借	苧麻、その他203甲	水稲315甲	水稲、その他314.624甲	水稲、その他313甲（開墾地298甲）	1,416甲
台中州	予約販売と租借	921甲	水稲、その他1,162甲	水稲、その他512.1893甲	水稲、その他販売地405甲、予約販売地868甲（開墾393甲）、租借地254甲。	1,000甲余
高雄州	予約販売	棉花、その他83甲	水稲、その他83甲	綿花、その他83.5125甲	水稲、綿花、その他販売地83甲	2,000甲余
台東庁	租借	棉花、苧麻、黄麻、その他3,098甲	綿花、苧麻、その他3,098甲	綿花、苧麻、その他3,371.5641甲	綿花、苧麻、その他租借地3,445甲（開墾地1,700甲）	3,372甲
花蓮港庁	租借	苧麻、苧麻、その他1,773甲	苧麻、その他1,773甲	苧麻、その他1,773.24甲	苧麻、その他租借地1,758甲（開墾地773甲）、予定保留地5,636甲。	2,046甲
合計		6,581甲	6,934甲	7,558.2899甲	14,124甲（開墾地4,391甲）	10,472甲

（説明）　台拓調査課編『事業要覧』昭和14年度～昭和19年度。

委託経営の早期の解約があり、開墾耕地は前に計画した12年間に7万甲の目標に遠く及ばなかった[88]。そのことは開墾事業の困難の度合いが極めて高いことを示していた。特に、東台湾事業地は主に海岸山脈と中央山脈の浅山丘陵地や河川の氾濫平野など限界地域に位置していた（図3－2、図3－3、図3－4）。河川地は洪水の発生や土質が良くなく、大量の小石などを含んでいて、開墾は容易ではなかった（図3－3）。浅山丘陵地は常にイノシシ、猿などによる農作物の被害、旱魃や季節風などの問題に直面していた。そのほかに、「風土病の流行」や戦争の影響、労働力の著しい不足などがあった[89]。これらの種々の出来事も開墾の進度や成果に大きく影響を及ぼしていた。

　台拓と総督府がもともと計画した指定作物の栽培の成績も、予期の目標を達成することができなかった。綿花の栽培は昭和18年（1943）まで持続したが、生産量は年々減少の趨勢にあり、最初に予定した比率に到達することが出来なかった。花蓮港庁の苧麻の栽培は比較的に安定していたが、大幅な拡張は出来なかった。昭和17年（1942）以降、情勢の変化によって、栽培の項目が更に多元化し、相思樹（タイワンアカシア）、桂竹と莿竹の栽培は、初期の繊維の指定作物の趨勢を凌駕するようになった（付録6）。この現象は台拓の栽培と造林事業の変化と関係していた。以下において説明する。

第3節　栽培と造林事業の戦略的価値の高まり

　台拓の開墾事業は官有未開墾平野の耕地開発を優先的にした。栽培事業は高度な戦略的価値を持っていて、商業的営利ではなかった。昭和13年（1938）の台拓社長の加藤恭平は次のように指摘している。

「台拓の栽培事業は国策に応じることが第1の意義である。生産性の拡充、国防関係産業の勃興を首位に置いている」[90]。

そのために、栽培作物の大部分は過去において、台湾で栽培されておらず[91]、南洋地域から熱帯作物が導入されてきたものである。その次に、土地の利用は主に農耕地から見ると、辺鄙な山の斜面地や河川の荒廃地で、経営が比較的に困難で、多くは移民が開墾していた[92]。それに、この事業は総督府の特殊作物の栽培奨励方針に合わせ[93]、情勢の発展に沿って調整され、相対的に変化が大であった。昭和14年（1939）には再び造林事業を独立させた（**表3-1**）。しかし、企画から執行まで、栽培と造林は関係しており、台拓の営業成績報告の中で、常に両者を「栽培造林事業」と統称し、両者を合わせて論議するようになった。以下で作物の選択と変化、経営方式および成果など3つの部分から分析を行う。

　台拓の創業初期、東台湾の栽培事業における基本企画では気候と地質の特色に合わせ、台東庁事業地で海島綿（エジプト綿）の栽培を行い、花蓮港庁の大里と鶴岡などの地で苧麻を栽培していた。そのほかに、山地の開発計画に合わせて、台東の大武山地でキナノキ（規那）を栽培し、総督府と地方当局からはナタールバーク（黒楷）、紅茶、軽木（バルサ）を大武山地の第2期作物として栽培を意図していた[94]。明らかに、初期の計画は主に東部に新しい熱帯作物を導入し、特に南洋作物の試験栽培と推進を行った。

　日中戦争の勃発後に、東台湾の熱帯栽培業の国防の経済価値がさらに高まった。台拓の栽培作物の計画や実施は民間企業とは異なり、日本帝

国の戦時農業の増産政策に合わせていた。時局が必要とする繊維、油脂、薬用などの軍需と有用作物を主としていた[95]。珈琲、カカオ、藺草、パパイヤ、柑橘などのもともと企業から着手した消費性作物は、栽培せず、関与も少なかった。付録7から見られるように、台拓が選択し栽培した作物の種類と理由は以下のようである。

① 輸入代替、国際収支の調整、自給自足を目的にしたもの。これらの作物は繊維作物の綿花、黄麻（ジュート）、苧麻、洋麻（アンパリヘンプ）、薬用植物のキナノキと魚藤（デリス）、油脂の蓖麻と油桐、それに軽木（バルサ）、紅茶などである。

② 昭和9年（1934）の総督府の米穀の転作計画によるもの、たとえば、綿花、黄麻、苧麻および蓖麻への転作がある。

③ 台湾総督府の戦時体制下の長期栽培計画に応じ、あるいは総督府からの補助金の提供に応じた栽培[96]。例えば、綿花、苧麻、蓖麻、魚藤（デリス）、ナタールバーク（黒栲）、紅茶、煙草、樟樹（楠）、相思樹（タイワンアカシア）などである。

④ 総督府の長年の研究成果や東部での試験栽培に成功し、試行錯誤のリスクを避けることができるものであった。例えば、綿花、紅茶、キナノキ（規那）、煙草、ナタールバーク（黒栲）、魚藤（デリス）、苧麻および蓖麻などの作物である。

⑤ 国防軍需工業原料の確保である。例えば、油桐、苧麻、樟樹（楠）、ナタールバーク、サツマイモ、トウモロコシなど。そのうち、特に重視されたのが、皮革と薬用タンニン酸の原料と関係する植物の栽培である。初期ではナタールバークの造林を提唱し、後期では相思樹（タイワンアカシア）、油桐、木麻黄などの栽培が奨励された。

⑥ 蕃人に「授産」と山地開発を委託した。昭和11年（1936）の山地

開発計画の展開に合わせるために、総督府と地方庁は台拓に大武山地でナタールバーク、キナノキおよび紅茶の栽培と造林を鼓吹し、蕃人の栽培を奨励し、蕃人に授産の目的を達成した[97]。

以上から見られるように、台拓の東台湾の熱帯栽培業は、完全に総督府の計画に従うだけでなく、日本帝国の戦時体制下の農業増産政策に合わせ、外貨を稼ぎ、輸入代替および軍需などの国策作物の発展を図ることであった[98]。特に、初期の栽培作物は前述の如くである。そのほかに、現地の原住民の授産と山地開発の必要性も考慮した。

しかし、時局の環境の変化や栽培の効果が芳しくなく、作物の種類は変化し、もとの計画での栽培作物は実際には部分的には栽培していないものもあった。例えば、チークである[99]。あるいは適作地の調査結果を根拠に調整を行った。魚藤（デリス）は最初に大武で栽培する予定であったが、後になってから池上のみで進行した。他方、作物栽培の趨勢は、日本帝国政府の戦時農作物の増産政策によって左右された。昭和12年（1937）に台拓は概ね繊維、薬用および油脂作物を栽培の重点にした。昭和14年（1939）に専売局の奨励を受け、長良事業地に煙草栽培地を設置した。昭和15年（1940）には黄麻（ジュート）に代替し、丘陵地で栽培しやすい洋麻（アンパリヘンプ）を新たに種植した。昭和16年（1941）以降、食糧と木炭増産計画に合わせ、タンニン酸の資源確保および土地の利益を尽くすために、大麦、サツマイモなど食糧作物と軍需化学原料の生産を提唱した。特に急斜面や利用しにくい土地には相思樹（タイワンアカシア）、竹および防風林などの造林を展開した[100]。昭和16年（1941）12月、太平洋戦争の勃発以降、日本軍の破竹の勢いのように、「日・満（満州）・中（支那）」を核心とする大東亜経済圏の構築を試みた[101]。日本は南方の農林資源を直接的に取得することができたために、南洋地域か

ら原料を提供し、台湾の熱帯栽培業の転作を考えていた[102]。その後、日本の南洋での優勢が劣勢に逆転したために、実現しないうちに消滅した。昭和18年（1943）には、戦局が日々悪化し、決戦下の農業生産は「超重点主義」を主力にし、食糧、繊維および油脂など軍需農産物の増産が強調された[103]。昭和19年（1944）になると、台湾は決死の「要塞化」に邁進し、総督府は遂に物資の最大利用、資源の最大消耗を目標とし、台拓は初期に極力推進してきた綿花の栽培および情勢に対する緊急度が低い紅茶の栽培を放棄し、適地適作を主に採用するようになった[104]。台湾の原生や前から導入されていた白鳳豆（タチナタマメ）、ゴマ、秋葵（オクラ）、木麻黄（Ironwood）、銀合歓（White Popinac）および九芎（Subcostate crape myrtle）などが普遍的に試験栽培された[105]。造林栽培の項目がさらに多元化し、終戦前の物資の困窮と土地の限界まで農作を最大限に発揮する様子を充分にあらわしていていた。

　再び事業地から観察すると、台拓の栽培と造林事業の経営方式は、おおまかに開墾栽培事業地、専門栽培事業地および山地開発事業地の3大類型に分けることができる。まず、開墾栽培事業地から言えば、前に述べたように、昭和12年（1937）末以降、台拓は前後に台東と花蓮港の2つの地域で8つの開墾事業地を設立した。これらの事業地は荒野の開墾が中心であるが、熱帯有用作物の栽培の国策要求に合わせて、事業地内は移民栽培地と直営栽培地の2つの形態に分けられた。移民栽培地は主に水田と畑であるが、規定よると、一定の比率で綿花、蓖麻など指定作物の栽培が必要であった。事実上、昭和15年（1940）以降、移民の離脱が頻繁に起き、土地の利益を最大限に発揮するために、台拓は移民に一定比率の指定作物の栽培を強制的に要求しなくなり、国策作物の栽培と造林の奨励方式に変更するように改めた。直営栽培地は傾斜度が大きい

第3章　土地の開墾と栽培事業：国家と企業の共同構築下の農林開発　123

図3－5　秀姑巒渓河灘地に位置する長良事業地

(資料)　桜田三郎編『事業概観』18-19頁。

山林原野地が多く、昭和14年（1939）に初鹿事業地に初めて出現した。この種類の栽培地は主に国策作物を栽培し、大部分は労働者の雇用方式で経営していた[106]。昭和16年（1941）以降、東部の各開墾事業地内に次々と直営栽培地が設立され、直営指導圃を設け、各種の新作物の試験栽培を行った[107]。

事業地の開墾のほかに、昭和14年（1939）に台拓は池上で魚藤（デリス）の専門栽培の事業地を設け、長良で煙草の栽培地を設置した。その後、池上事業地から新武呂事業地が分けられ、昭和16年（1941）に堆肥を取得するために、養豚事業を兼業した[108]。長良事業地から第1、第2事業地に分けられ、昭和15年（1940）から煙草の休耕地を利用してサツマイモ、綿花および落花生などの作物の栽培を試みていた[109]。専門栽培事業地の予定開墾面積は2,146甲に達し、それぞれが秀姑巒渓（長良）および新武呂渓（池上、新武呂）の河川荒廃地であり、開墾事業地の主要位置の海岸山脈や中央山脈の山の斜面地とは異なっていた（**図3－5**）。土地所有権の全てが総督府に属し、社有購入地は存在しなかった。

前述の東部に前後して設立した11の事業地のうち、初鹿事業地で前後して栽培した作物は8種類以上であり、全事業地のうち最も多い。昭和

表3－6　台拓島内の栽培と造林事業の変化

時　期	栽培事業	造林事業
昭和12年度 12.4～13.3	東台湾地域8,500甲余り、海島綿、苧麻、黄麻、蓖麻を栽培。	
昭和13年度 13.4～14.3	台東庁、花蓮港庁で海島綿114甲、苧麻200甲、蓖麻107甲を栽培。 台東庁関山蕃地と初鹿事業地で栽培。	
昭和14年度 14.4～15.3	台東庁、花蓮港庁、台北州、高雄州で海島綿201甲、苧麻356甲、蓖麻68甲、煙草28甲を栽培。 台東庁内で魚藤20甲、亜麻10甲を試栽培。 台中州でアッサム紅茶園3甲を栽培。	台東庁で造林33甲。 台中州で梧桐3甲、苗圃1甲。
昭和15年度 15.4～16.3	台東、花蓮、台北で魚藤60甲、苧麻273甲、煙草50甲、綿花253甲、亜麻10甲を栽培。 台中州でアッサム茶園5甲、苗圃1甲。	台東庁で造林92甲、台中州で梧桐12甲、苗圃1甲。
昭和16年度 16.4～17.3	台東庁、花蓮港庁、台北州で魚藤36甲、苧麻230甲、煙草50甲、綿花135甲、亜麻43甲を栽培。	台東庁、花蓮港庁、台中州で造林5甲、相思樹20甲、竹7甲、梧桐26甲の造林と苗圃2甲。
昭和17年度 17.4～18.3	台中、台南、台東、花蓮港で魚藤67甲、苧麻108甲、煙草50甲、綿花82甲、サツマイモ115甲、水稲110甲を栽培。	台東、花蓮港、台中の各事業地で相思樹70甲、竹17甲、梧桐71甲を栽培。

（資料）　台湾拓殖株式会社『営業報告書』第1～8回。

14年（1939）以降、率先して多元化の栽培戦略を試みていて、他の事業地は昭和17年（1942）以降になってから実施した。明らかに、初鹿事業地は東部栽培事業の中で試験地の性質が高く、ナタールバーク（黒梧）、洋麻（アンバリヘンプ）、相思樹（タイワンアカシア）を初鹿で試植したあと、他の地域に普及するようになった。花蓮港庁内では鶴岡が最も重要であり、この事業地は終始苧麻栽培を中心としたが、昭和16年（1941）以降、多元化の発展に向かい、栽培した作物は6種類以上である（付録6）。

そのほかに、台東庁の大武、太麻里、知本および花蓮港庁の清水地域では、山地開発計画に合わせて、台拓の子会社の星規那株式会社が事業

地を経営していた。これらの事業地は海抜が1,000メートル以下の中央山脈地帯に位置していた。その栽培造林は緩やかな傾斜地での栽培を主とし、急斜面地は造林が多く、ナタールバーク（黒栲）、キナノキ（規那）、油桐、軽木（バルサ）および紅茶などの作物を栽培した（付録5）。

　台拓の東台湾での栽培造林事業の成果は、島内の栽培事業の比重、栽培面積および事業地の変遷から観察することができる。まず、**表3－6**から見られるように、台拓は最初に東部で綿花と苧麻など熱帯作物の栽培を行い、昭和14年（1939）に西部事業地も追従するようになった。台拓直営の栽培事業地も最初に東部で設立され、東部の栽培と造林の面積は西部地域を遥かに凌駕していた。

　作物の種類から言えば、綿花、苧麻、魚藤（デリス）、ナタールバーク（黒栲）、油桐、紅茶および相思樹（タイワンアカシア）などを含む7つの作物は、先に東部で栽培し、昭和14～18年（1939～1943）の間に次第に西部にも栽培が拡大するようになった。そのうち、ナタールバーク（黒栲）、紅茶および油桐（Wood oil tree）は共に試験の結果、理想的に行かず、その後、西部の試験栽培に転じた。蓖麻、洋麻（アンバリヘンプ）、煙草、樟樹（楠）および防風林は東部だけで進行し、西部の台拓地に拡大することはなかった。油桐は唯一西部で先に栽培し、昭和12～13年（1942～1943）に桐材の需要が増え、再び東部で推進するようになった。そのほかに、昭和15年（1940）以降、戦争の情勢の進展に従って、「食糧増産第一主義」に基づいて、熱帯産業の拡大が次第に困難になった[110]。西部の各事業地は国策の必要に合わせて、米作を主とするようになった。東部地域の栽培項目は情勢にしたがって再び調整されたが、熱帯作物の栽培は終始重要な地位を占めていた（表3－5、付録5）。

　しかし、日本本土の戦時農業の増産の大半は食糧作物を主とし、朝鮮

の東洋拓殖株式会社の開墾も米穀、大豆、雑穀および綿花の栽培に限定し、特別な指定作物はなかった[111]。西部の台拓地でさえも戦時の食糧不足のために、次第に米作に転じるようになった。台拓の東部事業地は、終始繊維、薬用、油脂など軍需熱帯作物を栽培の中心とし、日本帝国圏内の熱帯作物の試験地の戦略的地位が突出していた。軍需熱帯作物の大幅な拡張は、戦時の植民地台湾の農業発展の特色であった。

台拓の東部の栽培作物の中では、苧麻、キナノキ（規那）および煙草の3つが最も成功していた。相対的に、綿花の栽培数量が年々減少し、昭和19年（1944）には最終的には栽培を放棄した。蓖麻、洋麻（アンパリヘンプ）、ナタールバーク（黒栲）、軽木（バルサ）および樟樹（楠）の栽培の成績が良好ではなく、栽培の期間は大変短い。これらの作物の栽培の成果が芳しくない理由は、主に暴風雨、旱魃、虫害および労働力の不足などの要因の影響を受けたことである。昭和19年（1944）に煙草の栽培は戦争末期の肥料および農薬の不足の影響を受けた（付録5）。その次に、農民の栽培意欲が高くないことも原因の1つである。国策作物の多くは利潤が非常に低く、栽培が困難であったので、農民の栽培意欲が高くなかったことによる[112]。蓖麻を例とすると、次のようである。

「蓖麻は国策本位の作物であり、原価を計算しない「愛国栽培」である。そのために、いったん強制的な栽培の圧力が解除されると、直接的に他の作物に転作する傾向がある。最近は鉱物油で代替することができるようになったため、最初に奨励した栽培を中止するように提言があった」[113]。

再び、綿花の栽培を例とし、昭和15年（1940）の初鹿事業地の綿花は

完全に直営地の栽培に依存していたが、賃金が高く、労働者不足で、経営が極めて困難になった。移民は綿花の栽培の成果が芳しくないために、「極力避ける」ようになった[114]。そのほかに、長良、池上および新武呂などの栽培事業地は河川荒廃地に位置し、開墾が極めて困難で、常に洪水の災害に遭遇し、そのために、成果は初鹿などの開墾事業地よりも悪かったことである[115]。長良と池上などの栽培事業地の元の予定開墾面積は2,146甲であるが、しかし、民国35年（1946）になっても終始300甲を超えることはなく、達成率は僅か15%であり、開墾事業地の平均の50%よりも遥かに低い。

　要するに、台拓の東部栽培と造林事業は最初に施行され、面積が最も大きく、作物の種類が最も多い。それに熱帯栽培や造林を重点とする特色をもっていた。他方、東部の開発計画調査以降、植民地政府は持続的に地の利を尽くし、河川荒廃地の開発の推進を図ってきたが、効果には限界があった。日本統治末期の東部辺地の開発成果も、主に海岸山脈と中央山脈の浅山丘陵地の開墾拓殖の上にあらわれていた。河川荒野地に至っては、戦後の中華民国政府の軍隊による開墾事業の実施後に、始めて進展を見せるようになった[116]。

第4節　農業の転換と限界土地の開発

　1930年代半ばに、植民地政府の企画と主導の下で、国策会社の台拓は東台湾の産業開発の使命を負うようになり、その地に率先して進出し、積極的に開墾、栽培および造林などの農林事業を推進した。その後、様々な要因によって、事業の展開はもとの計画との間に差異が生じてきた。1940年代以降、栽培の項目が大きく変化し、実際の開墾と栽培の面積は

表3－7　1930年代以降の東台湾の熱帯企業会社

熱帯作物	栽培企業会社
綿花	台拓、台東振興会社、広合物産合名会社。
魚藤	台拓は関山郡池上庄、昭和13年に東台湾魚藤会社は知本と玉里で栽培。
苧麻	昭和9年、柏尾具包の大和農場は花蓮港庁で3甲を栽培、10年に花蓮港の小川浩は新開園で5甲の栽培。 台拓、杉原産業会社、台湾農産工業株式会社（1937）。
蓖麻	台拓、杉原産業は山崎で。
キナノキ	大正13年、星製薬会社は知本山地で造林13甲、後には放棄。 昭和8年に再度継続、13年に台拓の出資で星規那株式会社を合併して設立。事業地は知本、大武山地、清水盆地。 昭和9年、大阪の武田長兵衛商店は大武蕃地のチョカクライ社とタバカス社の官有林野712甲を借り、大武キナノキ園を設置。 14年武田商店は関山郡マンチョ社およびタンナ社の742甲を租借、関山キナノキ園と称した。
アッサム紅茶	台拓、森永製菓会社は大武山地で試験栽培、台湾農産工業会社。
蓮草	花蓮港物産株式会社は水璉に。
香蕉	昭和9年、柏尾具包は鳳林大和で農場を設置。 10年に池南地区で栽培。柏尾バナナ園、東台青果合資会社は六十石山に。
柑橘	台湾農産工業株式会社、杉原産業は三笠、小林カレリ洋行。
香料	杉原産業は六十石山に。
木薯（樹薯） Cassava キャッサバ	台湾農産工業株式会社は関山地区で栽植、澱粉工場を設置。
珈琲	横浜の木村珈琲店は新港泰原盆地で、明治製糖会社、台東在任の日本人が組織した台東振興会社は海岸山脈で栽培。 昭和5年、住田物産株式会社は瑞穂舞鶴台地で栽培。 昭和12年、日本京浜製菓業者の合資により東台湾珈琲会社を設立。 新開園と雷公火の間の海岸山脈に900甲の栽培地を選定。
カカオ	森永製菓会社、明治製糖会社は大武山地と関山山麓一帯で栽培。
煙草	台拓は長良事業地で栽培。
パパイヤ	南洋酵素工業会社は富里地区で栽培。 昭和15年、台湾殖果株式会社は富里で272甲を栽培、酵素を製造。
レモン	東部水産株式会社は豊田と林田（1939）で栽培。

（資料）　高原逸人「開港と東台湾産業の躍進」200-201頁。高原逸人『東部台湾開発論』74-75頁。佐治孝徳「築港竣工後の台湾庁産業展望」213-215頁。石渡達夫「築港後に於ける花蓮港庁産業の躍進」竹本伊一郎編『台湾経済叢書』8（台北：台湾経済研究会、1940年）、186頁に収録：日本外務省外交史料館蔵『本邦会社関係雑件：台湾に於ける会社現況概要』「外務省記録」、E2.2.1.3-22、昭和20年：森本寛三郎『武田180年史』（大阪：武田薬品工業株式会社、1962年）、589頁。『台湾日日新報』1935年12月4日、第5版、1935年11月20日、第5版、1937年4月14日、第3版。

終始予期の目標に達することがなかった。しかし、台拓の農林開発事業はシュナイダー（J. A. Schneider）が指摘したように、決して「損失だけで、何も貢献がない」と言うことではない[117]。事実上、台拓が先頭に立って、戦時の東部地域の農業は次第に多元化の軍需熱帯農業への転換に向かい、追加的な限界土地の開発ブームを引き起こすようになった。それについては、以下に説明する。

(1) 東部の熱帯栽培企業の勃興と熱帯農業の重要地域の確立

1930年代以前、台湾の東部と西部は同じく米糖の生産が中心であった[118]。丘陵地ではサツマイモ、陸稲および粟が主要な作物であった[119]。しかし、台拓が東台湾に進出した後、東部は産業の「大振興期」に入り、東部の熱帯企業が次々と設立されるようになった（表3－7）。各種の熱帯「新興作物」の栽培が盛んになり、あるいは、過去の零細な栽培から集団的な栽培に向かうようになった[120]。

熱帯企業の勃興は、苧麻を例とすると、台拓は国策と東部の産業開発の目的に合わせて、昭和12年5月に率先して花蓮庁の烏鴉立（鶴岡）、公埔（大里）の適地2,000甲を選んで、苧麻の栽培と繊維の製造を行い、「従来、開発が不充分な東部に尽力」した[121]。同年8月に、台湾苧麻紡績会社および台湾農産工業会社は、原料の獲得のために、東部は苧麻の栽培に適しており、参入することを考慮した。その後、杉原産業会社（以下、杉原産業）は東部で苧麻の事業を経営した[122]。注目に値するのは、これらの新興企業は糖業を重点にしておらず、前の土地所有権の掌握を意図する会社とはその性質が大いに異なっていた[123]。彼らは台拓を先頭に、完全に国策に合わせて、新興産業を発展させ、農業の多角化経営に尽力してきた。

その次に、1930年代半ば以降、東台湾地域は40数種類の熱帯作物を導

入し、試験栽培を行った[124]。そのうち、台拓から導入した新作物はアッサム紅茶、ナタールバーク（黒栲）、魚藤（デリス）、洋麻（アンパリヘンプ）、軽木（バルサ）、大麦などである。アッサム紅茶を例として、山地開発調査事業の後に、台拓が率先して台東庁の大武山地で試験栽培を行い、企業経営の試験地にした[125]。戦争末期の台東熱帯農業試験支所は、台拓事業地で大麦を試験栽培し、成績が極めて良かったので、台東庁で推進と増産を行った[126]。

新作物のほかに、台拓の推進によって、1部の国策作物は試験栽培や零細栽培から大規模な集団栽培に向かうことができた。綿花を例として、台拓の積極的な参入と台東庁の奨励の下で、昭和12年（1937）に台東庁下の「特殊産業の王座」を占め、予定の官有と民有の栽培面積は4,500甲余りに達した[127]。他方、東部の各項目の農業生産量はそれまでは全台湾の末席に位置していたが、戦時台拓が推進した部分的な特殊作物の栽培によって、逆に東部を栽培の重要地域に浮上させた。例えば、昭和15年（1940）の東部の苧麻の栽培面積は、全台湾の第1位である。昭和16年（1941）の苧麻の栽培面積は昭和13年（1938）よりも6倍に増加した。魚藤と綿花の栽培面積は全台湾の第2位で、台南州の次である[128]。

最も注目に値するのは、昭和12年（1937）以降、特に東台湾の台東庁は、全台湾の熱帯農業の重要地域の地位を次第に確立するようになったことである。昭和14年（1939）、もとの東部農業試験場は熱帯農業試験場と名称を改めた。同時に、初鹿台地に「全島唯一の総督府の蓖麻種子育成所」を設立し、玉里には熱帯農業塾を設置した。昭和16年（1941）2月、総督府の谷川清が台東庁を視察した時に、まず熱帯農業試験所の台東特有の薬用および食用熱帯作物の標本を見学した。同年4月、全島の地方長官会議の中で、台東庁長の藤田淳教が意見を発表した時に、台湾

の南進基地、兵站基地および国防第1線の施策として、8つの措置を提出した。そのうち、最初の2つは、台東の熱帯農業試験所を華南、南洋の開拓戦士の養成機構として拡張すべきものであった[129]。昭和18年(1943)の決戦の下で、台東庁は「本島唯一の熱帯産業地」として、植民地政府に全台湾で唯一の「熱帯農業学校」の設立を申請した[130]。戦時の台東庁は熱帯農業によって、一躍脚光を浴びるようになり、同時に熱帯農業の発展への決意を示したのである。

全体的に言えば、1930年代の東台湾、特に台東庁の熱帯産業ブームの発生は、もとの稲作、サトウキビの栽培から多元化の熱帯農業への転向の意図を示すものであった。このような多様な熱帯農業の栽培形態は、1980年代に至るまで東部地域の山の斜面地の利用に著しい影響を及ぼしていた[131]。

(2) 東部の人口増加と辺地の開発

東部の労働力が大幅に不足し、台拓は開墾および栽培事業のために、昭和12年(1937)から同時に西部から台湾人の東部への開墾移民の導入を開始した。それにも拘わらず、様々な自然や人文上の障害要因のために、これらの新たなマンパワーは移入と退出が非常に頻繁であった。しかし、民国34年(1945)に至るまで、花蓮港庁と台東庁の事業地内に多くの移民の集落を構築することができた[132]。移民の直接的導入のほかに、台拓の事業を先頭に、連帯的な効果として多くの熱帯企業を導いて、新たに多くの就業のチャンスを提供した。同時に、1930年代後期の東部に新たな移民ブームを作りあげて、この時期の人口の大幅な増加をもたらした[133]。現有の資料によると、昭和17年(1935)に台拓が東台湾に進出した後、東部の台湾人の人口数は昭和10年(1935)の進出前の1.5倍になっ

た[134]。この7年間内に人口は急速に増加したが、明らかに人口の自然増加によるものではなく、外来の移民の大量の移入によるものであった。そのために、台拓を中心とする新興企業によってもたらされた移民ブームが、この時期の東部の人口が急増した原因の1つである。

次に、昭和11年（1936）、総督府の東部開発計画は耕地の拡張を主軸とし、国策会社の台拓の率先の下で、各企業は浅山丘陵地、河川荒廃地および山地地域を積極的に開墾し、この時期の東部の限界土地の開発が猛烈な勢いで展開した。昭和12年（1937）9月の報道によると、台東庁の1つの庁だけでも企業の開墾申請の土地面積は4万甲に達し、空前の盛況であり、全島の特別なケースになった[135]。台東庁の山地地域では、「山地の良い土地はすべて各事業会社に分配された」という様子を呈していた[136]。戦時において軍需資源の自給自足を達成するために、明らかに従来は軽視されてきた東台湾は、全面的な開発の新たな境地に入ったのである。

(3) 辺地の環境景観の変遷

海岸山脈および中央山脈の浅山丘陵地の景観は、もともとは原始的な雑木林が主であった。1930年代に台拓をリーダーとする辺地の土地開墾と熱帯栽培業のブームによって、原始林は次第に伐採、焼却、再整地、開墾によって農地になった[137]。同時に、西部からの台湾人移民はこの地に家屋と集落を建設し、長良と池上などの河川荒廃地は、河川の中洲地の整理によって、平野に変化し、新たに集落が出現した。台拓は単に地方建設の補助に寄付金を提供しただけでなく[138]、他方、最初から各事業地の道路、移民家屋、飲料水設備、堤防、灌漑排水などの必要な事業にも投資した[139]。新たな近代化の建設によって、もともとの荒地や

第3章　土地の開墾と栽培事業：国家と企業の共同構築下の農林開発　133

図3-6　台拓の台東蕃地事業地の布農（ブヌン）族

（資料）　桜田三郎編『事業概観』44頁。

原始林は次第に変化し、新たな景観に生まれ変わった。

(4)　蕃人に授産

　昭和11年（1936）の山地開発計画調査は、山地利用の角度から適する作物を確定したほかに、蕃人に熱帯栽培作物の試験栽培を提唱し、蕃地の「高砂族」（原住民）の農業経営を改善させ、蕃人に生産技法を授けて理蕃政策の目標を達成するようにした[140]。台拓は総督府と地方官庁の政策に合わせて、台東庁の知本渓流域、太麻里流域、大武山地（大竹高渓流域）、新武呂（池上と関山）および花蓮港庁の清水渓流域などには事業地があり、キナノキ（規那）、ナタールバーク（黒梧）および紅茶の栽培を主としていた[141]。そのうち、太麻里蕃地では現地の警察の協力によって、最初は10以上の蕃社でナタールバーク（黒梧）の造林を行い、そのあとに関山の蕃地で栽培するようになった。知本、太麻里および清

水蓄地は、台拓の子会社の星規那会社のキナノキ栽培事業地である[142]。

要するに、1930年代半ば以降、東台湾の山地の蕃人の「授産」(原住民に新しい産業技術を教えること)は、もともと行っていた山地の水田の稲作のほかに[143]、国策の需要に合わせて、熱帯栽培業を推進し、日系資本のために新たな発展空間を探し求めていた。日本統治末期に、多くの会社による山地への進出による「山地企業化」の方針と熱帯栽培業の推進は、山地の原住民にどのような影響を与えたのか。これは別途に検討に値する1つの課題である。

(5) 南進の熱帯農墾事業の展開と東台湾の経験の移植

明治末期から大正年間に、日本人は次々と南洋地域で熱帯栽培業を発展させ、栽培の項目はゴム樹が主であった[144]。1910年代半ば以降、台湾総督府は華南と南洋での費用を拡編し、資金を提供して南洋の熱帯栽培業の企業家を補助した[145]。しかし、1920年代半ば以降、財政の逼迫および南洋での発展が挫折し、南進は深く沈潜に転じるようになった[146]。昭和10年(1935)になってから、「熱帯産業会議」が開催され、会議では台拓を南進政策の代理機関として、海外事業を推進するとともに、南洋の日本人企業に協力するように主張した[147]。そのために、台拓は南進の農業開墾事業に必然的に尽力するようになった。昭和13年(1938)から、台拓は既に北ボルネオ、タイの農業開墾事業の発展を試みていたが、進出先と植民地宗主国からの妨害と制限を受けて、成果には限界があった[148]。太平洋戦争の勃発後、台拓は日本の占領軍の行動と指令に合わせて、東台湾の熱帯栽培業の経験と人員を華南と南洋地域に進出させるようになった。

海南島を例として、昭和14年(1939)2月10日、日本軍が海南島を占

領した後、2月末に台拓は農林関係の技術者を現地に派遣し、調査の後にそれぞれ陵水と馬嶺の2つの事業地を設立した。事業地の主任（所長）は台拓の台東出張所の初代所長の後藤北面が担当した[149]。そして、最初から優先的に熱帯特殊作物を栽培し、蓬萊米（ジャポニカ米）の試験栽培は昭和15年（1940）4月になってから推進した[150]。初期栽培の熱帯作物は綿花、苧麻、黄麻（ジュート）、ナタールバーク（黒栲）、キナノキ（規那）、魚藤（デリス）および蓖麻などの項目であり[151]、殆どが東台湾の栽培経験の"複製"であった。

再び綿花を例にすると、台拓の東台湾の初期事業は綿花の栽培を第1の任務とし、子会社の台湾綿花株式会社は台東庁で綿花加工場を設置した。帝国政府の中国と南洋での勢力拡張にしたがって、綿花の栽培面積は大幅に増加した。太平洋戦争の後、東部の綿花栽培の適合性について、1度質疑を受けたが、海島綿の品質が優れていたために、なお持続して進行したが、昭和19年（1944）になってから中止した。東部の綿花栽培の成果は芳しくなく、予想よりも遥かに及ばなかったにも拘わらず、なお台拓は栽培計画を放棄しなかった。その栽培の経験と育成した種子は、依然として適切であり、「南方では大いに有用である」としていた[152]。綿花、苧麻、蓖麻、魚藤（デリス）および黄麻（ジュート）の栽培は、東部から西部に向かって拡張した。昭和17年（1942）以降の陸軍と海軍の命令の下で、その技術と種子は直ちに南洋の各地で試作や栽培を行った[153]。

他方、技術と経験の移転は、人的交流を通じて行われた。1940年代以降、台拓の東部出張所のベテランの所長と職員は頻繁に南洋地域や南洋事業の関連部門に転任し、勤務するようになった[154]。明らかに、南洋の農業開墾事業を指導し、発展を目的にしたものである。特に、台拓の南洋地域の事業は農林拓殖と鉱業を主とし[155]、島内の農業の経験と技

術者を更に一歩進んで南洋に移転することが重要であった。太平洋戦争の勃発以降、台拓には以下のような自覚があった。

　「南方諸地域の経済建設の上に、当社の長年の熱帯栽培業に対する研究と経験は、大いに有効であった。各地の社員は自らが身を張って『奉公』した」[156]。

　要するに、1930年代半ば以降、台湾総督府と東台湾は熱帯産業の育成センターになり、自然条件が良く、辺地開発の推進のほかに、熱帯産業の充分な経験の蓄積をもって、「南進の開拓士の育成」を図った[157]。遂に、東台湾は台拓の南洋発展に対する特殊熱帯軍需作物の試験基地になったのである。

小　　結

　昭和6年（1931）の満州事変のあと、国際協商が崩壊し、全世界は地域のブロック化経済と軍事拡張の時代に入った。日本と植民地支配も軍需産業の拡充方向に邁進するようになった。台湾の東部は植民地宗主国の紡績工業に必要とする海島綿（エジプト綿）の栽培に適し、すべての条件は西部よりも熱帯作物の栽培に適していた。それに、広大な未開墾の官有林野地を擁する駆動力の下で、台湾総督府と台拓は東部で熱帯栽培業を優先的に推進するように決意した。台拓の東台湾における開墾事業、栽培事業、造林事業および移民事業は、このような背景の下で展開されるようになった。東台湾地域は台拓の「熱帯特殊有用作物」の試験地になり、その後、次第に西部地域に向かって推進するようになった。

創業初期から終戦前までに、台拓は終始東部で最も多くの事業地を設置し、最も大きな面積を擁していた。

　昭和12年（1937）末以降、台拓は台東庁と花蓮港庁で 8 つの開墾事業地を次第に設立し、昭和14年（1939）以降、前後して 3 つの栽培事業地を設置した。開墾事業は原野地の開墾を優先したが、計画初期の大半の開墾地は必要とする綿花、苧麻などの国策作物を栽培し、熱帯栽培業を重点とする傾向が明らかであった。事業の経営は、開墾の難易度にしたがって、次第に委託経営と直営の 2 つの形態にわけるようになった。戦時の農業増産政策に合わせて、栽培造林事業および帝国の有用熱帯特殊作物の栽培は、その戦略的価値が強調された。すなわち、台拓は創業初期から絶えず各種の国策作物の試験栽培を行ったが、それらは主として南洋からの移植であり、台湾の原生作物ではない新興作物であった。戦争末期には、一方では大部分の新興作物の栽培は順調にいっておらず、他方では決戦時期の資源の極力利用を目標にするようになり、台湾の乾燥地や山の斜面地に適合する原生作物に転作するようになった。しかし、相対的に台拓の西部事業地、日本本土および朝鮮の東拓地は、1940年代以降、米穀の増産が第 1 の目標であった。逆に、東部事業地は終始熱帯作物を重点としていて、東部は日本帝国圏内の熱帯作物の試験地としての戦略的地位が突出していた。そのほかに、台拓の西部の事業地は購入方式によって所有権を獲得した。しかし、東部の事業地は西部と異なり、多くは総督府から官有原野地を租借した。そのために、土地の所有権者の総督府は、東台湾の台拓地の発展により一層大きな支配権を持つようになった。

　自然の災害と労働力の不足などの様々な要因によって、台拓の東台湾の農林事業は創業初期の予想目標に達することができず、栽培事業の成

果が最も低いことがわかる。しかし、シュナイダー（J. A. Schneider）が主張した台拓の東台湾の事業が、全く成果がなかったというのは明らかに間違いであろう。東部の事業地は基本的には限界的な河川荒廃地、浅山丘陵地および山地地帯に位置していた。そのために、1930年代半ばの台拓の東部経営は、戦争準備期および戦時体制の下にあって、戦時の資源開発と生産力の拡充のため、植民地の限界的な土地の利用と全面的な拡張が必要であった。東台湾は西台湾地域と比べると、西部は清朝末期の茶と樟脳による莫大な利益に駆使されて、民間の資本は続々と浅山丘陵地に進出し、開墾を行った。相対的に、東台湾の辺地開発は、逆に戦時に「国策有用作物の栽培の列車」に乗り、植民地政府の計画と土地の提供により、国策会社が先頭に立って執行し、民間企業がそれに追従する形で、賑やかに展開するようになった。

　1930年代半ば、台拓の東部の農林事業は、東部の地域の発展に一定程度の影響をもたらした。まず、台拓の積極的な進出にしたがって、日系企業が続々と東部に参入し、東台湾の熱帯企業の勃興を引き起こした。しかも、過去の米穀、サトウキビの作付けを主とする農業の発展方向は、多元化の熱帯作物の栽培に転向するようになった。特に、限界的な地域は、熱帯農業の新天地と言えよう。景観も大きく変化するようになった。次に、新興熱帯企業の設立と官有未墾地の開発は、新たな就業のチャンスと契機を提供し、この時期の全台湾最大規模の移民ブームを誘発した。同時に、東部の人口の急激な増加とともに新たな集落が出現した。それに、以前の水田の稲作とは異なり、山地の企業化と熱帯栽培業の進展は、果たして原住民にはどのような衝撃を引き起こしたか、これも検討に値する課題であろう。

　そのほかに、台拓の農林事業は単に東部の地域発展に影響を及ぼした

だけではなく、さらに東部の熱帯栽培の経験を直接的に南洋に対して移植や複製するようになった。それによって、戦時の帝国圏内の東台湾の熱帯農業試験基地の位置付けが突出したことである。南洋の特殊作物の栽培と普及も台拓の事業の特色であり、満州や朝鮮の国策会社ではこのような現象を見ることは稀であった。重工業化のほかに、台湾での特殊作物の栽培、推進および島外への拡張は、戦争時期の日本植民地主義の台湾における最も独特な現象であった。

　要するに、台拓の東台湾の農林事業の経営から見られるように、戦時の国防と経済の推進力の下で、植民地政府は国策会社を通じて、植民地辺地の産業発展計画を実施してきた。つまり、台湾総督府が先に東部で各種の開発計画調査と試験を行い、情勢に合わせて発展方針を計画した。そのあとに、国策会社の台拓にバトンを渡して、資本、技術および人的資本を導入し、東部の産業開発戦略を施行したのである。総督府は土地と補助金を提供し、傍ら執行の成果を監督したのである。台拓が率先して牽引した効果の下で、日系資本も続々と東部に進出し、投資を行った。すなわち、戦時の東台湾の農林業は、このような国家と企業が共同構築した植民地の経営モデルの下に新しい段階に入ったのである。

注

（１）　台湾拓殖株式会社（以下、台拓）調査課編『事業要覧』昭和14年度（台北：台拓、1939-1944年）、8-9頁。昭和16年度『事業要覧』（台北：台拓、1941年）には以下の記載がある。「台拓創立の約半年して、日中戦争が勃発し、内外の形勢が変化し、台拓の使命は更に大きくなった。台拓は東亜共栄圏の一翼とし、対内的には戦時体制下の政府の生産力拡充計画に順応し、戦時に必要とする物資の確保を主とし、時局が必要とする産業を努力して拡大する。…」。（台拓調査課編『事業要覧』、昭和16年版、8頁。）

（2） 『読売新聞』1937年5月23日、第2版。
（3） 台拓『営業報告書』（台北：台拓、1937年）、第一回、4-5頁。
（4） 桜田三郎編『事業概観』（台北：台拓、1940年）、9頁。
（5） 昭和17年（1942）末に至り、農林業に占める投資額は44％に近く、工業は25.9％になった。台拓調査課編『事業要覧』、昭和19年度（1944）、4-5頁。
（6） 開墾事業の目標は全島の保留が要らない林野と山地開発予定地を選定して、開墾と資源開発を進行し、特用作物を栽培した。『台湾拓殖株式会社文書』（以下、台拓文書）、第87冊、90-91頁、第467冊、第825冊。
（7） 第2章第2節を参照。
（8） 「植民地の共同構築」（co-colonization）は Tonio Adam Andrade（歐陽泰）が提出した用語である。主にはオランダ東インド会社の台湾統治時期、企業と漢人の間での階層性、主従関係の植民地協力体制の形成を指すものである。（歐陽泰著、鄭維中訳、『福爾摩沙如何変成台湾府？』台北：遠流、2007年）、8-9頁、226-227頁に詳しい。台湾総督府と台拓、他の日系企業関連の東部の開発をおおまかに比較することができる。
（9） J. A. Schneider, *"The Business of Empire: The Taiwan Development Corporation and Japanese Imperialism in Taiwan 1936-1946."* (Ph.D. Dissertation, Harvard University, 1998), pp.107-108, 112.
（10） 中村隆英『昭和史』（東京：東洋経済新報社、1993年）、295頁。台拓調査課編『事業要覧』昭和16年度、15頁。台湾総督府編『台湾統治概要』（台北：台湾総督府、1945年）、345頁。
（11） そのうち、明治35年（1902）に設立した恒春熱帯植物殖育場が最も重要である。台湾総督府『台湾に於ける熱帯有用植物栽培に就て』（手書き本、1915年）。台湾総督府殖産局編『台湾造林主木各論』（台北：台拓、1923年）、第二冊、後編、8-10頁。
（12） 台湾総督府『台湾に於ける熱帯有用植物栽培に就て』、（手書き本、1915年）。
（13） 『台湾日日新報』、1926年2月25日、第3版。大正10年（1921年）、総督府殖産局は島内農家で蓖麻の栽培を推進した。しかし、蓖麻は収穫期が長く、原料費も高いため、遂に失敗した。苧麻は米穀とサトウキビとの相剋の影響を受け、平地から山の斜面地へ転じて栽培した。台湾銀行編『台湾

に於ける新興産業』(台北：台湾銀行、1935年)、2-3頁、8頁。
(14) 綿花、キナノキ（規那、キニーネの原料、付録7を参照）、チーク（teak、麻栗樹、柚木とも呼ばれ、落葉性の大喬木でインド、東南アジアに分布、木材は優良な船艦の用材、枕木、建築・家具用材、造船と自動車の材料）のほか、大正年間に栽培した椰子、パパイヤ、肉桂（シナモン）、ユーカリ、紫檀（rosewood、落葉喬木、原産地はインドと東南アジア地域、よく街路樹に使われ、木材は貴重な家具用材）など園芸果樹作物であり、すべてが1930年代に極力奨励された特殊作物ではない。鄭武燦編著『台湾植物図鑑』(台北：茂昌図書有限公司、2000年)、444頁、988頁。行政院農委会、「台湾樹木解説資料庫」、2011年1月29日にアクセス：www.envi.org.tw/twtrees/books/index-1.ht。
(15) 『台拓文書』第194冊、225頁。
(16) 昭和10年（1935）を例として、高橋亀吉の統計によると、日本の熱帯性原料の支出は、総輸入の17%である。高橋亀吉『現代台湾経済論』(東京：千倉書房、1937年)、365-366頁。台湾総督府官房課編『施政四十年の台湾』(1935年原刊)(台北：成文出版社、1984年)、201頁。
(17) Samuel Pao-San Ho, "Colonialism and Development: Korea, Taiwan, and Kwantung," in Ramon H. Myers, Mark R. Peattie, eds., *The Japanese Colonial Empire, 1895-1945.* (Princeton: Princeton University Press, 1984), pp.350-351. 高橋正雄、金津健治『近代日本産業史』(東京：講談社、1967年)、191-192頁。小林英夫「植民地経営の特質」、大江志乃夫等編『植民地化と産業化』(東京：岩波書店、1993年)に収録、4頁、20頁。
(18) 『台湾日日新報』1937年4月23日、第7版。畠中正行『台湾殖産年鑑』(台北：台湾と海外社、1938年)、321頁。
(19) 大蔵省管理局編『日本人の海外活動に関する歴史的調査』(東京：大蔵省管理局、1947年)、第13巻：台湾篇2、24-27頁。1930年代の台湾総督府の米穀統制政策に関する研究は、林継文『日本拠台末期（1930-1945）戦争動員体系之研究』(台北：稲郷出版社、1996)56-61頁を参照されたい。『台湾日日新報』、1934年1月28日、第5版。1933-1934年の各州庁の米代作栽培の推進状況は、『台湾日日新報』、1933年9月以降の報道を参照。

(20) 山地開発計画の展開は、第2章第1節に詳しい。
(21) Richard Rice, "Economic Mobilization in Wartime Japan: Business, Bureaucracy, and Military in Conflict," *Journal of Asian Studies*, Vol.38, No.4（August, 1979）, p.691.
(22) 臨時資金調整法は、企業の新設、増資、社債の発行、長期借款の準備措置などの規定では政府の許可が必要である。軍需や基礎物資の生産産業を優遇し、一般産業の投資を抑制することである。いわゆる「経済の三原則」は、生産力の拡充、国際収支の均衡および物資需給の適合である。「概述」中村隆英編『「計画化」と「民主化」』（東京：岩波書店、1989年）、8頁に収録。小林英夫『「大東亜共栄圏」の形成と崩壊』（東京：御茶の水書房、2006年）、111-112頁。
(23) 『台拓文書』第194冊、225頁。第778冊、553頁。台拓調査課編『事業要覧』昭和17年度、5頁。
(24) 鍾石若編『躍進東台湾』（台北：成文出版社、1985年：1938年原刊）、84頁。『台湾日日新報』1941年7月11日、第2版。
(25) 桜田三郎編『事業概観』、9頁。
(26) 日本外務省外交史料館蔵「台湾拓殖株式会社設立趣意書」、『本邦会社関係雑件：台湾に於ける会社現況概要』、「外務省記録」、E.2.2.1.3-10、昭和11年9月14日、372頁。
(27) 黒栲（ナタールバーク、Natal bark）は戦時日本で最も不足した原料の一つである。原産地は東オーストラリア、阿仙薬科に属し、学名はAcacia leucophloea。南アジアのナタール（Nataru）地域で栽培され、輸出が多いために、このように呼ばれた。ナタールバークはタンニン酸の原料の一つであり、皮革と薬用原料であり、軍需国防上の重要な資源である。大谷光瑞『熱帯農業』（東京：有光社、1942年）、575-576頁：台湾総督府殖産局編『台湾造林主木各論』、第2冊：後篇、263-278頁。李文良「帝国的山林：日治時期台湾山林政策史研究」（台北：国立台湾大学歴史所博士論文、2001年）、298頁。
(28) キナノキ、すなわち、規那（Cinchona）であり、マラリア治療の特効薬キニーネの原料、原産地は南米、19世紀中末期に南洋に移植し、オランダ領ジャワの生産が最も多い。劉碧蓉「日治時代在台規那造林的政商関係：

第 3 章　土地の開墾と栽培事業：国家と企業の共同構築下の農林開発　143

以星製薬会社為例」、曾一士総編輯『全球化与両岸社会発展』（台北：国父紀念館、2008年）、190-191頁。
(29)　これらの作物の特色、用途に関しては、**表３－２**と付録７の説明を参照。
(30)　すなわち、綿花は台東庁の都蘭、新開園、萬安での栽培、苧麻は大里、鶴岡での栽培、蓖麻は鶴岡、大里、新開園、萬安、初鹿および都蘭での栽培、紅茶は台東庁の大武山での栽培が予定された。魚藤（デリス）は新武呂、池上での栽培、油桐は大武、ナタールパーク（黒椋）は関山蕃地、軽木（バルサ）は台東庁、キナノキは知本および屏東来義社での栽培が予定された。日本外務省外交史料館蔵「業務概要」、『本邦会社関係雑件：台湾拓殖株式会社』、「外務省外交史料館茗荷谷研修所旧蔵記録」、E115、昭和13年。
(31)　第２章の論議を参照。
(32)　星一（1873-1951）は星製薬科大学と星製薬株式会社創設者。福島県の出身、1894年にコロンビア大学で研究。後にはニューヨークで *Japan and Amercia* 小型英文新聞を経営した。1906年に日本に帰国後、製薬事業に従事、国会議員にも当選し、作家、教育家でもある。劉碧蓉「日治時代在台規那造林的政商関係：以星製薬会社為例」、189頁。
(33)　『台湾日日新報』1935年８月７日、第７版。星一『蕃人と内地人との協力：台湾蕃界及東部開拓』（台北：台北印刷株式会社、1935年）。
(34)　台東では熱帯作物の栽培に適している印象が構築され、台東庁長の大磐誠三の尽力が大きい。台拓の台東出張所の設立の１カ月前に、大磐は台東庁が「新興熱帯産業の中心地」になるように再び呼びかけていた。『台湾日日新報』1937年６月25日、第３版、６月26日、第３版、９月22日、第３版。
(35)　苧麻事業は東台湾地域で進行すると決定したほかに、台拓の農業開墾事業の中で最も重要な綿花事業は、中南部を栽培の重点とし、東部は完全に考慮されていない。山地茶園の栽培も中南部と東部が並行に実施した。明らかに、昭和11年（1936）５月以前、東部の熱帯栽培業の中心的な地位はまだ浮かんでいない。日本外務省外交史料館蔵『本邦会社関係雑件：台湾に於ける会社現状概要』、「外務省記録」（昭和11年５月４日）、E2.2.1.3-10。
(36)　昭和12年（1937）の愛国蓖麻運動を例とし、台東庁は全島の蓖麻の栽培の中心地である。当時、台東庁の予測では3,000甲、台南州で1,500甲、高

雄州で1,300甲であった。『台湾日日新報』1937年8月20日、第2版。

(37) 『台湾日日新報』1937年10月26日、第2版。
(38) 桜井芳次郎「東部台湾に於けるバナナの生産に就て」『台湾農事報』第413号（1941年4月）、450-453頁。
(39) 『台湾日日新報』1935年5月14日、第4版。
(40) 『台湾日日新報』1937年1月4日、第4版。
(41) 『台湾日日新報』1936年5月15日、第5版、1937年5月22日、第7版。
(42) 1920年代以前の東部企業の発展の遅延の論議については、林玉茹「殖民地辺区的企業：日治時期東台湾的会社及其企業家」『台大歴史学報』33（2004年6月）、350-352頁に詳しい。
(43) 『台湾地方行政』10(5)（1939年10月）、10頁。田村貞省「東部台湾に於ける栽培事業」坂田国助編『第二回本島経済事情調査報告』（台北：南支南洋経済研究会、1932年）、106-107頁に収録。佐治孝徳「築港竣工後の台東庁産業展望」『台湾時報』10月号（1939年10月）、218頁。
(44) 『台湾農事報』293（1931年4月）、5頁。昭和5年（1930）に大阪の住田物産会社は、花蓮港庁の舞鶴台地で500甲の予約貸渡地を選定し、珈琲の栽培事業を経営した。昭和9年（1933）に横浜の木村珈琲店は、台東庁の夏咾吧湾で600甲に近い官有地を租借し、珈琲の栽培を行った。鍾石若編『躍進東台湾』、86頁：田村貞省「東部台湾に於ける栽培事業」、103頁。『台湾日日新報』1935年11月20日、第5版。
(45) 『台湾日日新報』1926年2月25日、第3版。
(46) 田村貞省「東部台湾に於ける栽培事業」、75頁。
(47) 『台拓文書』第759冊、63-64頁。
(48) 1920年代半ば以降の台湾総督府の東部開発調査の進行と農事試験場の設置は、第2章を参照。
(49) 東部農産試験場は台東庁農会（農協）の農場のうち7.7甲を本場として租借し、各種の熱帯果樹を栽培した。卑南区北絲鬮（現在の台東県の初鹿）でパイナップル苗圃を設置し、斑鳩では苧麻苗圃を設置した。昭和5年（1930）、新開園（池上郷錦園）でパイナップル苗圃を設置した。筒井太郎編『東部台湾案内』（台北：成文出版社、原刊1932年、1985年復刻）、184

第 3 章　土地の開墾と栽培事業：国家と企業の共同構築下の農林開発　145

頁。田村貞省「東部台湾に於ける栽培事業」、68頁。『台湾日日新報』1929年 8 月27日、第 4 版。
(50)　昭和 5 年（1930）に雷公火（関山鎮電光）、都蘭山西部で適作地600甲を選定し、企業家の栽培を奨励した。北絲鬮と新開園でパイナップルを栽培した。筒井太郎編『東部台湾案内』、184-185頁。
(51)　『台湾日日新報』1935年10月24日、第 9 版。
(52)　鍾石若編『躍進東台湾』、85-86頁。
(53)　第 2 章第 1 節を参照。
(54)　『台湾日日新報』1936年 5 月23日、第 3 版、8 月21日、第 5 版。
(55)　台拓の台東出張所の設立の前に、台拓理事長の日下辰太は「台拓の東部の事業は、綿作を第一の目標とする」と、明らかに指摘した。『台湾日日新報』1937年 5 月22日、第 5 版。
(56)　『台湾日日新報』1926年 2 月25日、第 3 版。明治末期～昭和10年の間の綿花の試栽培のプロセスは、**表 3 − 2** と台湾銀行編『台湾に於ける新興産業』、18-19頁を参照。
(57)　高橋正雄、金津健治『近代日本産業史』、193-195頁。『台湾日日新報』1937年 9 月 7 日、第 3 版。
(58)　『台湾日日新報』1935年 5 月14日、第 4 版。日本国立公文書館所蔵『公文類聚』第64編、巻40、昭和15年、番号2A-12-2320。台湾銀行編『台湾に於ける新興産業』、19頁。台湾西部の綿花品種は早生種、品質の中クラスの陸地綿である。東部の海島綿は、「エジプト綿」と称していた。東部の海島綿の紹介については、『台湾日日新報』1935年 7 月18日、第 8 版、鐘紡株式会社の視察の報道および1937年 9 月 7 日第 3 版の殖産局農務課の浦川満の報道に詳しい。
(59)　『台湾日日新報』1937年 4 月21日、3 版、4 月28日、第 7 版。
(60)　『台湾日日新報』1937年 9 月 6 日、第 6 版。
(61)　『台湾日日新報』1937年 7 月17日、第 3 版。当時の人々の観察によると、昭和13年（1938）、台拓の事業は土地の開墾、綿花の栽培、原綿加工場の経営、山地の開発、熱帯植物など農林の栽培を主としていた。鍾石若編『躍進東台湾』、83頁。

(62) 高原逸人「開港と東台湾産業の躍進」『台湾時報』10月号（1939年10月）、200頁。
(63) 東部開発計画の台拓の東部事業企画に対する影響に関しては、第2章第1節を参照。
(64) 昭和13年（1938）6月、台拓社長の加藤恭平は株主総会で次のことを強調した。「非常時期において、有用資源の耕地の生産開発は、緊急な課題である」。台拓『台拓社報』第24号、1938年6月30日、326-327頁。
(65) 東台湾地域の事業地の設立、変遷およびその性質については、第2章を参照。
(66) 現在の池上郷池上の慶豊（北渓、南渓段）、嶺頂、水墜、土地銀行の池上農場、保甲園、石公厝、富興、鳳梨園、萬安、錦園、新興は台拓の土地である。2000年5月5日、林玉茹による江広東先生のインタビュー記録。
(67) 初鹿事業地は現在の初鹿牧場、試験場、三塊厝、高台、頂岩湾および後湖を含む。2000年5月4日、姜華玉先生のインタビュー記録。
(68) 1999年11月18日、林玉茹による蔡連青のインタビュー記録。『五萬分之一地形図』、『二萬五千分之一地形図』、国有財産局『（台拓）都蘭事業地地籍図』および『萬安事業地地籍図』。
(69) 1992年以後、土地銀行はもとの台拓地を国有財産局に返還した。そのために、東台湾の3大地主の1つは土地銀行から国家に変更されるようになった。
(70) 例をあげると、鶴岡地域の台拓地はもともと新社の原住民所有の畑地であった。大正6年（1917）に土地所有権を登記し、大正13年（1924）に横川長太がこの土地を購買した。昭和14年（1939）には、台拓の所有に移った。卑南の日奈敷（現在の初鹿賓朗村）の台拓地のもともとの所有者は卑南（プユマ）族の土地であった。これらの土地の大部分は大正7年（1918）前後に登録された所有権では畑地であった。昭和3年（1928）以降、続々と漢人の所有になった。その後、何回かの所有者の移転があって、昭和10年～12年（1935-1937）の間には、台南人の高再福（1902-1993年、高長の五男、職業は医者）が購買した。昭和14年以降、台拓の所有に移った。都蘭段の資料が少なく、僅かに大正7年の登記では都蘭のアミ（阿美）族の土地であったが、昭和14年に直接台拓が購入し、台湾人や日本人の仲介業

者や地主は存在していない。都蘭、鶴岡および日奈敷地域（初鹿）の『土地台帳』による。それぞれが成功、玉里、台東など3地域の地政事務所に所蔵。

(71)　鶴岡地域の一部分の土地は戦後に台湾省政府の手中に移った。そのために過去において、一般的には戦後東部の台拓地のすべてが土地銀行が代理的に管理していたという言い方は明らかに修正すべきである。『土地台帳』、鶴岡段、玉里地政事務所に所蔵。

(72)　都蘭事業地を例として、昭和12年（1937）12月24日に台拓は官有未墾地の認可を得た後、宮本勝と契約を締結し、開墾面積、規範、期限および権限などを決めた。契約期間の期限は、昭和19年12月までとした。鶴岡事業地は昭和13年5月〜昭和22年12月、約10年間である。「土地開墾及小作契約書」、『台拓文書』第409冊、16-20頁、第194冊、108頁。

(73)　台拓調査課編『事業要覧』昭和14年度、16頁。

(74)　鶴岡事業地は横川長太が昭和13年5月に請負っており、「土地開墾和佃作契約」中では、事業地は合計740甲と明記され、全てを開墾と小作農に従事させている。そのうち、既墾地は90甲、未墾地は580甲で、合計で670甲である。そのほかに、70甲の土地を防風林、建物、道路、木炭用備林および開墾ができない土地として使用された。『台拓文書』第409冊。

(75)　第4章の論議に詳しい。

(76)　初鹿事業地の陳進福はもともとが地主であったが、台拓が土地を購入した後は、継続して小作農として耕作させ、台拓に田租を納入させた。東台製糖、原住民、および番社にも台拓の土地を小作（贌耕）させた。『台拓文書』第2308冊、第2391冊、第2392冊。

(77)　前に述べたように、台拓の鶴岡地域の社有収購地の大部分は、横川長太による。

(78)　『台拓文書』第410冊、第984冊。

(79)　昭和16年（1941）の報告によると、都蘭、新開園、萬安などの事業地の事業は遅々として進展せず、昭和15（1940）年3月になっても、契約規定の3分の1の事項にも達していない。上の注に同じ。

(80)　『台拓文書』第828冊。

(81)　「土地開墾及小作契約書」、『台拓文書』第409冊、16-17頁。

(82) 昭和13年（1938）東台湾の開墾事業地の開墾面積は2,671甲で、そのうち、綿花の1,000甲、蓖麻の500甲、黄麻の350甲、サツマイモの350甲、サトウキビの150甲、水稲の46甲を予定していた。『台拓文書』第132冊、150-151頁。

(83) 第4章の論議に詳しい。

(84) 『台拓文書』第1364冊。昭和16年（1941）、萬安と都蘭の指定や奨励作物は綿花、洋麻（アンパリヘンプ）、黄麻（ジュート）および大麦である。蓖麻は僅か昭和13〜15年（1938-1940）に栽培され、後に事業が縮小され、移民には栽培させなくなった。付録5。『台拓文書』第1038〜1039冊。

(85) 開墾地は常に天災の要因および実測結果の影響を受け、数値の不一致があった。そのために、おおまかな数値を使用した。

(86) 『台拓文書』第1038冊、206-215頁。

(87) 実際の数値は、台東庁の2,980甲（41%）、花蓮港庁の1,370甲（19%）、新竹州の300甲（4%）、台中州の1,200甲（16%）、台北州の503甲（7%）、台南州の670甲（9%）、高雄州の250甲（3%）である。全台湾で合計7,273甲である。しかし、『台湾年鑑』は6,800甲と誤植している。台湾通信社『台湾年鑑』、（台北：成文出版社、1984：1944年原刊）、昭和19年版、633頁。

(88) 創社初期の予定開墾事業は、昭和12年（1937）以降の12年間の開墾土地は66,000甲である。『台拓文書』第87冊、90-91頁。

(89) 『台拓文書』第762冊、492頁、第2068冊、第2404冊、86頁。台拓移民と小作農の言うところでは、イノシシ、サルのほかに、鹿と羌（小型の鹿類）も耕作の収穫に被害を及ぼしていた。特に、イノシシによる被害が最も大きい。林玉茹による蔡連青先生（1999年11月10日）、李阿輝先生（1999年11月10日）および潘国神先生（2000年5月5日）のインタビュー記録。

(90) 台拓『台拓社報』第20号、1938年1月13日、279頁。

(91) J. A. Schneider, *The Business of Empire: The Taiwan Development Corporation and Japanese Imperialism in Taiwan 1936-1946*. pp.122-123.

(92) 『台拓文書』第1643冊、8頁。

(93) 『台拓文書』第87冊。

(94) 鍾石若編『躍進東台湾』85頁。

第 3 章　土地の開墾と栽培事業：国家と企業の共同構築下の農林開発　149

(95)　桜田三郎編『事業概観』、9頁。
(96)　総督府の台拓に対する補助の中の奨励作物の補助金は、苧麻、煙草、相思樹（タイワンアカシア）、桐などである。このほかに、畑地の改良補助金、肥料の増産奨励費などである。『台拓文書』第778冊、419頁。
(97)　『台湾日日新報』1937年9月2日、第5版。
(98)　日本の総力戦体制下の農業増産政策は、野田公夫「総力戦体制と農業増産政策」徳永光俊、本多三郎編『経済史再考：日本経済史研究所開所70周年記念論文集』（大阪：大阪経済大学日本経済史研究所、2003年）、403-421頁に収録。
(99)　チーク（麻栗樹、柚木）はもともと国策予定造林の計画があったが、実際の栽培はなかった。台拓調査課編『事業要覧』昭和15年度、21頁。行政院農委会「台湾樹木解説資料庫」。
(100)　『台拓文書』第815冊、352頁、第995冊、150頁。昭和17（1942）、地形や土地改良を克服できない農耕地には、相思樹（タイワンアカシア）の造林を特別に指定した。第828冊、25頁、第1141冊、47頁。
(101)　大東亜共栄圏の構想は、山本有造「『大東亜共栄圏』構想とその構造：「大東亜建設審議会」答申を中心に」、古屋哲夫編『近代日本のアジア認識』（東京：緑蔭書房、1996年）、549-581頁に収録。
(102)　拓務省拓南局の資料によると、南方の農林資源は共栄圏の需要に充分供給することができ、余剰がでることも可能である。具体的には、昭和17年（1942）に星規那株式会社は太平洋戦争の後、キナノキの産地のジャワが日本の佔領地に編入されたので、新たに台湾のキナノキ事業と造林計画を検討した。『台湾日日新報』1943年6月6日、第2版。福原一雄『南方林業経済論』（東京：霞ヶ関書房、1942年）、3頁。『台拓文書』第1188冊、382頁。
(103)　台湾総督府外事部『決戦下の台湾経済』（台北：台湾総督府、1944年）、3-4頁。
(104)　『台拓文書』第1810冊、506頁、615頁。台拓調査課編『事業要覧』昭和19年度、10頁。
(105)　昭和19年（1944）初鹿直営指導圃に白鳳豆（立刀豆）、大麦、小麦、オ

クラ（黃蜀葵）をそれぞれ1甲、胡麻0.05甲を試植した。鶴岡事業地に九芎の栽培を新たに増加し、長良地域は銀合歓（ギンコウカン）、木麻黄（モクマオウ、トキワギョリュウ）を栽培した。『台拓文書』第1989冊、第2822冊。上述の作物の用途は付録7を参照。

(106)　昭和16年（1941）大里事業地は莉竹の栽培を開始し、竹苗の増加によって、昭和17年（1942）に台拓は「常傭夫」を常置し、竹林の増殖を行った。経営管理は鳳林郡支会に委託した。『台拓文書』第984冊、第1719冊。

(107)　接収時期、台拓の東台湾における各事業地内の直営栽培地面積は以下のようである。初鹿の85甲、都蘭の30甲、新開園の17甲、池上の34甲、鶴岡の53甲、大里の54甲。比較すると、西部事業地の直営栽培地がより大きい。『台拓文書』第2404冊。

(108)　『台拓文書』第1038冊、227頁。

(109)　昭和16年（1941）、洋麻（アンパリヘンプ）、サツマイモ、花生、魚藤（デリス）などの作物を栽培した。しかし、煙草の栽培には特殊技術が必要であり、「日雇労働」（日給労働者）では担当できず、長良事業地は「耕作人作分制」を採用した。『台拓文書』第815冊、352頁；第995冊、140頁、150頁；第1399冊、105頁。

(110)　台拓調査課編『事業要覧』昭和16年度、18～19頁。昭和18年10月15日、決戦下の食糧供給を確保するために、日本政府は「台湾第二次食糧増産対策要綱」を閣議で決定し、米穀、サツマイモの増産を推行し、特にサトウキビの転作を奨励した。台湾総督府外事部『決戦下の台湾経済』、4-5頁。

(111)　日本本土は昭和14年～18年（1939-1943）の増産作物は米穀、小麦、大麦、サツマイモ、ジャガイモなどの食糧作物を主とし、傍ら麻類（苧麻、大麻、亜麻）および蚕糸などの繊維作物も奨励した。野田公夫「総力戦体制と農業増産政策」407-409頁。河合和男「国策会社・東洋拓殖株式会社」（河合和男等編『国策会社・東拓の研究』東京：不二出版、2000年）、183-184頁に収録。

(112)　2000年3月21日、林玉茹による陳坤木先生のインタビュー記録。

(113)　『台拓文書』第778冊、36頁。しかし、戦時の台湾総督府は「愛国蓖麻運動」を通じて、皇民奉公会と学校で全面的な蓖麻栽培推進運動を展開し

た。曾令毅「植『油』報国：蓖麻栽培与戦時台湾社会」『台湾史学雑誌』、7（2009年12月）、85-114頁参照。
(114) 『台拓文書』第984冊。昭和16年（1941）3月、花蓮港庁の元来順調に行った苧麻栽培事業は、労働力の不足および高い租借料金、生産原価の増加のため、農民は他の作物に転作する傾向があった。『東台湾新報』1941年3月11日、3版。
(115) 長良は最も極端な例である。戦後、洪水の害で廃棄された。第4章に詳しい。
(116) 戦後東部の兵工開墾問題の論議は、李紀平「『寓兵於農』的東部退撫老兵：一個屯墾的活歴史」、花蓮：国立東華大学族群関係与文化研究所碩士論文、1998年。夏黎明「池上平原文化景観的空間過程：土地、社群与国家的論述」『東台湾研究』4（1999年12月）、175-179頁。
(117) J. A. Schneider, *The Business of Empire: The Taiwan Development Corporation and Japanese Imperialism in Taiwan 1936-1946*. pp.118, 122.
(118) 昭和11年（1936）になってからも、東部は依然として米穀とサトウキビの2大作物である。鍾石若編『躍進東台湾』、68頁。花蓮港庁を例として、昭和10年（1935）になってから、庁内の農業は稲作、サトウキビの栽培のほかに、煙草と珈琲が僅かな成果があった。ミントとバナナの栽培は試験中であった。『台湾日日新報』1935年11月20日、第5版。
(119) 台湾総督府殖産局『台湾の傾斜地利用に関する豫察調査』（台北：台湾総督府、1920年）、6-7頁。
(120) 鍾石若編『躍進東台湾』、85頁。市川四郎「東部地方に於ける熱帯農産企業」『台湾農会報』1(4)（1939年4月）、84-85頁。
(121) 「台湾拓殖株式会社法制定ニ関スル参考資料提出ノ件」、『台湾総督府公文類纂』、第10349冊、昭和10年、永久保存、文号1、第2門、第5巻、第2類。『台湾日日新報』1937年9月13日、第2版。
(122) 『台湾日日新報』1937年5月20日、第5版、8月22日、第5版、9月13日、第3版。高原逸人『東部台湾開発論』（台北：南方産業文化研究所、1940年）、48頁。

(123) 第5章第3節の論議を参照。
(124) 高原逸人『東部台湾開発論』、75頁。
(125) 『台湾農会報』1(6) (1939年6月)、124頁。
(126) 『台湾日日新報』1943年2月9日、第1版。
(127) 『台湾日日新報』1937年5月5日、第2版
(128) 昭和15年 (1940)、東部の苧麻栽植面積は622.54甲、魚藤（デニス）は164.59甲、綿花は957.5甲である。『台湾農会報』、3(10) (1941年)、58頁、66頁。高原逸人「開港と東台湾産業の躍進」、201頁。
(129) 『台湾日日新報』1939年2月3日、第5版、12月10日、第2版、1941年2月25日、第2版、3月17日、第4版、4月25日、第11版。玉里熱帯農業塾は花蓮港庁下の本島人とアミ族の子弟に農業知識を教え、将来の農村開拓者のために開設した。昭和16年 (1941)、鳳林に新設した国立国民農林学校に合併された。1941年、1月10日、第4版。
(130) 『台湾日日新報』1943年5月31日、第4版。
(131) 民国71年 (1982)、都蘭事業地都蘭段のもと台拓地の利用には、香茅草（レモングラス）、原始林、桃花心木（マホガニー、ベニノキ）、蓖麻、相思樹（タイワンアカシア）、油桐（オオアブラギリ、シナアブラギリ）、竹林、米穀、サツマイモ、西沙楽（サザル）などの植物が栽培された。その多くは植民地時代に導入した新興作物である。国有財産局『都蘭事業地都蘭段地積計算表』（手書き本、1982）。
(132) 台拓の移民事業は、第4章の論議を参照。
(133) 昭和12年 (1937) 以降、多くの西部の台湾人の移民は、台拓の土地に人手が必要とする噂を聞いて、東部での開墾にやって来た。当然、否定できないのは、昭和14年 (1939) 花蓮港の築港完成の後、もたらされた新しい契機も東部の人口増加の主因の一つである。林玉茹による姜華玉先生のインタビュー記録。1930年代半ば以降、東部の本島人移民ブームの形成については、第4章第3節の論議に詳しい。
(134) 昭和10年 (1935)、台拓が東台湾に進出する前、花蓮港庁の台湾人（漢人）は94,141人、台東庁は63,885人、合計で158,026人である。昭和17年 (1942)、花蓮港庁の台湾人（漢人）は143,571人、台東庁の88,317人、合計

第 3 章　土地の開墾と栽培事業：国家と企業の共同構築下の農林開発　153

で231,888人である。1944年、戦争動員の関係で、人口が減少し、台東庁の総人口数は87,003人、花蓮港庁は143,534人である。日本統治末期の東部の台湾人（漢人）の人口増加の原因は、第4章に詳しい。台湾総督府編『台湾総督府統計書』（台北：台湾総督府、1899〜1944年）、第39統計書：昭和10年、30頁。第46統計書：昭和17年、32頁：日本外務省外交史料館蔵「台湾在住民の政治処遇調査に関する資料」『本邦内政関係雑纂：植民地関係』、「外務省記録」、A5.0.0.1-1。明治38年〜昭和15年（1905-1940）の東台湾の人口数、エスニックグループの構成および変遷は、孟祥瀚「台湾東部之拓墾与発展」（台北：国立台湾師範大学歴史所碩士論文、1988年）、145頁に詳しい。

(135)　『台湾日日新報』1937年9月5日、第5版。
(136)　工藤彌九郎「規那造林六千甲に就て」『台湾農会報』1(8)（1939年8月）、129頁。
(137)　台拓『事業概況書』（台北：台拓、1942年）、昭和17年度、27頁。初鹿美農高台の邱其順先生は、彼ら全家族が初鹿に来た開墾時の様子を描写した。「いたる所には樹木、竹で覆われ、光線が殆どが入って来ず、大変暗く、山を見ることができなかった。道路が狭く、牛車が通れない。イノシシと鳥が非常に多かった」と。姜華玉先生の指摘では、開墾開始時、至る所が樹木で、龍眼、竹、イノシシ、ウサギ、いくつかの蕃人の家屋があっただけであった。陳坤木先生は、至る所が一つ一つの列なった箭竹であると指摘した。林玉茹による2000年3月22日の陳坤木、邱其順および姜華玉のインタビュー記録。
(138)　例えば昭和15年（1940）に台東築港期の同盟会に1,500円、台東郡道路協会に300円を寄付した。昭和19年（1944）、台拓は一般の庄民と同じように、萬安地域の水道敷設の1部分の工事費を負担した。『台拓文書』第663冊、第1830冊−1831冊。
(139)　『台拓文書』第108冊、台拓調査課編『事業要覧』昭和16年度、16頁。
(140)　『台湾日日新報』1936年5月15日、第5版、9月12日、第5版。
(141)　台拓は山地開発事業の中でリーダーの地位にある。第2章の議論を参照。
(142)　桜井三郎編『事業概観』、44頁。台拓調査課編『事業要覧』昭和16年度、22頁。

(143)　山地の水田作付けの展開は、陳秀淳『日拠時期台湾山地水田作的展開』（台北：稲郷出版社、1998年)、第3章。

(144)　日本人の南洋熱帯栽培業は、天然ゴムのほかに、マニラ麻、椰子、珈琲、茶、カカオ、米、胡椒、サトウキビ、煙草、綿花、魚藤、キナノキ、檳榔、樹脂など。拓務省拓務局編『南洋栽培事業要覧』（昭和9年版、東京：拓務省、1935年)、56頁、88頁、111-112頁、167頁、190頁、205頁、224頁、234頁、244頁、252頁、256頁、270頁、275〜276頁。拓務省拓務局編『南洋邦人農企業現況一覧』（東京：拓務省、1942年)、表1-23。

(145)　游重義「台湾拓殖株式会社之成立及其前期組織研究」、23-24頁。

(146)　中村孝志「台湾と『南支・南洋』」、中村孝志編『日本の南方関与と台湾』（奈良：天理教道友社、1988年)、22-23頁に収録。久保文克『植民地企業経営史論』、日本経済評論社、1997年、206-207頁。

(147)　後藤乾一『近代日本と東南アジア』（東京：岩波書店、1995年)、86頁。

(148)　台拓の南洋の事業と活動は、柴田善雅「台湾拓殖株式会社の南方事業活動」『日本植民地研究』20（2008年6月)、1-21頁。

(149)　第2章第3節の論議を参照。

(150)　外務省外交史料館蔵、「事業概況説明書」、『本邦会社関係雑件：台湾拓殖株式会社』、「外務省外交史料館茗荷谷研修所旧蔵記録」、E118、昭和16年4月。

(151)　外務省外交史料館蔵、「事業概況説明書」、『本邦会社関係雑件：台湾拓殖株式会社』「外務省外交史料館茗荷谷研修所旧蔵記録」、E117、昭和15年4月。

(152)　『台拓文書』第1810冊、615頁。

(153)　第4章第3節の議論に詳しい。

(154)　人員の移動については第2章第3節を参照。

(155)　張静宜「台湾拓殖株式会社在南洋貸款投資事業之初探」『東南亜季刊』、3(3)（1998年7月)、93-99頁。海南島では農林業を主としていた。鍾淑敏「台湾拓殖株式会社在海南島事業之研究」、『台湾史研究』12(1)（2005年6月)、73-114頁。

(156)　台拓調査課編『事業要覧』昭和19年度、7頁。

(157)　佐治孝徳「築港竣工後の台東庁産業展望」、212頁。

第4章　移民事業：
軍需産業と移民政策の転換

　植民地時期の東台湾は台湾のなかで荒地が最も多く、速やかな開発を必要とする地域であった。前に述べたように、施添福は「移住型植民地」をもって「第2の台湾」と称している。西部の台湾は「資本型植民地」とし、「封鎖型植民地」とする山地とを区別しており、東台湾の移住植民地社会としての主要な地域的特色を充分にあらわしている。施は同時に明治末期に、台湾総督府が確立した「東台湾の内地化（日本化）」政策は、まず土地整理事業を通じて、東部の大半の土地を官有地とし、それを日本人の移入基地として、日本民族を東部で優勢エスニックグループ（族群）とすると同時に、日本人の心の「新故郷」とせんとしたと指摘している[1]。

　「東台湾の内地化」政策は、一貫して日本の植民地統治における東台湾に対する主要な論議となっている[2]。しかし、過度に日本の植民地意志の支配性を強調することは、極めて容易に「植民地統治万能論」の落とし穴に陥ることになる。事実上、日本の植民地政策は殆どの修正を行わずに、それを原始的構想に基づいて最後まで徹底しようとするものではない[3]。東台湾の内地化政策も同じであった。帝国主義統治の観点からすると、内地人の植民地への移入は必要な施策であった。しかし、その実施時は、多くの困難と時代背景の需要に応じ、絶えず政策を調整する必要があった。特に、昭和12年（1937）の日中戦争の勃発後、植民地は原料、中間製品や食糧供給地としての重要性が高まった[4]。日本

は植民地統治政策を大幅に調整し、台湾の工業化と、戦時資源開発を積極的に推進した。従来、日本移民の東部移民政策に対する偏重は、時局に応じて大きく変化するようになった。1930年代中頃、台湾拓殖株式会社（以下、台拓）の東台湾における本島人（台湾人）の移民事業はその明らかな証明である。

台拓は国策企業としての特殊な性質をもっていたので、従来の総督府が実施していた官営移民事業の1部分を台拓が代理を行ったのである[5]。そのために、台拓の移民事業は直接的に「官営移民」と見なすことはできないが[6]、しかし、一般会社の私営移民の性質とも異なっていた。まさに「準官営移民」と見なされるもので、戦時植民地政府の移民政策と方針を反映したものであった。

昭和12年（1937）から終戦に至るまで、台拓の移民事業は、内地人（日本人）移民と本島人（台湾人）移民を含んでいた[7]。注目に値するのは、帝国の日本人を西部台湾に移住させ、逆に東台湾に本島人移民事業を推進することである。明らかに、戦時の東部移民政策の重大な修正を示すものであり、本来の東台湾の内地化構想を放棄するものであるのみならず、しかも前の私営会社による本島人と内地人の並行移入戦略を採用していない。なぜ戦時の東部移民政策を調整したのか。その経営の内容はどのようであったのか。またどんな成果、影響およびその反映した意義はどんなものであったのか。これらの問題は本章で検討しようとする重点である。

総体的に言えば、本章は台拓の東台湾における本島人の農業移民事業を研究の対象とし、戦時の東部移民政策の変化の理由、台拓移民事業の内容と成果の論証を目的としている。同時に、更に一歩進んで帝国政府、植民地政府、地方庁から企業家に至るまで、東部台湾の移民政策に対す

る主張と実践の差異ならびにその意義について検討するものである。

第1節　東台湾の内地化から軍需産業の開発

　1936年5月に、台拓の正式設立の前に、日本帝国議会は「台湾拓殖株式会社起業目論見書（創業計画書）」の中に、「農民移民事業」の項をはっきりと掲げて検討している。「内地人と台湾人の融合と共存共栄を図り、同化の実を達成するためには、多数の健全な内地人の農村への定住が必要である」としている。計画書は内地人の移民事業の企画のみで、本島人の移民については全く触れていない[8]。しかし、台拓の設立後には大きく方針を変換し、東部への本島人の移民事業を主力としている。この政策転換は2つの要因の影響によるものである。第1は戦前の内地人の移民成果の優劣であり、第2は戦時の東部の軍需資源の開発および労働力の不足の問題である。以下にこれを分けて述べよう。

(1) 戦時の東部移民政策と東台湾の内地化計画の破綻

　日本領台の初めに、殖産興利と同化の植民地統治の必要上、日本人の台湾移住を重要な政策と位置づけた[9]。しかし、総督府は一時的には顧慮する暇もなかったので、日本の企業家に広大な未墾地を提供し、日本の農業移民による来台開墾を奨励した。

　台湾東部の大規模な開墾は、賀田金三郎によって開始された。明治32年（1899）に、賀田は台湾総督府の奨励によって賀田組を設立し、東部の総面積の半分以上の未開墾の荒野を承租し、開発を実施した[10]。明治36年（1903）、明治39年（1906）に、賀田組は続々と福島県と愛媛県の移民を、呉全城地域の開墾に移入した。同時に、台湾の宜蘭、新竹およ

び台南などの地から本島人を引き入れた。そのあとに、「蕃害」（原住民の反乱）、風土病および水災などのために失敗し、撤退した[11]。

　私営移民計画の成果が不良のため、明治42年（1909）に総督府は官営農業移民を決定し、同時に台湾全島の移民の適地調査を実施した。最終的に、東部では未墾地が最も多く、漢人も少なく、誠実で模範的な帝国農村を建設し、「蕃人」（原住民）との同化ができ、その地を選んで「民族基地」を作ろうとしたのである[12]。

　しかし、果たして東部への移民に内地人を移入するか、あるいは本島人とするかが、官営移民政策の確立前における論議であった。企業家は過去の賀田組の移民経験に基づいて、本島人は内地人に比べて、風土病への適応や「蕃害」への対応が可能であり、さらに経費面の考慮からも本島人の移入を主張したのである[13]。しかし、総督府は内地人の台湾への移植をもって、植民地統治の確保が可能であり、日本民族の将来における熱帯地方への発展に有利である。それと共に、日本自身の過剰人口の調節と、優良な日本人の永住によって、国防上と同化の模範的モデルを示す必要性があると考えた。その結果、明治43年（1910）10月に、内地人の農業移民実行案を確立したのである[14]。

　官営移民政策の確立後、総督府は台東庁と花蓮港庁の明治43年度の調査によって、現住の本島人と生蕃人（原住民）の生活上の不可欠な地域を除く以外は、その他のすべてを内地人の移植地とすると規定した。同時に、漢人の東部への「侵入」を防止し、専ら内地人と蕃人による東部開発を意図した[15]。明らかに総督府は「東台湾の内地化」の実施の意図を目指していたのである。その後、現実の実施上において種々の問題に直面し、徐々に様子が変化した。

　明治43年（1910）、大正2年（1913）、大正3年（1914）と、次々に花蓮港

庁において吉野、豊田および林田の3つの官営移民村が建設された。しかし、官側の移民経験の不足、蕃害、風土病、洪水と台風の襲来、イノシシなどの動物の被害、および移民が熱帯作物の栽培に不慣れなどの要因によって、移民の成績は芳しくなかった[16]。大正4年（1915）に、既に計画を中止する予定があった[17]。大正6年（1917）5月には遂に財政面の考慮からこの計画を停止した。そして移民指導事業を花蓮港庁に移転し、既設の移民村の充実を目標とするようになった[18]。

花蓮港庁の官営移民事業は、強い試験的移民の性格を持っており、いったん効果に限界があると、総督府はすぐさま転じて私営移民を奨励した。大正6年（1917）6月に、総督府は「移民奨励要領」を制定し、民間企業経営の移民事業を奨励し、その上、それに適切な保護を与え、「必要な執行命令を下した」[19]。大正元年（1912）、台東拓殖製糖株式会社を設立し、台東庁内の私営内地人の移民事業を担当し、製糖原料を供給すると同時に、庁内の資源開発の目標を達成した[20]。しかし、民間企業は経済的利益の考慮を優先し、前に述べた賀田組とその事業を継承した台東拓殖合資会社の内地人移民の移入失敗の経験に基づいて[21]、台東拓殖製糖は内地人と本島人、ならびに蕃人移民の同時進行を試験的に行った。

事実上、官営移民が中止される前に、台東拓殖製糖は大正5年（1915）に、既に短期的に内地人移民の移入を鹿野に行っており、大正5年（1916）に旭村を新設した。「移民奨励要領」の公布後、大正6年〜8年（1917〜1919）に至る間に、続々と永住の日本人移民が、鹿野、鹿寮、旭から池上などの4村に及んでいる。大正7年（1918）から前後して、本島人と蕃人が美和、大原、月野、雷公火、里壠（関山）、徳高班、池上など7つの村に移入した[22]。

大正10年（1921）に、第1次世界大戦の過度の拡大および経済不況の影響を受けて、台東拓殖製糖は1度破産の恐れがあり、遂に製糖と移民事業を分離した。そして、改めて新たに設立した台東開拓株式会社（以下、台東開拓）が、移民開墾事業を経営し、「気候風土に順応」する本島人移民の移植を主体とした[23]。他方、大正6年の総督府の「移民奨励要領」は、本来内地人の移民の補助のみであったが、1921年に台東庁の開発が加速され、「補助範囲が拡張され、本島人移民にも及び」、内地人と類似した保護要項を与え、同時に灌漑・排水施設の設置を援助した[24]。土地所有権について言えば、内地人1世帯については建物を含めて1.5甲の土地と、2甲以上の承租地の取得を認め、本島人には1甲の土地と、2甲の承租地の取得を認めた[25]。

1910年代末には、台東拓殖製糖と塩水港製糖は本島人の移入を開始し[26]、かつての明治43年（1910）以来の本島人の東部開墾への招募を制限するという、消極的な排除政策を打破した。大正10年（1921）に至り、台東開拓は経営効果の向上のために、本島人移民を主とするように転じた。総督府は移民に補助を与え、本島人は土地所有権の部分的な取得が可能になった。植民地政府の東台湾の内地化計画が事実上、既に形骸化していたことが示された。

そのあと、果たして内地人の移入か、あるいは本島人の東部への移民かが、ずっと議論された。すなわち、植民地政府の官僚も、内地人移民の正当性について反省を開始した。大正12年（1923）に、台東開拓は新竹州より客家人30世帯を里壠へと移住させ、1年足らずで農村の雰囲気の濃厚な月野村を建設し、殖産局長の喜多孝治も内地人移民についてその意義の重大さを認めていたが、ただ東部の労働力の不足の補充として、移入の実際の得失を参考にし、結局、内地人よりもやはり本島人の移入

が適切としたのである[27]。

　大正15年（1926）に、東部鉄道（花連から台東の間）の完成と地方官民の催促の下で、総督府は3カ年の「東部開発計画調査」を展開し、調査項目は主として移民事業に関するものであった。調査結果は内地人移民の移入をもって、「第1要素」と明言していたが[28]、しかし、計画報告書の中にはかえって次のような指摘がある。

　「東部台湾の灌漑費用は地形から推測すると、相当な巨額の経費が必要になる。…本島人や蕃人のために巨額な灌漑費用を投入することは非常に難しい。もし内地人の移民によって始める場合、経費を獲得することがきっとできる。そのために、東部台湾の開発に内地人の移民を誘致しないと、積極的な開発を達成することは困難である。すなわち、東部台湾の開発戦略は、内地移民をもって優先的に行うことである」[29]。

　明らかなことは、総督府が主張する内地人の移民は主に中央政府から巨額の経費を獲得し、東部の基本建設（インフラ）の改善をもたらすことである。東部開発にいかに積極的であったかを、明治末期の東台湾の内地化計画構想に比べると、更に重要視されていた。しかし、内地移民はなお優先的であったが、それはただ便宜的な措置に過ぎなかった。帝国政府と総督府、地方庁の間の移民政策の目標には、はっきりと相互に落差があった。

　昭和初年、台東開発の主導による私営移民事業は、会社の資金不足によって、移民の生活の面倒を見なかったので、しきりと離散を招き、成績が芳しくなかった。官営移民事業は私営移民に比べ、その効果の評価

が良い場合があった[30]。私営移民の失敗の原因は多くあったが[31]、問題は移民事業が営利企業の経営に不適合であったことが主な原因であった[32]。そこで官営農業移民の呼び声が漸く起ってきたのである。

昭和7年（1932）に、台湾は再び官営の内地人の農業移民事業を推進することになった。しかし、前期の東部官営移民事業の成果が芳しくなかったので、西部の河川整理によって広大な面積の川辺の砂地が造られ、もともと西部に多かった飛び地（分散零細地）という集団農業移民にとっての欠点が改善された[33]。そのためにかえって、西部が後期官営農業移民の中心地になり[34]、東部は完全に除外されることになった。

それにも拘わらず、1930年代初期の台東庁と花蓮港庁は、庁内の開発のために、持続的に内地人の新移民計画を提出した。後者はそこで毎年総督府に予算を提出したが、かえって「年々削除された」[35]。昭和11年（1936）1月に至り、東部開発調査委員会は、継続して内地人の農業移民を招募するように建議した[36]。12月に台湾総督の小林躋造は東部を視察した後、その地の開発の第1の任務は移民事業であり、移民は「内地人が最も優れている」と指摘した[37]。同年、台湾総督府は西部移民の効果が悪くなく、戦争準備時期に内地人の人数を増やし、皇民化の需要を達成するために、「移民収容10ヵ年計画」を推進し、この計画は西部を中心としていたが、台東庁の卑南大圳灌漑区に敷島村を設立し、移民59世帯を移入させ[38]、「東部移民事業の復興地」とした[39]。

事実上、敷島村の象徴的意義は却って実質面より大であった。この村の建設の後、東部の内地人の移民事業はここに一段落を告げるに至った。昭和12年～14年（1937～1939）まで、総督府殖産局から地方庁に至るまで、各種の内地人の移民方策が出されたが、台拓はそこで日本の東北山地の移民を台東の知本に移入し、キナノキの栽培を計画したが、調査を

　　　　　第 4 章　移民事業：軍需産業と移民政策の転換　　　　163

経た後、いずれも実施に至らずに終わった[40]。昭和12年（1937）以降、総督府の東部官営移民計画について、漁業移民は経営が順調に持続的に進行された以外[41]、農業移民は完全に中止し、改めて本島人移民を主とすることになり、東台湾の内地化構想は完全に破綻したと言える。

　昭和18年（1943）9月、総督府の最後の1回となる台湾西部の官営日本農業移民の募集において、次のように宣言した。島内の開発、本島人の皇民化の促進および日本人の南方発展の育成の礎のために、「市場に近く、衛生が比較的に良く、しかも交通が便利」な台湾中南部の平坦地域に100世帯の移民の移入を予定している[42]。明らかに、総督府は明治末期の官営移民適地調査によって指摘された、東部の土地が僻遠で、風土病が蔓延し、交通が不便で、市場に遠く、その上、海岸に良港がないため、物資の集散に不便であるなど、内地の農業移民の入植に適切でない欠点を承知していた[43]。昭和7年（1932）以降、主として西部で展開した官営移民は、東部での日本の農業移民の進行に対する認知と植民地統治（colonial governmentality）の不適合に基づくものである。

　要するに、東部の内地人の農業移民事業が次第に停滞し、移民の成果が芳しくないことによるものにほかならない。その結果、「総督府が悲観論を抱くようになった」と言われている[44]。昭和12年（1937）3月、台拓社長の加藤恭平と副社長の久宗董が東部で比較的に成功していたと称された鹿野村を視察した後、次のように指摘している。

　「東部開発には将来性があるが、河川の整理が先決的な条件である。労働力の不足問題は、本島人で補充するのが最適な対策である。台湾への内地人の移民事業は決して成功していない……」[45]。

これによって見ると、東部において実施してきた、多年の内地人の移民事業の成績は楽観的なものでなく、総督府の移民政策の転換が、台拓の本島人の東部への募集の理由の1つであるといえる。

(2) 東部開発と軍需産業

台拓は東部で僅かながら本島人の移民事業を進行させたが、前述の官営・私営の内地人移民の不成功と経費上の考慮による以外に[46]、最も重要なのは戦時の東部開発と、軍需産業の育成という時代的背景の影響を受けたことであった。

昭和10年〜11年（1935〜1936）にかけて、「熱帯産業調査会」が開催され、内地の資本家が、東部の視察後に東部開発について騒々しく論じた。昭和11年（1936）1月、台湾総督府は、正式に東部開発調査会を設立し、具体的な建議案を作成した。同年末に、台拓が設立され、自然のままに東部開発の重任を担当するようになった[47]。しかし、東部開発の先決問題は労働力の不足であり[48]、東部開発に必要とする労働力のために、西部からの本島人の移入という[49]、植民地事業の進行が不可欠であった。

事実上、台拓の設立前に、東部開発調査委員会の決議に基づいて、本島人の移民を移入し、東部での特殊作物の栽培を実施した。台拓の移民事業はその決議によって、総督府の東部産業開発方針に従い、台湾の西部より本島人を移入して労働力を補充した。同時に、総督府の特殊有用作物の増産計画を組合せ、綿花と苧麻の栽培を推進した[50]。しかし、何のために特別に移民に対し、綿花と苧麻の栽培の進行を指定したのであろうか。それはさらに一歩進んで説明する必要がある。

1930年代以降、台湾総督府は米穀とサトウキビの栽培偏重の農業政策

を調整し、国策の有用作物の栽培の奨励を試みた[51]。昭和10年（1935）10月、台拓の設立案の検討の際、台湾軍部も台拓は日本内地の不足の資源と、南方作戦軍の需要を確立するために、島内の重要資源の発掘を積極的に推進するのに不可欠であると主張した[52]。東台湾地域は大半が熱帯気候区内に位置しており、また広大な官有未墾地を擁し、熱帯性特殊作物の栽培事業の発展に適合すると見られていた。昭和11年前後には、総督府は東部開発計画に基づいて、台東庁、花蓮港庁内の6,400甲余りの土地を選び、綿花と苧麻の企業予定地とした[53]。台拓の日下辰太理事は、台拓の東部事業は綿花をもって第1目標とすると宣言した[54]。

綿花栽培は台拓の初期事業計画の中で最重要な位置づけであり、前述の綿紡績業と日本帝国の地位と関係していた[55]。昭和12年（1937）の日中戦争の勃発後、日本政府は長期戦の情勢に応じて、戦時の目的を遂行するために、大量の物資と資金が不可欠であった。9月には国家総動員計画を通過させると同時に、生産力拡充委員会を設置した[56]。同年の「台湾重要産業生産力4カ年計画」の中で、13の重点項目を提起したが、そのほとんどは重化学工業製品であり、農業では僅かに綿花の1種類のみであった[57]。ここからわかるように、戦争準備時期から戦争初期に至る間は、綿花は勿論、産業上、あるいは国防上、すべてが植民地政府にとって最も重要な国策作物であった[58]。

台東庁の綿花生産量は、遠く西部には及ばないが、その品種は最高級の海島綿系統で、それは日本、朝鮮、満州から華北地域では生産できなかったので、衆目を集めていたのである[59]。台拓は母国での増産が急務である最も重要な繊維作物として、台東庁内の事業地における綿花栽種の推進を組合せ、同時に子企業の台湾綿花株式会社も、台東に原綿加工工場を設立した。

苧麻は織布、ロープ、簾幕、デッキ雨布、担架覆蓋布および漁網などの軍需製品の重要な原料である。太平洋戦争の勃発後、特にこれらは「聖戦にとって不可欠な軍用資材」であった[60]。しかし、その需要には大量の労働力が剥皮の処理に要したので、経済価値は相対的に低く、従来、日本や台湾西部では、共に少ししか種植されておらず、主として華中からの輸入に頼っていた[61]。1930年代中頃になって、戦争準備期の雰囲気と米穀の代作下において、苧麻の栽培は漸く盛んになってきた。台東庁北部から花蓮港庁に至るまで、苧麻の適耕地が非常に多かったので、昭和初年に松本商行は既に台東庁において大規模な栽培を行っており、台拓は互いに商売を争わないために、別途に花蓮港庁においてその進行を計画していた[62]。日中戦争が勃発した後、総督府は日本の内地の増産計画の一環として、さらに積極的に栽培を奨励した[63]。苧麻は台拓の移民事業の指定作物であり、明らかに軍需上の国策作物としての特性に基づくものであった。

台拓初期の移民事業の計画では、綿花と苧麻の栽培を主とし、予定では台東庁下の4カ所の事業所の約4,000甲に、本島人移民700世帯を移住させ、綿花栽培を主とした。同時に、花蓮港庁下の2カ所の事業地の2,400甲余では、苧麻事業を経営し、本島人移民500世帯を移入した[64]。その後、東部開発の進行にしたがって、労働力の需要が一段と増大したので、1,000世帯の本島人の農業移民の移入を目標とし、東部では綿花、苧麻および蓖麻などが国策作物として栽培された[65]。移民による栽培の軍需作物の種類もますます多くなっていった。同時に、時局の変化と実施の成果に従って、調整が行われた。

要するに、1930年代後半の戦争準備の雰囲気の下で、東部開発の要望は次第に高まり、国策会社の台拓は総督府の東部産業開発政策に組み込

まれ、その地の開墾、栽培ならびに移民事業の経営に進出した。開墾栽培事業は速やかな労働力の補充が必要であり、綿花と苧麻は日本帝国の紡績産業と軍需需要によって、重点作物として計画された。台拓の準官営移民は転じて、熱帯作物の栽培の経験のある本島人をもって主体とするようになった。

第2節　本島人移民事業の経営

　昭和12年（1937）5月、台拓は正式に台東出張所を設立し、各種の事業に着手した。以下に移民事業地の配置と移民募集、土地の耕作と作物の栽培の2項目によって、台拓の本島人の移民事業の実施とその経過を観察してみたい。

(1) 事業地と移民の招募

　台拓の東部の拓殖事業は、開墾事業、栽培事業に移民事業を持って主体としており、3者は相互に関連していた。そのために、移民事業地は主として、開墾事業地と栽培事業地を組み合わせて計画された。

　昭和12年12月から昭和19年（1937～1944）までに、台拓は前後して東部に8カ所の開墾事業地を設置した。開墾事業の効率的な進捗を図るために、昭和12年～13年にかけて、台東庁では次々と都蘭（東河郷都蘭）、初鹿（卑南郷初鹿）、萬安（池上郷萬安）、新開園（池上郷錦園）および花蓮港庁の大里（富里郷東里）および鶴岡（瑞穂郷鶴岡）が設置されたが、いずれも最初の移民事業地であった（**図4－1**）。各事業地は土地が広大であったので、数段に区分されていた[66]。初期の移民事業地は台東庁に最も多く、その多くは花東（花蓮―台東）縦谷の中段海岸山脈や中央山

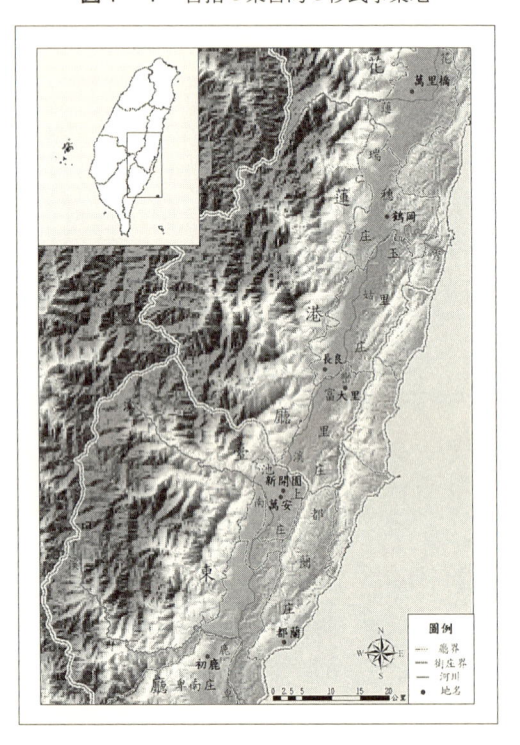

図4-1 台拓の東台湾の移民事業地

（資料） 表4-2に同じ。作図者：楊森豪。

脈の山坡地（山の傾斜地）に位置していた。

開墾事業地において栽培事業は進行したが、東部が第1の栽培地であった。他方、昭和14年から台拓は別途に、台東庁の池上、新武呂および花蓮港庁の長良などの3カ所にそれぞれ専門の栽培事業地を設け、これらを第2栽培地とした[67]。これらの事業地は台拓の直営地であったので、初期の移民事業は展開しなかった。昭和17年（1942）に、池上事業地の

第4章　移民事業：軍需産業と移民政策の転換　　　169

初期の計画は、昭和20年度より多くの移民を移入する予定で、落合も17年度と18年度の移民費用の中に予定されていたが(68)、最終的には実現しなかった。長良の煙草の専門栽培事業地では、雇用労働力を煙草栽培に合わせることができなかったので、耕作人を移入し、移民村が設立された(69)。昭和19年（1944）には再び花蓮港庁の萬里橋苧麻事業地に、移民の入植を招募した。全般的に言えば、後期の長良と萬里橋の事業地は共に川辺の砂地であり、前期の開墾事業地が主に山坡地であったのとは異なっていた。西部の本島人は、従来まだ充分利用されていなかった官有の浅山丘陵地と河川荒廃地に移入されており、荒地の開墾と栽培造林の労働に従事していた。

　台拓は移民に対し各種の補助を支給したが、その中には前述の招募費、開墾補助金、移民の家屋建築費以外に、移住費、医療用薬品費、飲料水の設備とインフラ施設までが提供されていた。招募費は終始変わらず15円であった。移住費は汽車と船賃の一部分の費用を支給した(70)。開墾補助金は田園（水田・畑）の等則（ランク）に応じて、40円から120円までの金額を支払うということであったが、開墾後の田畑になった後に請求することができた(71)。移民家屋は台拓が統一的に建築し(72)、あるいは移民が自ら12坪から15坪の竹籠厝（木竹造茅葺）を建築し、台拓が地域によって45円〜150円まで異なる補助費を支給したのである(73)。移民の風土病の治療費は1世帯当たり10円であった。昭和19年（1944）の鶴岡と大里の苧麻の栽培区で支払った医療費は38円に達した。そのほかに、台拓が井戸、牛車路、鉄道の駅、橋梁および用水路などのインフラ施設の建設を負担した(74)。

　苧麻の栽培は多くの労働力が必要であり、皮剝き器、動力用燃料などの設備および肥料が欠かせなかったので(75)、総督府は年ごとに苧麻の

栽培事業の補助金を支給し、請負代行人も台拓から借款を得ることができた[76]。しかも、移民の補助項目および優遇も多く得られた。前述の各項目の補助のほかに、移入後3カ月内の日用雑貨費、苧麻の種苗費100円、肥料費1甲当たりの補助金は70円、苧麻の皮剥き器を共同で借りることができた。昭和18年（1943）前後、台拓は再び苧麻の皮剥き場を設置し、移民に苧麻の奨励金と指導費を提供し[77]、著しい場合、日本人の移民の待遇に照らして移民に借款を提供していた[78]。

前に述べた台拓の各種の移民の補助と措置の意義については、さらに検討を進めなければならない。昭和9年（1934）、台湾軍経理団から出版した『経友』雑誌は過去の移民経験を反省し、農業移民に対する最低限度の保護は、移民家屋、飲料水の設備、開墾費、農具役畜の購入費、医療費、灌漑設備費、耕地の防風林の設置費などの一部分の補助および汽車代と船賃の5割補助が含まれるべきであると指摘した[79]。これと比較して、台拓の本島人移民に対する奨励と補助は、明らかに相当に手厚いものである。すなわち、移民村の施設においては、同時期の台東庁敷島村や、台中州の官営移民村にはない、学校、医療所、マラリア防治所、託児所などの設備があった。しかし、補助の差異はそれほど大きくなかった[80]。前の台東製糖など企業の私営移民は営利を優先し、移民生活の面倒をあまり見ることはなかったが、台拓の東部での本島人の準官営移民においては、これと大いに異なっていた。台拓は戦時の東部資源開発の目標を達成するために、移民に相当な優遇した補助と奨励を与え、東部への定住志向を促し、事業展開の主要な労働力にすることを目指していたのである。

(2) 土地耕作と作物の栽培

　台拓は東台湾の事業地において、ごく少数の会社の購入地（買収地、既墾地）を除いて、他の大部分は総督府からの貸し渡しの官有未墾地であった。これらの土地は最初に請負人に委託し、3年間以内に台拓の認可の方式で開墾に着手することが認められていた[81]。

　初期の土地配分は、既墾地は基本的には現在の耕作した小作農に継続的に耕作させ、未墾地は主に招募した移民に小作させたが、部分的な土地は現地の小作農（地元農）によって贌耕（賃借り）された[82]。昭和15年（1940）の初鹿事業地の例によれば、56％近くの土地は移民によって耕作され、現地の小作農の耕作地は僅か14％であり、台拓の直営地は18％を占めており[83]、移民は事業地の開墾の主力であった。昭和16年（1941）に至り、新開園事業地の移民の耕作地は59％を占め、現地の小作農によるものが35％、その他は休耕地あるいは未出租地であった。萬安の移民耕地は32％を占め、現地の小作農は39％であり、都蘭の移民耕地はさらに少なく僅かに24％であり、小作農は37％を占めていた[84]。昭和17年（1942）の移民の請負耕地の最低は新開園の12％であり、最高は初鹿の36％である。初鹿事業地の移民は開墾の主力であったが、その他の地域では現地の小作農が耕作する土地面積が、既に移民を超えていた[85]。移民の1世帯当たりの平均請負土地面積の最高は萬安の3.4甲で、最低が新開園の1.2甲であり、しかも畑が主であった（**表4-1**）[86]。

　綿花の作付け地移民の耕地面積の事業地の総面積に占める比率は、明らかに時期によって逓減の趨勢がある。逆に、現地の小作農の耕作面積はますます大きくなり、主要な労働力になった。移民の1世帯平均の耕作面積、移民と小作農の耕作面積との比較から見ると、新開園事業地の移民の耕作成果が最も芳しくなく、初鹿は最も良好であった。これは各

表4－1　昭和17年度の台拓本島人移民の土地面積と栽植状況　　　（単位：甲）

類別	台東庁			
	都蘭	初鹿	萬安	新開園
許可甲数	777	870	843	956
開墾予定甲数	438	442	241	353
未開墾数	51	103	64	22
開墾甲数 a	387	339	177	331
既墾地 b	27	234.5	39	190
小作農借入甲数 c	水田0.7 畑155.8 （38％）A	水田14.1 畑91.9 建物1.8（19％）	水田4 畑80.8 （39％）	水田8.6 畑172.3 （35％）
移民借入租甲数 d	水田0.1 畑87.5 （21％）B	水田12.8 畑191.3 （36％）	水田1.5 畑62.2 建物0.5（30％）	水田6.5 畑54.6 （12％）
他の使用甲数 e	3	12	―	3
休耕地 f	166.9	249.6	67	276
移民世帯数	41	70	19（113人）	50
移民平均甲数	2.1	2.9	3.4	1.2
移民招募予定数	未招募29戸中の10戸。	予定完成移民15戸の招募。	未招募50戸中の5戸。	未招募50戸中の10戸。
栽培項目	水稲、綿花、サツマ芋、サトウキビ、トウモロコシ、落花生。	水稲、陸稲、洋麻、トウモロコシ、落花生、サツマ芋、バナナ、大麦、綿花。	水稲、サツマ芋、サトウキビ、落花生、バナナ。	水稲、綿花、サツマ芋、サトウキビ、トウモロコシ、バナナ、落花生。

（説明）　a＋b＝c＋d＋e＋f；A＝c/（a＋b）；B＝d/（a＋b）。
（資料）　『台拓文書』第1364冊。

地の移民事業の成績の優劣を反映したものである。花蓮港庁の苧麻事業地では、移民の1世帯の耕作面積は4甲と明らかに規定していたが、資料が少なく、その土地の配分状況を明確にすることができない。

　移民の土地の地租（小作料）は既墾地か、未墾地か、水田か、畑かに

よって、その徴収額は異なっていた[87]。基本的に、既墾地は3年目から地租の徴収を始め、鶴岡事業地は畑1甲につき7.5円、水田は33円。都蘭の水田は75円、畑は15円であった。その後、2～3年で1回の地租の調整が行われたが、5年目になってから両地の水田は100円、畑は20円となった。未墾地の殆どが畑で、4年目から徴収を開始し、都蘭事業地は1甲につき10円、鶴岡の場合は1甲に15円であったが、7年目から10年目になって、それぞれが15円と30円になった。地租は年間2期に分けて支払われ、請負人が責任をもって徴収する。直営に変更した後、台拓は直接に移民と契約を締結するようになり、事業地の職員が地租を受け取るようになった[88]。

　前に述べた初墾地の地租額が高いのか、低いのかを一歩進んで観察すべきである。全台湾の平均地租額で比較すると、昭和2年（1927）の水田1甲当たりが173.85円、畑が71.81円である。昭和17年（1942）の水田1甲当たりが254.69円で、畑が87.74円である[89]。これと比較すると、台拓の東部事業地の地租額は、全台湾の平均地租額よりも遥かに低い。地租が比較的高い既墾地の場合でさえも、7年目の水田の地租額は平均地租額の半分か、それよりも低い。このように安価な地租は[90]、東部の地租はもともと安いが、台拓の低地租戦略の採用による、移民の入墾の促進策を反映したものであり、それをもって東部開発と軍需作物の栽培の基本的な労働力としようとしたのである。

　再び移民の栽植作物について観察すると、長良栽培地は分作制を取り、専門的に煙草の栽培を行っていたほか[91]、主として綿作地と苧麻作地の2種類に分けられていた。台東庁下の4つの事業地は、綿作地として計画が開始され、契約の規定によると、移民は必ず半分の土地には指定作物の綿花を植えなければならない。しかし、移民の生活を考えて、1

年目には4分の1の綿花の栽培、2年目には3分の1としており、台拓の子会社の台湾綿花株式会社が全てを買い上げることになっていた。綿作以外の土地は雑作が行われた(92)。しかし、初鹿の事業地では、東台製糖会社の原料採取地域として、サトウキビの栽培を主体としていた。新開園と萬安は澱粉工場の原料の確保するために、サツマイモの栽培を奨励した(93)。実際に種植を行った後、成果の不良や時局の需要の変化によって、次第に栽植方針を調整したが、規定の綿花栽培の半分も達成されなかったばかりか(94)、耕作面積も200甲を越えていない。他方、指定作物の種類は、軍需の必要に合わせてますます多くなった。苧麻、黄麻、アンパリヘンプ（洋麻）、大麦が前後して指定作物や奨励作物となり、主に移民にまずその試植や栽種が任された(95)。昭和15年（1940）以降、前に述べたように、綿花の栽培は先後して、「食糧増産第一主義」と南洋産作物の効果の圧力の影響を受け、栽培面積の拡大が非常に困難であった。昭和18年（1943）の決戦時期には食糧増産が強調され、各事業地に3甲の試作指導圃が設けられ、移民によって種植されたに過ぎなかった。昭和19年（1944）、さらに適地適作が強調され、遂に綿花栽培が終止したのであった(96)。しかし、綿花経営の成績が芳しくなく、最後には完全に綿作地構想を放棄したにも拘わらず、台拓は長期的に東台湾の綿花栽培を主要企業として(97)、移民は一貫して栽植の主力としていた(98)。台拓は花蓮港庁下の苧麻の栽培地では、移民は必ず4分の3の土地に苧麻の種植を規定しており、しかし、開墾の初年は4分の1、2年目は4分の2とし、すべてを農会（農協）が買い上げることになっていた(99)。苧麻の経営成績は、明らかに綿花よりも良好であった(100)。それにも拘わらず、4分の3の開墾地に苧麻の栽植の目標を達成できなかった。しかし、昭和13～19年（1938～1944）の期間に、毎年の種植面

積がすべて200甲以上に達しており、昭和15年（1940）には更に高く、500甲近くに達したが、主として移民の栽培によるものであった（付録5）。苧麻は軍需作物としての傾向が一段と強かったので、終始指定作物となった。昭和18年に、特に時局の急速な需要のため、積極的に増産を図り、買い上げは従来の農会（農協）から統一価格によって、軍部に納入することに変わった[101]。苧麻は終始一貫して鶴岡と大里の事業の主要作物であったにも拘わらず、昭和16年度以後は、菊竹（シチク）、桂竹（ケイチク）および相思樹（タイワンアカシア）の栽種もますます重要になっていた[102]。

　要するに、台拓の移民事業は、もともとは請負人に責任を委ねていたが、昭和14年（1939）に委託経営に弊害が発生し、次々に直営に転じ、会社の職員が事業地に駐在し、指導と移民事業の管理を担当していた。移民の最初は主に事業地内の開墾栽培事業を引き受けたが、耕作面積が最大になった後には、逆に現地の小作農がこれを越えるようになった。初鹿の事業地を除いて、小作農が他の綿花の栽培地の開墾と栽培の主力になった。それにも拘わらず、明らかに、綿花と苧麻などの国策作物の栽植の主力は移民であり、新たな指定作物の導入の場合も常に直営地で試植を行った後、移民が先に種植を行った。台拓と西部の日本移民事業を比較すると、内地人の移民は自由に米、サツマイモ、サトウキビなどの作物を栽植することができ、指定作物の強制的な規定がなかった[103]。台拓の東部台湾の移民事業は、明らかに戦時軍需産業の管理を受けていたのである。

第3節　移民政策転換後の本島人移民の趨勢

　台拓の東台湾の移民事業は、開墾事業と栽培造林事業に労働力を提供したが、この3つの事業は密接に関連していた。前の章において、農林事業のこの地域発展の影響について指摘したが、本節では主に移民事業の移民者数とその意義について再建と分析を行い、更に戦時辺地の移民政策の転換と、本島人の移民ブームの出現から、本島人の南洋への移民の再度の展開を明らかにしたい。そのほかに、台拓の性質と似ている朝鮮の東洋拓殖株式会社と満州拓殖公社（前身は満州拓殖株式会社、以下満拓）との比較を通じ、台拓移民事業の特色を指摘することにする。

(1) 最大規模の東部本島人の農業移民

　昭和13年（1938）1月25日から、初鹿事業地への移民の入植が始まり、昭和21年（1946）に至るまで[104]、台拓は東部に計8カ所の事業地で、本島人移民事業を進捗させた。長良の移民が最後に土地を放棄して離れたほかは、中華民国政府が接収した時、東部全体で移民が411世帯、2,423人、小作農の土地は948.8甲であった[105]。9年間に台拓は毎年継続して移民を招入したが、移民の移入と退出は頻繁であったので、その時期的な記録は一定ではなかった。従って、移民世帯数と人口数の変化は非常に激しく、同じ年の内でも常に出入があった。過去の研究では常に僅かに戦争末期や、ごく少数の何年間の統計を根拠にしているので、移民の実績やその動態変化の展開については知ることができない。

　表4－2、表4－3によって、昭和12年〜15年（1937〜1940年）の毎年度の移民の実質の世帯数の大よその漸増現象を見ることができる。昭

和15年（1940）の592世帯は、現住戸数が最高に達した年である。昭和17年（1942）以後になると、次第に300世帯以下に減少している。台拓の創立当初の予定では、東部移入の本島人は1,000世帯が目標であったが、それは明らかに実現していない。すなわち、実際に進行した時に、昭和12年と昭和13年の予定の移入者数最高の766世帯でも達成されていない。最も多くてもせいぜい59％から77％の移民の実績であった[106]。東部移民事業が如何に困難であったかを知ることができる。

再び各事業地を観察すると、大里の昭和14年（1939）の移民は142世帯と最も多く、東部最大の移民事業地であった。しかし、昭和16年（1941）10月以後は急速に減少し、戦後にはわずかに半分の世帯になった。都蘭、萬安および鶴岡も同様の状況であった。特に都蘭は昭和13年（1938）に最高の78世帯に達したが、昭和16年以後に移民世帯数は急減して半分になり、戦後はわずか11世帯を残すのみになった。相対的にみると、新開園の移民世帯数は変化が大きくはなく、比較的安定していた。初鹿は移民効果が最も良好な事業地であり、昭和16年（1941）には昭和15年の世帯数の27世帯から64世帯に急速に増加し、昭和17年（1942）以後は大里に代わって東部最大の移民事業地になった。戦後も移民世帯数は持続して増加し、94世帯に達した。明らかに初鹿の移民事業の成績は良好で、移民の大部分は定居に成功している。戦後の接収報告書の指摘によれば、初鹿事業地は台東街に近く、交通も便利で、土質や気候も良く、移民と小作農の生活も安定しており、その他の事業地と比べても生活は豊かであった[107]。これによって、各事業地の地域性と開墾条件の優劣が、移民事業の成否を左右していることがわかる。

移民家族の規模は、おおまかに言えば平均１世帯当たりの人口数は５〜６人が多い。家族の最大世帯数は都蘭で、平均１世帯当たりの人口数

表4-2 台拓の東部本島人移民の世帯数と人数

時　期＊		台東	
		都　蘭	初　鹿
昭和12年度（1937）	予定移入世帯数	160	100/120
	実際世帯数	60	39
昭和13年10月（1938）	予定世帯数	160	100
	実際世帯数	67	42
昭和13年12月（1938）	実際世帯数	78	43
昭和14年度（1939）	年度中移入戸数	離去4世帯	離去16世帯
	年度末総戸数	74	27
昭和15年10月（1940）	予定世帯数	150	80
	実際世帯数	74	27/25
昭和16年3月（1941）	予定世帯数	111	16
	実際世帯数	39/41（224人）	64
昭和16年6月（1941）	実際世帯数と人数	39（180人）	64（404人）
昭和16年10月（1941）	予定世帯数	100	10
	実際世帯数	50	70
昭和17年3月（1942）	予定世帯数	70	85
	実際世帯数	41	66
昭和17年（1942）末	予定世帯数	109；70	85
	実際世帯数	41（224人）	66
昭和19年度（1944）	実際世帯数	35（196人）	
民国34年、昭和20年（1945）	実際世帯数	11	94
	実際人数	78	583
民国35年（1946）	現在世帯数	11	94
	人　数	78	583

（資料）台拓編『営業報告書』（台北：該社、1937-1944）、第2回、5頁：日本外務省外交所旧蔵記録」、E118、昭和15年4月：台拓編『事業概況書』、昭和17年度、26頁：『台第1794冊、第1830冊、第2068冊、第2309冊、第2347冊、第2404冊、第2420冊。

（説明）1．＊本表は各種の資料を総合したものである。ある資料は台拓の会計年度で表記、
　　　　2．戦前の長良事業地の移民34世帯の238人、1945年下半年には暴風雨および1946年
　　　　3．カッコ内は人数。
　　　　4．台拓年度の計算は毎年の4月1日から翌年の3月31日を指す。
　　　　5．移民の移入離去が頻繁および記載時期の差異のため、同一年の人数には差異が
　　　　6．昭和12年～20年、予定移入世帯数（予定世帯数）は該当年度の計画の移入世帯
　　　　　計で既に住居した世帯数の総世帯数と新移入世帯の総世帯数を指す。

第4章 移民事業：軍需産業と移民政策の転換　　179

(単位：世帯)

		花蓮港庁			合　　計
萬　安	新開園	大　里	鶴　岡	萬里橋	
120	30	206	120/150		550/766
—	5	—	5		163
120	30	206	150		766
13	26	—	53		201
21	28	60	60		285 (1,194)/290
6	—	82	14		102
27	28	142	74		372
120	30	206	150		736
27	28	122	74		350/352
92		73	107		399
28	46	133	43		353/355
28 (139人)	46 (225人)	137 (495人)	43 (186人)		357 (1,629人)
92	—	129	107		438
28	46	77	43		314
70	100	206	150		681
19	50	77	43		296
100；79	—；100	144	117		484
20；19 (113人)	49；50 (255人)	62	33		271
7 (111人)/(109人)	46 (230人)/51(267)				
13	39	70	50/33	42	319/302
81	232	358	302/137	276	1,745
13	39	68/70	31/33	42	302/298
81	232	351/358	129/137	276	1,745

史料館蔵、「事業概況説明書」、『本邦会社関係雑件：台湾拓殖株式会社』、「外務省茗荷谷研修
拓文書』、第132冊、第407冊、第753冊、第815冊、第829冊、第1038冊、第1039冊、第1138冊、

あるものは直接に年月を記入、原始的な記録方式を採用のため、データの一致が得にくい。
の洪水の災害のため、移民移は大里、安通に移住し、その地は荒廃した。『台拓文書』2,309冊。

存在する。移民世帯数も表4－3と完全に対応していない。
数を指す。実際の世帯数は該当年度の現在の世帯数を指す。年度末の総世帯数は該当年度の合

表 4 - 3　歴年度台拓移民事業の移民の現居住世帯数

期別	時期／年.月（昭和年）	東部本島人移民世帯数	西部内地人移民世帯数
二	12.3-13.4	163	
三	13.4-14.3	218	18世帯
四	14.4-15.3	332	34世帯
五	15.4-16.3	592	34世帯（ 94人）
六	16.4-17.3	299	34世帯（121人）
七	17.4-18.3	289（1,603人）	34世帯
八	18.4-19.3		34世帯（ 90人）

（説明）　台拓の『営業報告書』の各年度移民の現住居の世帯数の統計により、期別ごとに標記。年度の計算は表4-2に同じ。
（資料）　台拓編『営業報告書』第1回～第8回。台拓『台拓社報』第36号、1939年6月30日、139頁、『台拓文書』第864冊、454頁。

は7人であり、最少は鶴岡の約4人である（**表4-2**）。これらの移民家庭の多くは、父母が子供を連れて西部から船に乗ってやって来たが、祖父、父母の3世代が一緒に東部に来たものもあり、中には親戚を引き連れいくつかの家族が来た者もあった[108]。注意すべきは、1部分の移民は事実上、早くから西部から東部に移入した後、より良い生活を追求するために、地域内で何度も移住した後、最後に台拓の土地を耕作するようになった[109]。

移住に関する情報の伝達は、常に親戚や同郷人が相互に伝えあい、それによって移民の出身地（原籍）は、高度な同郷地縁関係の特徴を持つことになった[110]。前に述べた稲葉聚落には雲林人が多いほかに、初鹿の高台聚落は請負人の毛利之俊が陳蛤に誘致を委託したので、陳の故郷である彰化二水の人が多い[111]。しかし、各事業地の移民の来源については、戸籍資料簿には記録がなく、「台拓文書」にも資料がない上に、

移民の移動は頻繁であったので、個々に確認することはできない。

　移民の移動の頻繁なのは、東部移民事業の不安定性が主要な原因である。初鹿の陳坤木、邱其順、姜華玉の言い分によれば、東部移民の流動性が非常に高く、10中の8、9は「やっていられない」(対応しきれない)と再び西部に戻って行ったのである。移民が離れていく主な要因は、以下のようである。

　まず、第1に暴風雨、洪水、旱魃などの天災による移民の家屋、用水路の損傷や作物の被害は、長年にわたり東部移民の定住できない一番の原因であった。昭和13年（1938）に鶴岡事業地で初めて苧麻の栽培が始まったが、暴風雨の襲来によって荒廃し、昭和14年〜15年（1939〜1940）に暴風雨が再び発生し、昭和16年（1941）には旱魃のため、多くの移民が次々と離れていった[112]。川辺の砂地に位置する長良事業地は極端な例であるが、戦後移民は激しい暴風雨と洪水の災害のため、完全に土地を放棄し離れてしまった[113]。

　その次に、台拓の移民事業地は、浅山丘陵地や川辺の砂地であり（図3−4、図4−1）、土地の開墾に労力がかかり、指定作物の制限があるために移民生活に困難をもたらした。

　第3には風土病が蔓延し、交通が不便であることが、「移民の減少」を招いたことになる[114]。

　第4には山坡地の季節風が激しく、猪、猿、鹿、羌（野生の小型鹿類）、野禽などが農作物に害を与えた[115]。

　このほかに、台拓も自主的に移民を辞退させることがあった。昭和14年（1939）12月、台拓は社令第1581号の規定をもって、移民が林木を盗伐したり、博打をしたり、病弱などで働けず労働力でなくなり、事業の進展に影響がある場合、地上作物の経費と予定の収益分を補償した後、

自主的に移民の退去を命じることがあった。昭和15年（1940）、初鹿事業地の張石虎と鄭福は、それぞれ落花生とサトウキビを引渡した後、土地を離れた[116]。

移民の離去が頻繁であり、事業経営も相当困難であったにも拘わらず、台拓は終始西部から本島人の移入を放棄しなかった。同時に指定作物の比率を次第に緩和し、移民に雑穀、野菜を種植し、養豚、養鶏を副業とするように奨励して、移民に定住ができるようになり、労働力不足問題の緩和を図った[117]。

戦争情勢の拡大に伴って、資源のある限りをつくすために東部開発の意義が大きく、花蓮港庁長の高原逸人は、次のように指摘している。

「今日、戦時食糧政策および熱帯資源の輸入が困難であり、補助政策の立場から、本島は農産物の増産が必要である……現在、東部の農業開発は単に地方の開発を期待しているだけでなく、日本の国土計画の一部門として、急速かつ強力に推進する必要がある」[118]。

本島人の移民事業は東部未墾地の開発と、指定作物の栽培の成否と関連していた。そのために、移民の出入りが激しいが、この事業は継続され、東部ではいくつかの新しい聚落の建設に成功している。これらの聚落では、内地人の移民村のように、いくつかの公共建設を計画したのではなく、移民を集めて竹でできた寮を建てて、井戸と牛車の道路など簡単な施設があるに過ぎなかった。図4-2の都蘭事業地の集中式の移民家屋群はその典型的な事例である[119]。初期の移民の集団家屋は、最後には台風によって破壊され、移民は改めて近隣の地域に土地を選んで家屋を新築し、散居聚落を形成した[120]。また、初鹿の美農高台は既に昭

第 4 章　移民事業：軍需産業と移民政策の転換　　　183

図 4 - 2　台拓の都蘭事業地の移民家屋

（資料）　桜田三郎『事業概観』台北：台拓、1940年、49頁。

和 7 年（1932）に日本の会社が、移民を招募して開墾したが、しかし、漢人の持続的な移入と、安定した聚落が形成されたのは、台拓の経営によるものであった[121]。

　本島人の移入も、もともとの聚落のエスニックグループ（族群）人口の比率を変化させた。例えば、昭和10年（1935）以前の長良と大里は原住民が多かったが、昭和14年（1939）の長良にはわずかに39世帯に過ぎなかった[122]。台拓の移民が続々と進入してからは、その地の本島人の比率を高めた。煙草栽培の聚落を形成したので、原住民も再び多数のエスニックグループとなることはなかった。

　移民の栽培作物が東部での拡大に与えた効果も注目に値する。台拓移民は一般的な雑作を行うほかに、綿花、苧麻、アンパリヘンプ（洋麻）、大麦などの指定作物の栽培が主力であった。洋麻と大麦は台拓が最初に東部に導入したもので、移民の栽培によって推進されてきた。他方、台

拓初期の特定作物栽培は、東部の生産において大きな効果をあげたのみならず、全台湾の栽培面積上でも第1位の地位を占めていた[123]。台拓は東部において軍需作物の栽培を極力推進し、優れた成果を収めた。

前の私営会社の移民と台拓の移民を比較すると、台拓の本島人移民事業の、東部移民史上の位置と特色をさらに明らかにすることができる。台拓は移民に対する奨励と指導は、他の企業よりも良く、移民の台拓に対する評価も悪くはなかった[124]。そのために、定住の人数も比較的に多く、特に私営企業の移民が、台拓に流れる現象が現れた[125]。表4－4から見られるが、大正6年（1917）以来、企業の私営移民の人数は、大正13年（1924）にピークの221世帯、888人に達したが、その後、年ごとに次第に減少した[126]。

昭和10年（1935）に、東部開発論が勃興した後、新たな開墾の機会が一層多くなったので、私営移民は大幅に減少し、昭和15年（1940）には僅か31世帯、166人を残すのみになった。比べて見るとごく短い7年間に、台拓は移民の聚落数や移入世帯数、人口数を問わず、すべてが会社移民の2倍から3倍以上であり、成績はかなり良好であった。

また、前に述べたように、昭和15年（1940）の移民世帯数は最高の592世帯に達し、平均1世帯の人口数は6人で計算すると、その年の移民人口数は3,500余人に達した。台拓の移民は明らかに、植民地時期の東部最大規模の本島人の農業集団移民事業であった。

(2) **官民協力下の東部本島人の移民趨勢**

日本領台初期から1920年代半ばまで、本島人の東部への移民人数はごく少数であった[127]。この現象は前述の東台湾の内地化政策の影響のほかに、本島人が積極的に東部に進出する意志がなく、これは無視されや

第4章 移民事業：軍需産業と移民政策の転換　　　185

表4－4　大正6年～昭和15年（1917-1940）の東部会社私営移民人数

年度別	世帯数				人　口			
	内地人	本島人	蕃　人	計	内地人	本島人	蕃　人	計
大正6年（1917）	154				585			
大正7年（1918）	198	176			772	582		
大正8年（1919）	504	198	…	702	938	624	…	1,562
大正9年（1920）	207	185	…	392	815	619	…	1,434
大正10年（1921）	153	128	…	281	653	599	…	1,252
大正11年（1922）	126	131	26	283	551	547	136	1,234
大正12年（1923）	99	211	22	331	445	858	128	1,441
大正13年（1924）	95	219	23	337	447	888	131	1,466
大正14年（1925）	94	197	27	318	454	794	157	1,405
大正15年／昭和元年（1926）	90	173	27	290	442	725	153	1,320
昭和2年（1927）	90	169	24	283	450	697	132	1,279
昭和3年（1928）	91	163	25	279	453	650	132	1,235
昭和4年（1929）	88	142	22	252	457	570	116	1,143
昭和5年（1930）	87	117	17	221	458	462	89	1,000
昭和6年（1931）	79	108	7	194	458	443	35	936
昭和7年（1932）	79	107	7	193	461	437	35	933
昭和8年（1933）	79	101	7	187	473	415	35	923
昭和9年（1934）	79	101	7	187	474	415	35	924
昭和10年（1935）	79	62	…	141	476	269	…	745
昭和11年（1936）	78	39	…	117	491	170	…	661
昭和12年（1937）	78	39		117	504	171		675
昭和15年（1940）	74	31	…	105	465	166	…	631

（説明）　昭和13年・14年の資料が欠けている。

（資料）　台湾総督府殖産局編『東部地方開発計画調査書』：台東庁編『台東庁統計書』（台東：該庁、1924～1935）、第8～13統計書；大正13年より昭和10年度に至る：台東庁編『台東産業要覧』（台東：該庁、1932～1937）、昭和7～12年度：台東庁編『台東庁管内概況及事務概要』、（台東：該庁、1937～1940）、昭和12・15年版。

すい要因である。

　自然条件の制約によって、東部の土地開墾は非常に困難であり、官営、私営の移民および台拓の移民事業の中にも見られる。それは、東部の交通が不便で、物資の不足および出入りの困難をもたらし[128]、風土病の蔓延、特に初期に蕃害（原住民の乱）が断えなかったことが、本島人の進出の消極的な主な理由である[129]。1920年代初めに至ってもなお、西部の本島人は東部を嫌悪して、「非常に不健康な土地である」と言っていた[130]。すなわち、玉里の大開墾世帯（大墾戸）連碧榕も「交通の不便」により、遅々として東部に進入しなかったが、大正5年（1926）になってから、地方官僚と「神示」の下にやっと長良に入墾したのである[131]。

　大正末年に東部鉄道と臨海道路（今の蘇花公路）が次々に開通し、理蕃（先住民統治）事業の成果によって、西部の新竹州と台中州の1部地域は土地が瘠せ、耕地も少なく生活が困難であったので、小規模な客家農民の移入が開始された[132]。1930年代初期に至り、西部耕地の不足、地租の高騰に加え、地主と小作農間の紛争がたびたび発生したことが推進力となって[133]、本島人の自由移民の移入が増加した。資本家でさえも東部に至り、その発展や視察を始め、旅行などの記録も次第に増加していった[134]。しかし、大型企業が本島人の移民事業を計画的に推進するようになったのは、1930年代半ばの戦争準備および戦時の雰囲気の下で、世論が転換してからのことである。

　昭和10年（1935）の東部開発論の展開は1つの契機になった。台湾きっての士紳霧峰の林献堂と板橋の林家の林柏寿も、誘って東部に旅行と視察に出かけた。その後、林献堂は中川健蔵総督に抗議し、東部を台湾人の開墾に開放すべきであると主張し[135]、台湾トップクラスの士紳も東部生産に興味を示していたことが明らかであった。その次に植民地統治

第4章　移民事業：軍需産業と移民政策の転換　　187

下の40年間の東部において、交通、教育、衛生設備などのすべてが大幅に改善され、卑南大溪の治水工事がまもなく完成し、産業開発の条件が整備されたことが、西部本島人の移入を更に増加させたのである[136]。『台湾日日新報』の報道によると、その年の台東庁での西部本島人の自由移民が著しく増加し、1年前の3倍以上になった[137]。その後、交通と産業の発達にともなって、東部人口は年々急激に増加したが、特に本島人によるところが大であると、地方庁の報告でも明らかに指摘している[138]。

　他方、地方官庁の立場から言えば、如何にして人口を増加させるか、産業の発展を加速させられるか、これらも「当面の緊急な課題」であった。昭和10年（1935）に、花蓮港庁では自由移民に対し、未開墾の官有原野の開放を計画していた。台東庁では内地人と本島人の集団的移民の招募を予定していた[139]。

　内地人と本島人の移民の並行的な提案が持続的に存在していたが、本島人移民の進出についての世論が年々高まっていった。1930年代半ばに出版した『台湾殖産年鑑』には、明らかに次のように指摘している。

　「東部開発の先決問題は労働力の充実であり、その政策の最も良い手段は西部から本島人の移入強化であり、相当の便宜を与えることである」[140]。

　昭和12年（1937）4月、台拓の本島人移民計画が始まった時に、杉原産業株式会社は先駆けて新港郡に新港農場を設立し、最初に西部から本島人移民40名を移入した。この移民計画は2カ月に達しなかったが、募集の宣伝条件と実際の移民契約内容とが異なっていたため、移民は現地の生活に適応することができず、全員が逃走し、計画が失敗に終わった[141]。しかし、この時期に日本の大企業は、台湾総督府に対し官有地の開墾を申請し、僅かながら本島人移民を推進したのは別の意義

があった。

　杉原産業の本島人移民の失敗は、再び東部開発の困難度が高く、内地移民はその仕事に耐えられなかったからであるが、台拓だけが本島人移民の招募に成功したのである。台拓の移民も長く定住の問題に直面して解決することができなかったが、しかし、「東部事業の推進には、なお多くの労働力が必要であり、移民事業の継続が必要であった」[142]。戦時のトップ企業である台拓は、東部の本島人移民の推進を持続させる決心と、1部分の移民の定住の成功は、やはり政策的な宣伝効果があり、本島人移民の効果がさらに拡大するようになった。

　1930年代半ばに、東部に進出した日系大企業は、主として西部から移入した本島人にさまざまな熱帯作物を栽培させていた。本島人移民は当時の熱帯企業の主要な労働力になった[143]。花東縦谷の里壠支庁では、内地農業移民の受け入れを諦めざるを得なかった[144]。

　日系企業は内地農業移民を放棄したのみならず、東部地方庁も次第に実際の移民戦略を調整するようになった。昭和11年（1936）に企画し設立した東部最後の官営移民村の敷島村の成果が芳しくなかったことがその原因の1つである。昭和12年〜16年（1937〜1941）までに、この村の土地の開墾は僅か6割で、移民の収支は長年にわたり赤字状態であった[145]。他方、日本帝国主義の拡張と戦争の局面にしたがって、兵力の大量需要および内地の農業移民は、満州ブームの時代的背景のために[146]、内地人の大規模な台湾への移入は既に不可能となり、従来から移民の成果がよくなかった東台湾地域についてはもはや論ずるまでもない状況であった。

　昭和12年（1937）9月に新任早々に、台東の新興熱帯栽培業の基地化を積極的に推進してきた台東庁長の大磐誠三は、大武を視察した後、

「今後は本島人の招募を方針とする」と発言し、庁内の開発を加速させた⁽¹⁴⁷⁾。昭和13年（1938）3月、新任の花蓮港庁の庶務課長の土居美水が庁内各地を視察した時も、「現地の労働力を充実させるためには、本島人の移入が必要である」と指摘している⁽¹⁴⁸⁾。地方庁の官僚も明確に東部労働力の補充には本島人の招募が必須であると充分に認識していた。

昭和14年（1939）、南巡道路の開通と花蓮港の築港の竣工は、東部開発に対する新しい吸引力を注入するようになり、自由移民が著しく増加した。交通行程の短縮と利便性の向上は、東部への旅行者の「急増」をもたらした⁽¹⁴⁹⁾。地方官庁も自主的な行動を開始し、人員を西部に派遣して宣伝を行った。新港郡守の劉萬は自らが新竹州、台中州の農村と郡市役所を訪れ、東部農村の現状を説明し、各地が視察団を組織し、農閑期に台東の視察を要請した⁽¹⁵⁰⁾。地方官僚が西部に来て、本島人の移民を招募した前例はなく、東台湾の内地化の目標は明らかに完全に放棄されており、内地人の農業移民計画は既に完全に終止符を打つようになっていた。

戦争の局勢の変化にしたがって、日本内地の労働力は既に不足し、台湾の内地農業移民も次々と戦場に徴兵された⁽¹⁵¹⁾。この後、世論は極力本島人の集団移民によって、東部の労働力問題の解決を主張するようになった⁽¹⁵²⁾。昭和18年（1943）に、決戦時期の農業増産のために、東部の労働力不足対策に関して、『台南新報』経済部長の田里維章は、明快に本島人移民に着眼すべきであると主張した⁽¹⁵³⁾。台東庁の山岸金三郎庁長は更に、東部にはなお多くの未開発地があり、豆類と雑穀の栽培に適しており、特に関山地区は充分に利用すれば米穀の生産も可能であると指摘した。しかし、労働力不足は逆に最大の問題であり、従来の本島人移民を「西部から成功的に移入」することを考慮すべきであるとして

いる(154)。昭和14年（1939）に、花蓮港庁長の高原逸人がなお、内地人と本島人との並行的移民政策に固執していたのに対し、山岸庁長の談話は明確に、地方庁がすでに完全に内地人農民移民のスローガンを放棄し、転じてより成功した本島人移民を決戦時の東部開発の主要な労働力とすることを主張している。

　要するに、植民地時期の東部移民政策の計画と執行は、帝国政府、総督府、地方庁から企業家に至るまで、移民政策に対する認識と実施について、明らかに大きな落差と乖離があった。企業家は経営効率を優先し、最も早くから純粋な内地人農業移民計画を放棄した。戦時の国策会社台拓の移民事業は、総督府と地方官庁の指示する植民地統治に基づく黙認の下で、東部の未墾地の開発と軍需作物の栽培のために、本島人移民の移入の必要性を示した。その後日系企業では内地人農業移民の移入は少なくなり、本島人の移民ブームは次第に盛んに向かった。昭和14年（1939）以後、地方庁は更に積極的に西部に行って、宣伝と本島人の招募を行った。戦時東部の本島人の移民ブームの発展は、本島人の人口の大幅な増加を促した。昭和10年（1935）の台拓成立前から昭和17年（1942）に至るまでに、東部の人口は8万3,082人に増え、その中の90％が本島人であった(155)。これは台拓の主導下の本島人移民事業の具体的成果を反映したものである。

(3) 島内移民から南洋移民へ

　台拓の創立当初は、原野の開墾、干拓地の開発、有用作物の栽種および移民事業が主要事業であった(156)。しかし、その後の昭和17年（1942）度末の統計では、移民事業の経費は、台拓全事業の僅かに0.5％に過ぎなかった(157)。台拓と性質の似た拓殖型の国策企業である朝鮮の東洋拓

第4章　移民事業：軍需産業と移民政策の転換　　191

殖株式会社（以下、東拓と略称）、あるいは満州国の満州拓殖公社（前身は満州拓殖株式会社、満拓と略称）と比べて、台拓の移民事業は、全体の事業に占める比率は明らかに僅かでとるに足りない。

東拓は大正5年（1916）に設立され、最初は大規模な日本移民拓殖計画と、朝鮮の平和的な征服を進行し、ならびに社債を発行して移民費用の支払いを営業の目的としていた。そのために「移民会社」と称されていた[158]。満拓は台拓と殆ど同時期に設立され[159]、日本人を満州の辺地に移入し、20年間に100万世帯の農業移民計画の実施を実現するために設立されたのである[160]。それに比べると、台拓の移民事業の全体計画と規模は、東拓や満拓に遥かに及ばず、更にその事業の主軸ではなかった。しかし、台拓は日本南進の「突撃隊長」の役割を演出することにあった[161]。そのため、必然的に華南と南洋移民に進展することであった。注目に値することは、東拓と満拓は最初から日本内地人移民を主力にしていたことである[162]。逆に台拓は最初から本島人移民事業を重視し、特に本島人の南洋への試験移民をその特色としている。台拓の移民事業戦略は満拓、東拓とは異なり、明らかに地政学的な原則に基づいて、東拓と満拓は積極的に大規模な日本農民の北進を推進し、台拓は試験的に南洋環境に適応性のある本島人を南進の急先鋒とすることであった。

台拓の移民事業は島内の開発を主とし、海外事業地の移民を含んでいなかった。移民事業の最初は、東部本島人移民をもって重点としており、その後、西部の内地人移民および中国人労働者の招募事業にまで拡大された[163]。

初期の計画から実際の成果を知ることが可能である。台拓の西部内地人の移民は、植民地政府の10カ年内地人移民計画に合わせて展開し、移入の人口は僅かに全計画人数の1％に過ぎず、決して重要ではない[164]。

相対的に本島人移民事業の任務は最も重大であり、早く進行しただけでなく、事業地は内地人移民に比べて遥かに多く、かつ持続的に増加している（表4－2、表4－3）。逆に、内地人の移民は、昭和13年（1938）9月に南投の名間に新高村が設立され、内地人19世帯が移入して、翌年10月には台中の清水に新しく昭和村を設立し、15世帯が移入したが、それからは停滞して増えなかった[165]。しかし、西部移民の土地価格は、東部よりも遥かに高く、開墾もより容易であったので、開墾が順調に進行した。平均1世帯当たり6甲前後の土地を所有しており、東部の3.2甲に比べて2倍近く多かった。内地人移民には優遇された開墾条件であったにも拘わらず、昭和14年（1939）以後は事業が殆どが停滞していた。相対的に、東部移民の負担の開墾栽培事業は非常に困難で、予定の開墾面積の達成は容易ではなかった。移民の出入りが頻繁であったが、最終に至るまで事業は持続的に進められた。本島人移民の移民世帯数と総人口数は、内地人のそれの10倍以上であった（表4－3、表4－5）。台拓の移民事業は、本島人移民重視の現象が極めて明らかである。

　本島人移民事業の重要性は、戦時の東部資源開発のほかに、本島人の南洋移民および綿花と苧麻の栽培経験の南洋移植と関係があった。昭和16年度の台拓の『事業要覧』は、台拓の綿花栽培に対する反省として、この情報を明確に示している。この報告は次のように指摘している。台湾での綿花栽培の価値についてはずっと議論があったが、それは「本島綿作の目標の無理解」によるものであった。台湾の綿花の生産量は、日本の需要量の2％にも及ばず、帝国綿花の自給自足の需要量には達しなかった。しかし、「本島の綿作は熱帯から亜熱帯の綿作の指針」であった。本島産の綿花は品質が優れており、アメリカ産に比べても遜色がなかった。それに虫害に強い新品種を開発し、南方諸国の綿花栽培に対す

第4章　移民事業：軍需産業と移民政策の転換　　193

表4－5　民国35年（1946）台拓移民耕作土地の性質と面積　　　　（単位：甲）

事業地名	移民世帯数	水田の面積	畑の面積	総面積	1世帯平均耕作地
初鹿	94	22	117.5	139.5	1.5
都蘭	11	2	13.3	15.3	1.4
新開園	39	15	321.2	336.2	8.6
萬安	13	7	44.5	51.5	3.9
鶴岡	33	0	106.5	106.5	3.2
大里	70	4	179	183	2.6
萬里橋	42	13	132.6	145.6	3.5
長良	－	河川の堤防の崩壊によって移民は他地に移転。			
東部計	302	63	914.6	977.6（83％）	3.2
清水	15	94.2	0	94.2	6.3
名間	19/3＊	37	72.8	109.8	5.8
西部計	34	131.2	72.8	204（17％）	6
合計	336	194.2	987.4	1,181.6	3.5

（資料）『台拓文書』第2404冊。
（説明）＊名間に内地人19世帯、接収時に残り3世帯。資料によると、西部の土地では日本人を帰した後に、台湾人を招募した。もともとが台湾人の世帯数であるが、比較として新たに日本人のもとの世帯数を入れた。

る技術と種子の分配上には重要な意義をもたらした[166]。南洋綿花栽培の試験はその後、ただちにタイ（1940）で施行されたが[167]、移植に成功したのは台湾東部で育成した綿花種子の台農2号であった[168]。昭和17年（1942）以後、陸海軍の命令下で、ベトナム（1942年）、フィリピン（1942年）からセレベス（1942年）、バリ（1943年）、ロンボック（1943年）、ボルネオ（1943年）およびルソン（1943年）に至るまで、試作あるいは栽植が急速に行われていた[169]。綿花は更に台拓のフィリピンとマレー半島の主力事業であった。苧麻の栽培も同じく「栽培経験と種苗を南方

に伝える」使命を持っていた⁽¹⁷⁰⁾。昭和18年（1943）すでにスマトラにおいて試植が行われたが、種子は台湾から輸入されたものである⁽¹⁷¹⁾。

次に本島人移民をもって開拓の困難な東部で軍需栽培業を進行させるが、これも本島農業移民の再度の海外拡張に対する試金石であった⁽¹⁷²⁾。大正の南進時期に、日系企業はかつて試験的に本島人を招募して南洋に移住させ、事業の労働力とした⁽¹⁷³⁾。大正4年（1915）に創立された南洋興農組合は、台湾総督府の補助の下で、最初に本島人をオランダ領ボルネオ（今日のインドネシアのカリマンタン）へと移住させる計画を展開した。大正6年（1917）には、南洋開発組合は約千名の本島人労働者を英領ボルネオ（現在のマレーシアのサバ（Sabah）とサラワク（Sarawak））、タワオの久原農園への移住計画を行った⁽¹⁷⁴⁾。しかし、この時期の台湾人労働力の南洋への輸出計画は最終的には失敗に終わった⁽¹⁷⁵⁾。その後、総督府の南進政策は停滞化に向かい、台湾人の南洋移民計画は、それによって放置されることになった。近藤正己の研究によれば、昭和10年（1935）に台湾人と日本人の南洋における人数は、その差異が大きく、特に英領ボルネオの台湾人は30人前後に過ぎなかった⁽¹⁷⁶⁾。

昭和11年（1936）8月、南進は日本の「国策の基準」となり⁽¹⁷⁷⁾、台湾は南進基地の地位が与えられた。総督府は本島人と華南、南洋華僑が同一民族に属することに基づいて、領台40余年の後、本島人の技術がこれらの地域の華人に比べて、更に進歩していたので、本島人を海外の風土、気候のよく似た地域へと移住させ、「人的経済連鎖機関の役割」を演じさせることを企図したのである⁽¹⁷⁸⁾。その次に、日本人は南洋地域の栽培事業において、もともと主に華人を雇用してきたが、日中戦争後はただちに資金と労働力不足の問題に直面した。逆に、本島人の労働力が非常に豊富であった。そこで昭和12年総督府が既に確立した本島人の南洋

移民計画については、南洋各国の感情に配慮して、台拓に南洋への移民事業の代理を命じた[179]。

台拓は創立の当初、南洋の日系企業の労働力の不足問題を緩和するために、総督府の政策の一環として、昭和12年（1937）度に英領ボルネオに、本島人家族移民7世帯、単身移民17人、合計54人の移住を予定し、「本島人を南方発展の礎石としよう」とした[180]。昭和13年（1938）6月になって、はじめて正式に性格が良く、健康な本島人合計62名を選び、第1次の本島人移民が実施された。しかし、フランス、イギリス、オランダなどを含む東南アジアの植民国家およびフィリピンから日本の南洋移民に対する排斥態度によって、第1次移民事業の進行は非常に低調であったばかりか、新聞報道も厳禁であった。拓務局は更に台拓に対し、イギリス当局を刺激しないようにし、日本人企業が現地における活動に制限を受けないように要求した[181]。明らかに、植民政府の本島人の南洋移民計画は、多くの移民の受入れ国の阻害を受け、容易に進行しなかった。北ボルネオの第2次移民は、更に現地の警戒によって展開できなかった[182]。太平洋戦争後、日本帝国の南洋各地に対する大幅な占領によって、総督府の移民政策は再び島内開発から南方移民の実現へと転じていった[183]。昭和17年（1942）2月、総督府は「海南島の農業開発のために、本島人の農業移民を募集する」方針を直ちに決定した[184]。最終的には本島人の海外拡張の効果には限界があったにも拘わらず、帝国主義の拡大にしたがって、本島人の南洋移民は政策上の趨勢であった。

他方、本島人の南洋移民は、現地で台湾熱帯農業の経験のコピーを意味していた。特に、台拓が東台湾で最初から展開した熱帯経済作物の栽培モデルは、殆どすべてが英領ボルネオに移植された。1930年代以前、日本人は英領ボルネオにおいてゴムの種植を主とし、台拓の北ボルネオ

の移民は、麻類の繊維作物を栽培した。昭和13年（1938）3月に、移民の進入の前に、台拓は先に斗湖で農事試験場を開設し、麻、綿花、瓊麻、ゴム、ココ椰子、蓖麻およびデリス（魚藤、殺虫剤原料）の試験栽培を実施した。翌年（1939）、移民の移入後は、綿花、苧麻、黄麻、アンパリヘンプ（洋麻）、タピオカノキ（キャッサバ）の栽培に着手した[185]。先に設置した農事試験場の栽培項目を見ると、台拓の北ボルネオの本島人移民事業は、殆どが東部移民事業のコピーであった。特に試験的栽培の作物については、その地の特産であるゴムとココ椰子のほかは、大まかに言えば東台湾の本島人移民の指定作物と同じである。台拓の東部本島人の移民事業は、海外移民の先駆的試験事業であると言える。

　要するに、台拓の東台湾での本島人移民事業は、2つの特色を備えていた。1つは、日治時期の東部最大規模の本島人農業移民は、軍需産業の政策的移民としての特質をもっていたのみならず、辺地移民政策の転向の宣伝効果もあった。その後、熱帯企業は主に本島人移民を東部開墾に移入し、台湾島内最大の本島人移民ブームを形成した。2つめは、台拓の東部の本島人移民事業は、綿作と苧麻の栽培を主としたが、一歩進んで南洋に向けて拡張しようとする試験的な移民の性質もあった。

小　　結

　過去の多くの東部研究あるいは植民地時期の論議では、常に植民地政府の意図は東部を大和民族の発展基地とすることにあると強調した。明治末期に、最初に東部で官営の内地人農業移民を実施しただけでなく、台湾人の東部開墾については、消極的に制限するか、奨励しなかった。しかし、昭和11年（1936）末に成立した国策企業の台拓は、台湾総督府

の代理として移民計画の任務を請負い、逆に東部で本島人の移民事業を推進し、明らかに戦時辺地への移民政策と目標の転換を行っていった。

台拓が過去の内地人移民の移入という植民地方針に逆行し、本島人移民に力を入れるに至った理由は2つである。1つは、総督府の東台湾の内地化計画の破綻である。2つめは、戦時の東部軍需産業の開発と南洋への拡張の要請である。

明治43年（1910）に植民地政府は花蓮港庁に正式に吉野村を設立し、官営の内地人農業移民事業の序幕が開かれた。しかし、この事業では試験的移民の色彩が強く、東台湾内地化政策の試行であった。一時成果が良くなかったので、総督府は直ちに該事業を停止し、転じて私営企業に奨励して、継続して内地人移民を募集し、東部への移入を図った。私営企業は営利をもって目的としており、過去の移民経験を評価し、同時に内地人と本島人の移民入墾を招募した。

大正7年（1918）から私営企業は、本島人の移入を開始した。既に初期において、明治末期以来の本島人に対する消極的な排除政策を打破した。大正10年（1921）、台東開拓会社は改めて、本島人移民をもって招募対象とし、総督府は補助範囲を本島人移民に拡大するとともに、取得した部分の土地所有権を譲渡することにした。何れも植民地政府の東台湾の内地化構想は、現実的にすでに有名無実であることが明らかである。大正15年（1926）の第1次東部大規模調査において、次のことを明白に指摘している。すなわち、内地人農業移民の第1の要務は、ただ東部の基本建設（インフラ建設）費を獲得する便宜的な措置に過ぎず、それをもって帝国政府の日本人の移殖という植民地方針を満足させたのである。昭和7年（1932）、官営農業移民事業が再起し、西部を重点とするように変化すると同時に、東部はすべて埒外に排除された。植民地政府は実

務的経験を根拠に、東部に内地人の農業移民を移入することが、実施上困難であるという事実を既に認知していた。

　昭和11年（1936）に、戦争準備と戦時状況に合わせて、総督府は再び10ヵ年内地人官営移民計画を企画した。それは依然として西部を主力とするものであったが、逆に台東庁においても敷島村を設立し、事業の復興地とした。しかし、敷島村の設立は、あきらかに象徴性が高い。その後、昭和14年（1939）に至って、総督府殖産局から地方庁に至るまで、いくつかの内地人移民の提案があったが、調査を経た後に無為に終わった。台拓の設立時には、東台湾の内地化計画が破綻し、移民政策の転換期であった。そのために、総督府は日本帝国議会に対し、台拓設立の計画書を提出したが、日本農業移民の計画だけであり、逆に帝国政府の植民イマジネーションに合わせて[186]、企業設立の看板としたに過ぎなかった。

　台拓は東部で施行した本島人移民計画の大きな推進力は、戦時の軍需産業開発のニーズであった。総督府は東部には広大な未墾地があり、戦時資源開発の需要のために、台拓に慫慂して東部の開墾と栽培事業の進行を促した。初期の計画では日本帝国の紡績産業と軍需資源の綿花と苧麻の栽培を主とした。しかし、東部開墾の最大の問題は労働力不足であり、台拓は前に実施した内地人移民の失敗と経費から評価し、西部から熱帯作物栽培の経験のある本島人の導入を決定し、戦時における東部の国防産業開発の目的を達成しようとしたのである。

　昭和13年～19年（1938～1944）までに、台拓は次々と東部開墾と栽培事業地に、8ヵ所の移民事業地を設立し、主として綿花と苧麻を栽培した。時局の変化に伴って、移民の指定作物は蓖麻、黄麻、アンピリヘンプ（洋麻）および大麦をも含むようになった。未墾地の開発と軍需作物

第 4 章　移民事業：軍需産業と移民政策の転換　　199

の栽培の拡大を達成するために、台拓は移民にかなりの補助と指導、低価格の地租の土地を提供し、特に実際の開墾状況に適応して、指定作物の比率を調整した。台拓の移民戦略は明らかに従来の営利目的の私営企業とは大いに異なっていた。移民に定居永住のために、東部事業と軍需作物生産力の主要労働力として、台拓はあらゆる方法を用いて移民事業を積極的に経営したと言える。

　しかし、台拓の東部の事業地は、主として浅山丘陵地と荒廃した川辺の砂地で、開墾は相当に困難であり、移民の離去が頻繁であった。それにも拘わらず、相対的に西部の内地人移民事業の発展の停滞状態に対し、台拓は毎年持続して本島人を東部に招募したのみならず、不断に移民事業地を増やしていった。台拓が東部の本島人移民事業に執着したのは、明らかに移民をもって軍需指定作物の栽培の主力とすると同時に、それが東部開発の成否の鍵を握ると考えていたからである。

　台拓の移民事業の成果は、作物栽培の拡張によるものであり、以前の私営企業の本島人移民の規模と比較すると、大いに成功したと言える。台拓の移民事業は、東部移民史上の最大規模の本島人集団農業移民であり、濃厚に軍需政策的移民の特質を備えていた。

　次に、過去の研究では、常に総督府の「禁令」や広大な官有地を本島人に支給することを認めなかったことを、本島人が大量に東部に入植できなかった理由として挙げられている。実際上、これは重要な無視できない問題点である。日本領台初期に、東部の交通が不便であり、風土病が蔓延していて、原住民の阻害などの開発に不利な条件があり、本島人には積極的に東部に移民する意欲がなかった。大正末期および昭和11年(1936)の2回に大規模な東部開発計画調査が行われ、交通、蕃害（原住民の反乱）、衛生条件が逐次に改善され、東部は次第に産業開発の吸引力

を持つようになった。同時に、西部の人口圧力が次第に高まり、小作農の生活の困難が押し出す力（プッシュ力）となって、本島人の東部への進入が促進されるようになった。

1930年代半ばに、台拓の東台湾における本島人の移民事業は、準官営移民の意義と政策のデモンストレーション（宣伝）効果をもつようになり、更に進んで大型企業の本島人の移民ブームを引き起こすようになった。他方、戦時の内地人農業移民ブームが、満州へと移り、それに戦争の兵力が次第に不足し、台湾での大規模な内地人移民の進行はすでに不可能となり、その上、成果が芳しくない東部については論じる余裕はなかった。1930年代後期になると、東部地域の郡守から地方庁長に至るまで、戦時資源開発の需要のために、西部からのもともと成功した本島人移民の移入が必要であると、公然と主張し始めた。そのほかに、開墾が非常に困難な東部に本島人を移入して、軍需作物の栽培を行うことも、1910年代末に南進ブームが停滞した後に、戦時の本島人移民を南洋に向かって再び拡張する試金石となった。昭和13年（1938）以降、英領北ボルネオにおいて、南洋本島人の移民事業が展開されたが、殆どが東部での熱帯農業経験の移植であり、東台湾の本島人移民事業のコピーであった。

植民地時期の東台湾移民政策の計画と実施の変遷は、帝国政府の植民地のイマジネーションと植民地統治との間の落差を充分に示しているものである。日本領台初期において、企業家の利潤追求の角度から見ると、本島人の移民は内地人の移民よりも実施が容易である。しかし、帝国政府は、母国の政治的利益のために、終始一貫して内地人の農業移民を主張した。台湾総督府の役割は、母国の意志の執行と植民地統治との二重性を持っていた。最初から総督府は帝国政府の意志に従い、東台湾の内地化計画を展開しなければならなかったが、その成果は理想通りには行

かなかった。台湾統治の業績を考慮し、次第に実施方法を調整して、日中戦争（1937.7〜1945.8）以降には、実質的にこの計画を放棄せざるを得なかった。戦時台拓は東部の軍需産業の開発の進行に本島人の準官営移民事業をもって、総督府の意見の反映の下に具体的に展開したものである。直接的に地方統治に当たる東部の地方庁、郡（前身は支庁）では、地方を更に発展させ、さらに実務を促すために、大正末年には既に本島人資本家の東部への入墾を試験的に実施した。戦時には内地人の農業移民を更に全面的に放棄し、主導的に本島人移民を招募して東部の労働力問題を解決しようとしたのである。

注

（1） 施添福「日本殖民主義下的東部台湾：第二台湾的論述」中央研究院台湾史研究所籌備処（以下、中研院台史所）主催『台湾社会経済史国際学術研討会』において発表、2003年5月8-9日、1-47頁。

（2） 「東台湾の内地化」に関する論述の検討は林玉茹「軍需産業与辺区政策：台拓在東台湾移民事業的転向」『台湾史研究』15(1)（2008年3月）、81-83頁を参照。

（3） 並木真人「朝鮮的『殖民地近代性』、『殖民地公共性』和対日協力：殖民地政治史、社会史研究之前置性考察」、若林正丈、呉密察主編『跨界的台湾史研究：与東亜史的交錯』（台北：播種者文化、2004年）、77頁に掲載。金洛年は「帝国主義政策万能論」と呼んだ。金洛年『日本帝国主義下的朝鮮経済』（東京：東京大学出版会、2002年）、127頁を参照。

（4） 藤原彰、今井清一『十五年戦争史』3（東京：青木書店、1989年）、第3冊：太平洋戦争、117頁。

（5） 台湾拓殖株式会社調査課編『事業要覧』昭和14年度（台北：台拓、1939-1940年）、25頁。

（6） 林呈蓉は論証なく、台拓的移民事業を官営移民と決めつけている。（『近代国家的摸索与覚醒：日本与台湾文明開化的進程』（台北：呉三連史料基

金会、2005年、99頁)。しかし、日本植民地時期の花蓮港庁と台東庁の統計書、『台湾農業報』および関連移民統計は、台拓の移民を官営と見なす記録がない。私営移民の統計でも台拓移民を入れていない。明らかに、その特殊的な地位を示している。

(7) 日本植民地時期の歴史感に近づくために、本章で移民を論じた場合、当時に使われた「本島人」と「内地人」の歴史的用語を使用する。

(8) 日本外務省外交史料館所蔵、『本邦会社関係雑件：台湾に於ける会社現況概要』、「外務省記録」、昭和11年5月4日、E.2.2.1.3-10、74-75頁。

(9) 張素玢『台湾的日本農業移民 (1909-1945)：以官営移民為中心』(台北：国史館、2001年)、35-37頁。

(10) 賀田金三郎が承租する予定の開墾地は14,850ヘクタールに近い、それは花蓮港、成広澳 (現在の成功鎮)、璞石閣 (玉里鎮)、台東平原などの地である。鍾淑敏「政商与日治時期東台湾的開発：以賀田金三郎為中心的考察」『台湾史研究』11(1) (2004年6月)、93頁；施添福「日治時代台湾東部的熱帯栽培業和区域発展」、中央研究院台湾史研究所籌備処主催「台湾史研究百年回顧与専題研究会」1995年12月15-16日、11頁。

(11) 鍾淑敏、上記の注に同じ、93-102頁。

(12) 台湾総督府編『台湾総督府官営移民事業報告書』(台北：台湾総督府、1919年)、54-57頁；「台湾移民概況」『公文類聚』第34編、大正13年、日本国立公文書館蔵、番号1-2A-03600、6頁。

(13) 鹿子木小五郎『台東庁管内視察復命書』(1912年原刊、台北：成文出版社、中国方志叢書、台湾地区、1985年)、17-18頁。

(14) 台湾総督府『官営移民事業報告書』17-21頁、34-35頁。

(15) 上の注に同じ。35頁、330頁。

(16) 張素玢『台湾的日本農業移民 (1909-1945)：以官営移民為中心』138-148頁；星一『蕃人と内地人との協力：台湾蕃界及び東部開拓』(台北：台北印刷株式会社、1935)、2-3頁、8-11頁。

(17) 鄭全玄『台東平原的移民拓墾与聚落』(台東：東台湾研究会、1995)、60頁。

(18) 古藤齊助『領台後の花蓮港史談』、(出版資料不明、1941年)、192頁；大蔵省管理局編『日本人の海外活動に関する歴史的調査』第13巻、台湾篇2、

第 4 章　移民事業：軍需産業と移民政策の転換　　　203

　　　（東京：大蔵省管理局、1947年）、60頁。
(19)　「台東製糖会社移住民保護ノ件」、『台湾総督府公文類纂』第6567冊、大正 7 年、15年保存、第10門、第 1 類、第 1 号。
(20)　台湾総督府殖産局編『台湾の農業移民』（台北：台湾総督府、1938年）、ページなし。
(21)　明治43年（1910）10月、賀田金三郎、荒井泰治、槙哲などが共同で台東拓殖合資会社を組織した。昭和44年（1911）に農場労働力の不足により、この企業は熊本県から160名の農民を花蓮港庁に移入し、サトウキビ栽培を行う。「台東拓殖合資会社ト同社募集ノ移民間ニ於ケル契約条項並移住民乗船賃割引ニ関スル件」『台湾総督府公文類纂』第5420冊、明治44年、15年保存、第10門、第 6 類、第 1 号。
(22)　大正 7 年（1918）末に本島人176世帯、582人；大正 8 年（1919）に蕃人 8 世帯、34人が移入。私営移民人数の歴年変化は、表 4 － 4 を参照。台湾総督府『東部地方開発計画調査書』（1926年、手書き本）。
(23)　台東庁編『台東庁産業要覧』昭和 7 年度（台東：台東庁、1933年）、昭和 7 年度、60頁。
(24)　台湾総督府編『台湾総督府事務成績提要』台北、成文出版社、1985、大正 9 年度、457頁、大正10年度、459頁、大正11年度、475-476頁、台湾総督府殖産局編『台湾に於ける母国人農業植民』（台北：台湾総督府、1929年）、31頁。本島人に対する補助期間、大正12年度の記載（440頁）は大正11年の誤植。
(25)　台東庁編『台東庁産業要覧』（台東：該庁、1935）、昭和 9 年度、70頁、昭和10年度、77頁；台湾総督府殖産局編『台湾農業移民の現状』（台北：台湾総督府殖産局、1935年）、7 頁。
(26)　大正 7 年（1918）、塩糖も本島人58世帯、日本人67世帯の移入を計画した。施添福「日治時代台湾東部的熱帯栽培業和区域発展」20頁。塩水港製糖会社の花蓮での発展は鍾書豪『百年来的花蓮糖業発展史』（台東：東台湾研究会、2009年）、59-172頁を参照。
(27)　喜多孝治「内地人移民か本島人移民か」、東台湾研究会編『東台湾研究叢書』（台北：成文出版社、1985：1924原刊）第 2 輯、18頁。

(28) 『台湾日日新報』1926年3月27日、第3版。

(29) 台湾総督府編『東部地方開発計画調査書』ページなし。

(30) 矢内原忠雄『帝国主義下の台湾』(東京：岩波書店、1929年)、139頁。田村貞省「東部台湾に於ける栽培事業」坂田国助編『第二回本島経済事情調査報告』(台北：南支南洋経済研究会、1932年)、90頁に収録。

(31) 陳鴻図は台東庁の平原地形は限界があり、砂石が多く、洪水の氾濫、野獣の危害、日照の不足および台風などの自然災害が多く、それに加えて後天的な投入不足によって、私営移民村の成果には限度があると指摘した。陳鴻図「農業環境与移民事業：台東庁下私営移民村的比較」『両岸発展史研究』4 (2007年12月)、35-80頁参照。

(32) 台湾総督府殖産局編『熱帯産業調査会調査書：移殖民ニ関スル調査書』第1巻 (台北：台湾総督府、1935年)、314頁。

(33) 台湾総督府編『官営移民事業報告書』、54-55頁。

(34) 西部の官営農業移民事業は先に台中州秋津村で4年間の事業を推進。昭和10年 (1935) には高雄州と台南州で移民村を設置した。張素玢『台湾的日本農業移民 (1909-1945)：以官営移民為中心』第4章。

(35) 『台湾日日新報』1935年5月3日、第3版。

(36) 日本国立公文書館蔵、『公文類聚』第62編、昭和13年、巻35、編号2A-12-2121、1頁。『台湾日日新報』の報道によると、「東部産業の開発計画の中で、最も緊急で、台東庁内地人移民招募の実現が必要である」。『台湾日日新報』1936年10月28日、第5版、10月29日、第8版。

(37) 『台湾日日新報』1936年12月11日、第1版。

(38) 日本国立公文書館所蔵、『公文類聚』第61編、昭和12年、巻28、1-2A-0 1200、1-4頁。

(39) 台湾総督府殖産局編『台湾の農業移民』1938年、ページなし。『台湾日日新報』1940年4月19日、第5版。

(40) 『台湾日日新報』昭和12年～13年 (1937-1938) には各種の計画の報道がある。例えば、『台湾日日新報』1937年6月9日、第3版、7月7日、第5版、1938年6月26日、第2版。『台拓文書』第178冊、144頁、第415冊、284頁。

(41) 林玉茹「殖民与産業改造：日治時期東台湾的官営漁業移民」『台湾史研

究』7(2)（2001年6月）、51-93頁。
(42) 『台湾日日新報』1943年9月18日、第3版。
(43) 台湾総督府『官営移民事業報告書』54-55頁。
(44) 枠本誠一「『台湾拓殖』の出来るまで』（東京：財界之日本社、1936年）、108-109頁。
(45) 『台湾日日新報』1937年3月5日、第5版。
(46) 『台湾日日新報』1937年10月26日、第5版。台拓は国策会社であるが、資本コストの負担の増加で、経済的な収益を考慮する必要があり、依然として営利追求の性格の一面がある。台拓の「国策性」と「営利性」の検討は湊照宏「日中戦争期における台湾拓殖会社の金融構造」『日本台湾学会会報』7（2005年5月）、1-17頁、同「太平洋戦争期における台湾拓殖会社の金融構造」『日本植民地研究』18（2006年6月）、35-50頁参照。
(47) 第2章第1節を参照。
(48) 畠中正行『台湾殖産年鑑』（台北：台湾と海外社、1938年）、365頁。
(49) 台拓調査課編『事業要覧』昭和17年度、9頁。
(50) 『台拓文書』第132冊、37頁、第194冊、108頁。
(51) 第3章第1節を参照。
(52) 日本防衛庁所蔵「台湾拓殖株式会社設立ニ際シ本会社ニ要望スヘキ事業ニ関スル件」『陸軍省昭和十年密受大日記』七冊ノ内、第二号、S10-2-4、第30件。
(53) 鍾石若編『躍進東台湾』84頁。
(54) 『台湾日日新報』1937年5月22日、第5版。
(55) 綿花の台湾での栽培の経過およびその重要性は、第3章第1節を参照。
(56) 日本国立公文書館所蔵、『公文類聚』第62編、昭和13年、巻35、編号2A-12-2121、3頁。
(57) 台湾総督府官房課『台湾重要産業生産力拡充四カ年計画調書』（手書き本、1937）、ページなし。昭和13年（1938）に開始の日本国内物資動員計画では、綿花も重要項目の１つである。小林英夫『帝国日本と総力戦体制：戦前・戦後の連続とアジア』（東京：有志社、2004年）、151-152頁。
(58) 日本外務省外交史料館所蔵、「台拓起業目論見参考資料」、『本邦会社関

206

係雑件:台湾に於ける会社現状概要』、「外務省記録」、昭和11年4月25日、E2.2.1.3-10、161頁。
(59) 第3章第1節を参照。
(60) 中尾鷹雄「東部台湾の熱帯農産業」『台湾時報』1940年4月号、85頁;第3章に詳しい、付録7;『台拓文書』第1188冊、370頁。
(61) 大蔵省管理局編『日本人の海外活動に関する歴史的調査』第13巻:台湾編2、52頁。
(62) 中尾鷹雄「東部台湾の熱帯農産業」86頁。
(63) 市川四郎「東部地方に於げる熱帯農業企業」『台湾農会報』1(4)(1939年4月)、84頁。
(64) 『台拓文書』第277冊;鍾石若編『躍進東台湾』84頁。台東庁の4つの綿作事業地は都蘭、初鹿、萬安および新開園である。花蓮港庁の苧麻作地は鶴岡および大里である。
(65) 『台拓文書』第178冊;台拓『台拓社報』第24号、(1938年6月30日)、329頁、第36号、(1939年6月30日)、139頁。
(66) 都蘭は馬馬尾、都蘭、八里および佳里四段を含む。初鹿は岩湾、初鹿および稲葉部落を含む。大里は安通、呉江および富農から成る。鶴岡は北岡および南岡に分かれている。池上地区は錦園、南興、北興、中興、東興、南渓、北渓、富興、大坡など9つの段を含む。第3章、付録2。池上郷地政事務所「池上郷台拓地地籍図」。
(67) 第3章、付録2に詳しい。
(68) 『台拓文書』第1073冊、86頁。
(69) 『台拓文書』第1399冊。台拓事業計画書の中に、長良事業地の移民費の編列がないが、戦後接収資料では長良を本島人移民村に入れているのでこれを計上することにした。
(70) 『台拓文書』第277冊。
(71) 基本的に畑1甲1等地に120円、2等地80円、3等地60円、4等地40円を支給した。「土地開墾及び佃作契約」、『台拓文書』第409冊。
(72) 邱其順の証言によると、彼らの家族が初鹿に来た時は、無償で台拓の現在の美農国民小学校の移民屋に住んでいた。約20〜30世帯があり、1世帯

第 4 章　移民事業：軍需産業と移民政策の転換　　　207

　　には 2 ～ 3 部屋、約20坪。2000年 3 月22日、林玉茹による初鹿の邱其順先生のインタビュー記録。
(73)　移民家屋の建築費、一般は一世帯10円～120円、しかし、時期と場所の差異によって異なっている。補助の最高は昭和20年（1945）の都蘭、新開園、初鹿および萬安の 1 世帯について150円、大里の90円、鶴岡の70円、落合の45円が最低である。『台拓文書』第663冊、992、2822冊、123-142頁；台拓調査課編『事業要覧』昭和19年度、14頁。
(74)　『台拓文書』第1643冊、14頁、第1990冊、418頁、第2463冊、254-255頁、第2391冊、第2392冊。
(75)　中尾鷹雄「東部台湾の熱帯農産業」86頁。
(76)　『台拓文書』第277冊、第1068冊。貸款の契約は『台拓文書』第680冊を参照。この種の貸款は貸付金（前貸金）の性質であり、生産された苧麻は必ず台拓に売却することになっていた。
(77)　『台拓文書』第815冊、第829冊、第1716冊、109頁、第990冊、418頁。台拓調査課編、『事業要覧』昭和14年度、25頁、昭和15年度、23頁。
(78)　民国35年（1946）の資料によると、鶴岡事業地の32人が台拓から貸款し、最高は1,009円、最低は5.9円であった。『台拓文書』第2309冊。
(79)　執筆者不記名「台湾に於ける農業移民物語」『経友』4(1)（1935年 1 月）、56頁。
(80)　田里維章「戦時下台湾の生産増強」（台南：小出書籍部、1943年）、82頁；台湾総督府殖産局編『台湾農業年報』（台北：該局、1941）昭和16年版、170頁。
(81)　第 3 章第 2 節に詳しい。
(82)　陳坤木の証言によれば、のちに移民に0.5甲の既墾地を提供した。2000年 3 月21日、林玉茹による陳坤木先生のインタビュー記録。
(83)　初鹿事業地は852甲、そのうち、開墾可能地は611甲、移民の耕地は341甲、現地人の小作農耕作地は80甲、直営地は110甲である。『台拓文書』第984冊。
(84)　『台拓文書』第1038-1039冊、212-216頁。
(85)　戦争末期、現地の小作農の承贌地（賃借り地）が益々多くなった。潘国

神の証言によれば、新開園事業地は殆ど「全郷人が賃借りであった」。連慶豊（大坡）の阿美（アミ）族も台拓地を承瞨した。江広東の証言の指摘では、当時の「大部分の郷人は殆ど台拓地を承瞨していた」。江家蓋が建てた家も台拓地であり、補助金20円を得た。李阿輝の証言では、現地の人と一緒に「号地」（圏地）とし、客家人は特に多い。土地を現地の人に開放し、開墾させた。これは台拓が戦時の国策に合わせて積極的に東部開発の精神をあらわしたものである。2000年5月5日、林玉茹による潘国神先生のインタビュー記録。2000年5月5日、江広東先生のインタビュー記録。1999年11月10日、李阿輝先生のインタビュー記録。

(86) フィールドワークでのインタビューによると、初鹿事業地では最高の承瞨地（賃借り地）は7、8甲であり、水墜の鍾統開では10甲に達する、林玉茹による2000年5月4日、姜華玉先生のインタビュー、江広東先生のインタビュー記録。

(87) 昭和12年〜13年（1937-1938）、東部開墾事業地の請負契約。『台拓文書』第409冊参照。

(88) 『台拓文書』第2348冊。

(89) 葉淑貞「日治時代台湾的地租水準」『台湾史研究』8(2)（2001年12月）、121頁。

(90) 移民や承瞨地の小作農も台拓地の地租が「安い」と証言。逆に戦後は高く、倍数の増加である。1999年11月18日、林玉茹による蔡連青先生のインタビュー記録、姜華玉先生のインタビュー記録、李阿輝先生のインタビュー記録。

(91) 昭和17年（1942）、長良栽培地は主に移民に煙草を栽培させた。しかし、煙草は3年に一作のため、休耕地はサツマイモ、落花生、魚藤（デリス）およびアンパリヘンプ（洋麻）を栽培した。『台拓文書』第1399冊。

(92) 雑作の項目は多い。邱其順の証言によると、彼らは早冬と晩冬の2季栽培に分けて種植を行う。早冬は雨水が多く、陸稲、トウモロコシ、野菜、サツマイモおよびショウガ、晩冬は落花生の収穫が最も良い。パイナップル、サトウキビの作付け時には常に労働力が必要である。2007年4月29日、林玉茹による邱其順先生のインタビュー記録。

(93) 『台拓文書』第409冊、第984冊。
(94) 江広東の証言によれば、彼らの土地のわずか1／10が綿花を栽培し、台拓が綿花の種子を提供した。しかし、成果は芳しくなかった。林玉茹による江広東先生のインタビュー記録。
(95) 指定作物の栽培の変化は、第3章第3節に詳しい。
(96) 台拓調査課編『事業要覧』昭和19年度、9-10頁。昭和15年（1940）から決戦時期に至る糧食増産政策は第3章第3節に詳しい。
(97) 中尾鷹雄「東部台湾の熱帯農産業」、83頁。
(98) 歴年度移民の綿花栽培甲数や比重は次のようである。昭和13年（1938）は114甲（100%）、昭和14年（1939）198甲、（比例の資料がない）昭和15年（1940）141甲（72%）、昭和16年（1941）38甲（84%）、昭和17年（1942）135甲（100%）である。付録5。
(99) 『台拓文書』第409冊、1140冊。
(100) 第2章第2節の検討からは、明らかに台拓の花蓮港庁の事業地は第一、第二事業地に分けられ、拡大の現象が顕著である。再び苧麻事業は綿花事業よりも良好と証明された。
(101) 『台拓文書』第277冊、69頁。
(102) 『台拓文書』第1990冊、420頁。
(103) 内地人移民は水稲、サツマイモを主とし、そのほかは小麦、サトウキビ、野菜、落花生などを栽培した。台拓調査課編『事業要覧』昭和16年度、25頁。台拓編、《事業概況書》（台北：台拓、1942年）、12-13頁。
(104) 桜田三郎『事業概観』（台北：台拓、1940年）、146頁。
(105) 『台拓文書』第2039冊、第2404冊。
(106) このデータは最高の592世帯から1,000世帯と766世帯を割って得られた。もし平均300世帯で計算すると、達成率はさらに低く、わずか30%前後である。
(107) 『台拓文書』第2038冊、68-69頁。初鹿のフィールドワークでのインタビューの証言では、移民は大体生活ができるとしている。三食は米や米にサツマイモを混合したものである。その後、次第に自ら土地購入者は4甲に達するものもあった。旱魃で収穫がない場合、請負人の毛利之俊から米

を借りることができた。林玉茹による陳坤木先生、邱其順先生、姜華玉先生などのインタビュー記録による。

(108)　陳坤木は25歳の時に妻、子供4人が移住し、後に兄弟も次第に東部に引っ越した。水墜の江広東家族は昭和13年（1938）に父親は台中の霧峰から一家6名を連れて汽車で蘇澳に移り、蘇澳から乗船して花蓮に移動した。そして、花蓮から汽車に乗って池上の水墜に来て、台拓の移民になった。後には父親の兄弟も来た。林玉茹による陳坤木先生のインタビュー記録。

(109)　邱其順の父親邱玉清は西部での生活が芳しくなく、池上で移民の招募を聞いて、妻、子供を連れて小帆船で東部に移り、その後、玉里で「樟脳造り」をし、大地主の下で小作農、そのあと、隣人の水尾人を誘って台拓の土地を承瞨（賃借り）をした。姜華玉が5歳の時に、父親が商売に失敗し、後山での稼ぎが容易と聞き、一家と祖父母、妻の兄弟と汽車に乗り南方澳に着いた後、乗船して花蓮に行き、瑞穗で1年間住み、卑南で4～5年間住んだ。昭和12年（1937）に高台に入り土地を購入して耕作した。その後、南投からの移民は耕作ができないために、台拓の管理人の鄭杜有は妹の姜一族に請負するように依頼した。耕作土地は3甲で、3年間の地代免除。稲葉の陳順情の一家は西部で農業に従事していたが、土地がなく、噂によると、「台東には土地がある」と聞き、昭和9年（1934）に雲林の虎尾から高雄に行き、乗船して台東に来て、小汽車に乗り、鹿野の瑞和に来た。その後、鹿野頂に引越した。昭和15年（1940）前後に台拓から移民招募の時に、山里（稲葉部落）に来て、台拓の移民になった。林玉茹による邱其順先生、姜華玉先生、楊陳虓先生のインタビュー記録。

(110)　鄭全玄『台東平原的移民拓墾与聚落』77頁。

(111)　林玉茹による陳坤木先生のインタビュー記録。

(112)　台湾総督府編『台湾統治概要』（台北：台湾総督府、1945年）、348頁；台拓調査課編『事業要覧』昭和19年度、9-10頁。

(113)　戦前の長良はもと移民34世帯、人口238人、土地375甲であったが、昭和21年（1946）半ば以降、暴風雨が襲来、翌年には又洪水の災害によって、耕地が大量に流失し、移民はこの地では危険と考え、次々と大里、安通などの地に移入した。『台拓文書』第2068冊、第2299冊。

(114) 『台拓文書』第2068冊。移民が東部に来た時、最大の難題はマラリアであり、いずれの世帯もマラリアに罹った経験がある。林玉茹による姜華玉先生訪問記録；邱其順先生(二)のインタビュー記録。

(115) 『台拓文書』第3208冊。池上と初鹿の移民はイノシシの害が最も激しいと証言した。季節風の内、特に焚風が常に作物の開花時に出現し、収穫に影響した。そのために、農民も焚風を拝む慣習があった。林玉茹による邱其順先生(一)、姜華玉先生、蔡連青先生のインタビュー記録。

(116) 『台拓文書』第410冊、31頁；第745冊。

(117) 『台拓文書』第2068冊。台拓調査課編、『事業要覧』昭和14年度、68頁。

(118) 高原逸人『東部台湾開発論』(台北：南方産業文化研究所、1940年)、66-67頁。

(119) 都蘭の林岡市の証言によれば、都蘭の移民は二線、三線、四線および五線の山下に住んでいた。各地域には3、4世帯から5、6世帯が、一緒に集中していた。福佬（福建系）、客家系もいた。しかし、後に大多数は離散した。残りの数世帯は旧埔に住んでいた。2000年10月10日、林玉茹による林岡市女士のインタビュー記録。

(120) 楊陳娏の証言では、初鹿の稲葉聚落（今の嘉豊村）の河岸地区には10数世帯の集団住宅があり、2世帯ずつ1列に並んでいたが、後には台風によって破壊されたが、移民は自らの園内に家を再建して定居し、離れなかった。戦後になってから1部分の後世の子孫が引越した。林玉茹による楊陳娏女士のインタビュー記録。

(121) 趙川明『美農高台地区部落史』(台東：国立台東師範学院、1999年)、7頁。

(122) 林聖欽「花東縦谷中段的土地開発与聚落発展」(台北：国立台湾師範大学地理所碩士論文、1995年)、146頁、154頁。

(123) 第3章第3節を参照。

(124) 移民や現地の小作農の証言によれば、台拓はあまり干渉せず、人を殴らない、「人を搾取しない」、人との間には紛争がない。収穫が悪い場合、次年度に地租をまとめて支払うことができた。請負人は警察に交渉して、移民に労役を科さないように協力した。企業も定年になった警官を雇い、

巡回、管理や技術員を派遣して栽培技術を伝授した。そのほかに、米、野菜を移民に提供した。特に蔡連青の証言では、「後山にきた人は大変貧困である。台拓は土地を提供し耕作させて、生活が改善した」という。林玉茹による陳坤木先生、姜華玉先生、邱其順先生(一)、蔡連青先生、潘国神先生などのインタビュー記録。

(125)　邱其順の父親の邱玉清はもともと台東製糖の池上の移民であった。

(126)　大正13年（1924）は私営移民の最盛期である。同年の「台湾移民状況」の報告によると、塩糖の本島人移民は466世帯の1,634人である。台東開拓は245世帯の1,023人である。日本国立公文書館蔵「台湾移民概況」、『公文類聚』、第34編、編番1-2A-03600。

(127)　孟祥瀚「台湾東部之拓墾与発展」（台北：国立台湾師範大学歴史所碩士論文、1988年）、143-145頁。

(128)　交通不便によって日治初期の東部の生活は相当に困難であり、開拓の遅れをもたらした。蔡龍保『推動時代的巨輪：日治中期的台湾国有鉄路(1910-1936)』（台北：台湾古籍、2004）、282-294頁を参照。

(129)　台湾総督府『官営移民事業報告書』337頁。『台湾日日新報』1936年1月14日、第8版。

(130)　大谷猛市「東部台湾の移民事業に就て」、東台湾研究会編『東台湾研究叢書』第2輯、47頁。

(131)　大正15年（1926）前後、宜蘭の連碧榕は花蓮港庁長の江口良三郎と玉里支庁長の松尾温爾の誘いによって、花蓮港庁に入り、土地450甲余りを開墾した。連碧榕が遅々として東部に行かなかった理由は、孫の連明徳に書いた手紙に「あなたの祖父は神様のお告げを受けて、2～3年を経てから東部に行くことにしたが、交通が不便なため、延び延びになって出発できなかった」（張蓉峻「台湾東部移墾的家族個案考察：以玉里長良連氏家族為例」（花蓮：国立花蓮師範学院郷土文化研究所碩士論文、2003年）、24頁；台湾新民報社編『台湾人士鑑』（台北：台湾新民報社、1937年）、475頁）。そのほかに、張麗俊の日記から見られるが、大正年間に台湾人（漢人）で東部に行くのは少なかった。東部に行くのは事情があって止むを得なかったからであった。1930年代以降の開墾や事業経営のためとは異なっていた。

第 4 章　移民事業：軍需産業と移民政策の転換　　　213

張麗俊著、許雪姫・洪秋芬・李毓嵐編『水竹居主人日記』(台北：中央研究院近代史研究所、2000年)、第 4 冊、1915年 7 月 6 日、222頁：第 5 冊、1925年 5 月29日、381-382頁。1921年 5 月29日。

(132)　台湾総督府殖産局編『東部地方開発計画調書』。

(133)　鍾石若編『躍進東台湾』27頁。

(134)　張麗俊の『水竹居主人日記』(1-10冊、1906-1937) および林献堂の『灌園先生日記』(1-16冊、1927-1944) によると、1930年代之後、中部地域の資本家が花蓮港で土地を購入し、事業を経営し、視察に行く者が増えた。すでに1930年 2 月に、大東信託株式会社の陳炘は林献堂に花蓮港で支店を設立する意志を示した。林献堂もその必要性を認め、先に人を遣して該地を視察せしめている。また霧峰の荘垂勝、林阿華、林其賢らも東部で開墾する意志を持ち、実際に開墾に行った。明らかに、1930年代には台湾西部の著名な資産家も次第に東部に注目するようになった。「台湾日記知識庫」、2010年 2 月26日、2011年 1 月26日にアクセス (http://taco.ith.sinica.edu.tw/tdk/)。

(135)　1935年10月25日、林柏寿は林献堂を誘って東部に旅行。11月 3 日〜 5 日、二人のほかに、林資彬、楊海盛などが同行し、台北から汽車に乗車して蘇澳に行き、再び汽車に乗車して花蓮港に行く。その後、用事のために先に台北に帰った林献堂は、11月 6 日に総督と会見した。林献堂著、許雪姫主編『灌園先生日記 (8)、1935』(台北：中央研究院台湾史研究所、近代史研究所、2004)、1935年11月 3 日〜 6 日、388-394頁。

(136)　『台湾日日新報』1936年 1 月14日、第 8 版：3 月13日、第 5 版。

(137)　昭和 9 年 (1934) に1,500人が移入し、昭和10年 (1935) には一躍5,000人に増加した。『台湾日日新報』1936年 2 月 4 日、第 8 版。

(138)　花蓮港庁編『花蓮港庁管内概況及事務概要』、(台北：成文出版社、1985年)、昭和14年版、9 頁。

(139)　『台湾日日新報』1935年 9 月 8 日、第 5 版、12月25日、第 5 版、12月27日第12版。

(140)　畠中正行『台湾殖産年鑑』365頁。

(141)　『台湾日日新報』1938年 5 月10日、第 9 版。

(142)　台拓『台拓社報』、第36号、1939年6月30日、139頁。
(143)　例えば東台湾珈琲産業会社は雷公火で珈琲を栽培し、完全に移民に依存した。昭和13年（1938）台東振興会社が関山で柳花のサトウキビを栽培し、主に新竹の客家部落から移民を移入した。鍾石若編『躍進東台湾』96頁。
(144)　江美瑤「日治時代以來台湾東部移民与族群関係：以関山、鹿野地区為例」（台北：国立台湾師範大学地理所碩士論文、1997年）、38頁。
(145)　張素玢『台湾的日本農業移民（1909-1945）：以官営移民為中心』230-231頁。
(146)　満州の日本農業移民事業は大正3年（1914）から4カ年計画を開始した。しかし、昭和4年（1929）に失敗で終焉した。昭和6年（1931）の満州事変以後、日本は段階的に分けて積極的に満州移民計画を進め、全面的な分村および分郷計画を通じて、昭和7年～20年（1932-1945）に合計で27万名の農業移民を実現した。台湾農業移民の総数を遥かに超えただけでなく、内地人の農業移民ブームは明らかに満州に向かった。高橋泰隆『昭和戦前期の農村と満州移民』（東京：吉川弘文館、1997年）、32頁。蘭信三『「満州移民」の歴史社会学』（京都：行路社、1994年）、45-50頁。
(147)　鍾石若編『躍進東台湾』46頁。
(148)　『台湾日日新報』1938年3月6日、第8版。
(149)　『水竹居主人日記』と『灌園先生日記』から見ると、1930年代初期に環島一週の旅行が次第に流行した。前述のように、林献堂と林柏寿も昭和10年（1935）11月に特別に東部に旅行した。旅行であるが、事実上、視察の意味がある。「台湾日記知識庫」2010年2月27日にアクセス。（http://taco.ith.sinica.sdu.tw/tdk/）
(150)　『台湾日日新報』1939年7月3日、第5版。劉萬は台中・外埔の人で1905年に生まれ、1928年に高等文官考試行政科に合格し、1930年に京都帝大法学部を卒業した。その後に台湾総督府交通部逓信局に就職、1931年に税関高雄支署に分属され、1934年に新竹助役兼文書課長に昇進、1939年に台庁新港郡郡守に任命、1940年に台北州海山郡守に就任し、1941年に台湾総督府高雄税関監視部長に就任した。氏の原籍は台中州のために、新竹州助役に就任し、そのために新竹、台中の2つの州で移民を募集した。新高

新報編『台湾紳士名鑑』(台北：新高新報社、1937年)、64頁、『台湾総督府公文類纂』第10079冊、文号第57、1934年、第10096冊、文号第42、1939年、第10101冊、文号第60、1940年。
(151) 高原逸人『東部台湾開発論』109頁。
(152) 『台湾日日新報』1940年7月24日、第5版。
(153) 田里維章『戦時下台湾の生産増強』112頁。
(154) 『台湾日日新報』1943年1月14日、第4版。
(155) 昭和10年（1935）の東部総人口数は181,888人で、本島人は158,026人である。昭和17年（1942）の東部総人口は264,970人で、本島人は231,888人である。この期間に本島人は73,862人増加し、新たに増加した人口83,802人の90%を占めていた。台湾総督府編『台湾総督府統計書』（台北：台湾総督府、1899-1944）、第39統計書：昭和10年、30頁：第46統計書：昭和17年、18頁。
(156) 台拓調査課編『事業要覧』昭和14年度、8頁、15年度、10頁。
(157) 台拓調査課編『事業要覧』昭和19年度、4-5頁。
(158) 黒瀬郁二『東洋拓殖株式会社：日本帝国主義とアジア太平洋』（東京：日本経済評論社、2003年）、1頁、17頁。東拓の設立は第1章第1節を参照。
(159) 昭和10年（1935）、日満両国政府は1,500万円で、10年内に満州に20万世帯の移入の執行機関の満州拓殖株式会社を設立した。後には移民の成績が相当良く、日満の両国は満州移民を重要な国策とし、更に満州拓殖を改組して、その組織と資本を強化した。しかし、この企業は満州国を法人としていたため、様々な不便があり、昭和12年（1937）8月に資本額5,000万円で、日満両国を法人とする満州拓殖公社を設立した。昭和18年6月には、満鮮拓殖株式会社を合併し、資本額1億5,000万円となった（閉鎖機関整理委員会『閉鎖機関とその特殊清算』東京：株式会社クレス、2000年、364-365頁）。満州拓殖公社は基本的には満州農業移民が中心であり、その投資事業も満州拓殖事業と関連していたが、東拓と台拓の事業のように種類が複雑で活動範囲が広くはない。
(160) 鈴木隆史著、周啓乾監訳『日本帝国主義与満洲』（台北：金禾出版社、1998年）、603頁。満州移民史研究会『日本帝国主義下の満州移民』（東京：

龍溪書舍、1976年)、104頁、226頁。

(161) 後藤乾一『昭和期日本とインドネシア：1930年代「南進」の論理・「日本観」の系譜』(東京：勁草書房、1986年)、51頁。

(162) 満拓は昭和16年 (1941) に満鮮拓殖と合併の前に、日本人移民を主とした。明らかに、東拓の設立時の章程では「拓殖に必要とする日・韓の移民募集と分配」と指摘した。事実上、初期は日本人による朝鮮への移民を主とした。昭和7年 (1932) になってから北朝鮮と満州への朝鮮人移民事業の発展を開始した。(河合和男「国策会社・東洋拓殖株式会社」河合和男等編『国策会社・東拓の研究』(東京：不二出版、2000年) に収録、16頁。金早雪「東洋拓殖株式会社における国策投資と戦時体制」(河合和男等編『国策会社・東拓の研究』130頁) に収録。1920年代半ば以前、東拓の朝鮮での移民事業は、松永達「東洋拓殖株式会社の移民事業」(河合和男等編『国策会社・東拓の研究』143-170頁) に収録。

(163) 台拓編『営業報告書』(台北：台拓、1938年)、第2回、5頁。中国労働経営事業は、台湾島内の産業労働力の不足によって、昭和15年 (1940) 1月に台拓は正式に台湾総督府に「事業認可申請書」を提出し、以前にこの事業を担当していた南国公司のビジネスを引き継ぐようになった。しかし、日中戦争が勃発し、諜報防止関係のために、遅々として展開しなかった。昭和17年 (1942)、島内の労働力の需要が切迫し、はじめて試行されるようになった。日本外務省外交史料館蔵「事業認可申請書」、『本邦会社関係雑件：台湾拓殖株式会社』、「外務省外交史料館茗荷谷研修所旧蔵記録」、E117、殖理第280号、昭和15年；台拓編『事業概況書』15頁；『台拓文書』第815冊、829冊。

(164) J. A. Schneider, *The Business of Empire: The Taiwan Development Corporation and Japanese Imperialism in Taiwan 1936-1946*. Ph.D. dissertation (Cambridge, Massachusetts: Harvard University Press. 1998), p.115.

(165) 台拓調査課編『事業要覧』昭和19年度、13-14頁。世帯数には変化がないが、人数は減少した。特に、昭和17年 (1942) の新高村は激しい洪水の災害を受け、4年間の努力の成果を流失した。『台拓文書』第1643冊。

第 4 章　移民事業：軍需産業と移民政策の転換　　　　　217

(166)　台拓調査課編『事業要覧』昭和16年、19頁。日本帝国の南洋での綿花栽培の普及の原因と過程は、張静宜『戦時体制下台湾特用作物増産政策之研究（1934-1944）』（高雄：復文図書出版社、2007年）、第 5 章第 1 節、第 3 節。
(167)　台拓が南洋地域で綿花栽植の最初の地はタイであり、昭和12年（1937）に台拓は東洋拓殖株式会社の了解の下で、タイ北部の Nayunpatom で綿花を栽培した。「台湾拓殖株式会社ノ暹羅国ニ於ケル綿花栽培事業経営ニ関スル件」、『本邦会社関係雑件：台湾拓殖株式会社』「外務省外交史料館茗荷谷研修所旧蔵記録」、E113、昭和12年 3 月29日。第 5 章第 2 節に詳しい。
(168)　張静宜『戦時体制下台湾特用作物増産政策之研究（1934-1944）』320頁。
(169)　ロンボク島（Lombok）はバリ島の東側の火山島である。台拓調査課編『事業要覧』昭和17年度、30-31頁；昭和19年度、35-45頁；日本外務省外交史料館蔵「台拓定款変更ニ関スル件」、『本邦会社関係雑件：台湾拓殖株式会社』「外務省外交史料館茗荷谷研修所資料」、E120、昭和18年 7 月14日。
(170)　『台拓文書』第1188冊、370頁。
(171)　台拓調査課編『事業要覧』昭和19年度、38頁；日本外務省外交史料館蔵「マライ・スマトラ米作班主要事項ノ概要報告書」、『本邦会社関係雑件：台湾拓殖株式会社』、後藤北面、外務省外交史料館茗荷谷研修所旧蔵記録、E121、昭和18年 5 月。
(172)　昭和13年（1938） 2 月、拓務局が台湾総督府に提出した南洋移民計画書について、強く異議を表した。日中戦争の勃発後、移民計画は相当慎重を要するとし、国際関係に障害を引き起こさないように要求した。他方、本島人移民計画の成功を待ってから海外移民の実施を主張した。「台拓会社海外事業経営認可申請ノ件ニ対スル意見」、『本邦会社関係雑件：台湾拓殖株式会社』、外務省外交史料館茗荷谷研修所旧蔵記録、E114、昭和13年 2 月26日。
(173)　台湾と華南、南洋の関係について、中村孝志は 4 期に分けた。そのうち、大正 5 年〜大正12年（1916-1923）の間は台湾南進ブームが盛行し、大正南進期と呼ばれた。中村孝志「台湾と「南支、南洋」」中村孝志編『日本の南方関係と台湾』（奈良：天理教道友会、1988年）、5-6頁。
(174)　鍾淑敏「台湾総督府的『南支南洋』政策：以事業補助為中心」『台大歴

史学報』34（2004年12月）、165頁、167頁、180-182頁。

(175) 台湾人の南洋移植の失敗の論議は、上の注に同じ。187-188頁。

(176) 近藤正己『総力戦と台湾：日本植民地崩壊の研究』（東京：刀水書房、1996年）、67頁。

(177) 清水元「アジア主義と南進」大江志乃夫等編『近代日本と殖民地：統合と支配の論理』（東京：岩波書店、1993年）、108-109頁に収録。

(178) 日本国立公文書館蔵『公文類聚』第62編、巻35、昭和13年、編号2A-12-2121、8-9頁。

(179) 日本外務省外交史料館蔵「台湾拓殖株式会社ノ海外事業経営ニ関スル件」、『本邦会社関係雑件：台湾拓殖株式会社』外務省外交史料館茗荷谷研修所旧蔵記録、E114、昭和13年。

(180) 台拓調査課編『事業要覧』昭和14年度、40頁、昭和17年度、32頁。

(181) 今回の南洋移民の時期と人数について、三日月直之は昭和12年（1937）6月に54名、桜田三郎は昭和14年（1939）6月に54名と書いているが、共に誤りがある（三日月直之『台湾拓殖会社とその時代』福岡：葦書房、1993年、483頁；桜田三郎『事業概観』119頁）事実上、今回の移民は単身の18名、家族移民8世帯の44名、合計62名であり、昭和16年6月16日に基隆からBanido丸から斗湖に行った。日本外務省外交史料館蔵「台湾拓殖株式会社ノ海外事業経営ニ関スル件」、『本邦会社関係雑件：台湾拓殖株式会社』「外務省外交史料館茗荷谷研修所旧蔵記録」、E114、昭和13年。

(182) 柴田善雅「台湾拓殖株式会社の南方事業活動」『日本植民地研究』20（2008年）、6頁。

(183) 実業之台湾社編『台湾経済年鑑』昭和17年版（台北：実業之台湾社、1942）、738頁。

(184) 台湾総督府編『台湾日誌』(1919-1944、台北：南天書局、1994年)、326頁。

(185) 柴田善雅「台湾拓殖株式会社の南方事業活動」6-7頁。

(186) 植民地のイマジネーション（imagination）と植民地統治の用語の検討は、姚人多「認識台湾：知識、権力与日本在台之殖民治理性」『台湾社会研究季刊』42（2001年6月）、119-182頁を参照。

第5章　投資事業：
資本主義化と工業化の推進

　日本統治下の台湾経済の発展は、植民地宗主国のニーズに合わせて調整したものである。1930年代以前、台湾の経済は「糖業帝国主義」によって米糖の生産を中心とするようになり、「農業台湾・工業日本」の発展戦略を採用するようになった。昭和6年（1931）の満州事変以降、日本は軍部の強力な主導の下で、産業は軍事化の発展に向かうようになった[1]。植民地台湾は、日本の戦争準備体制の中で地位が日々増強するようになり[2]、過去の米糖農業の発展を主とする政策は修正を迫られるようになった。昭和12年（1937）の日中戦争勃発の後、日本国内および植民地では戦時経済体制を実施し、軍備が極力拡張され、経済が全面的に軍事化を中心に展開するようになった[3]。日本帝国政府は一連の法令および制度を通じて、戦時の軍需産業の発展方針を規定するようになった[4]。特に、「生産力拡充計画」は[5]、軍需産業の配置に深く影響し、台湾を帝国総力戦の配置の一環に組み込むようになった。

　他方、戦争の必要に応じて、植民地宗主国の意識的な統治を強化させ、予算を増強し、植民地の開拓に全力を投入するようになった[6]。台湾と朝鮮は農業から工業化の発展に転換するようになり、植民地経済史の新たなページを開くようになり、これは近代植民史の特殊なケースである[7]。植民地の辺地に位置し、明らかに「後進性」の東台湾地域も戦争の賜物で、国防戦略の価値の向上がより重視されるようになり、「新産業政策」の列車に乗ることができた[8]。台拓の東台湾の3大事業の

1つの投資事業は、戦時植民地辺地の産業から、資本主義化と工業化に向かう特性を反映するようになった。

投資事業とは台拓が他の会社への投資を指すものである。台拓が東部に進出する前に、花蓮港庁と台東庁の2つの庁の産業の特徴は生産性が極めて低く、資本主義化の度合いは高くない。昭和10年（1935）には、東部の企業数はわずか56社で、全台湾企業数の5.1%であり、総資本額はわずか0.8%であった[9]。昭和12年（1937）末の花蓮港庁内の企業数は19社で、総資本額はわずかに514万円であった[10]。一方、戦時日本の国策に合わせて台拓が東台湾に投資したのは、大規模資本の企業が主で、百万円や千万円の資本の単位であり、企業類型も大きく変化するようになった[11]。そのために、台拓が東台湾での投資事業は指標的な意義を持ち、戦時植民地政府の辺地企業（Colonial Periphery business）の配置を現わしただけでなく、地域発展に対する影響も注目に値する。特に、前に述べたマイヤーズ（Ramon H. Myers）が満州および華北で観察した「近代飛び地経済」（modem enclave economy）や朝鮮の学者が主張した「植民地工業の飛び地論」[12]は、東台湾では存在したであろうか。

本章は台拓の東台湾で投資した企業を研究対象に、以下のいくつかの課題を検討する。まず、戦時の台拓が東部で投資事業を実施した動機、および辺地企業の発展の中で演じた役割を分析する。次に、台拓の東部での投資事業の性質、経営状況および変遷を説明し、そこで展開した空間的配置および発展戦略を分析する。そして、投資事業が地域の発展に対する影響を論じる。以下の4つの節において台拓の投資事業および東部の投資構造、台東を中心とする熱帯拓殖企業、花蓮を中心とする軍需鉱工業企業および軍需企業と地域的発展を述べることにする。

第5章　投資事業：資本主義化と工業化の推進

第1節　台拓の投資事業と東部の投資構造

　国策企業としての台拓の設立の趣旨の1つは、島内外の「拓殖に必要とする資金」の提供であり[13]、そのために、他の関連企業に投資するのが「投資事業」である。昭和20年（1945）までに、台拓の島外での投資は年ごとに増加し、特に昭和16年（1941）の太平洋戦争の勃発以降、投資地域は華南、南洋だけでなく、オーストラリア、インドまでに範囲を広げた[14]。しかし、島内の投資事業が最も重要であり、3分の2以上の比重を占めていた。そのために、台拓の投資事業は台湾の産業発展に重要な意義を持ち、特に1930年代後期の台湾の重工業化のパイオニアの1つである[15]。資本力、生産力および技術力の不足の東台湾地域にとって、台拓の産業発展の主導性は強く、代表的な国策企業である。まず、本節は台拓の島内での投資事業を説明し、そのあとに、台拓が東台湾に投資する理由と構造を分析する。

(1) 台拓の島内での投資事業

　台拓の投資事業は企業創業の使命に沿って、台湾を拠点として、華南および南洋地域の企業発展に関心を寄せている。同時に、台湾の工業化政策に合わせて、各種企業の発展促進と本島の産業の拡張を目標にしていた[16]。

　昭和20年（1945）の終戦時に、台拓が台湾島内で投資した企業は37社である（**表5-1**）。しかし、戦時中に日本政府は企業の国際市場での競争力の強化、国防経済力の増強のために、強制的に中小企業を合併し、大規模の独占企業を組織するようになった[17]。あるいは1部分の企業は

戦局の悪化により、情勢のニーズに合わず、解散したものもあり[18]、戦後の国民政府の接収時にはわずか27社になっていた。

表5－1　台拓の島内の投資企業数

時　期	企業類型	企業名称（創業と台拓の投資時期／社址／台拓の持株比率／戦後の接収者／産業類別）。
昭和12年 (1937)	拓殖事業	台湾綿花株式会社（5月設立；＊台北、100％；台拓委員接収、農業）、台東興発株式会社（4月設立／6月投資、台東、6.7％；移民事業、昭和19年2月存続）。
	輸送業	台湾海運株式会社（6月；＊高雄、8％、18年8.6％；交通処）。
	工業	台湾国産自動車株式会社（7月；＊台北、10％；機械工業）。
	興業	株式会社福大公司 （11月設立／9月投資；＊台北、16.7％；工鉱処）。
昭和13年 (1938)	拓殖事業	台湾野蚕株式会社（12年12月成立、13年1月投資、台中、50％、台中県接収；林業）、台湾畜産興業株式会社（3月設立／4月投資；台北、67％；農林処監理）、南邦産業株式会社（4月；＊高雄、9％、昭和16年12月に消失；林業）、南日本塩業株式会社（6月設立／7月投資；＊台南、30％；専売局接収；水産業）、星規那株式会社（9月；＊台東、100％、昭和17年62％；農林処監理：農業）。
	工業	台湾パルプ株式会社（2月設立／1月投資；＊台中、0.25％；工鉱処；繊維工業）、東邦金属精錬株式会社（7月；＊台北、2.5％、花蓮港；工鉱処；金属工業）。
	商工業	株式会社南興公司 （6月；＊台北、51％、18年45％、20年58％；貿易局整理）。
昭和14年 (1939)	拓殖事業	拓洋水産株式会社 （4月；＊高雄、50％；水産業）。
	工業	台湾化成工業株式会社（2月投資／7月設立；＊台北、2％、17年23％、18年17％；窯業；工鉱処監理）、新興窒素工業株式会社（8月；＊台北、5％；科学工業；昭和17年11月消失）、南日本科学工業株式会社（10月；＊高雄、25％；工鉱処監理；化学工業）。
	鉱業	開洋燐工業株式会社（12年3月設立／14年4月投資；高雄、50％；昭和15年島外会社、本社は台北）、台湾産金株式会社（＊11月投資／12月設立；台北、昭和15年設立、14年12月設立、50％）。

第5章 投資事業：資本主義化と工業化の推進

昭和15年 (1940)	拓殖事業	台湾単寧興業株式会社（＊3月投資／4月設立；新竹、26％、18年50％；昭和15年3月投資、4月設立）、新竹林産業株式会社（1月設立、台拓の投資時期は不明；新竹、50％；台拓委員接収）。
	運輸業	南日本汽船株式会社（＊9月投資／10月設立；台北、3％；交通処）。
昭和16年 (1941)	鉱業	台湾石綿株式会社（台北、60％、昭和20年87％；台拓委員接収）、台湾石炭株式会社（＊16年7月投資、8月設立、台北、14％；19年7月台湾石炭配給統制令により、台湾石炭統制会社に改組；20年7％；工鉱処接収）。
	運輸通信業	台湾通信工業株式会社（＊3月投資／4月設立；台北、10％；交通処監理）、開南航運株式会社（＊2月投資／5月設立、台北／海口、昭和16年58％、18年75％；18.12.18海軍省の提言により、持株全数を東亜海運会社に移管）。
昭和17年 (1942)	鉱業	クロム鉱業株式会社 （台北、3月設立、50％、事業地はベトナム）。
昭和18年 (1943)	拓殖事業	新高都市開発株式会社（3月設立、台中、10％；交通処監理）、株式会社航空ホテル（台北、9月成立、1.7％；交通処）。
	工業	台拓化学工業会社（3月設立、嘉義、75％；工鉱処）。 報国造船株式会社（基隆、11月設立、10％；交通処）。 高雄造船株式会社（12月設立、高雄、7.5％；交通処）。
	商業	台湾金属回収統制株式会社 （台北、3年設立、昭和18年投資、0.1％；20年3.5％；工鉱処）。
	鉱業	稀元素工業株式会社 （＊台北、18年9月設立、100％；工鉱処監理）。
昭和19年 (1944)	拓殖事業	台湾水産株式会社（7.5％、農林処監理）。
	商業、 保険業	台湾木材統制株式会社（26％；農林処監理）、 大成火災海上保険株式会社（5％；財政処）。

（説明）＊は企業の設立時、台拓の創業時の株主を示している。

（資料）『台拓文書』第127冊、第407冊、第1643冊、第2276冊；台拓編『事業概況書』（台北：台拓、1939-1944年）、67-69頁；台拓調査課編『事業要覧』（台北：台拓、1939-1944年）、昭和16年度、55-56頁、昭和17年度、34頁、昭和19年度、47-49頁。三日月直之『台湾拓殖会社とその時代：1936-1946』（福岡：葦書房、1993年）、486-488頁；台湾総督府編『台湾統治概要』（台北：台湾総督府、1945年）；日本外務省外交史料館蔵「事業概況説明書」『本邦会社関係雑件：台湾拓殖株式会社』、「外務省外交史料館茗荷谷研修所旧蔵記録」、E117、昭和15年、E118、昭和16年、E124、昭和19年；台湾総督府外事部編『決戦下の台湾経済』（台北：台湾総督府外事部、1944年）、13-14頁。

これらの島内の投資企業は、本社を台湾に設置したが、工場や運営活動が主に海外の企業、例えば株式会社福大公司、株式会社南興公司、クロム鉱業株式会社および開洋燐鉱株式会社などの数社を除くと、島内企業は30数社であり、島外での投資企業を遥かに超えている[19]。明らかに、島内企業は台拓が投資の中心である。更に一歩進んで朝鮮の東洋拓殖会社（以下、東拓）と比較すると[20]、東拓は大正6年（1917）に東拓法を修正した後、投資事業の発展を開始したが、かえって中国での投資、特に満州で巨額の不良債務が発生し、経営危機に陥ることになった。昭和6年（1931）の満州事変になってから、再び投資事業が開始された。戦後の清算時に、合計で85社の企業に投資していた[21]。そのうち、朝鮮で設立された企業はわずか半分で、残りの大多数は満州、華北および東京に集中していた[22]。それからわかるように、東拓の投資事業は日本帝国主義の北進の拡大に合わせる性格が非常に濃厚であることである。台拓は華南、南洋での事業を推進していたが、台湾総督府の掌握の下で、島内の事業に一貫して重点をおき、外向けの発展の東拓と台湾を基盤とする台拓の性質との差異が突出していたのである。

　島内の企業は主に拓殖事業[23]、輸送業、工業、鉱業、商業、興業[24]および保険業などの7つの項目に分けられる。**表5－2**からわかるように、拓殖事業が最も多く、特に昭和12年から13年（1937～1938）に、台拓の創業初期では農林事業の主要任務の発展方針に合わせて[25]、拓殖事業の投資を主とした。工業の比重がその次であり、主に昭和13～14年（1938～1939）および昭和18年（1943）に集中していた。鉱業は第3位で、昭和14年以降から次第に投資するようになった。全体の発展の趨勢から言えば、台拓の投資事業は昭和13年（1938）と18年（1943）が2つのピークである。しかし、昭和13年以前は拓殖事業が主であり、昭和18年の

第5章　投資事業：資本主義化と工業化の推進　　225

重点は鉱工業である[26]。投資の趨勢は当時の国策産業の変化に合わせていた。他方、東拓の朝鮮での投資は現地の工業化に重要な貢献があるが[27]、鉱業が特に大きく、植民地での資源獲得にウェイトを置いていた[28]。台拓は拓殖と工業への投資に重心を置き、戦時の台湾農業の資源開発および工業の発展に一定の地位を占めていた。

台拓の関連企業に対する投資は、株券の購入や企業への融資などの2つの方式を採用していた[29]。台拓による投資企業の持株比率および経営参加の程度の差異に基づいて、下記の3つの類型に分けられる[30]。

① 子会社。台拓の1部門のように、その企業を運営する責任の義務を持っていた。台拓がその全部の持株を掌握したのが、「直接投資型」企業であり、例えば、台湾綿花株式会社（以下、台綿）、星規那産業株式会社（以下、星規那）などである。

表5－2　台拓島内の投資企業の数量の変化　　（単位：社）

年別	拓殖	運輸通信	工業	興業	商業・保険業	鉱業	計	累計
昭和12年（1937）	2	1	1	1			5	5
昭和13年（1938）	5		2		1		8	13
昭和14年（1939）	1		3			2	6	19
昭和15年（1940）	1	1					2	21
昭和16年（1941）		2				2	4	25
昭和17年（1942）	1					1	2	27
昭和18年（1943）	2		3		1	1	7	34
昭和19年（1944）	1				2		3	37
合　計	13	4	9	1	4	6	37	
戦後存続数	9	2	8	1	4	3	27	

（資料）　表5－1により作成。

② 関係会社。台拓の設立の使命の基準に達しておらず、他の有力企業家、資本家との相互協力によって、その資本と技術に協力し、業務上では責任と監督を分担していた。台拓は企業の主な株主になり、持株比率はおおまかに言えば、20～70％の間であり、「協力投資型」企業である。この種類の企業は、台湾畜産興業株式会社（以下、台湾畜産）、台湾石綿株式会社（以下、台湾石綿）、台湾産金株式会社（以下、台湾産金）などである。
③ 賛助会社や投資会社。台拓が時局が必要とする企業の支援のために設立し、投資を行う、「育成投資型」企業である。この種類の企業は、台拓の持株が20％以下で、多くは10％以下である。例えば、台東興発株式会社（以下、台東興発）、新興窒素工業株式会社（以下、新興窒素）、東邦金属製錬株式会社（以下、東邦金属）などである。

経営の権限から言えば、子会社はほとんどが台拓の支配を受け、会社の社長、理事、監事から職員に至るまで、大多数は台拓のメンバーである。関係会社の場合、台拓は大株主のため、理事、監事などの１部分のポストを持ち、企業の運営には大きな影響力を持つ。台拓は賛助会社には経営権がなく、僅かに資金援助のみである。

台拓は企業の性質および実際の必要によって、投資戦略および投資の前後の順序を決めていた。台拓が１部分の企業の創業者である、台湾綿花会社などがある。あるいは創立時の株主である、台湾化成株式会社のようなものである。あるいは企業の設立後に、必要に応じて投資した、台東興発会社のようなものである。おおまかに言えば、台拓が投資した企業のうち、少なくとも60％以上が創業時の株主であり、ただ台湾金属統制株式会社など少数の１、２の例外があり、企業を設立して数年後に、台拓が投資に参入した。そこからわかるように、台拓は戦時台湾の重要

企業に対し、特に決戦時期の統制会社の創設に、大きな役割を演じている。

　台拓と投資企業との関係は、決して固定された不動のものでなく、それぞれ企業の投資比率に対し、実際のニーズに応じて、調整を行っていた。具体的な例として、昭和14年（1939）の台拓の台湾化成工業会社に対する持株比率は2％であり、昭和17年（1942）には23％になり、昭和18年（1943）には17％に変わった（**表5－1**）。台湾化成会社も台拓の賛助会社から関係会社に昇格したものである。

　台拓の投資事業はおおまかに言えば、相当成功していた。昭和16年（1941）に台拓は株の配当および貸出利子の収益を通じて、投資事業の利潤は社有地の地租収入を超過するようになり、台拓の主な財源になった[31]。ここから理解できるように、国策企業の台拓は他の民間企業が利潤追求を目標にするのと異なっているが、国策企業と営利企業の二重の性質が存在していた。台拓の投資事業は最も典型的な例である。

(2) 東部投資事業の構造

　資本と労働力の不足は、一貫して辺地企業の発展の障害であった。台拓が進出する前に、東台湾の2つの庁の生産比率と工業の生産額は全台湾の3％で、人口の密度も全台湾の末席であり、明らかに「後進性」と「停滞性」を観察することができる[32]。台拓の現地での投資は極めて意義を持つものであった。以下では企業社数、産業類別、資本額、出資比率および主な資本源などの方面から台拓による東部関連企業への投資を説明する。

　昭和11年（1936）末に企業の創立と同時に、台拓の関連企業への投資が始まった。投資企業の全台湾の配置から言えば、昭和17年（1942）の

前に、台拓の所有する東台湾の企業社数は全台湾の第2位で、台北に次ぐものである[33]。昭和19年（1944）になると、台北に本社を設置するものが最も多く、少なくとも17社である。その次が高雄の6社である。第3位は東台湾地域で4社である（**表5-1**）[34]。本社は東台湾に設けていないが、東部に工場や事業地を設置した企業を含むと、日本植民地末期に台拓は東部と関係のある企業9社に投資していた。

台北は植民地政府の所在地であり、全台湾経済の中心であり、植民地初期以降、近代企業が最初に発展した地である。日中戦争時期には、台拓の島内企業の大半は本社を台北に設置し、全面的に掌握ができるようになった。しかし、他の地域に比べて、辺地の東台湾が台拓による投資企業の全台湾の配置の中である程度の比重を占めるようになり、注目されるようになった。昭和12年（1937）以降、植民地政府は台拓を通じて、島内の産業の発展方向をコントロールしていた[35]。台拓の東部の関連企業社数が台北と高雄に次ぐことは、明らかに総督府が意図的に東台湾の産業開発を主導し、辺地経済への衝撃を更に大きくしたいと考えていたためである。さらに、前に述べた東拓の朝鮮での投資と比較すると、東拓の投資企業は京城（ソウル）、仁川および釜山などの重要都市に多い[36]。台拓は台湾総督府の指示のもとで、東部に積極的に投資し、台拓が台湾の辺地開発の機関車の役割を演じてきた。それは東拓の責務との相異を再び突出させることになった。

昭和12年～16年（1937～1941）に、台拓は東台湾で前後して既設の企業の台東興発会社に投資し、2つの経営不良の企業を接収し、新たに企業を創設した。それは星規那会社と台湾石綿会社である。その後、台湾綿花、台湾畜産、台湾国産自動車、東邦金属、新興窒素および台湾産金などの6つの企業に投資あるいは新設し、総投資額は2,690万円である（**表**

第5章　投資事業：資本主義化と工業化の推進　　　229

5－3）。それは前に述べた昭和12年（1937）以前の、花蓮港庁の少ない企業総資本額と比較し、台拓の投資額は5倍強であり、戦時東部の企業の代表性および資本主義化の特徴を充分に反映することになった。

　東部の企業の類別は拓殖事業、工業および鉱業の3種類であり、台拓の投資事業の多角化とは異なり、重点産業に集中していた。工業と鉱業は第2次産業に属し、性質が比較的に近く、花蓮港庁に分布していた。台東庁は拓殖事業を主としていた。発展の趨勢から言えば、島内の全体の投資の趨勢と一致していた。昭和15年（1940）以前、台拓は主に台東庁で拓殖事業を推進し、その後、花蓮港庁の鉱工業が中心を占めるようになった（**表5－3**）。

　投資比率から言えば、台拓からの直接投資の子会社は3社で、それぞれは台湾綿花、昭和16年（1941）以前の星規那会社および昭和19年（1944）以降の台湾石綿会社であり、持ち株比率は87〜100％である。台湾畜産と台湾産金会社は、台拓との協力投資関係会社であり、持ち株比率は35％から50％である。台東興発、台湾国産自動車、東邦金属および新興窒素は、ともに育成投資型の賛助会社である（**表5－3**）。おおまかに言えば、台拓の東台湾での投資は、育成投資型が最も多く、特に、鉱工業企業である。その次が直接投資であり、拓殖事業に集中していた。さらに、あるいは前に述べた台東製糖会社などの失敗経験が多く、東部開拓事業に日本の大企業家の参加を促すことは困難であった。それに戦時未墾地の資源開発の必要性に加えて、台拓の東部拓殖事業は子会社の形式で掌握するようになった。鉱工業については、他の日系内地の大財閥と台湾現地の日系資本家（以下、在台日資）との共同投資方式で推進するようになり、援助の性質が強い（付録8）。

　経営権から言えば、台湾綿花、台湾畜産、星規那、台湾産金および台

表5-3　台拓の東台湾投資の関連企業

事業別	企業名	本社所在地／工場	設立時期	社長	資本額（円）
拓殖	台東興発株式会社	台東	昭和12年4月10日	大沢　友吉／昭和17年渡辺　晋	15万円；昭和12年支払済資本4,400円。
拓殖	台湾綿花株式会社	台北／台東工場、嘉義工場	昭和12年5月5日	加藤　恭平／昭和17年山田　拍採	300万円；1942年前の支払済資本75万円 1946年の支払済資本10万円。
拓殖	台湾畜産興業株式会社	台北／昭和17年花蓮港事務所、台東駐在所／台東飼料工場、花蓮飼料工場	昭和13年3月29日	加藤　恭平	500万円 支払済資本 2,412,809円。
拓殖	星規那株式会社	台北（昭和14年、台東に本社移転）／知本、太麻里、清水農場、大渓、来義	昭和13年8月20日	加藤　恭平／昭和15年日下　辰太／昭和20年大西　一三	もとの資本額25万円；昭和16年2月、100万円に増資 支払済資本39万2千円
工業	台湾国産自動車株式会社	台北／花蓮港代理店	昭和12年7月30日	井出松太郎／昭和17年杉原　佐一	50万円；昭和12、13年度支払済資本5万円。
工業	東邦金属製錬株式会社	東京→台北→昭和15年に花蓮港街	昭和13年7月28日	赤司初太郎／昭和19年上島　清蔵	1,000万円；支払済資本20万円。
工業	新興窒素工業株式会社	台北→昭和15年6月8日、花蓮港街	昭和14年8月25日	山下　太郎	500万円；14-17年度支払済資本25万円。
鉱業	台湾産金株式会社	台北／東部鉱業所	昭和14年12月12日	加藤　恭平	200万円 昭和15年支払済資本25万円。
鉱業	台湾石綿株式会社	台北／花蓮工場と事業地	昭和16年9月2日	加藤　恭平	100万円；増資：300万円支払済資本110万円。

（資料）　桜田三郎『事業概観』（台北：台拓、1940年）、138-139頁。三日月直之『台湾拓殖会16年度、69頁；『台拓文書』第132冊、第762冊、第815冊、第2276冊、第2404冊。台拓社年鑑』（台北：台湾経済研究会、1943年）、昭和18年、67頁、136-152頁。

第 5 章　投資事業：資本主義化と工業化の推進　　　　231

台拓出資比率	主要業務	備　考
6.7%（1万円） 育成投資	高砂族の募集と人的資本の提供、高砂族の社会と経済生活の指導、本島人の募集と指導、日本人移民の援助と指導、台東庁の産業開発に必要な事業など。	移民事業；戦後競売。
100% 直接投資	綿花の購入、原綿加工、綿花、綿花油と他の植物油の製造販売、綿花の栽培と奨励、華南と南洋の綿花事業の経営に協力。	戦後、台拓接収委員会による接収。
37.5%（昭和14年）、 35%（昭和19年） 協力投資	畜産物の加工・販売事業、畜肉冷凍・販売事業、飼料の製造販売、家畜の増殖・販売。昭和17年、皮革事業、農産物の加工・販売を増設。	戦後、農林処の監理。工場：台北、嘉義、台南、高雄。
100% 直接投資、 昭和16年に62%。	キナノキ（キニーネ）と他の薬用植物栽培事業、キナノキの製造販売、関連事業の経営・投資。	もとは5,000株、後に10万株に増資。戦後、農林処の監理。企業の移管時期、一説は昭和17年5月。
10% 育成投資	自動車・付属品、燃料・潤滑油の販売、自動車の製作修理・発動機と航空機の修理、他の事業。	出張所在：高雄、台中、台南、広東。
2.5% 育成投資	金属製錬・加工販売、原料鉱石の採掘・販売、鉱山事業の投資、代理業と運輸業、関連事業の経営や投資。	本社：もとは東京。支払済資本500万円、台拓25万円。戦後、工鉱処の接収。
5% 育成投資	尿素石膏の製造、加工・販売；他の化学工業品の製造・加工・販売；特殊鋼材の製造販売、関連事業の経営・投資。	本社：もとは台北。昭和17年4月1日に日本化成工業会社に合併、花蓮港出張所の設置。
50% 協力投資	金鉱・砂金鉱の採掘、資金融資、投資・器材設備の売買・貸出、他の関連事業。	昭和18年に稀元素株式会社を設立、台湾産金を解散。
60% 協力投資； 19年87%	石綿の採掘、加工・販売、花蓮港庁元老脳山石綿鉱区の開発経営。	7月に設立登記、9月に台拓投資、戦後台拓委員接収。

とその時代：1936-1946』486-488頁；台拓調査課編『事業要覧』昭和15年度、39-68頁、昭和
『事業概況書』70-71頁；『台湾日日新報』1942年4月20日、第2版；竹本伊一郎編『台湾会

湾石綿などの5つの企業の初代社長には、台拓の社長の加藤恭平が就任した。各企業の理事、監事については、台拓は少なくとも1～2席を占めていた。特に、台湾綿花などの子会社は、社長から職員に至るまで大半が台拓の社員であり[37]、経営権を完全に掌握していた。

資本構成から見ると、これらの企業の資本源は主には台拓、日本の内地資本、在台日資および東部の地場資本（地場の日系資本と台湾系資本を含む）である。日系の大財閥は三菱、藤山、日本水産株式会社（日本水産）、古河、杉原産業、朝鮮化学工業株式会社（朝鮮化学）および日本産金株式会社（日本産金）などであり、特に日本水産などの1930年代に発展した新興財閥が最も重要である[38]。在台日資は赤司初太郎の赤司グループが主である。台拓が投資した企業のうち、ただ1つは地場の日本人と台湾人の資本協力で設立した企業の台東興発会社である。この企業の資本は桜組、台東拓殖製糖および台東開拓などの企業からであり、理事と監事も出資側から構成され、台拓は資金提供の賛助に止まっていた（付録8）。

おおまかに言えば、1930年代半ば以降、台拓の東部投資の関連企業は、台拓と日系内地の大資本を中心に行われ、地場資本は微々たるものであった。星規那と台湾石綿会社はもともと現地の日本企業家が長期にわたり経営したが、経営不良や成果が芳しくなく、時局による産業の必要に迫られ、最終的には台拓が引き受けて経営するようになった。台拓は東部の企業近代化の推進者のほかに、1930年代後期以降、日本の大企業も東部のために、特に、花蓮港庁に新工業領域を開拓した[39]。ここからわかるように、戦時資源開発の必要性に基づいて、辺地の重点企業の発展は完全に外来資本に依存していて、国家資本の性質の国策企業と日系の大企業との協力によって、新たな顔が現れるようになった。その次に、涂照彦が指摘しているように、植民地経営の本質から言えば、昭和12年

(1937) 以降、台湾の工業化は農業生産の抑制ではなく、農業と工業が同時に進行していた[40]。戦争時期の東台湾の開発も農業と工業を同等に重視していた[41]。台拓の東台湾の投資事業は明らかにこのような現象を反映していたが、しかし、発展戦略には相違があり、かつ期間の前後に差異があった。このような企業の配置の形成と意義について、以下で論じることにする。

第2節　台東庁の熱帯拓殖企業の勃興

　昭和12年（1937）5月から昭和13年（1938）8月に至るまで、台拓は台東庁で台湾綿花の1つの子会社を設立し、台東興発と星規那などの2つの企業に投資した。もと台東に設置した「山地興産株式会社」[42]を含むと、台拓は少なくとも4つの熱帯拓殖企業に投資し、しかも主導性が強い子会社のかたちで推進していた。このように見ると、台拓の創業初期に東部の投資事業には明らかに「台東重視・花蓮軽視」の現象が現れるようになり、しかも熱帯栽培業と労働力募集を重点とする拓殖型企業を偏重していたことである。

　なぜ昭和12～13年（1937～1938）に台拓は台東庁を中心に投資を行い、あるいは新たに熱帯拓殖企業をより多く設立したのか。これらの辺地の産業発展戦略は如何にして形成されたのか。そして、これらの投資企業の経営状況はどんなものなのか。以下において産業戦略の形成の背景および企業の経営状況から説明する。

(1) 台東庁の熱帯拓殖企業の発展背景と条件

　東台湾は辺地の位置に所在し、産業は発達していない。特に、台東庁

はその状況が著しい。大正年間以降、台東庁の人口の増加や企業の発展は花蓮港庁に次第に遅れをとるようになった。1930年代初期に、台東庁内では農耕に適する未墾の荒野地は1万7,000甲余り（1甲＝約0.97ヘクタール）であるが、労働力の不足、水利の未開発および交通の不便によって、開発が遅れていた[43]。工業発展は更に遅れていて、製糖工業が最も多く、他の精米、電力などの工業があるが、近代産業の組織形態が少なく、しかも現地の需要に対応する個人経営の小規模企業であった[44]。

1930年代中期には、戦争準備と戦争体制の発展に沿って、資源獲得は日本帝国主義の拡張の重要な課題になった。資源の有効利用追求の時代的背景の下で、「荒野地数万甲、資源も豊富」な台東庁の開発は、植民地政府の注目を浴びるようになった[45]。台拓の創業初期に、台東庁の荒野の開発が重点となったのは、自然の成り行きであった。そのために、昭和12年～13年（1937～1938）の間に、台拓の東部の投資事業では、まず台東庁内で拓殖企業を設けた。しかし、なぜ台拓の東部の拓殖企業が台東庁に集中したのか。この問題は台東庁の人口密度が花蓮港庁のそれよりも低く、未墾地がより多い以外に、前に述べた1930年代中期の熱帯栽培事業と山地開発事業が積極的に展開され、台東庁の自然条件が、花蓮港庁よりも、より開発の進展に適していたからであろう[46]。

他方、自然条件の栽培の優勢および東部の唯一の農産試験場の経験を持ち、昭和11年（1936）以降、台東庁長（県知事に相当）の大磐誠三は、戦争時局に合わせた台東庁の「新興熱帯産業センター」のイメージを構築し、当時の台湾軍司令部からも支持の発言があった[47]。総督府の勧誘を通じて、台拓の社長と理事が数回にわたり東部を視察し、東部で熱帯農業を先に発展させ、同時に熱帯作物ビジネス企業の導入の発展方針

を確定した[48]。台拓の投資事業は、政策に合わせて投資や熱帯拓殖型企業を新設し、資本、労働力および国家統制の目的を達成させることである[49]。同時に他の日系大資本が東部に進出するように誘導し、東台湾の農業が資本主義的経営に向かうように促した。

総じて言えば、日中戦争の勃発初期に、総督府は植民地辺地の産業政策に対し荒地の開発を重視して、それを軍需原料の自給自足のニーズに合わせることであった。昭和13年（1938）以前に熱帯拓殖企業は最も重視される新興ビジネスになった。台東庁の熱帯企業のさまざまな発展の条件は、花蓮港庁のそれよりも優れていたために、昭和12年（1937）以降、台拓は台東出張所を設け、初期の事業も台東庁を重視していた。台東庁を中心に、拓殖企業の投資を主とする戦略もこのような背景の下で生まれるようになったのである。

(2) 台拓の台東庁の投資事業経営

昭和12〜13年（1937〜1938）に台拓は次々と台東庁内に新たに台東興発株式会社、台湾綿花会社および星規那株式会社など3つの企業に投資した。そのほかに、昭和13年3月に、日本水産株式会社との出資によって台湾畜産興業会社（以下、台湾畜産）を創設した。台湾畜産の主な工場、牧場および事業の活動は台湾西部や海外であり、東部では花蓮事務所と台東駐在所を設置したが、2つの庁の飼料工場は戦争末期に設立され[50]、役割にはかなりの限界があった。そのために、以下では台東興発などの3社の運営状況について検討する。

1) 台東興発株式会社

台湾東部は開発が遅れており、人口が少なく、住民は原住民が大多数

を占めていた。台東庁が設置されてから、多くは「義務出役制」によって、原住民に各種の工事建設や労働奉仕に協力するように命令した。昭和11年（1936）に、東部産業開発のブームが盛んになった時に、各種の事業計画が次々と公布され、それに公共工事の大幅な増加によって、労働力不足が重要な問題になった[51]。遂に、台東庁の協力の下で、地方の有力企業家の台東拓殖製糖、台東開拓および桜組などは、昭和12年（1937）4月に資本金15万円の台東興発株式会社（以下、台東興発）を創設するようになった[52]。この企業は一般の生産販売事業とは異なり、台東庁に労働力を提供し、東台湾の産業開発に協力する目的をもっていた[53]。台拓はこの企業の設立の趣旨を認めて投資し、持ち株比率は6.7％で[54]、育成投資型の賛助企業である。

台東興発が提供する労働力は原住民、本島人（台湾漢人）および内地人である（表5－3）。しかし、台東庁の指導と援助の下で、事実上の主な業務は原住民による庁内の産業開発と各種工事の建設との協調と配分であった。昭和14年（1939）10月に台東庁は暴風雨の襲来によって大きな損害を受け、労働力の需要が著しく増加したため、供給不足であった。昭和15年（1940）2月、労働力の需給をコントロールし、労働力不足の問題を解決するために、台東庁当局は原住民の労働力供給事業を直接的に管理するように決定した。最も主要な原住民の労働力の紹介業務を失った後には、台東興発の運営は大きな挫折を受けるようになり、専ら製糖と山地開発事業に勢力を注ぐようになった[55]。

昭和15年（1940）3月に、台東興発は正式に製糖の許可を申請し、大武庄の2,000甲余の官有地を租借した。同年7月に50甲のサトウキビの作付、サトウキビの作付移民を移入し、翌年から製糖を開始する予定であった[56]。その後、いろいろな問題のために、計画は実施できず、事

業が停止状態になった。昭和18年（1943）に台東庁当局の指導を受けて、企業の更生を行い、新たな発展方向を企画するようになった。台拓もその更生の戦略に留意し、指導を行った[57]。同年8月に、台東興発は台東庁の山地物産の鹿などの毛皮・骨、林産物の販売、官有地のレンタル、小作および林木の製炭事業を担当するようになった[58]。

　台東興発会社は終戦の前に運営を停止し、戦後の接収時には売り出された[59]。全体的に言えば、この現地の企業家が出資して設立した小型企業は、地方の官庁に対する依存度が相当高く、台拓の資金の補助を受け、主に官から提供された利益の上に構築されていたと言える。このために、いったん政府から原住民労働力の紹介の特権が回収されると、廃業に直面するようになった。日本植民地40数年の発展を経て、台東現地の主要な有力企業家の集団創設の企業でさえそのような様子であったので、現地の民間資本の脆弱性は言うまでもなかった。植民地辺地産業の大幅な拡張は、明らかに植民地政府と外来の大企業との提携に依存することが不可欠であった。

2）台湾綿花株式会社

　綿花は日本の産業の需要量が最も大きい繊維原料であり、日本の本土や朝鮮の綿花生産量には限度があったので、多くはアメリカ、インド、中国およびエジプトから輸入していた[60]。昭和8年（1933）に日本の綿織物の生産量が世界第1を占めたあと、綿花の需要量は日本の繊維原料の80％に達した[61]。戦争準備体制が高まったあと、綿花は国民生活と国防上の必需品のため、自給自足が必要となり、遂に台湾総督府は長年の試験の結果に基づいて、台湾で綿花栽培を試みていた。昭和11年（1936）4月に、綿花は既に台拓が東台湾で発展する計画の重要な事業に

なった[62]。昭和12年（1937）4月に総督府、地方庁および台拓は共同で東部開発の具体的計画案の討論の時に、台拓の子会社の台湾綿花株式会社（以下、台湾綿花）を設立し、計画では本社を台東街に設置すると決めた[63]。台東庁全体の中の、台拓の綿花事業の最初の配置と重要性を知ることができる。

昭和12年（1937）5月5日、台湾綿花会社が正式に設立され、総督府の10カ年綿花増産方針に合わせて[64]、台湾、華南および南洋の綿花事業を統括して経営するようになった。台湾綿花の本社は台北に設置し、嘉義と台東に原綿加工工場を設置した。台湾綿花の創設資本額は300万円で、台拓が100％の持株の親会社である。社長には台拓の社長の加藤恭平が就任し、常務理事の山田拍採は台拓拓殖課の課長であり[65]、社員は台拓土地課から30名、他の課から4、5名、文書課と経理課の10名前後が担当した[66]。台湾綿花の経営管理階層の多くは台拓本社からであり、台拓が完全に台湾綿花の経営権を掌握していたことを反映しており、綿花事業が国策会社の重要な任務であることを明示している。

台湾綿花は総督府から島内ただ1つの綿花購入と加工の業者と指定され、全島の綿花事業を1社で独占していた[67]。すなわち、台湾綿花が島内の綿花を購入し、台東と嘉義の2つの工場で加工し、そのあとに日本や島内に販売していた。昭和16年（1941）に付帯事業の綿花種子油、落花生油の油絞り事業を推進し始めた[68]。その事業内容は綿花栽培（生産）および購入、加工製造および販売の3つの部分に分けられていた。

生産と購入から言えば、植民地政府と地方庁との密接な協力の下で、台湾綿花は各種の栽培奨励方法を通じて、農家の綿花栽培を奨励した[69]。台湾綿花は総督府の指定価格で農会（農協）の協力によって本島で生産した綿花の全てを購入した[70]。同時に、台湾綿花も社有事業地や農場

を経営し、原料の獲得を確保していた。昭和13年(1938)から先に台東庁の初鹿、都蘭、新開園および萬安などの台拓の事業地で綿花の栽培を推進した[71]。昭和14年(1939)に、高雄州で社皮事業地を設立し、昭和15年(1940)に台南州で新港事業地を設置し、昭和17年に嘉義農場直営圃を設立した[72]。そのほかに、華南と南洋の綿花栽培事業を推進するために、昭和14年(1939)には最初にタイで直営農場を設立し[73]、そのあとにベトナム、フィリピン、セレベス…などの地に拡張した[74]。

台湾綿花の栽培については、最初の数年間の成果は理想的ではなかった[75]。特に昭和15年(1940)に「食糧増産第一」の影響を受け、栽培面積の拡大が難しく、それに加えて、連続的に悪い天候の影響を受けて、予期の成果を挙げることができなかった。昭和16年(1941)になってから政府側の指導と奨励が適切であったためと、天候も良く、次第に軌道に乗るようになった。しかし、昭和18年(1943)様々な障碍が生じて、栽培面積が大幅に減少するようになった[76]。台拓と台湾綿花の島内直営農場や事業地の綿花の生産量は当初から最後に至るまで200甲(1甲=約0.97ヘクタール)を超えていない[77]。工場の加工で必要とする綿花は主に民間からのもので、特に台湾の南部[78]で生産されたもので、東部の生産量は微々たるものであった。そのために、台拓は最初に東部で高級綿花の「海島綿」(エジプト綿)の生産を計画したが、成功一歩手前でちょとしたことで失敗した。

このような現象も台湾綿花の嘉義と台東の2つの原綿加工工場の規模と運営能力の上に反映していた。嘉義工場は昭和12年(1937)11月に建設され、面積は1,547坪で、機械は100台である。台東工場は昭和13年(1938)3月に完成し、面積は416坪で、機械は10台である[79](**図5-1**)。明らかに、嘉義工場の規模はより大きく、生産能力は台東工場の10倍で

図 5 - 1　台湾綿花会社の台東工場と宿舎

（資料）　桜田三郎『事業概観』、35頁。

表 5 - 4　台湾綿花株式会社の綿花購入数量の推移　　　　　　　　　（単位：斤）

時　期	嘉義工場	台東工場	合　計	指数
昭和13年度〈1938〉	1,446,152.0 (98.3%)	17,861.0 (1.20%)	1,464,013.0	100
昭和14年度（1939）	1,588,517.6 (97.6%)	39,096.6 (1.24%)	1,627,614.2	111
昭和15年度（1940）	1,466,254.5 (96.8%)	47,556.0 (1.32%)	1,513,810.5	103
昭和16年度（1941）	255,853.5 (98.8%)	2,907.5 (1.12%)	258,761.0	18
昭和17年度（1942）	2,460,307.3 (99.5%)	12,739.7 (0.50%)	2,473,047.0	169
昭和18年度（1943）	1,784,196.0 (98.5%)	26,248.2 (1.50%)	1,810,444.0	123

（説明）　指数は1938年（昭和13年）を基準期としている。
（資料）　『台拓文書』第829冊、30頁、第180冊、第1313冊、28頁；台湾綿花株式会社編
　　『台湾綿花株式会社営業報告書』第1期から第7期、昭和12～18年。

ある。他方、台湾綿花の初期計画は島内の他の地方で加工工場を増設し、将来の綿花の増産の可能性に合わせていた。しかし、終戦に至るまで、一貫して2つの工場のままであり、明らかに綿花産業の拡張は予期した

効果に達していない。

　全体的に言えば、台湾綿花の運営はまずまず良好な状態であるが、東部は理想に及ばなかった。昭和13～18年（1938～1943）の台湾綿花の島内での購入量は140万～250万台斤（84万～150万キロ）の間である。そのうちの96％、多い年には99.5％は西部地域からの調達であり、東部の生産量は極めて少ない（**表5－4**）。嘉義工場の生産能力が最も高く、綿花の加工量も最も多い。逆に、昭和17年（1942）以降、台東工場は既に停止状態になった[80]。そのために、昭和16年（1941）から台湾綿花は利潤を挙げ、昭和20年（1945）の1年間に20数万円の水準に達し、戦後の接収時の利潤は34万円余を獲得した[81]。しかし、これらの収益は主に西部地域の嘉義工場であり、台東工場の貢献は大きくはない。

　すなわち、台湾綿花会社の初期には東部産業の開発政策に合わせ、東台湾地域の発展センターとして計画し、台東綿花加工工場の計画では綿花年産450万台斤（270万キロ）、綿花加工130万台斤（78万キロ）を生産目標にしていた[82]。しかし、実際の進行時の事業の規模は西部に及ばず、綿花の栽培も順調にいかず、最後になってから西部地域を事業の中心に変更するようになった。昭和16年（1941）以降、台湾綿花の営業利潤は主に西部地域によるもので、東部地域ではなく、東部地域の綿花産業の発展は明らかに予定計画に遠く及ばなかった。

3）星規那産業株式会社

　「規那」（キナ）とはキナノキであり、原産地は南米であり、マラリアの特効薬の奎寧（キニーネ）の原料である。明治34年（1901）に台湾で試行栽培の後、企業化栽培ができると確認された。大正11年（1922）に星製薬株式会社（以下、星製薬）によって、高雄の来義社と台東の知本

山地で栽培が開始され[83]、民間が行った最初の事業経営である。それも、日本帝国圏内の初めての「国産キナノキ」である。その後、経済変動やその他の問題が発生し、事業に失敗して[84]、昭和9年までの10年間の大半は荒れ果てた状態であった[85]。

キナノキの皮は従来はジャワが生産センターで、オランダ領のインドネシアが世界の生産額の90％を占め、日本もインドネシアからの輸入に依存していた。しかし、日本の需要量が年々増え、しかも国際情勢の変動により輸入に不便が生じ、自給自足が重要な課題になった[86]。この事業は国策的な重要性があり、それに台湾は日本帝国圏内の唯一の生産地であり、台拓は資金難の星製薬に援助を提供するようになった。昭和12年（1937）4月に、台拓は星製薬に融資し、栽培計画の制定に協力して、優良樹木を選び、努力して事業を発展するようにした。昭和13年（1938）8月に、台拓は本島のキナノキ事業を統制し、同時にジャワと競争するために、星製薬を合併し、25万円を投資資本金として、子会社の星規那産業株式会社（以下、星規那）を創設した[87]。昭和16年（1941）2月に、星規那は100万円に増資され、台拓は100％の単独資本から星製薬との合同出資に改め、持株比率を62％に減少し、子会社から合同投資の関係会社に変更するようになった（**表5-3**）。そのほかに、台拓は持続的に星規那に融資し、運営資金と南洋事業の企業費に充てた[88]。

星規那は最初に台拓の子会社の形態から出発し、そのために、経営権は当然台拓が掌握していた。創業の初めには、この企業は社長から理事、監事に至るまで、主に台拓の社長、理事および台東出張所の所長が担当していた。昭和15年（1940）になって、星製薬会社は1部分の理事と監事のポストを獲得するようになった（付録8）。台拓による星規那に対するコントロールと主導性が明らかに強いことには変わりはなかった。

第5章　投資事業：資本主義化と工業化の推進　　243

図5－2　知本のキナノキの苗圃園

(資料)　中央研究院台湾史研究所檔案館。

　星規那の事業内容はキナノキと他の薬用植物を栽培し、キナノキの樹皮を販売していた。昭和13年（1938）の創業時に、この企業はもとの星製薬の130甲の事業地を受けついで、昭和19年（1944）に栽培地を6,000甲に、年産樹皮は3,000トンの目標を設け、日本国内の需要を満たすように予定していた[89]。そのために、星製薬のもとの台東庁の知本と高雄州の来義の2つの事業地以外に（図5－2）、星規那の事業の発展に沿って新たに4つの農場を設置した。昭和15年（1940）に、新たに台東庁の太麻里と大渓（太麻里郷内）の2つの農場を設置し、そして花蓮庁内に拡大して清水農場を設立するようになった。昭和17年（1942）には高雄州の甲仙農場を設置した[90]。これらの事業地の中では、高雄州の予定栽培面積の7,000甲余がトップを占め、次が台東庁の5,600甲余である。しかし、昭和18年（1943）になってから、台東庁の実際の栽培面積は会

表5－5　星規那産業株式会社の栽培事業地　　　　　　　　　　　　（単位：甲）

所在地	予定総面積	昭和16年実際栽培面積	昭和18年（同じ）
台東庁知本農場	2,794	169（42%）	266.45（36%）
台東庁太麻里農場（知本分場）	1,620	58（15%）	136.528（19%）
台東庁大渓農場（太麻里 baribugai）	963	80（20%）	132.728（18%）
高雄州来義社	517	81（20%）	79.004（11%）
高雄州甲仙 anhana 農場	6,580	8（2%）	52.093（7%）
花蓮港庁玉里郡清水農場	5,636	4（1%）	67.290（9%）
合計	18,110	400	734.093

（資料）　台拓調査課編『事業要覧』昭和16年度、23頁；『台拓文書』第828冊、第1456冊。

社の総面積の73％以上であったが、高雄州と花蓮港庁はそれぞれが18％と9％である（表5－5）。ここからわかるように、東台湾地域、特に台東庁のキナノキの栽培地は星規那会社の事業の中心であった。

そのほかに、この企業は台湾綿花と同じように、営業の方針は日本帝国の南進政策に合わせて、南洋地域にキナノキの事業を拡張するようになった。昭和15年（1940）から、この企業は「南方企業費」を編成し、南洋事業の計画に着手した。太平洋戦争の開始後、キナノキの産地のジャワが日本の占領地に入り、昭和17年（1942）10月に星規那は命令を受けて、ジャワ事務所を設置した[91]。言い換えれば、台東の星規那は日本帝国圏内のキナノキの生産基地であり、また海外事業地の指揮センターでもあった。

星規那はかつて数回にわたり台東庁、花蓮庁および高雄州に事業地拡大を申請したが、実際の栽培面積は最後に至るまで大幅な拡大はできなかった。昭和17年（1942）にジャワが日本の占領地になったので、新たに台湾でのキナノキ事業と造林計画を再検討するようになった。昭和19年（1944）に台湾での増植計画の停止を決定し、現状維持の方針にした[92]。

第5章　投資事業：資本主義化と工業化の推進　　245

民国35年（1946）に国民政府の接収の際には、総栽培面積はわずか740甲で[93]、達成比率は5％以下であり、予定の計画よりも遥かに少ない。

　星規那の事業地は、キナノキの造林と苗木の栽培のほかに、台拓が開始した創業計画の中で、本島山地産業の振興のために、日本人の山地移民を移入し、黒栲（ナタールバーク）、アッサム紅茶、デリス（魚藤、トバ、殺虫剤の原料）、吐根（トコン＝Ipecacuanha、アメーバ赤痢の特効薬）[94]、および罌粟（ケシ）などの作物を栽培しようとした[95]。しかし、日本人の山地移民計画の提出の目的は、主に帝国政府が星規那の設立を支持するためであったので、最終的には実現しなかった。他方、昭和16年に、来義社と大渓の2つの農場でアッサム紅茶を栽培した。昭和17年（1942）には再び杉の造林、アッサム紅茶およびその他の有用作物の栽培を行った[96]。それにも拘わらず、キナノキの造林と経営はなお星規那の最も重要な事業であった。

　キナノキの造林はある程度の期間が必要で、直ちに成果が現れるわけでなく、星規那の全体の運営効果は台湾綿花の成果には及ばなかった。昭和17年（1942）になってから星規那は造林を主要な業務とするようになったが、利潤をあげることができなかった。それ以降、次第に成果が出るようになり、樹皮の採集が開始され、昭和19年（1944）には2万円以上の収益を挙げ、良好な業績を納めることができた[97]。

　要するに、星規那会社は台拓の投資事業の中の少数の特例である。つまり、最初はもと企業を経営した星製薬の資金の回転が不良により、台拓から資金の貸付けを提供し、援助を与えた。その後、星製薬の経営不良のため、台拓はキナノキ事業に積極的に介入を意図し、直接引き続いて直属の子会社に改組した。それによって、キナノキの生産、販売および南洋に向けた拡張の任務を主導することになった。しかし、この企業

が増資の後、台拓は共同投資方式によって星製薬と共同経営するように変更することになった。次に、キナノキの実際の栽培面積のうち、台東庁は70％以上を占めていて、島内のキナノキ事業の重要基地と言える。そのために、台東庁地域の発展、特に山地開発に対する影響は、台湾綿花よりも大きい。

第3節　花蓮港庁の軍需鉱工業企業の発展

　台湾の工業化の発展は朝鮮よりも遅れ、1930年代初期の経済大不況と満州事変の影響を受け、次第に芽生えるようになった[98]。日中戦争の勃発後、戦争の需要に対応するために、台湾は南方の「作戦の兵站基地」と軍需品の生産基地になった。台湾総督府は「台湾重要産業調整委員会」を設立し、積極的に工業化への発展を図った[99]。台湾の工業化の主要方針は、南進基地として、軍需関連産業を推進し、島外の資源を利用して島内の自給自足を確立することであった[100]。

　日中戦争時期の「国防資源開発」の賜物として、長期にわたり植民地政府から無視されてきた東台湾地域は、工業化を展開するようになった。しかし、1930年代半ばの台東庁の熱帯産業センターの企画と異なり、総督府は最初から花蓮港庁の臨港地域を東部の重工業の発展基地にするように選択した。台拓の東台湾の投資事業の変化からもこのような趨勢をみることができる。1930年代後期に、なぜ植民地政府は花蓮港庁内に工業区を設立したのか。花蓮港庁の工業化の条件と優勢とは何か。台拓が花蓮港庁の工業化過程でどんな役割を演じたのか。花蓮港庁の投資事業の内容と経営成果はどうであったか。これらは本節で解明する課題である。

第5章　投資事業：資本主義化と工業化の推進　　　　247

(1) 花蓮港の工業化の背景と条件

　前に述べたように、昭和12年（1937）になって、台湾は熱帯作物栽培ブームの世論の下で、花蓮港庁も熱帯作物産業を新興事業としたが、工業化は計画段階に止まっていた。しかし、昭和13年（1938）8月、花蓮港庁を島内で高雄に続く第2大工業都市に構築するよう期待する世論が高まってきた[101]。日本アルミ製造と東邦金属などの5大企業はこの時期に次々と花蓮港庁に進出し、工場を建設するようになった。1930年代後期に、花蓮港庁に工業化への発展の条件を促した。東邦金属専務の和田盛一は、電源が非常に豊富で安価であり、工場用地の取得が容易であり、それに花蓮港の建設が完成し、海運が便利である、と指摘した[102]。そのほかに、地下資源の埋蔵量が豊富なのも要因の1つであった。以下において説明する。

1) 豊富で安価な電力資源

　電力は工業化発展の基本的な条件である。台湾の工業化は、昭和9年（1934）の日月潭水力発電プロジェクトが完成した後、展開するようになった[103]。日本の重化学工業企業が花蓮港庁に進出発展の際、まずは現地の安価で豊富な水力発電の潜在力に注目した。しかし、本来東台湾地域の電力は僅かに製糖企業の自家発電のみであり、1910年代後期に花蓮港電気株式会社、台湾電気合同株式会社と地域的産業組合が設立され、地方で必要とする電灯と小規模動力用電力を提供した[104]。花蓮港庁の木瓜渓、得其黎渓（今の立霧渓）および秀姑巒渓には台湾屈指の豊富な水力発展の潜在力があり、いままで放置されて利用されていなかった[105]。東部地域が本格的な大規模電源開発を推進するのは、工業化政策実施後の1930年代後期以降である[106]。他方、昭和19年（1944）7月以前には、東部と西部は各自の電力システムがあり、台湾電力株式会社は

東部に供給することができず[107]、他の新企業を設立して新時代の到来に対応する必要があった。

　昭和14年（1939）6月に、日本アルミ製造、東邦金属製錬、東洋電化、新興窒素および塩水港パルプ工業などの5大企業は、花蓮港臨海地域に工場を建設するために、資本額2,000万円を「東台湾電気興業株式会社」（以下、東台湾電力）に共同で出資した[108]。そのうち、東邦金属製錬と新興窒素会社は台拓が投資した企業である。

　東台湾電力は花蓮港米崙（今の美崙）に設置され、総督府の全面的な支持の下で、民間大企業の出資によって設立したものであり、「共同自家発展事業」の性格を持っており[109]、低価格の電力を新会社に供給することができた。この企業は花蓮港工業地域の電源供給の基幹産業となり、企業の設立後、「工業の花蓮港は更に一歩レベルアップ」し、日本帝国の有力な企業はこの地域に拠点を設置する意欲が高まった[110]。

　1930年代半ばに、日本の重化学工業は時局の大幅な拡張時期に合わせ、本土の電力供給不足の困窮に直面した。花蓮港庁内の豊富な水力発電の潜在力は、日本内地の大型重化学工業にとって東部発展に対する大きな吸引力になった。

2）築港後の地理的位置の優勢と交通の利便性

　1930年代以前、花蓮港庁は近代化建設のために港湾を利用することができず、交通の不便は開発の遅れの主因であった。昭和5年（1930）11月に、益々厳しくなる国際経済戦争に応じ、台湾総督府は「臨時産業調査会」を開催した。この会議では花蓮港を地方の商業港として建設し、長期にわたる「東部台湾開発の前提要件」の完成を決定した[111]。昭和6年（1931）以降、植民地政府は9年の期間をかけて、事業費700万円

で花蓮港建設第1期工事を推進し、それは「東部開発の第1歩」であると認識された[112]。

時局の変化に沿って、花蓮港の位置づけも大きく影響を受けた。昭和11年（1936）に港湾建設の完成と、豊富で安価な電源開発の有利な条件を見込んで、花蓮港庁は初めて「工業計画」を提出した[113]。日中戦争の勃発後、港湾建設中の花蓮港の軍事的価値が一段と高まった。昭和13年（1938）に台湾軍事司令官の古荘幹郎は、東部台湾の本来の使命は天然資源の開発であり、日本と海外への輸出に有利になることであると公然と宣言した。そのために、花蓮港の港湾の機能はもともとの地方商業港の企画から転じて、漁港、商業港および工業港の任務を担当するようになった[114]。昭和14年（1939）に港湾が完成した後、「工業港」と「東部台湾の唯一の国際港」の呼び声が極めて高くなった[115]。

花蓮港の第1期港湾工事が完成した後、港湾の貨物積卸量は年間8万3,000トンから20万トンに増加し、海運が更に安全、迅速、便利になり、輸送費も大幅に低下した。交通の便利と港湾の積卸し能力の増加によって、多くの日系大企業が花蓮港庁に企業と工場を設立するようになり、開港時には積卸し能力は不足気味になっていた[116]。植民地政府は昭和15年（1940）から5年間の第2期工事を進行するように決め、港湾の貨物の積卸し能力を100万トンに増加させ、それによって「国際港湾」に向かって邁進するようになった[117]。昭和16年（1941）に太平洋戦争が勃発した後、台湾の国防経済の役割が高まり、花蓮港には「高度工業港」および南太平洋地域との往来の港湾拠点としての使命が与えられるようになった[118]。

おおまかに言えば、交通の不便と高い輸送費は、資本家が東台湾への進出に躊躇する重要な要因であった。そのために、花蓮港の港湾建設の

完成を契機に、花蓮港庁の資源開発が可能になり、新興産業が大幅に発展するようになった。東部の唯一の工業港と国際港として、花蓮港の港湾建設と拡張によって、東台湾の工業的地位の基礎を確立することができたのである。

3）広大な工業区

1930年代半ば、台湾が積極的に工業化に向かうと同時に、植民地政府も工業都市を建設し始めた。高雄港、新高港（台中港）および花蓮港を台湾の3つの臨港工業区（臨海工業区）として計画していた。そのうち、高雄港は昭和9年（1934）に州政府からの出資によって建設され、新高港は昭和14年（1939）に企画が始まったが、終戦時にはなお使用されていない[119]。花蓮港は昭和14年に港湾建設が完成した後、東台湾の第1の大港になり、それに水力発電の資源が近くにあり[120]、工業発展の将来性を備えていた。それに、花蓮港の背後には未開発の国有地の米崙一帯があり[121]、遂に米崙工業区として区分され、高雄港に続く台湾第2の臨港工業区になった。

この工業区はもともとの企画では100万坪余りである。地方庁は安価な土地価格で企業の進出を誘発し、自ら整地建設を行った[122]。港湾建設の完成前後に、日本アルミ、東邦金属、新興窒素および東洋電化などの企業が次々と進出し、大半の用地を占めたので、他の企業は土地を使用する余地がなくなった。昭和16年（1941）に地方庁は再び予算を増編し、「本島最大の工業区」に向かって発展するようになった[123]。花蓮港臨港地帯に東部唯一の工業区が出現するようになり、花蓮港庁は必然的に工業発展の優勢を保つようになった。

4）豊富な地下資源

　台湾の中央山脈の東斜面と東部海岸山脈は、金、銅および他の鉱産物の豊富な埋蔵で有名である。大正15年（1926）と昭和12年（1937）以降の5年間に、総督府は2回の重要な金属探査を行い、開発方針を確立した[124]。調査の結果からは花蓮港庁の地質と西部の地質が完全に異なり、多断層で地下の資源が豊富であるが、しかし、交通の便が悪く、開発が大幅に遅れていた[125]。

　1930年代の中後期に、植民地政府は戦争の需要に応じ、積極的に台湾の重要な資源を開発するようになった。特に太平洋戦争の前後に、長期応戦の必要に備えるため、それに海外航路が次第に封鎖され、国防と工業建設の原料などの開発が更に切迫することになった。花蓮港庁は「唯一の残留未開発地域」のため、重要な地下資源の調査の展開、開発および企業化が必要になった。花蓮港庁を中心とする「東部鉱産ブーム」が一時的に盛んになり、地方庁には「産業奨励館」を設置し、資源の開発と調査を行い、日系大企業を導入して経営するように試みていた[126]。

　昭和15年〜18年の間（1940〜1943）に、花蓮港庁はもとの著名な金鉱、石灰石および石綿鉱の埋蔵のほかに、瑞穂の硫化鉄と銀銅鉱、タビト社（天祥）と鳳林の水晶鉱およびオイリ社（秀林郷佳民村）、瑞穂の硅石が続々と発見された[127]。そのうち、硫化鉄は硫安肥料の原料と製錬産業の必需材料であり、硫安産業の発展によって注目を浴びた。銀銅鉱は「大東亜共栄圏」のなかでは、銅鉱の産出が少なく、貴重であった。水晶鉱は光学器材の原料で、戦時では不可欠の重要な資源である。硅石は陶磁器とガラスの原料である[128]。花蓮港庁内の石綿鉱は日本帝国内の唯一の「国産」資源であり、最終的には台拓の子会社の台湾石綿が開発するようになった[129]。

　つまり、昭和13年（1938）末に、花蓮港は港湾建設が完成され、豊富

な電力の潜在力、広大な工業区および豊富な地下埋蔵の資源を擁していた。それによって、日系大企業が次第に花蓮港臨港工業区に進出し、その地域は東台湾の工業センターになった。しかし、戦時花蓮港の工業化の発展、特に鉱業資源の開発と企業化は、当然ながら一般の地場の小資本家が負担できるものではなかった。それは専門的な技術と大資本を必要とするために、植民地政府と地方庁の企画によって、日系大企業の経営モデルを導入し推進した。新財閥と旧財閥のほかに、国策企業の台拓も重要な役割を演じている。昭和13年（1938）以降、台拓は数回にわたり技師を東部地下資源の調査に派遣した[130]。その上、東台湾で新しい企業に投資し、工場と本社を花蓮港庁内に移転や設置を行っている。

(2) 台拓の花蓮港庁投資事業の経営

　台拓の花蓮港庁の投資事業は鉱工業を主とした。戦時台湾の鉱工業の発展方向は、日本帝国の生産力拡充計画の影響を深く受けた。昭和6年（1931）の満州事変の後、如何にして生産力を拡大し、帝国による外国資源への依存の低減を図るかが次第に重視されるようになった。昭和12年（1937）の日中戦争勃発後に、日本政府は戦時総動員法に基づいて、昭和13年（1938）に「第1回生産力拡充計画」を制定した[131]。この計画の主な目標は日本帝国領土内で全面的に生産力を拡大し、それによって重要資源の自給自足を達成することである[132]。台湾から言えば、豊富で安価な電力資源と労働力を通じて、日本の内地資本と技術を導入し、華南と南洋で未開発の資源を原料として利用して、「工業台湾」を建設し、帝国の南進の基礎とすることであった[133]。

　生産力拡充政策は戦時の統制経済体制の範疇の下で、政府は市場機能を代替して資源分配を行ったために、日本帝国政府が発展を計画する産

業は絶対的に優勢な地位を持っていた[134]。昭和12年（1937）に台湾総督府は政策に合わせて企画を行った。しかし、もともと提出した重点発展アイテムは企画院から修正を加えられ[135]、戦時台湾の重化学工業の全体的な配置と成果に影響するようになった。総督府は基本的には日本政府の政策決定に従い、一方では、企画院が提出した産業を優先的に発展させた。他方では、もともと企画した発展事業の推進を試みていた。台拓が花蓮港で投資し設立した新興会社はこのような現象を体現したものである。

昭和12年に、台湾総督府官房調査課は先に「台湾重要産業生産力拡充4カ年計画」を提出し、13の重要発展事業を挙げた。それは台拓が東台湾で投資したニッケル、金、尿素石膏および綿花などの4項目を含んでいた[136]。しかし、昭和13年に企画院審議会で最終的に決定した15項目の重点産業のうち、東台湾と関係するのはわずか軽金属、非鉄金属および金などの項目であって、尿素石膏および綿花は入っていない[137]。それにも拘わらず、前に述べたように、綿花加工業については台湾綿花会社が設立された。昭和12年7月から昭和14年12月（1937〜1939）に台拓は次々に4つの新興鉱工業会社を花蓮港庁に投資し、その大部分は総督府がもともと企画した産業と関係するもので、帝国政府と総督府との間の軍需産業戦略の差異が再び突出するようになった。

昭和12年（1937）7月に台湾国産自動車株式会社が最初に設立され、自動車機械工業に従事していた。しかし、花蓮港庁で代理店を設置しただけで、東部工業に対する影響には限界があった。昭和13年（1938）7月と昭和14年（1939）8月に、前後して設立された東邦金属および新興窒素の2つの企業は、鉄鋼金属産業と化学産業に属し、それぞれニッケルと尿素石膏を製造していた。この2つの企業の本社の所在地は東京と台北であったが、昭和14年（1939）10月に花蓮港の港湾建設が完成した

後、花蓮港街に移転した[138]。そのほかに、同年12月に台拓と日本産金との共同出資によって、台湾産金株式会社を創設し、金鉱の発掘事業に従事していた。

昭和16年（1941）10月に、台湾総督府は「臨時台湾経済審議会」を召集し、「工業再振興計画」を作成し、昭和17年度の生産力拡充計画は全面的に軍事産業の振興を目標とし、石綿鉱業を重点とした[139]。台拓は昭和16年9月に砂田鄰太郎と共同出資により、関連企業の台湾石綿会社を設置した。台湾石綿の本社は台北であるが、工場と事業地は花蓮港庁内にあった（表5-3）。そのために、東邦金属と新興窒素と同様に、花蓮港庁の産業の発展に貢献するところが大であった。以下において東邦金属、新興窒素、台湾産金および台湾石綿など4つの企業の経営成果を検討する。

1）東邦金属製錬株式会社

もともと日本の工業は繊維工業を主とし、重工業の発展が遅れていた。第1次世界大戦後、重工業が発展し始めたが、技術水準はかなり原始的であり、遠く先進国に及ばず、1920年代中に1度停滞した。その後、政府の強力な保護と奨励の下で、大企業を中心に努力して技術力アップを図り、産業の合理化に向けて発展した[140]。1930年代に国際情勢がブロック経済に向かって発展し、帝国経済圏内の自給自足の生産構造を確立するために、急速に重工業化を推進した[141]。昭和11年（1936）に重化学工業の生産力の拡大は緊急な国策として見なされていた。金属と化学工業の生産量は急速に増加し、技術水準は既に先進国の域に達していた[142]。植民地の台湾は第1次生産力拡充計画の後、重工業は発展の重点に列せられ、次第に発展してきた。辺地の花蓮港庁は多くの工業化の

条件を備え、特に重工業が必要とする水力発電の潜在力を擁し、日本の重工業企業から注目されるようになった。

昭和13年（1938）7月28日、古河電気工業、日本鋼管、東海電極製造、日本電気冶金、台湾電灯などの株式会社は、東京で資本額1,000万円の東邦金属製錬株式会社（以下、東邦金属）を創設した[143]。その後、実際に出資の大株主の順序は古河電気工業、大日本製糖、台湾電灯および台拓などの企業である[144]。東邦金属の理事、監事は主に日本内地資本の古河グループと在台日系資本の赤司グループによって組織され、経営権は2つの財閥の掌中にあった。しかし、東邦金属が花蓮港庁に進出し工場を設置したのは、花蓮港庁の現地事業家の梅野清太の誘いを受けたもので[145]、そのために梅野も理事の席を占めていた。台拓は東邦金属の重要性を認め、育成投資形式の支援をしたが、持株率はわずか2.5％を占めただけで、東邦金属に対する影響力には限りがあり、資金を提供し賛助したのみである（表5-3）。

東邦金属は国防産業および産業政策の上で、重要な非鉄金属資源の獲得を目的にしていた。台湾総督府と企画院から提出した生産力拡充計画の中で、非鉄金属は重点発展項目に入れられていた。東邦金属は植民地政府の「台湾重要産業生産力拡充計画」の重要発展企業になった。その予定の事業内容は、(1) 華南、タイ、ベトナム、フィリピンおよびインドネシアを中心として、遠くは南アフリカ、南米諸国においてニッケル、銅、鉛、亜鉛、スズ、クロム、タングステン、ベリリウムなどの非鉄金属鉱石の調査測量を行う。それに現地の有力企業家との協力で、長期にわたり鉱石の売買契約を結び、金属鉱石を輸入して、日本国内の需要に供給する。(2) 台湾と琉球などの鉱産物を開発する。(3) 花蓮港で製錬工場を設置し、鉱石の精錬を行い、合成金属を製造する。その後、日本

国内や海外市場に供給する[146]。ここからもわかるように、台湾の生産力拡充計画の目標に完全に合っていた。すなわち、華南、南洋から南アフリカにまでわたって資源を獲得し、台湾の工業化の原料として、加工して製品を製造した後、再び日本帝国のニーズを満たすことであった。

東邦金属の創立時の本社は東京であり、工場は花蓮港庁の臨港工業区（今の台湾水泥公司）に設置していた[147]。会社創立初期はヨーロッパ戦争が勃発し、一部分の鉱石の獲得が困難となり、関係当局の支援の下で、南方の鉱産物資源の開発、発掘および購入を主とし、原料の獲得を確保した。同時に、国防上で極めて需要の高いフィリピンのクロム鉱石の輸入売買ビジネスを行って、運営は非常に順調であり、日本の鉱産物資源の供給に対する貢献が極めて良好であった[148]。昭和15年（1940）にクロム鉱石の販売の成果が良く、全職員の賃金を支払った後、利潤が発生した[149]。昭和14～15年（1939～1940）は東邦金属の創設準備期と言える。一方では花蓮港工場を建設し、他方では南方鉱産物の原料の方針を確立し、クロム鉱石の販売によって少しの利潤を得、運営が軌道に乗るようになった。

昭和16～17年（1941～1942）は東邦金属の事業のピークであり、利潤獲得状態が極めて良く、年間の株配当は6％である。この時にイギリス、アメリカおよびオランダなどが日本の海外資産を凍結し、鉱石の獲得に困難が生じた。しかし、太平洋戦争の勃発後、日本軍の戦果の拡大に従って、東邦金属は南洋地域の資源の確保ができた。昭和16年4月に、東邦金属は順調に粗製ニッケル製品を製造し、同年9月には対外輸出し、ニッケル製品の製造を開始した。花蓮港工場の臨時建設事務所も花蓮港製錬所と名称を変更した。他方、フィリピンではクロムの開発と発掘を行い、より多くの利潤が得られた[150]。

太平洋戦争の開始時に、日本帝国の戦争経済力は極限に達し、その後、

第 5 章　投資事業：資本主義化と工業化の推進　　257

各種の生産能力が次第に停滞や減少するようになった[151]。東邦金属もこのような局面に直面し、昭和18〜19年（1943〜1944）に事業の整理と頓挫の段階に入った。昭和17年（1942）11月に、最初は太平洋戦争初期の勝利によって、東南アジアの物資を内地に運ぶために、日本政府は臨時生産増強委員会を設立し、飛行機および船舶の生産に総力をあげて増産した。特に、飛行機、造船、鉄鋼、石炭および軽金属を5大重点産業の範疇に入れた[152]。ニッケルは飛行機の翼およびプロペラの製造に不可欠の軽金属であり、任務達成の「使命は極めて重大であった」。しかし、その後、戦局に変化が生じ、次第に日本にとって戦局が不利になり、増産の緊急性は更に切迫することになった。昭和18年（1943）2月には、国家総動員法第25条の「総動員試験研究令」に基づいて、内閣総理大臣は東邦金属に新たな鉱石の製錬の研究を命令した。しかし、時局の変化によって資源の獲得が難しくなり、しかも一部分の設備の調整と補修、技術陣営の充実が必要になり、充分な生産能力を持つことができなかった[153]。総力をあげての増産のために、事業の拡大の必要性があり、組織の拡大編成によって、製造部門を増大した[154]。同年9月に、国家の要請に応じて、東邦金属は「国家を本位とする事業の整理と拡大を方針」とし、工場内部の設備の再整備に努力してし、粗製ニッケルの増産を試みた。そして、コバルトの製造に着手したが、遂に配当金は支払われなかった[155]。明らかに、戦局が厳しい時に、東邦金属の事業は逆に拡大した。戦局の展開によって原鉱石の輸入販売のほかの、金属製錬事業はますます厳しくなった。他方、利潤追求の営業志向は次第に放棄し、全力をもって国家の指令に合わせて増産し、新製品の研究開発にも励んだ。

　昭和19年（1944）には東邦金属の運営がますます困難になった。まず、鉱石の輸入について、もともとは南アフリカのローデシアから硫化ニッ

ケル鉱石を輸入し、花蓮港の製錬工場で製錬する予定であった。その後、ローデシアが英国領となり、ニッケルの輸入ができなくなったので、セレベス（Celebes）の硅酸ニッケル鉱石とビルマの香辛料で製錬するように変更することになった[156]。3月には時局の影響を受けて、材料が著しく不足になり、それに輸送の遅延に加え、設備の調整と保守工事を順調に進めることができなかった。しかし、多年の鉱石の新しい製錬試験に成功し、製造の準備を開始した[157]。昭和19年（1944）下半期から戦局が更に不利になり、鉱石の輸入が困難になり、それに台風によって発電所が大きな損害を蒙り、加えて10月から空襲の破壊を受け、運営が更に悪化し、はじめて営業収支の赤字を出した。それにも拘わらず、東邦金属は全力を挙げて戦争の必要に合わせて、昭和20年（1945）5月においてもなお生産の回復に努力し、現存の設備を利用してカーバイド（炭化物）を製造した[158]。

東邦金属の経営状況から見られるように、この企業は利潤追求を目標にしたが、事業の内容と営業方針は完全に戦時日本の国策に合わせて、軍需国防工業を重点に、積極的に海外の戦略的な原料および市場を探し求め、日本帝国の需要に供給してきた。ニッケルは飛行機の製造に不可欠な合成金属のため、生産力拡充計画の中の鉄鋼業の重点項目であり、政府の全力の支持のもとで、資材の不足の困窮が緩和され、運営も順調に行くようになった。昭和16年（1941）に東邦金属はニッケル製品の製造に成功した。昭和18年（1943）以降、戦争情勢の影響を受けて、帝国政府は東邦金属に対する支配を強化し、国家の命令によって、組織の拡大編成を直接的に強制し、研究開発の能力を向上させた。情勢が不利になった昭和20年（1945）には、依然として全力的にカーバイドを製造した。次に、東邦金属は海外から鉱石を輸入し、花蓮港庁内では地下資源

を発掘しなかったが、台湾唯一のニッケル金属の製造地域であった。花蓮港庁の金属工業は象徴性を持つだけでなく、帝国全体の戦略配置の下で、花蓮港庁の新興工業区は非鉄金属の流通と生産のメッカの役割を演じてきた。

2）新興窒素工業株式会社

1930年代半ば以降、時局に応じて台湾は農産物の増産時代に入り、化学肥料の需要が大幅に増えた。台湾総督府と企画院から提出した生産力拡充計画の中で、硫安は重点項目に入れられた。昭和11年（1936）7月に新興財閥の日本水産は新竹で台湾化学工業株式会社を設立し、硫安を製造することを計画して、翌年4月に正式に創業した。この企業は総督府の生産力拡充計画の中で硫安増産の重点会社になった[159]。硫安は最も普及した化学肥料であるが、尿素石膏は硫安より良く、生産原価も低く、次第に注目されるようになった。それによって、本島の自給自足と肥料の供給を確保できるようになった[160]。しかし、本社が京城（ソウル）の朝鮮化学工業会社（以下、朝鮮化学）以外に、日本では尿素質肥料と尿素石膏の製造の経験がなかった。

昭和14年（1939）8月、朝鮮化学会社は花蓮港庁内には豊富な石灰石と電力資源があり、それに台湾生産力拡充計画の重点発展工業の政策に合わせて、尿素石膏の製造のために、台北で資本額500万円の子会社の新興窒素工業株式会社（以下、新興窒素）を創設した[161]。台拓は5,000株を投資し、持株比率は5％であった（**表5－3**）。新興窒素の経営権は主に山下太郎系の朝鮮化学が掌握しており、台拓は資金賛助の立場による側面からの協力であった（付録8）。

昭和17年（1942）に三菱財閥は、戦時経済の発展によって、石灰窒素

の製造がますます重要になったので、植民地での化学産業が発展するようになった。同年4月に、その傘下の日本化成工業株式会社（以下、日本化成）は、資金、技術関係で新興窒素と朝鮮化学会社を合併した。新興窒素は三菱財閥に合併された後、台拓は日本化成の3,500株を取得し、7月にすべての持株を売り出して、この事業から完全に手を引いた[162]。台拓の参入過程から観察できるが、台拓は新興企業の育成を目標にし、いったん大財閥が介入した後、身を引くことになっていた。以下では新興窒素の存在時期の花蓮港庁の米崙工業区の発展情況を解明する。

新興窒素は細川式尿素質肥料製造法で台湾での特許権を獲得し、花蓮港庁の石灰石を原料として、カーバイド、石灰窒素、硫酸を生産し、それによって各種の化学工業品を製造するようになり、特に尿素石膏を製造した。同時に、関連の特殊化学工業品と特殊鋼材の製造と販売を行った。事業用電力量の需要が相当大きいので、創業の前に花蓮港庁内の豊富で安価な電力の利用を予定し、そのために、東邦金属などの5大企業と共同で東台湾電力興業株式会社を設立した[163]。

昭和14年（1939）8月、新興窒素が正式に成立した後、まず、花蓮港庁当局の許可を経て、東邦金属に隣接する米崙新市街の工場用地約30万坪を選び、工場を建設した。しかし、日中戦争とヨーロッパ戦争の拡大によって、工場建設用材料の獲得が難しくなった。台湾総督府企画部と商工課の特別な援助の下で、この企業が必要とする1部分の材料を供給できるようになった[164]。戦争を受けて、資材の入手が難しくなり、新興窒素の工事と事業展開に遅延の影響を受けた。前に述べた東邦金属が重点発展会社として、帝国政府の全面的支援を受けたのと比較すると、新興窒素は既に台湾化学株式会社の存在があり、尿素石膏も企画院の重点項目に入っておらず、その他の条件も成熟していない状況下で、総督

第5章　投資事業：資本主義化と工業化の推進　　　261

府からは優先的な支援企業として見なされていないのは明らかであった。

　昭和15年（1940）に、新興窒素は先に工場用地を購入し、整地を行い、職員宿舎を建設した。昭和16年（1941）に総督府は肥料生産の重要性を認識し、すべての工場に建設材料を配給した。東台湾電力の得基黎渓第1発電所は、翌年に工事が完成した。姉妹企業の朝鮮化学工業会社の順川工場は製品を製造し、経験を伝承するなどの条件の下で(165)、4月に第1期の10万坪の工場基地の整地工事に着手した(166)。

　尿素石膏の製造には硫酸の製造設備および尿素工場が必要であり、資材節約政策のために、僅かに石灰窒素の生産資源が獲得できただけであった。昭和16年（1941）7月に、新興窒素はもともと計画した尿素石膏で各種の化学製品を製造する営業内容から、石灰窒素の生産に変更した(167)。しかし、石灰窒素の生産でさえ、東台湾電力第2発電所の完成まで待たねばならなかった。そのために、新興窒素は昭和18年（1943）から運営を開始する予定であった。すなわち、昭和17年（1942）4月に日本化成に合併される前に、新興窒素の工場は正式に運転できなかった。合併後に花蓮港工場の建設工事は、日本化成の企画と執行に転じるようになり、もとの花蓮港本社を花蓮港出張所に変更し、台北事務所の指揮を受けるようになった(168)。第1期事業も新興窒素会社のもとの計画を踏襲し、石灰窒素とカーバイドを製造し、第2期は得其黎渓の第2発電所の完成に合わせ、有機合成事業を展開するようになった(169)。

　全体的に言えば、新興窒素は花蓮港庁の豊富な石灰石の埋蔵および水力発電の潜在力の誘引を受けて、1930年代後期に花蓮港米崙工業区に進出した。しかし、戦時植民地政府は帝国政府の政策に対応して、自ら一連の軍需工業の発展戦略を持っていた。肥料の増産は鉄鋼業の重要性に及ばず、尿素石膏も企画院の重点発展項目に入れられておらず、そのた

めに総督府は依然として民間企業にこの事業の進行を任せていた。しかし、戦争のため、資材の配置に考慮し、止むを得ず、取捨を選択せざるを得なかった。新興窒素は最初は相当な化学工業関連の器材と電力供給能力の不足の制限を受けるようになった。したがって工場の建設は遅々とした進行であったのみならず、東邦金属会社の運営効率に及ばず、材料および設備の不足によって製品を変更せざるを得なかった。そのために、昭和17年（1942）4月に日本化成に合併される前には、ずっと工場建設の準備段階に置かれ、正式な運営は行われなかった。それにも拘わらず、新興窒素は米崙工業区に位置し、工場建設および肥料製造技術の導入には有利であった[170]。その後、本社は花蓮港市に移転し、創社以前には東台湾電力会社の設立に投資しており、花蓮港庁の工業の発展に依然として一定の貢献があった。

3）台湾産金株式会社

台湾東部での金の産出は、オランダ統治時代から有名であり、日本植民地時期にも当然注目されてきた。三菱財閥などは数回の調査と発掘を行った。昭和2年（1927）に総督府は4年間の得其黎渓（立霧渓）を中心とする砂金の調査を行った[171]。台南の横山長七と台中の白勢黎吉が先手を取って、数回にわたり花蓮港庁に金鉱の発掘の許可を申請するようになった。昭和10年（1935）5月には発掘権を入手し、7月には更に進んで資本額300万円で台湾産金株式会社を設立し、加里宛から新城の間の東海岸と得其黎渓岸で金鉱の探査事業を行った。しかし、昭和11年（1936）6月に、創業者の横山長七が亡くなり、会社の経営が困窮状態になった。昭和13年（1938）10月に総督府は時局下での産金資源の重要性に鑑みて、この企業を再組織し、企業名を東部産金株式会社に改め

た[172]。

　あるいは再建後の産金会社の運営は依然として芳しくなかったが、金は帝国政府と植民地政府の第 1 次生産力拡充計画の重点発展項目であった。昭和14年（1939）12月に、台拓と日本産金株式会社は、総督府の産金奨励政策の誘致を受け、本島の山岳金鉱、河川砂金の開発と増産を目的として、200万円を共同で出資して台湾産金株式会社（以下、台湾産金）を創設した[173]。両社は各半分ずつの株権を持ち、台湾産金の社長には台拓の加藤恭平社長が就任し、半分の理事の議席を得ていた（付録 8）。言い換えれば、台拓は合弁投資と関係会社の形式を採用し、台湾産金の経営に参加しており、半分以上の経営権を把握していた。

　台湾産金の営業内容は島内の各地の金鉱、砂金鉱業の探鉱と採掘、産金用関連器具、機械の販売・借款、産金事業への融資、金鉱物の購入および他の関連事業の積極的な開拓が含まれていた（**表 5 − 3**）。創業初期に、先に各地で金鉱の試掘を行い、東台湾地域では北の大濁水渓から南の北絲鬮渓（今の鹿野渓）の砂金の発掘を行い、大濁水渓、得其黎渓、木瓜渓および花蓮港海岸の各 1 カ所を選び、3 カ月の発掘を行った。そのあとに、台湾産金は全台湾で双渓、東部、西部および北部の 4 つの鉱業所を設置した。そのうち、東部鉱業所は大濁水渓、得其黎渓、木瓜渓および花蓮港海岸を含んでいて、花蓮港庁内のエリアに限られていた[174]。昭和15年（1940）4 月にはまた、東部鉱業所台東支所を設置し、台東海岸と山麓地域の発掘と調査を展開したが、成果は芳しくなかった[175]。

　昭和15年に、一方では総督府の催促と、鉱業者の支援を得て、台湾の旧鉱山区を合併し、もとの鉱山区や申請中の鉱業者に台湾産金に加入させるようにした。他方では総督府に新鉱山区15カ所の採掘権を申請した。しかし、探鉱事業について、資材の入手が難しく、技術と労働力の不足、

物価と賃金が高いなどの要因で、成果は思わしくなかった。昭和16年（1941）に台湾産金の事業は依然として準備段階に止まり、探鉱を主として、発掘の価値のある鉱山で金の採掘を行っていた。その後、探鉱と金の採掘を並行的に推進し、成果が速く挙がるように尽力した[176]。しかし、良い時期は続かず、太平洋戦争以降、銅鉱が金鉱に替わり増産の目標になった。金は生産力拡充計画の発展重点ではなくなり、資材と労働力の供給不足によって、経営は困窮状態に陥るようになった[177]。昭和18年（1943）春に、時局の需要と帝国政府の金鉱整理方針に合わせて、台湾産金は砂金事業を中止するようになり、新竹州海岸で製鉄原料のコバルト鉱の発掘に着手した。9月に、台拓はコバルト鉱脈の発掘専門の希元素工業株式会社を新設した。昭和19年（1944）に総督府は遂に台湾産金を解散し、この企業の損失を補償した[178]。

　全体的に言えば、戦時台湾総督府の金鉱産業政策は、まず、もとから長期的に心力を投入してきた現地の企業の育成を試みていた。ひとたび成果が芳しくなくなると、金は第1次生産力拡充計画の重点産業に加えられ、直ちに台拓および日本内地の大企業を導入し、共同によって新企業を創設し、金鉱資源の統制と発掘を行った。しかし、金鉱事業の発展は、帝国の産業政策と戦争情勢の影響を大きく受けるようになった。太平洋戦争以降、銅鉱石の増産は金鉱石よりも切迫し、金は生産力拡充計画の発展重点ではなくなり、それに運営の成果が芳しくなく、終戦の前に台湾産金を解散に導くようになった。

　この企業の東部の事業は最初から最後に至るまで探鉱を主とし、活動範囲は花蓮港庁内の渓流に限られていた。そのために、前に述べた製造工場を花蓮港米崙工業区に設けていた東邦金属および新興窒素と比べると、台湾産金は比較的に資本規模が大きく、特に日本内地の関連企業の

資本と技術を導入し、台拓と共同統合し、統制して戦前の東台湾地域における既存の砂金探鉱事業の継続と維持を行った。台湾産金は戦争時期における東部の貴重な鉱産資源の開発に積極的役割を演じていたが、花蓮港庁の工業化に対する影響力は比較的小さかった。

4）台湾石綿株式会社

　石綿（アスベスト）は耐熱、抗酸、絶縁、保温、隔音および防火などの特性を持っていた[179]。用途が幅広く、各種の産業の必須の原料である。特に船舶、飛行機および戦車などの回路の製造にとって、不可欠であった。そのために、海外からの石綿の輸入を日本帝国圏内の国内で自主生産に改める論議が長く行われていた[180]。大正7年（1918）に台湾で鉱脈が発見され、主に中央山脈の東側と海岸山脈の蛇紋石の岩脈の中に分布していた[181]。しかし、この事業には大量の資本投資が必要であり[182]、そのために、戦時の石綿の需要が増加した時になってから、日本の大企業が次第に実際の調査を展開するようになり[183]、近代的な採掘が開始されるようになった。

　昭和14年（1939）に羅東の砂田鄰太郎は最初に豊田内山の石綿鉱区で豊田鉱業所を設置し、石綿の発掘を開始し、台拓は資金の貸出の援助を与えた。昭和16年（1941）に、台拓は今までの消極的な現地企業家の支持の態度を変更し、直接的に石綿鉱業に参入するようになり、新しい企業を創設した。台拓の援助から石綿鉱業に対する主導的な動向には3つの理由があげられる。（1）昭和16年（1941）3月に、一柳が瑞穂の虎頭山一帯で新たな石綿鉱脈を発見し、品質が優れていた。同時に、台東庁の都巒（都蘭）地方でも良質の鉱脈が発見された。日本の企業家がこのニュースを聞いて、次々と花蓮港庁で石綿鉱脈源を調査し、発展のチャ

ンスを求めていた[184]。(2) 同年、カナダは日本に対して石綿鉱石の輸出を禁止し、長期にわたり国外輸入に依存していた日本の石綿鉱業市場は、供給不足に陥った。(3) 戦時、石綿鉱石の需要の増加により、重要生産拡大部門に入れられた。台拓はもともと援助した砂田石綿鉱区の生産量が少なく、昭和16年（1941）7月の3年間の生産量はわずか200トンの石綿鉱石にすぎず、戦時の需要を満たすことができなかった[185]。

国外からの石綿の供給源が断絶し、東部埋蔵の石綿鉱脈が優良な品質であると確定された後、戦時の重要鉱物資源の増産を確保するために、台拓は砂田鄰太郎と共同で出資することを決めた。昭和16年（1941）9月に資本額100万円の関連企業の台湾石綿株式会社（以下、台湾石綿）を創設した。そのうち、砂田は現物出資で、台拓は70万円を出資して持株比率が60％である[186]。東部石綿の発掘はこの時期に「近代企業化」の経営時期に入った。この企業の社長には台拓の加藤恭平社長が就任し、砂田一族と共同経営を行った。昭和19年（1944）の、台湾石綿の経営状態は良好であり、それに戦時の石綿の需要は高く、植民地政府は台湾石綿が台湾島内の石綿事業を統制するように決定し、300万円に増資した。台拓は砂田のすべての株券を購入して持株率が87％に達し、完全に台湾石綿の支配権を掌握して、台拓の子会社になった[187]。

台湾石綿の本社は台北に設置していたが、創業時には将来は花蓮港に移転すると決めていた。もとの砂田鄰太郎の豊田事業地には出張所を設け、工場は豊田村に設置した[188]。新企業は近代化の石綿の発掘に従事し、石綿糸布を精選して電解隔膜の加工および販売を行った。創業当初、最初の1～2年を試験時期と予定し、先ずは採掘を行い、続いて製錬工場、石綿鉱石の搬出索道および石綿事業の機械化を建設し、本格的な増産は2年後であった[189]。

昭和16年（1941）に、台湾石綿は電力、輸送設備の構築および精製工場の拡張を主力にしていたが、生産量は多くなかった。昭和17年（1942）1月に様々な設備が完成されてから、発掘を開始した。昭和18年（1943）に、台湾石綿は豊田鉱区から出て、発掘の範囲を拡大し、台東から花蓮に6つの鉱区を申請し設立した。その次に、台湾石綿の製品は主に石綿糸、石綿布およびその他の加工品で、滑石（タルク）と繊維状の蛇紋石の利用法は検討中であり、石綿板、保温製品などの製造産業に進む予定であった。同年に、精緻石綿が870キロに達したが、昭和19年（1944）には労働力不足と材料の不足によって、544キロに減少した[190]。そのほかに、石綿の増産のために、総督府は探鉱奨励規則に基づいて、多額の補助を与え、企業の発掘の損失を補った[191]。石綿製品は主に日本の海軍艦隊、飛行機工場などの使用に供給していた。昭和19年（1944）には日本海軍に徴用されて「御用工場」になった[192]。台湾石綿の市場と需給から見ると、戦時の石綿産業は軍需を全面的に支援することであり、現地の市場の需要のためではなく、明らかに「植民地の飛び地産業」の特徴を持っていた。

　台湾石綿の経営は良好であり、利潤の獲得が多かった。昭和16年～20年（1941～1945）の営業収益は計24万円に近く、平均1年間は6万円である。戦後、接収時には依然として利潤があり、利潤配当比は年間3％から4％の水準に達していた[193]。そのうち、昭和18年（1943）の石綿の生産量は最高に達し、鉱山労働者は300人で、鉱区38カ所である。戦後の接収期間に、工場の運営を停止した。民国36年（1947）に上海大禾実業公司が入札で購入し、設備の再整備、坑道の復旧後、直ちに生産量を回復した[194]。

　明らかに、台湾石綿は台湾産金の「古い酒びんに新しい酒を盛るパター

ン」とは異なり、東台湾鉱業発展史の上に新しい1ページを築きあげたのである。台拓の東部石綿事業の参入過程で、植民地政府と国策企業は、戦時の辺地の重要な鉱業経営政策に対する変化を示している。東台湾地域は1910年代には既に石綿の鉱脈を発見したが、平常期の総督府や企業家はリスクおよび高価なコストを負担し、石綿鉱脈を試掘する意志がなかった。戦争初期、国外の石綿鉱石の輸入に支障がない時に、現地の日本企業家の小規模な発掘を消極的に奨励した。これは現地の石綿発掘の試験段階と見なすことができる。いったん、国外の石綿輸入に問題が発生した時に、現地の探鉱で東部の埋蔵量が豊富であると確認したあと、台拓は直ちに石綿鉱業に参入し、次第に蚕食方式を採用し、まずは現地の企業家と共同出資で、近代化形式で石綿鉱業を共同で経営した。決戦時期には、石綿の需要がさらに高まり、企業統制形態で全島の資源を統合し、台拓はもとの現地企業家の持株を吸収合併して、台湾石綿の支配権を獲得し、全面にわたり東台湾の石綿鉱山を発掘した。総督府も大量の補助金を提供し、台湾石綿の発展に側面的な協力をした。台湾石綿は民間企業の利潤追求の動向から、完全に植民地政策に合わせて、戦時の軍需製品を製造するようになった。

　他方、前に述べたように、戦時から戦後初期の台湾石綿の発展プロセスから見られるように、石綿産業は完全に軍需産業によって発展してきた。そして、わずか数年間の運営で、植民地政府と台拓の積極的な援助によって、経営の業績が良く、設備、鉱区および労働力は戦後に至るまで継続してきた。戦争の破壊と接収期の荒廃があったが、上海からの企業が直ちにビジネスを続け、ほぼ戦前の生産量と規模に回復した。ここから見られることは、葉淑貞の指摘のように、戦時の軍需工業化の発展期間が短く、もとの食品加工業を主とする産業構造に改変することがで

きなかった[195]。しかし、一般的なありきたりの印象のように、戦後の工業化に対し貢献がなかったという訳ではない[196]。戦時から戦後の軍需工業化の持続と断絶については、全面的な検証に値する。

　要するに、昭和13年（1938）以降、台拓の東台湾の投資事業は明らかに花蓮港庁の発展に転じるようになった。果たしてどのような企業を設立したのか、それは生産力拡充計画の影響を深く受けている。帝国政府および植民地政府は基本的には原料、技術、電力および資本などの各方面から、重化学産業の発展戦略および発展の可能性を考慮しているが、しかし、両者の政策には少し差異がある。明らかに、台拓は東台湾の重化学産業の重要な執行者の１つである。そのうち、金属と化学産業に対し、台拓は傍らから資金を提供し投資戦略をもって育成した。朝鮮化学、古河など日本の新旧財閥の東台湾への進出に協力し、500万円から1,000万円の超大企業を創設した。金鉱および石綿鉱業について、日本の内地資本家の参入には限りがあり、現地の日系資本も経営上力不足であったので、国策企業がより積極的な態度で介入した。両社の創設当初の台拓の持株比率は50％以上で、関係企業になり、半分の経営権を掌握していた。戦争末期には、重要産業統制政策に合わせて、台湾石綿は日本帝国圏内のみならず、台湾でも唯一の石綿統制企業であったので、台拓は更に１歩進んで台湾石綿を吸収合併して子会社とし、支配権を掌握するようになった。

　次に、運営の成果から見ると、戦時統制経済制度の下で、戦争情勢の変化に沿って、産業の重点的な発展に差異が生じた。植民地政府は帝国政府の生産力拡充計画に合わせて、資源の分配を行い、各企業の発展に影響を及ぼすようになった。東部のニッケルおよび石綿は台湾と日本帝国圏内の唯一の産地であり、東邦金属と台湾石綿も最初から最後まで生産力拡充計画の重点発展企業であり、植民地政府も全力でこの２社を育

成し、必要とする資材の分配や補助金を提供したので、運営の業績も最も良好であった。両社は株主に配当金を配り、最も遅く設立した台湾石綿はこの4つの企業のうち最も成績が良好であった。逆に新興窒素は尿素石膏が第1次生産力拡充計画の中で、帝国政府から重点発展項目に入れられなかったため、日本化成による合併の前には、資材および電力が準備できず、準備段階に停留していた。台湾産金の東部での事業は、花蓮港庁の砂金探鉱が事業の中心であったが、しかし、決戦時期に必要な軍需鉱産ではなくなり、生産力拡充項目から排除され、解散させられるようになった。

以上から見られるように、1930年代末期、特に1940年代始めから花蓮港庁は積極的に工業化を展開し、時局に完全に合わせて重点項目の発展を決定して、計画性が非常に高かった。この決定は地方の産業の需要による計画ではなく、輸出市場も主に日本内地であり、前に述べた「植民地の飛び地産業」の特徴を持っていた。台湾全島でただ1つの、あるいは帝国圏内の1位や2位の重化学産業の企業がこの時期に花蓮港庁内に進出したのは戦争の賜物と言える。ただ材料および労働力の不足、電力の未完備な状況の下で、成果に限界が生じてきた。しかし、戦後の台湾石綿産業の急速な回復から見ると、戦時の東台湾の軍需工業化は、現地に設備、技術および人的資源をもたらし、戦後の関連産業の発展に基礎を築いたのである。

第4節　軍需企業と地域の発展

日本の戦時経済の特徴は計画化および統制形態で「計画統制経済」を形成し、「経済の新体制」を展開した[197]。戦時の台湾東部で軍需企業が

現れ、それを生産力拡充計画の計画化および統制の特質に充分に合わせ、意外にも東部の産業形態を構築するようになった。このことは従来から台湾の企業化、資本主義化および工業化の度合いが最も低い東台湾に、大きな衝撃を与えた。台拓の投資事業は現地の地域発展にも大きな影響を及ぼすようになった。台東庁は熱帯拓殖企業のメッカになり、花蓮港庁は東部軍需産業の基地になった。以下はそれについて説明する。

(1) 熱帯企業の発展と新興の台東街

　台拓の創業初期の東台湾の投資事業は、時勢に合わせて、台東庁を発展の中心にし、労働力の紹介、綿花およびキナノキなどの拓殖型企業に力を入れていた。これらの企業の運営は、星規那の業績が思ったより良かったほかは、台湾興発は挫折し、最後には売り出される運命になった。台湾綿花の栽培と加工事業の中心は台湾の南部、華南および南洋に移り、発展するようになった。しかし、資本と労働力は一貫して東部開発の根本的な問題であり、1930年代中期に台拓はその地域に積極的に投資して良い効果をもたらし、新興産業の発展を主導した。

　台拓は東部の熱帯産業の投資に対し、多くの日本の資本家を成功裏に誘致し、持続的に東部に進出するようになり、熱帯企業は雨後の筍のように出現するようになった。もともと東部の荒れた浅山丘陵地や河川の砂地などの限界的土地に、新たな開墾ブームを展開するようになった[198]。特に、熱帯産業の発展センターの台東庁および花蓮港庁の南部地域での影響が最も大きい。台東庁の主要都市の台東街（今の台東市）は、新興熱帯企業の盛大な発展の恩恵を受けて、街は一新し、都市の更新計画を展開するようになった。

　まず、熱帯企業の勢力的な発展から言えば、昭和12年（1937）4月に、

台拓は数回にわたり東部を視察し、当地の開発に興味を示した際に、明治製菓、森永製菓および三井物産などの企業も現地を調査した[199]。同年7月、台拓のリードの下で、既に「熱帯産業を目標とし、企業家が台東に殺到」の報道があり、東部の官有地の浅山丘陵地の熱帯作物の栽培ブームを引き起こした。台拓は踴躍して日本内地の大企業や現地の地場企業に赴き、植民地政府に土地開発の申請を積極的に行い、全投資額は1,000万円を超え、単に台東庁だけで栽培面積の申請は3万2,000甲以上（1甲＝約0.97ヘクタール）に達した[200]。この熱帯企業のブームは花蓮港庁の南部地域にまで拡大したが、むしろ台東庁が主であった。台東庁の企業投資範囲は最大だけでなく、台拓、明治製菓、塩水港製糖、森永製菓および杉原産業などの5大企業を含んでおり、台東庁内で主に活躍していた[201]。

次に、1930年代半ばの熱帯企業の発展の他の特色は、過去の米糖を主とし、製糖企業が特に大きく独占現象を呈していたが、それ以降、農業は多元的発展に向かい、限界地の開発も資本主義化の経営に向かった。台湾綿花と星規那の東部の事業地や農場は、採集グループによる大規模な栽培モデルである。土地面積は数10甲、100甲から1,000甲以上もあり、他の民間企業も同じである[202]。企業は辺地の土地開墾や新しい農作物の導入に、大きな役割を演じていた。

そのほかに、昭和12年（1937）に、台東庁は新興の熱帯産業の中心地になり、もとは小さな町の台東街は「時代の転換期」に入り、「産業都市の建設」に邁進するようになった。この街には大小企業が進出し、街の景観が大きく変化し、人口が大幅に増加して、3万人の人口を収容できる都市計画を積極的に展開するようになり、様々な公共施設の建設と建替えが行われるようになった[203]。この街の対外輸出入の台東港の建

設は同時に重視されるようになった。昭和13年（1938）に台東港の貨物の輸出入が大幅に膨張するようになり、6万トンに達した。昭和10年（1935）以来の年間3～4万トンの輸出入量を大きく超えて、台東街近隣の加路蘭港の建設を考慮するようになった[204]。都市計画の展開、新しい港の建設は、熱帯企業の勢いの高まりを反映し、戦時の台東街および台東庁に新たな気風をもたらすようになった。

(2) 戦時の植民地辺地工業都市の建設

　東台湾産業の企業化経営は、明治32年（1899）の賀田組の東部開発を嚆矢とし[205]、近代化企業の出現は本島の他の地域よりも遅く、明治42年（1909）になってから台東庁に出現するようになった[206]。新しい企業の初期は台東庁を中心に、設立されたものが最も多い。大正12年（1923）になると、花蓮港地域の企業数と総資本額が次第に台東庁を超え[207]、清朝末以来の台東地域の東台湾の政治と経済の中心的地位を凌駕した。こうした状況にも拘らず、花蓮港庁の全台湾での位置は依然として、人口が少なく、産業が未発達の辺地であった。昭和6年（1931）に花蓮港の築港建設が始まった後に、企業発展の新契機が漸くもたらされた。昭和13年（1938）以降、台拓といくつかの内地の大企業は花蓮港庁に投資するようになり、台湾第2の臨港工業区を建設し、植民地辺地の工業化を積極的に展開するようになった。戦時軍需工業化は花蓮港庁に対し、特に花蓮港街（今の花蓮市）に重工業の盛況および新興産業都市の新たな様相をもたらした。

1）近代大資本の重化学産業の移植と再創造

　昭和12年（1937）以前、花蓮港庁の産業は水稲、サトウキビ栽培の農業

を主とした。工業ではわずかの小規模の製糖、製材および電力事業であり、他は家族企業の域を出なかったし、近代的な設備が少なかった[208]。1930年代末に、5大企業を主とする花蓮港庁の工業化の重点は、軍需重化学工業で、近代的な企業制度、設備および技術を導入した。しかも、資本の規模は前の既存企業では匹敵することができない大きなものであった。他方、大量の電力、機械の使用は、辺地企業の近代的な展開を意味し、生産規模の拡大により、多くの就業チャンスを提供して、西部の本島人の移入を誘致した。戦時植民地の軍需工業化の、花蓮港庁に対する影響は相当顕著である。

台拓の投資事業を例にして、戦時に花蓮港庁で導入した非鉄金属産業、尿素石膏化学産業および石綿鉱業などの新式の鉱工業企業は、日本帝国圏内でも独特で、支配的な地位を持っていた。東邦金属は単に日本帝国圏内のニッケルの自給を目標にしていただけでなく、更に国際市場に進出し、カナダの独占的な地位にも挑戦していた[209]。最終的な生産量は予想に及ばなかったが、東邦金属と共に花蓮港庁に来た古河財閥の専門技術者は[210]、花蓮港庁に最新の重化学工業の技術をもたらしたことになる。日本内地の大企業が開発した新技術と制度を植民地辺地に移植し、現地で更なる研究開発と、再創造の意義を及ぼすことになった。

台拓が投資に参入していない日本アルミについて再び言えば、昭和9年（1934）に日本電工が初めてアルミの製錬に成功し、国産化を成し遂げた。翌年（1935）6月に、三井、三菱、古河などの財閥は、共同出資で日本アルミ会社（以下、日本アルミ）を設立した[211]。昭和13年（1938）に、日本アルミは前後して高雄および花蓮で製錬工場を設立し[212]、生産量は帝国圏内のアルミ生産量の6分の1を占めるようになった[213]。花蓮と高雄は同時に日本アルミの生産基地になり、花蓮港庁は戦時台湾工業化

での位置が再び突出するようになった。

前に述べた企業の経営状態はどのようであろうか、花蓮港庁内での原料採集、工場の建設、製錬技術の移入および日本内地の資本の導入は花蓮港庁の工業化の地位を向上させ、同時に農業から工業発展への移行の基礎を築いたことになる[214]。「東部の工業都市」を目標としたために、花蓮港庁は日本内地の重工業企業を努力して持続的に誘致した。昭和18年（1943）8月には、三菱工業株式会社も花蓮港庁で特殊鋼工場を設けることを確定した[215]。

総じて言えば、花蓮港庁の重化学工業化は、明らかに移植型工業化および計画的工業化の特徴をあらわすものであった。そのほかに、最も重要なのは、これらの新興重化学工業の企業は南洋からの輸入や現地からの原料の採集により、粗製品の日本市場への輸出や再加工を経たことである。そのために、花蓮港庁は戦時日本帝国の軍需産業の配置の中に組み込まれ、辺地と見られていた東台湾は特に注目されるようになった。

2）新興軍需工業都市

植民地朝鮮の重化学工業化過程において、日本海に面し、朝鮮辺地に位置している東北部の元山、清津の2つの港湾都市は時勢に乗じて発展し、工業都市になった。もともと人口規模が40世帯の小漁村の興南も、1930年代後期の朝鮮重工業を掌握した日本窒素肥料株式会社の進出によって、一躍人口18万人の工業大都市になった[216]。このような現象は当時の植民地台湾の花蓮にも現れたが、都市規模が相対的に小さいことであった。

日本の台湾領有当初、花蓮港庁の中心地の花蓮港街は世帯数30余りで、人口80人余りの寒村であった。その後、花蓮港庁の設置、官営移民の進出および重要な交通インフラ建設が続々と推進され、花蓮港街は次第に

繁栄し、従来の東部の政治、経済および文化の中心地の台東街を凌駕するようになった[217]。しかし、この2つの街の機能と規模の格差は一層かけ離れるようになり、特に戦時中に花蓮港庁の工業化はその後の格差を更に拡大するようになった。

昭和12年（1937）9月に、東部の2つの庁は遂に西部と同じように郡、街、庄制を実施し、花蓮港街も範囲を拡大した。その管轄内には花蓮港庁、米崙、豊川（旧名は十六股）、宮下（軍威、農兵）、佐倉（帰化）などの5つの大字を含み、同時に都市計画を変更した[218]。そのうち、各大企業の進出に合わせるために、地方当局は、もともと放牧原野地の米崙地域に工業区および新市街を造り、過度に飽和状態になった花蓮港街のために新たに発展する場所を見つけ出した[219]。米崙工業区の規模が再び拡大され、もともと5大企業の100万坪の工業地のほかに、昭和17年（1942）にはまた100万坪の新工業地帯を設定し[220]、その地域を東部の唯一の工業区の地位に築きあげることになった。

次に、産業の集積、工業地帯の形成および人口の社会移動は、近代社会が都市を生み出す要因である[221]。新興工業都市の花蓮港街は、工業化の展開に伴なって、就業の機会が大幅に増え、人口が急速に増加するようになり、終戦前には4万人を超え、昭和11年（1936）の台拓が進出する前の2倍近くになり[222]、街の建設も大幅に拡大するようになった。東邦金属、新興窒素、東台湾電力などの大企業は本社を花蓮港市街のかなめに設置し、さまざまな行政機構、金融、学校、公園など新型の建設も次々と現れるようになった。昭和15年（1940）10月に、花蓮港街が市に昇格し[223]、東台湾の最大の都市だけでなく、戦時植民地台湾の典型的な新興軍需工業都市でもあった。

ブルース・カミングス（Bruce Cumings）の指摘のように、日本帝国

第5章　投資事業：資本主義化と工業化の推進　　277

表5－6　東台湾地域の産業企業の変化

時　期	台東庁 社数／資本額	花蓮港庁 社数／資本額	東台湾計 社数／資本額	全台湾比率 社数／資本額
大正11年（1922）	7（450万円）	9（228万円）	16（678万円）	2.5%／2.8%
大正12年（1923）	8（265.2万円）	8（269.1万円）	16（531.3万円）	2.6%／2%
昭和11年（1936）	28（315.8万円）	32（545.1万円）	60（860.9万円）	4.8%／1.4%
昭和17年（1942）	23（562万円）	79（5917万円）	102（6,479万円）	5.6%／6.9%

（資料）　台湾総督府殖産局編『台湾商工統計』（台北：台湾総督府、1923-1942年）、第2次、第3次、第16次、第22次。

の植民地の工業化は、大英帝国やフランスなどの植民地宗主国と異なっていた点である[224]。しかし、注目に値することは、事実上、戦時日本の重工業化は植民地の辺地に全面的に拡大したことであり、日本の台湾植民政策の特色であった。

(3) 東台湾両庁の産業発展の差異

　日中戦争の勃発後、花蓮港庁と台東庁の両庁の産業発展は、もともと同じく米糖を主とする経済構造から次第に異なる発展を遂げるようになった。戦時生産力拡充計画に合わせるために、植民地政府は企業家を東台湾地域に積極的に誘致し、近代企業化の方式で東部を開発するようになった。遂に、国策企業がリーダーシップを取り、日本の内地および台湾東部の現地企業家の積極的な参入と投資の下で、台東庁は熱帯栽培業を中心とする農業開墾拓殖企業が発展し、花蓮港庁は工業発展に向い、東部の唯一の工業区が現れるようになった。

　表5－6から見られるように、大正12年（1923）以前の台東庁と花蓮港庁の現地企業社数と資本額との差異は大きくはない[225]。昭和11年（1936）になって、戦時東部の産業政策の調整前に、花蓮港庁の企業社

数と資本額は台東庁のそれを超えたが、特別に突出していた訳ではない。昭和12年（1937）以降、両庁の格差が拡大し始めた。昭和11年（1936）および昭和17年（1942）の両庁の企業社数と資本規模から比較すると、台東庁の現地の企業社数は増加せず、逆に減少し、資本規模は1.8倍に増加した。花蓮港庁の企業社数は2.5倍に増え、資本額は10.9倍と大幅に増加した。昭和17年の花蓮港庁の企業社数は台東庁のそれの3倍余りで、資本額は10.6倍である。企業類別から言えば、台東庁の農業企業社数は工業企業社数よりもやや多い。花蓮港庁では商工業の企業が特に大きく、農業企業がやや少ないことがわかる[226]。ここから見られるように、戦時の花蓮港庁と台東庁の両庁の産業は異なる発展の道を歩み、工業は花蓮港庁の主要な企業になっていた。

　進んで言えば、地域経済の資源の差異によって、戦時の台湾総督府と企業の植民地の共同構築の下で、東部両庁が分業の発展戦略を採用するようになり、辺地の東台湾の異質な発展が開始されたのである。「工業花蓮・農業台東」の地域のイメージは、それによって固められ、戦後になってもこのような差異が持続されてきた。戦時花蓮港庁の新興の米崙工業区も植民地の遺産として、今日の美崙工業区に変わるようになった。

小　　結

　台拓の投資事業は最初から最後に至るまで、台湾島内を中心に行われ、戦時台湾の産業発展の上で大変重要な役割を果たしてきた。特に相対的に、朝鮮の東洋拓殖株式会社の投資事業は、京城（ソウル）、仁川などの大都市に集中してきた。それに対し台拓は植民地辺地の開発の牽引車の役割を演じてきて、東台湾の投資には更なる意義と特殊性を持っていた。

第 5 章　投資事業：資本主義化と工業化の推進

　東台湾地域は植民地辺地の位置的構造に所在し、これまで資本が不足し、企業の規模が小さく、近代化の度合いも低かった。1930年代の戦争準備および戦時体制の下で、資源の有効利用、軍需の自給自足を達成するために、台湾総督府と地方庁当局は台拓が東部に進出し、その産業開発を極力主導するように促進した。台拓の東部での投資企業社数はトップクラスであることが、明らかな証拠である。台拓の東台湾の投資事業は、戦時植民地政府の現地の産業の発展の新たな配置を体現したものと言える。

　台拓の投資事業の変化から証明できるのは、日中戦争の時期は東部の花蓮港庁と台東庁の両庁の産業が異質的発展に向かっての分岐点である。戦争の前に、両庁はもともと米糖の農業生産を主としたが、戦争の局勢と軍需産業の配置戦略の相異によって、発展方向が次第に分岐するようになり、「農業台東・工業花蓮」のイメージが形成されるようになった。

　まず、昭和11年～12年（1936～1937）に台湾では普遍的な熱帯作物の栽培ブームの中で、台東庁は多くの優勢条件によって、新興熱帯産業の中心地になった。そして、台拓がリーダーシップを取り台東興発、台湾綿花および星規那などの３つの拓殖型企業に投資し、初期の事業では明らかに「台東重視・花蓮軽視」の傾向が見られた。台拓は台東庁を拓殖企業の基地とし、全額投資を通じて、子会社を設立し、台湾島内、華南および南洋地域の綿花およびキナノキなどの事業の発展を掌握した。台東に位置する星規那会社は、帝国内のキナノキの生産のメッカだけでなく、海外事業地の指揮センターでもあった。

　当初、台東興発と台湾綿花の東部での発展は順調にはいかなかった。しかし、1930年代半ばごろに台拓のリーダーシップによって、大小異なる熱帯拓殖企業が次々と東台湾に進出し、花蓮港庁以南の地域、特に台東庁内の熱帯企業の発展および限界地の開墾を促すようになった。これ

らの新興企業は台東街に集中して開設され、この街の建設と景観を一新させ、産業都市の発展に向かうようになった。

他方、1930年代半ば以降、国際情勢の変化に沿って、もともと東部地域の商業港に企画された花蓮港には、「工業港」化の呼び声が出始めた。その次に、花蓮港庁では豊富な水力発電資源、埋蔵量の豊富な鉱産物および臨港地帯の開発による工業区の盛況によって、植民地政府は政策を変化させるようになり、花蓮港庁を東部の軍需鉱工業企業の基地として企画し、台湾西部と東部が共時的な（synchronic）重工業化を展開するようになった。昭和13年～16年（1938～1941）に、台拓はこの庁内に東邦金属、新興窒素、台湾産金および台湾石綿などの企業に持続的に投資したが、このような背景の下で展開したのである。

台拓は帝国政府および台湾総督府の戦時の生産力拡充計画に完全に合致させて、育成投資や合弁投資方式で、日本の資本家に重化学工業企業の創設に協力してきた。台湾産金を除いて、他の3社が経営したニッケル軽金属、尿素石膏化学産業および石綿鉱業は、日本帝国内でも1、2の地位に数えられるものである。特に東邦金属および台湾石綿は最初から最後まで生産力拡充計画の重点企業であり、植民地政府の全面的な支持の下で、その運営業績も最も良好であった。資本と労働力不足の辺地において、このような新興企業の投入は日本植民地主義の最初の試みであった。

台拓と日本内地の大企業が持続的に花蓮港庁に進出した後、電力の開発が不十分な状態であり、極めて困難な情勢下での生産戦略であった。しかも、期間が短く、資材の不足で、戦争開発の極限性があり、花蓮港庁に対して以下の影響を及ぼした。第1に、花蓮港市は戦時に新たに作られた植民地辺地の新興軍需工業都市と言える。高雄以外の台湾の第2の臨港

工業区であった。大小の鉱工業企業が持続的に進出したために、都市が一新され、昇格し、一躍して「東部地域のセンター」になった。そして、花蓮港市は台東街を遥かに超えて、植民地末期から戦後の花蓮市の地位を築きあげたことになる。第2に、戦争時期に花蓮港庁に進出した鉱工業企業は、東部の水力発電の開発に協力し、大規模の資本、近代企業経営モデルおよび技術を持ち込んだ。そして、帝国の命令に合わせて絶えず新製品の研究開発を行い、この時期の辺地に重工業を移植して、現地で再創造の特徴を持つようになった。台拓の投資の4大企業から言えば、近代工場の設備、制度、技術および労働力を導入し、花蓮港庁の工業発展の基礎を築きあげ、植民地時代の遺産になった。戦前東部唯一の米菕工業区から戦後の美菕工業区の継続的存在は、その証左であろう。

　総じて言えば、戦時国防資源の開発が切迫する中で、逆に東台湾に新たに軍需産業の配置の契機をもたらし、植民地の辺地が帝国全体の戦略的配置の中で一席の地位を占め、戦後の東部産業発展において植民地時代の遺産になった。昭和12年（1937）に日中戦争が勃発した後、台拓は東台湾で新興産業の推進および関連企業の投資を行い、このような事例を提供した。そして、辺地の新興企業、特に重工業の発展は、戦争時期の非常事態の下で、リスクやコストを考慮しないで、植民地帝国の各種の国防経済動員計画に合わせて、国策企業が主導的に、あるいは日本の大企業が共同で協力して推進してきたもので、現地の日系資本や台湾人資本は、それほど大した貢献の余地はなかった。しかし、こうした植民地の辺地の工業化および資本主義化は、地方の実際の必要に合わせて展開したのではなく、植民地の飛び地経済および工業の飛び地の性質をも持っていたのである。

注

（1） 高橋正雄、金津健治『近代日本産業史』（東京：講談社、1967年）、191～192頁。Michael A. Barnhart, *Japan Prepares for Total War: The Search for Economic Security, 1919-1941*, (Ithaca: Cornell University Press, 1987).

（2） Edwin A. Winckler, "Mass Political Incorporation, 1500-2000," in Edwin A. Winckler and Susan Greenhalgh eds. *Contending Approaches to the Political Economy of Taiwan*, (Armonk, N.Y.: M.E. Sharpe, 1988), p.58.

（3） 小林英夫「1930年代植民地「工業化」の諸特徴」『土地制度史学』18(3)、(1976年4月)、32頁。

（4） 昭和6年（1931）以降、日本政府と軍側から各項の計画と法令が提出され、企画庁が設立（後に企画院）され、軍需産業の参謀本部として、生産力拡充計画要綱の制定により、日本帝国圏内の軍需産業発展の指導要則になった。陳慈玉「一九四〇年代的台湾軍需工業」『中華軍史学会会刊』9（2004年4月）、148-151頁を参照。

（5） 生産力拡充計画は昭和13年（1938）1月に実施された物資動員計画の一環であり、戦時の物資動員計画の内容と変化は、小林英夫『帝国日本と総力戦体制』（東京：有志舎、2004年）、127-158頁を参照。生産力拡充計画の展開過程は、山崎志郎「生産力拡充計画の展開過程」近代日本研究会編、『戦時経済』（東京：山川出版社、1987年）、27-58頁を参照。

（6） 1930年代～40年代初期に、植民地政府は歳出60％以上を植民地事業費にした。涂照彦著『日本帝国主義下の台湾』（東京大学出版会、1975年）、131頁。日本の満州と朝鮮に対する投資も急速に増加した。伊藤正直「対外経済関係」社会経済史学会編『1930年代の日本経済』（東京：東京大学出版会、1982年）、68-75頁に収録。

（7） マーク・ピーティー（Mark R. Peattie）著、浅野豊美訳『植民地：帝国50年の興亡』、（東京：読売新聞社、1996年）、306頁。高橋泰隆「植民地経済と工業化」浅田喬二編『帝国日本とアジア』（東京：吉川弘文館、1994年）、132頁に収録。昭和12年（1937）以前の台湾と朝鮮の経済成長の比較および

　　　　第 5 章　投資事業：資本主義化と工業化の推進　　　　283

植民地政府の役割は、Mizoguchi Toshiyuki（溝口敏行）and Yamamoto Yuzo（山本有造）, "Capital Formation in Taiwan and Korea," in Michael Smitka ed., *The Interwar Economy of Japan*, (New York: Garland Publishing, 1998), pp.51-71を参照。日本植民地時期の台湾の工業成長と構造の変化は、葉淑貞「台湾近百年工業成長型態之剖析」『台湾銀行季刊』60(2)（2009年6月）、304-339頁を参照。

（8）　石渡達夫「築港に於ける花蓮港庁産業の躍進」、竹本伊一郎『台湾経済叢書』8（台北：台湾経済研究会、1940年）、163頁に収録。

（9）　日本植民地時期の東台湾企業の全台湾における比重の変化は、林玉茹「殖民地辺区的企業：日治時期東台湾的会社及其企業家」『台大歴史学報』33（2004年6月）、315-336頁を参照。

（10）　石渡達夫「築港に於ける花蓮港庁産業の躍進」184頁。

（11）　昭和13年（1938）になってから東台湾で始めて1,000万円以上の大企業が出現した。林玉茹「殖民地辺区的企業：日治時期東台湾的会社及其企業家」333頁。

（12）　第1章第1節を参照。いわゆる「植民地工業の飛び地論」とは、3つの特徴を含んである。1つ目は、日本の資本で日本本土と関連の工場建設を行う。植民地産業と工業とは無関係である。2つ目は、工場建設の目的は植民地市場のためではない。朝鮮を例として、満州や中国の市場への進出のためである。3つ目は、工場建設は日本の大企業の分工場である。投資に対する資本額、雇用労働力量が少ない。それは朝鮮内の産業とは無関係である。それによって、朝鮮の家内工業および零細企業の没落を招いた。生産額は増加したが、しかし朝鮮自身の経済は変化しておらず、工業の従業員は減少した。中村哲、安秉直編『近代朝鮮工業化の研究』（東京：日本評論社、1993年）、15-16頁。

（13）　『台拓文書』第828冊、5頁。

（14）　游重義「台湾拓殖株式会社之成立及其前期組織研究」（台北：国立台湾師範大学歴史所碩士論文、1997年）、3頁、135頁。

（15）　Samuel Pao-San Ho, "Colonialism and Development: Korea, Taiwan, and Kwantung," in Ramon H. Myers、Mark R. Peattie eds.,

The Japanese Colonial Empire, 1895-1945. (Princeton: Princeton University Press, 1984), p.357.

(16) 『台拓文書』第815冊、第985冊。

(17) 朱徳蘭「十五年戦争と日本企業の経済活動」『九州国際大学社会文化研究所紀要』43（1999）、189頁。

(18) 例を挙げると、台拓が投資した1部分の企業、例えば拓洋水産株式会社は大型統制企業に統合され、新興窒素株式会社は三菱グループの日本化成会社によって合併され、台湾産金株式会社は命令によって解散させられた。

(19) 昭和17年（1942）のデータを例として、台拓の島内外の投資企業は32社で、そのうち、わずか8社が島外企業であり、25％に過ぎなかった。昭和19年（1944）12月を例とすると、台拓が投資した企業は合計で43社、そのうち、島内企業は33社で、77％を占めていた。島外企業は10社で、23％を占めていた。台拓編『事業概況書』67-69頁。三日月直之『台湾拓殖会社とその時代：1936-1946』（福岡：葦書房、1993年）、486-488頁。

(20) 東拓の成立過程については、第1章第1節を参照。

(21) 昭和8年（1933）東拓の投資企業は24社、昭和14年（1939）は54社。金早雪「東洋拓殖株式会社における国策投資と戦時体制」河合和男等編『国策会社・東拓の研究』（東京：不二出版、2000年）、109頁に収録。

(22) 東拓の投資企業のうち、本社を朝鮮に設置したのはわずか41社で、かつ鉱業が最も多い、その次が拓殖、工業、運輸業などである。閉鎖機関整理委員会編『閉鎖機関とその特殊清算』（東京：クレス、2000年、286-289頁）。昭和17年（1942）の東拓の朝鮮への投資はわずか産業総設備資本額の11％である。1920年代に設立した新興財閥の日本窒素は逆に36％に達した。（山本有造『日本植民地経済史研究』（名古屋：名古屋大学出版会、1992年）、173-175頁を参照。清算時期から言えば、東拓の朝鮮の投資企業は47.4％を占め、後期になるほど投資は朝鮮に集中した。中国および他の地域は52.6％を占めている。朝鮮の境外投資はやや多い。金早雪「東洋拓殖株式会社における国策投資と戦時体制」表4－1、116頁。

(23) いわゆる拓殖事業とは、土地の開発と作物の栽植を含んでいて、外の関連の繊維工業と油脂工業の運営も行っていた。

(24) 興業は株式会社福大公司の1社のみである。
(25) 詳細は第3章第1節の論議を参照。
(26) 過去の1部分の研究では、台拓の投資事業類別の変化を討論したが、主な根拠は既に出版されている『事業要覧』や『事業概況書』などの書籍の企業の設置時期に依拠しており、『台拓文書』の中の実際の投資時期や分類にもとづいて論議していないために、少なからぬ誤差が生じている。
(27) 朝鮮工業化の3大企業は、日本窒素肥料株式会社、日本産業株式会社（日窒と同じく日産系列に属する）および東拓に分けられる。その資本比率はそれぞれ26.6％、8.9％、8.1％である。河合和男「国策会社・東洋拓殖株式会社」河合和男等著『国策会社東拓の研究』20頁に収録。
(28) 東拓の朝鮮の投資事業の中で、鉱業は14社、工業は11社、農林拓殖はわずか6社である。例えば投資資本から言えば、鉱業は工業の3倍ぐらいであり、朝鮮境内の総投資金額の約半分を占め、東拓では特別に鉱業部を設立している。（金早雪「東洋拓殖株式会社における国策投資と戦時体制」表4−1、124頁）。東拓の投資は鉱業が独占していたことがわかる。
(29) 台拓は他の企業に貸款した。例えば、昭和16年（1941）に星規那会社は56万2,567円を借款、利子率は6％、キナノキの栽培の事業資金で、昭和18年（1943）1月25日に返還した。台湾石綿株式会社は3回にわたり借款、計15万円。石綿の資金として、年利6％。台拓編『事業概況書』（台北：台拓、1943年）、66頁。
(30) 台拓調査課編『事業要覧』昭和14年度、43-44頁、昭和16年度、53頁。涂照彦『日本帝国主義下の台湾』346-347頁。
(31) 張静宜「台湾拓殖株式会社之研究」（桃園：国立中央大学歴史所碩士論文、1997年）、178頁。
(32) 昭和12年（1937）、東部の両庁の人口密度は76.95人／平方キロ、全台湾の283.2人／平方キロよりも遙かに低い。石渡達夫「築港後に於ける花蓮港庁産業の躍進」165-167頁。高原逸人『東部台湾開発論』（台北：南方産業文化研究所、1940年）、9頁。
(33) 昭和17年（1942）2月の資料によると、台拓24社の島内会社のうち、台北州に13社、東部に4社、高雄州に3社、台中に2社、台南、新竹に各1

社である。台拓編『事業概況書』(台北：台拓、1943)、67-69頁。

(34) この4社の企業のうち、台東興発本社は最初から台東庁内に設置し、星規那、東邦金属、新興窒素などの企業は移転を重ねて、最後に本社を花蓮港庁や台東庁内に移転した。

(35) 林継文『日本拠台末期(1930〜1945)戦争動員体系之研究』(台北：稲郷出版社、1996年)、135頁。

(36) 東拓は全羅南道の宝城郡の2社の拓殖企業に投資したのみで、この地は今日茶葉の産出で有名である。その他では首都および重要な商工業都市を主とした。明らかに植民地の辺地産業に対する改造の影響は遠く台拓に及ばない。閉鎖機関整理委員会編『閉鎖機関とその特殊清算』286-287頁。

(37) 台拓『台拓社報』第28号、1938年10月31日、399頁。

(38) これらの新興財閥や新興産業の資本と台湾の本来の糖業資本とは異なっていた。涂照彦『日本帝国主義下の台湾』337〜338頁、344〜345頁。

(39) 台拓が投資した新しい企業は日本の新旧財閥による投資のほか、1930年代後期に花蓮港庁にできた日本アルミ会社(三菱、三井および古河電工グループが昭和10年に設立)、東洋電化株式会社(東邦電力と南洋開拓会社の共同出資)、東台湾電力興業会社などは共に1930年代の新興工業会社である。涂照彦『日本帝国主義下の台湾』342-345頁。高原逸人『東部台湾開発論』27頁。

(40) 涂照彦『日本帝国主義下の台湾』149頁。

(41) 広谷致員「花蓮港工業化と農業開発問題」『台湾農会報』3(11)(1941年11月)、19頁。

(42) 台拓は100%で山地興産会社に投資した。しかし、昭和14年(1939)に事故によって計画を中止した。『台拓文書』第762冊、175頁。

(43) 台東庁編『台東庁産業要覧』昭和8年度(台東：台東庁、1934年)1頁。

(44) 台東庁編『産業概況』(台東：台東庁、1933-1936年)昭和7年度、51頁。昭和9年度、57頁、昭和10年度、63頁。

(45) 台拓調査課編『事業要覧』昭和14年度、68頁。

(46) 山地に関する開発事業の展開は、台東庁では熱帯栽培業の優勢によって進行された。第2章、第3章の論議を参照。

(47) 大磐誠三の運営については、第3章第1節を参照。
(48) 『台湾日日新報』1937年7月17日、第3版。
(49) 『台湾日日新報』1937年4月2日、第9版。
(50) 竹本伊一郎編『台湾会社年鑑』昭和18年版（台北：台湾経済研究会、1943年）、38頁。台湾畜産興業株式会社編『台湾畜産興業株式会社要覧』（台北：台畜、1942年）、3-13頁。
(51) 『台湾日日新報』1937年9月16日、第6版、1938年12月15日、第2版。台拓の推計によると、東部の労働力の主力は原住民である。その日常生活状態を考慮し、1日当たりの労働力の可能供給数は、人口20名当たり1名の提供を基準とすると、1日当たりは1,480名の推計になる。しかし、昭和14年（1939）1月末の申請の必要数は1日に3,000名であり、必要の半分しか供給できず、労働力は大幅な不足である。台拓調査課編『事業要覧』昭和14年度、68頁。
(52) 『台湾日日新報』1937年9月16日、第6版。
(53) 『台湾日日新報』1937年4月5日、第5版。『台拓文書』第761冊、288頁、第864冊、347頁。台拓調査課編『事業要覧』昭和14年度、68頁。
(54) 『台拓文書』第864冊、347頁、第1484冊、86頁。
(55) 『台拓文書』第485冊、83-1頁、第761冊、288頁、第864冊、347頁、第1484冊、863頁。
(56) 『台拓文書』第864冊、347頁。
(57) 『台拓文書』第1188冊、377頁、第1484冊、863頁、第1794冊、109頁。
(58) 『台拓文書』第1472冊、349頁、第1794冊、109頁。
(59) 『台拓文書』第2404冊。
(60) 『台拓文書』第759冊、58頁。
(61) 山本有造『日本植民地経済史研究』131頁。昭和12年（1937）の日本の綿花の年間需要量は15億万斤で、7億5千万円に達する。『台湾日日新報』1937年5月12日、第3版。
(62) 第3章、第4章の論議を参照。
(63) 『台湾日日新報』1937年4月21日、第3版、1937年4月28日、第7版。
(64) いわゆる「10カ年増産方針」では、総督府と各地方庁の予定では全島の

綿花の栽培面積は7万5千甲、実綿の生産量は1億700万斤の生産目標である。『台拓文書』第1643冊。

(65) 山田拍採は総督府殖産局の技師である。明治44年（1911）に来台後に、総督府農事試験場、台南州、台北州などの農業技師を歴任、最後は殖産局に入った。台拓の設立後に、開墾、干拓、栽培事業および新設の台湾綿花会社の発展のために、その専門性によって力を尽くした。そして、昭和12年（1937）5月に退職し、台拓の拓殖課課長に転職した。『台湾日日新報』1937年5月8日、第3版。

(66) 三日月直之『台湾拓殖会社とその時代：1936-1946』57頁。

(67) 台湾綿花が全台湾の綿花事業の独占過程に、全く雑音がないことはなかった。例えば、台南の台湾織布会社と木戸商会の設備と権利を買収する時、購入価格の相異が大きすぎること、および経営権の問題に強烈な不満を引き起こした（『台湾日日新報』1937年5月27日、第3版）。この現象について、台拓は営業方針では民間と利益を争わないと宣言したが、いったん国策事業が全面的に統制が必要な場合、既存企業との間に摩擦が発生することは免れなかった。結局、国策会社は最終的には争いに勝つので、これは国策企業の性質と特権を反映していた。

(68) 『台拓文書』第829冊、30頁、第1484冊。台湾綿花株式会社編『台湾綿花株式会社営業報告書』（台北、台綿、1937-1943年）第2期、6頁。

(69) 綿花の栽培奨励方法として、総督府は無償で精選綿花種子を提供した。あるいは綿花の栽培奨励金を提供した。そのほかには、低利子の貸款による耕作資金を提供し、東部では一甲当たりに40円、西部では30円である。昭和16年（1941）には、害虫駆除剤を分配し、栽培技術の指導、優良農家の表彰を行い、模範農圃の設置および奨励などを行った。台拓調査課編『事業要覧』昭和14年度、20頁、昭和16年度、18頁。

(70) 『台拓文書』第829冊、31-32頁。

(71) 台拓調査課編『事業要覧』昭和14年度、18-19頁。

(72) 台拓調査課編『事業要覧』昭和15年度、17頁。台湾綿花株式会社『台湾綿花株式会社営業報告書』第4期、4-5頁、第6期、5頁。『台拓文書』第485冊、8頁。また、高雄州社皮事業地は昭和17年（1942）7月1日に移

第 5 章　投資事業：資本主義化と工業化の推進　　　　289

　　　転し、台湾綿花が管理した。『台拓文書』第1313冊、26頁。
(73)　事実上、早くも昭和12年（1937）に、台拓は駐在員をタイに派遣し、綿花の栽培事業を準備した。昭和13年（1938）にタイのバンコク付近で土地を購買し、昭和14年（1939）5月に初めて台湾綿花の傘下に移転した。台拓調査課編『事業要覧』昭和14年度、38頁、昭和16年度、8頁、昭和17年度、12頁。台湾綿花株式会社編『台湾綿花株式会社営業報告書』第6期、10頁。
(74)　台拓綿花の海外擴張については、第4章第3節を参照。
(75)　昭和13年を例に、全島の生産量は予定で450万斤であるが、実際の生産量は150万斤で、わずか3分の1である。『台湾日日新報』1938年6月2日、第2版。
(76)　台拓調査課編『事業要覧』昭和16年度、18頁、昭和19年度、9頁。『台拓文書』第1643冊、9頁。
(77)　台拓と台湾綿花の綿花の生産量は、第3章と付録6を参照。
(78)　事実上、昭和13年（1938）6月に、台湾綿花はすでに台湾南部を中心に、全島にわたり綿花栽培奨励の事実を認知している。『台湾日日新報』1938年6月2日、第2版。
(79)　台拓調査課編『事業要覧』昭和14年度、18-19頁、昭和15年度、17頁。
(80)　昭和16年（1941）、台東工場はわずか600斤を加工、嘉義工場は255,304斤に達していた。昭和17年（1942）以降、台東工場は加工数量の記録がない。台湾綿花株式会社編『台湾綿花株式会社営業報告書』第1期〜第7期、昭和12〜18年。
(81)　昭和16年（1941）の収益は53,653円、昭和17年（1942）は1,708円、昭和18年（1943）は54,581円、昭和19年（1944）は30,408円である。民国35年（1946）の収益は45,840円である。『台拓文書』第2404冊、154頁。
(82)　佐治孝徳「築港竣工後の台東庁産業展望」『台湾時報』1939年10月号、214頁。
(83)　星製薬会社は大正元年（1912）に設立、本社は東京で、家庭常用薬を製造し、薬品の改良、新薬の研究開発を目的とする民間製薬企業である。社長は星一氏で、氏の経歴は第3章を参照。大正2年（1913）4月に、台北

で支店を設立した。古川松舟、小林小太郎『台湾開発誌』(台北：台北印刷株式会社、1915年)、28頁。劉碧蓉「日治時代在台規那造林的政商関係：以星製薬会社為例」曾一士編『全球化与両岸社会発展』(台北：国父紀念館、2008年)、189頁に収録。

(84) 星規那株式会社の設立以前に、星製薬会社が台湾で行ったキナノキ事業の経営経過は、劉碧蓉「日治時代在台規那造林的政商関係：以星製薬会社為例」、189-209頁を参照。

(85) 星製薬株式会社『昭和九年下半期星製薬会社営業報告書』(台北：星製薬株式会社、1934年)：西海枝満寿夫「本島の規那栽培事業」『台湾農会報』4(4)(1942年4月)、89頁。台拓調査課編『事業要覧』昭和16年度、23頁。

(86) 台拓調査課編『事業要覧』昭和16年度、23頁。

(87) 上の注に同じ。昭和14年度、23頁。日本外務省外交史料館所蔵、「台拓子会社星規那産業株式会社概要」、『本邦会社関係雑件：台湾拓殖株式会社』、「外務省外交史料館茗荷谷研修所旧蔵記録」、E114、昭和13年。

(88) この企業は昭和12年〜15年(1937〜1940)に台拓に借款6万円。また、昭和15年(1940)から毎年台拓から島内事業資金および南方企業費を借款、昭和19年(1944)3月に至るまで合計で122万1,000円を借款、年利子率は6％。島内事業資金は造林事業費、既存造林管理費および一般経費をも含む。南方企業費は南方での事業資金であり、南方派遣員の諸費用と通信費を含む。『台拓文書』第1794冊。

(89) 桜田三郎編『事業概観』、38頁。台拓調査課編『事業要覧』昭和14年度、23頁。

(90) 台拓調査課『事業要覧』昭和15年度、45頁。また、昭和16年(1941)に、台拓の新武呂農場(台東県池上)でキナノキを栽培。『台拓文書』第864冊。

(91) 昭和17年(1942)9月に、星規那は社員27名をジャワに派遣し、キナノキ園を経営した。『台拓文書』第1138冊、130頁、第1456冊。日本外務省外交史料館蔵、「台拓定款変更ニ関スル件」、『本邦会社関係雑件：台湾拓殖株式会社』、「外務省外交史料館茗荷谷研修所旧蔵記録」、E120、昭和18年7月14日。

(92) 『台拓文書』第1188冊、382頁、第1794、第1810冊、372頁。

第 5 章　投資事業：資本主義化と工業化の推進　　291

(93)　昭和14年（1939）に110甲余、昭和15年（1940）に245甲、昭和16年に（1941）320余甲、苗圃24余甲、昭和17年（1942）3月に529甲、昭和18年（1943）3月に713甲、昭和19年（1944）に737甲を栽培した。『台拓文書』第829冊、60頁、第864冊、455頁、第1188冊、382頁、第1484冊、45頁、1794冊、第1810冊、372頁、第2404冊、119頁。

(94)　吐根（トコン、Ipecacuanha）は多年生、常緑矮小灌木で、原産地はブラジルであり、マラリア治療の特効薬である。

(95)　日本外務省外交史料館蔵、「台拓子会社星規那産業株式会社概要」『本邦会社関係雑件：台湾拓殖株式会社』、「外務省外交史料館茗荷谷研修所旧蔵記録」、E114、昭和13年。

(96)　『台拓文書』第1188冊、382頁。

(97)　昭和16年〜昭和20年（1941〜1945）の5年間の収益は48,000余円である。昭和16年（1941）はわずか222.41円、昭和17年（1942）は4,563円、昭和18年（1943）は6,219円、昭和19年（1944）は22,673円、昭和20年（1945）は14,655円で、合計で48,334円である。『台拓文書』第2404冊。

(98)　マーク・ピーティー著、浅野豊美訳『植民地：帝国50年の興亡』305頁。張宗漢『光復前台湾之工業化』（台北：聯経、1980）、60-61頁。

(99)　張宗漢『光復前台湾之工業化』60-61頁。

(100)　やまだあつし「植民地時代末期台湾工業の構造：国民党の接収記録を利用して」『人文学報』79号（京都大学人文科学研究所、1997年3月）、62頁。

(101)　『台湾日日新報』1938年8月19日、第2版。

(102)　『台湾日日新報』1938年9月3日、第2版。

(103)　この方面に関する論議は、北波道子「日月潭電源開発と台湾の工業化」『人文学報』第85号（京都大学人文科学研究所、2001年6月）、89-110頁。

(104)　台湾総督府編『台湾統治概要』（台北：台湾総督府、1945年）、386頁。

(105)　高原逸人『東部台湾開発論』26頁。

(106)　北波道子「戦前台湾の電源開発と工業」『台湾史研究』第15号（1998年3月）、18頁。

(107)　林蘭芳「日治時期東台湾的電気建設与産業発展：以民営会社為主的探討」中央研究院台湾史所籌備処主催、東台湾研究会共催「国家与東台湾区

(108) 大山綱武「東台湾電力興業：古河財閥と台湾」『台湾時報』26(4)、1943年4月号（1943年）、48頁。

(109) 小林英夫「1930年代後半期以降の台湾「工業化」政策について」『土地制度史学』第16巻1号（1973年10月）、25頁。石渡達夫「築港後に於ける花蓮港庁産業の躍進」181頁。

(110) 『東台湾新報』1942年11月5日、第2版。

(111) 台湾総督府編『臨時産業調査会答申書：台湾産業計画要項』（台北：台湾総督府、1930年）、47頁。泊武治「交通上より見たる花蓮港築港の役割」『台湾時報』1939年10月号、184頁。

(112) 石渡達夫「築港後に於ける花蓮港庁産業の躍進」163頁；石渡達夫「花蓮港築港の完成と東部産業の将来」『台湾地方行政』10(5)（1939年10月号）、41-42頁。高原逸人「開港と東台湾産業の躍進」『台湾時報』1939年10月号、184頁、192頁。

(113) 日本国立公文書館所蔵「台東庁及ビ花蓮港庁ニ勧業課設置ノ為」『公文類聚』第62編、昭和13年、35巻、番号2A-12-2121、1-3頁。

(114) 林玉茹「戦時経済体制下台湾東部水産業的統制整合」『台湾史研究』6(1)（2000年）、74頁。

(115) 石渡達夫「花蓮港築港の完成と東部産業の将来」43-44頁。

(116) 泊武治「交通上より観たる花蓮港築港の役割」『台湾時報』1939年10月号、183-184頁。石渡達夫「花蓮港築港の完成と東部産業の将来」43-44頁。

(117) 屋部仲栄編『台湾地方産業報国』（台北：民衆報事社、1939年）、15頁；『東台湾新報』1941年7月30日、第3版。日治初期、清末条約港を継承して4つの普通の国際港（普通開港場）があった。1930年代に至り、花蓮港と後龍港は特別国際港（特別開港場）として開港した。しかし、昭和18年（1943）12月1日に、台湾総督府は正式に花蓮港の国際港としての閉港を公布し、外国の船舶の出入りを認めないようになった。台湾通信社『台湾年鑑』昭和19年版（台北：成文出版社、1984年復刻版）、629頁。

(118) 『東台湾新報』1941年12月30日、第3版。

(119) 昭和16年（1941）に台湾総督府は「臨時台湾審議会」を開催し、昭和14

年（1939）9月に着工していた新高港の「工業区形成計画」の計画を開始した。台湾経済年報刊行会編『台湾経済年報』昭和17年版（東京：国際日本協会、1943年）、134頁。
- (120) 張宗漢『光復前台湾之工業化』102-103頁；交通局道路港湾課編『第二次生産力拡充計画基本調査資料：台湾の商港及び工業港』（手書き本、1941年）、52-65頁。
- (121) 戦後に「美崙」と名称を変更した。今の花蓮市の民享、民意、民勤、民心、民徳、樹人および美港などの里を含んでいる。
- (122) 張家菁『一個城市的誕生：花蓮市街的形成与発展』（花蓮：花蓮県文化局、1996年）、140-141頁。
- (123) 『東台湾新報』昭和16年3月20日、第3版。昭和16年8月30日、第2版。
- (124) 日本国立公文書館所蔵『公文類聚』第61編、28巻、昭和12年、番号1-2A-01200。
- (125) 『東台湾新報』1941年3月31日、第3版。1942年3月20日、第3版。
- (126) 『東台湾新報』1941年2月25日、第3版、12月7日、第3版、1942年3月20日、第3版、11月5日、第2版、11月12日、第2版。
- (127) 『東台湾新報』1942年2月22日、第3版、2月25日、第3版、3月28日、第3版、11月12日、第2版。台湾通信社編『台湾年鑑』昭和19年版、617頁。
- (128) 『東台湾新報』1942年2月25日、第3版、10月20日、第3版。
- (129) 『東台湾新報』1941年2月21日、第3版；1942年2月25日、第3版。
- (130) 昭和17年（1942）10月～11月に、台拓は吉原技師を派遣し、瑞穂の硫化鉄および鳳林の水晶鉱脈を調査した。『東台湾新報』1942年10月4日、第3版、10月11日、第3版、11月5日、第2版。
- (131) 過去において一般的には生産力拡充計画は前後2回の制定があった。第1次生産力拡充計画は昭和13年～16年（1938～1941）に実施され、昭和14年（1939）の閣議で項目が確立された。第2次生産力拡充計画は昭和17年（1942）に確立された。しかし、高淑媛の指摘によると、いわゆる第二次生産力拡充計画はなかった（高淑媛「台湾戦時生産拡充政策之実施成効：以工業為中心之分析」『成大歴史学報』29、2005年6月、172-173頁を参照）。

事実上、台湾総督府事務官の佐野治夫によると、昭和16年（1941）には確実に第2次生産力拡充計画に着手していたが、しかし、戦争の局勢と太平洋戦争の勃発によって、企画が挫折した。昭和17年（1942）に、戦争の情勢および国内外の時勢に合わせ、毎年度の計画方針の設定を確定した。生産力拡充計画の内容も絶えず変化と修正を加えた。最初はわずか13項目の重点産業であったが、その後、再び拡充され、昭和19年（1944）には18項目の重点産業、70余りの品目になった。『台湾日日新報』1944年3月19日、第2版。

(132) 張宗漢『光復前台湾之工業化』84頁。

(133) 『台湾日日新報』1938年1月14日、第2版、1944年3月19日、第2版。

(134) 高淑媛「台湾戦時生産拡充政策之実施成效：以工業為中心之分析」170頁。

(135) 企画院の性質は第1章第1節を参照。台湾総督府から提出の第一次生産力拡充計画の内容は、1930年代以来数回の会議を経て、日本本土と台湾自体の需要を考慮して制定したものである。最後は帝国政府に計画を提出し、企画院の修正を経たものである。高淑媛「戦時台湾生産拡充政策之成立」『台北文献』149（2004年9月）、103-133頁。台湾生産力拡充計画の内容の変化は、高淑媛「台湾戦時生産拡充政策之実施成效：以工業為中心之分析」170-177頁を参照。

(136) 台湾総督府官房調査課『台湾重要産業生産力拡充4カ年計画調査書』（手書き本、1937年）ページがない。

(137) 『台湾日日新報』1938年12月28日、第2版。企画院『昭和十四年度生産力拡充実施計画』（東京：企画院、1939年）、582-583頁。

(138) 昭和14年（1939）12月に、東邦金属は本社を花蓮に移転した。東邦金属製錬株式会社編『第三回営業報告書』、（台北：東邦金属、1938-1944年）、3頁。

(139) 張宗漢『光復前台湾之工業化』62頁、116頁。『台湾日日新報』1944年3月19日、第2版。

(140) 日本の重工業比率は昭和4年（1929）に初めて繊維工業を凌駕した。昭和11年（1936）の製造業の生産額の45.1%である。安井国雄『戦間期日本鉄鋼業と経済政策』（京都：ミネルヴァ書房、1994年）、49頁、241頁。

富永憲生「1932～36年の日本経済：高度成長過程の分析」、原朗編『近代日本の経済と政治』（東京：山川出版社、1986年）、346頁に収録。
(141) 山本有造『日本植民地経済史研究』133-134頁。
(142) 中村隆英「概況：1937～54年」中村隆英編『「計画化」と「民主化」』（東京：岩波書店、1989）、5-6頁に収録。
(143) 「創立趣旨書」、東邦金属製錬株式会社編『営業報告書』、第1回、7頁。
(144) 『台拓文書』第194冊。
(145) 梅野清太は賀田組の出身で、「東台湾の総督」や「花蓮港で最重要の人物」と呼ばれ、東部企業界で大きな勢力を持っていた。林玉茹「殖民地辺区的企業：日治時期東台湾的会社及其企業家」341頁。
(146) 『台拓文書』第467冊、167頁、第1717冊、112頁。
(147) 昭和14年（1939）4月に、この企業は花蓮港庁に申請し米崙国有地を購入し、工場と事務所用地にし、基地の面積は2.9857甲である。昭和15年（1940）10月に竣工し、直ちに運営に着手した。そのうち、第一期工場の4,000坪には、粉砕工場、鉱石調理工場、半製品工場、熔融工場、溶解工場、コバルト粉砕溶解工場、コバルト電解工場、回燃炉工場、研究室およびゴミ槽を含んでいた。『台拓文書』第507冊、56頁。東邦金属製錬株式会社編『営業報告書』第4回、1頁。『台湾日日新報』1939年6月10日、第2版。
(148) 東邦金属製錬株式会社編『営業報告書』第3回、1頁。
(149) 『台湾日日新報』1941年3月15日、第2版。
(150) 『台拓文書』第1188冊、381頁。『台湾日日新報』1941年7月3日、第2版、9月30日、第2版、1942年1月6日、第2版。東邦金属製錬株式会社編『営業報告書』第4回、1頁、第7回、1頁。『東台湾新報』1941年7月19日、第3版。
(151) 大石嘉一郎『日本資本主義の構造と展開』（東京：東京大学出版会、1998年）、287-288頁。
(152) 太平洋戦争時期の増産政策と重点産業については、原朗「太平洋戦争期の生産増強政策」近代日本研究会編『近代日本研究9：戦時経済』（東京：近代日本研究会、1987年、231-256頁に収録。

(153)　東邦金属製錬株式会社編『営業報告書』第9回、1-2頁、4頁、第10回、1頁。
(154)　もともと総務部と鉱業部のほかに、新設の技術部と製造部があった。製造部の下には3つの課が設置されていた。『台湾日日新報』1943年5月16日、第2版。
(155)　『台湾日日新報』1943年9月18日、第2版。台湾通信社編『台湾年鑑』昭和19年版、619頁。
(156)　『台拓文書』第1794冊、111頁。
(157)　東邦金属製錬株式会社編『営業報告書』第11回、1頁。
(158)　東邦金属製錬株式会社編『営業報告書』第12回、1頁。台湾総督府編『台湾統治概要』348頁。
(159)　『台湾日日新報』1936年7月20日、第3版。1938年1月14日、第2版。台湾経済年報会編『台湾経済年報』昭和16年版、(東京：国際日本協会、1942年)、16頁。
(160)　『台湾日日新報』1941年7月19日、第3版、9月9日、第2版。『台拓文書』第467冊、167頁、第755冊、17頁、第864冊。
(161)　『台湾日日新報』1938年5月23日、第5版：台拓調査課編『事業要覧』昭和14年度、73頁。高原逸人『東部台湾開発論』34頁。
(162)　三菱財閥は早くも昭和16年（1941）8月に朝鮮化学と新興窒素との合併契約を結んだ。『読売新聞』1941年11月30日、第2版。『台湾日日新報』1942年1月7日、第2版。台拓『台拓社報』第39号（1939年8月31日）、220頁、108号（1942年7月31日）、281頁、第102号（1942年4月30日）、160頁。『台拓文書』第1188冊、384頁。
(163)　高原逸人『東部台湾開発論』34頁。『台湾日日新報』1939年8月8日、第2版、1941年5月25日、第2版。台拓調査課編『事業要覧』昭和14年度、73頁。新興窒素は東台湾電気に250万円を投資した。
(164)　昭和15年度の事務室、職員宿舎、社員クラブ用材料の一部分、および昭和16年度と17年度の全部に必要とする材料である。『台湾日日新報』1939年8月8日第2版。『台拓文書』第485冊、98頁。
(165)　新興窒素会社の建設工程は、最初は姉妹企業の朝鮮化学工業工場長の

永野紋三郎が兼任した。昭和16年（1941）7月に石川義一の専任を命令した。もともと石川は日産化学工業の参事である。6月入社。（『台湾日日新報』1941年5月25日、第2版、7月5日、第2版。

(166)　新興窒素工場の基地は24万坪である。台拓『台拓文書』第507冊、33頁、第759冊、77頁、第864冊、358頁。『台湾日日新報』、1941年4月23日、第2版。『東台湾新報』1941年3月10日、第3版。

(167)　『台湾日日新報』1941年7月31日、第2版。台湾経済年報刊行会編『台湾経済年報』昭和17年版、103頁。

(168)　『台湾日日新報』1942年4月20日、第2版。

(169)　『台湾日日新報』1942年1月7日、第2版。

(170)　例えば、工場建設の工程担当の石川義一は日本肥料界の権威である。石川は花蓮港に常駐し、「非常に期待されていた」。『東台湾新報』1941年7月19日、第3版。

(171)　大蔵省管理局編『日本人の海外活動に関する歴史的調査』第13巻：台湾編2（東京：大蔵省管理局、1947年）、146頁。

(172)　『台湾日日新報』1934年8月26日、第3版。1935年2月25日、第3版、4月23日、第5版、5月23日、第9版、5月24日、第4版。1936年6月16日、第3版。1938年10月9日、第5版。

(173)　『台拓文書』第467冊、167頁、第762冊、55頁、第864冊、62頁、第1794冊、94頁。台拓調査課編『事業要覧』昭和19年度、22頁。『読売新聞』1939年12月24日、第7版。

(174)　『台拓文書』第282冊、130頁。第2441冊、456頁。

(175)　台湾産金株式会社編『営業報告書』第2期、1941年5月、5頁。

(176)　新鉱区15ヵ所、計1,885,678坪。『台拓文書』第507冊、59頁、第282冊、147頁、第864冊、62頁。

(177)　台湾総督府外事部編『決戦下の台湾経済』（台北：台湾総督府、1944年）、14頁。台湾総督府編『台湾統治概要』402頁。

(178)　『台拓文書』第1794冊、94頁；台湾通信社編『台湾年鑑』昭和19年版、605頁、620頁。『台湾日日新報』1943年9月18日、第2版。

(179)　黄春江「台湾之石綿」『台湾銀行季刊』3(2)、1950年3月、131頁。

(180) 石綿は石綿布、石綿糸、石綿板、保温製品および他の加工品を製造することができる。呉玉階「石綿工業今昔」『花蓮文献』4（1955年10月）、99頁。台拓調査課編『事業要覧』昭和19年度、21-22頁。

(181) 台拓調査課編『事業要覧』昭和18年度、21頁。三日月直之『台湾拓殖会社とその時代：1936-1946』471頁。

(182) 『台湾日日新報』1937年3月13日、第5版。

(183) 例えば、昭和12年（1937）に三井物産台北支店長代理の岡田信治が花蓮港庁を視察し、品質が優秀で、埋蔵量が豊富な石綿に対して興味を示していた。昭和13年（1938）に、台拓も花蓮港庁で石綿鉱脈の試掘と調査を行った。『台拓文書』第194冊。

(184) 例えば、本社が大阪の伊東鉱業は石綿界での発展に意欲を示し、花蓮で調査を行った。当時の報道には「内外企業家が続々と花蓮で調査」とある。『東台湾新報』1941年2月21日、第3版。

(185) 『東台湾新報』1941年3月11日、第3版、3月31日、第3版；10月14日、第2版。

(186) 『東台湾新報』1941年7月14日、第3版、7月31日、第3版、10月14日、第2版。

(187) 台拓は最初に8,000株を出資し、後に砂田の4,000株を購入した。『台拓文書』第1188冊、388頁。

(188) 『東台湾新報』1941年6月11日、第3版、台拓調査課編『事業要覧』昭和16年度、28頁。

(189) 『東台湾新報』1941年7月14日、第3版、7月31日、第3版。『台拓文書』第2404冊、120頁。

(190) 『台拓文書』第829冊、59頁：第1188冊、388頁。

(191) 昭和19年度には119,856円の補助を与え、工場建設費に10万円を補助した（台湾総督府編『台湾統治概要』412頁）。一説では15万円を補助した。大蔵省管理局編『日本人の海外活動に関する歴史的調査』第13巻、台湾編2、164頁。

(192) 黄春江「台湾之石綿」132-133頁。

(193) 合計23万9,574.26円。『台拓文書』第2404冊、120-121頁。

(194) 昭和14年（1939）〜昭和20年（1945）に、石綿の歴年生産量はそれぞれ105トン、276トン、193トン、246トン、820トン、586トン、194トンである。民国37年（1948）に652トン、民国38年（1949）に410トン。黄春江「台湾之石綿」133頁。

(195) 葉淑貞「台湾工業産出結構的演変：1912〜1990」『経済論文叢刊』24(2)（1996）、239頁。

(196) 例えば、黄紹恒は1930年代の工業化が台湾社会に与えた変化には限りがあり、台湾の資本主義史上の産業革命は1950年代から全面的に展開したと指摘した。（黄紹恒『台湾経済史中的台湾総督府：施政権限与史料』、（台北：遠流、2010年、31頁）を参照。しかし、短期間に存在した台湾の石綿から言えば、戦前と戦後の労働者数は300人に近い、鉱区も主に戦時の鉱区の再整備である。小林秀雄は労働者文化と価値観の伝承も植民地遺産の一部分であり、戦後の工業化の発展にはプラスの役割を果たしたと指摘した。Kobayashi Hideo（小林秀雄）, "The Postwar Economic Legacy of Japan's Wartime Empire," in Peter Duus, R. H. Myers and Mark R. Peattie eds., *The Japanese Wartime Empire, 1931-1945.* (New Jersey: Princeton University Press, 1996), p.328.

(197) 中村隆英「「準戦時」から「戦時」経済体制への移行」近代日本研究会編『近代日本研究9：戦時経済』（東京：近代日本研究会、1987年）、25頁。岡崎哲二「戦時計画経済と価格統制」『近代日本研究9：戦時経済』（東京、1987年）、193-194頁に収録。

(198) 第3章と表3－7を参照。

(199) 『台湾日日新報』1937年4月2日、第9版。9月には、4万甲近くに達した。第3章第3節を参照。

(200) これらの企業には台拓、明治製菓、森永製菓、塩水港製糖、日東拓殖、杉原産業、台湾農産、東台珈琲、星製薬、台東振興などを含んでいた。『台湾日日新報』1937年7月31日、第9版。

(201) 『台湾日日新報』1937年9月16日、第6版。花蓮港庁内の最大規模の熱帯企業は杉原産業会社である。富里で苧麻、蓖麻、柑橘および香料などの栽培事業を行った。高原逸人『東部台湾開発論』75頁。

(202) 例えば、昭和13年（1938）5月までに、明治製糖会社の台東庁の上原、初鹿および利家の三地域の事業地は2,976甲に達した。主にカカオ、珈琲および茶を栽培した。杉原産業は新港、鹿野、加路蘭の事業地は1,580甲に達した。主に油脂、香料および薬用植物を栽培していた。小規模の台東振興株式会社の池上の事業地でも524甲に達し、綿花、サトウキビおよび落花生を栽培した。日本国立公文書館蔵「台東庁下企業割当地調」『公文類聚』第62編、昭和13年、巻35、番号2A-12-2121、25-26頁。

(203) 『台湾日日新報』1937年9月16日、第6版。

(204) 屋部仲栄「未開資源と熱帯産業の開発：台東庁の新興産業」屋部仲栄編『台湾地方産業報国』18頁に収録。

(205) 向高祐興「東台湾工業化」『台湾時報』（1942年7月号）、12頁。

(206) 台湾スレートの合資会社は最初に台東庁に設立した。台湾総督府編『台湾総督府第十三統計書』（台北：台湾総督府、1899-1944年）、明治42年、482頁。

(207) 東台湾企業の発展は、林玉茹『殖民地的辺区：東台湾政治経済的発展』（台北：遠流、2007年）、217-232頁を参照。

(208) 花蓮港庁編『花蓮港庁管内概況及事務概要』昭和14年版（台北：成文出版社、1985年）、41頁。

(209) 昭和12年（1937）以前に、住友、日本ニッケルおよび日曹など3社の1年間の生産量は2,500トンのニッケルであり、他はカナダからの輸入である。東邦金属の推計では、第4期生産量は26,000トンのニッケルである。『台湾日日新報』1938年8月24日、第2版。

(210) 東邦金属専務の和田盛一はもともと古河グループの足尾銅山鉱区の所長である。理事の中川末吉は古河電気工業の社長である。電力技師長の植木芳松は大日本電力、信濃電気、諏訪電気、磐成電化の理事、1927年に山形電化工業所の所長に就任し、タングステン、クロム、コバルト合金の製造に従事した。昭和10年（1935）以後には中国工業煉気公司の顧問技師を担当した。古河グループと東邦金属とは密接な資本と技術の関係を持っていた。『台湾日日新報』1938年8月4日、第2版、8月21日、第2版、10月17日、第2版。

第 5 章　投資事業：資本主義化と工業化の推進　　　301

(211) 長島修「日本におけるアルミニウム産業政策」、後藤靖編『日本帝国主義の経済政策』（東京：柏書房、1991年）、162頁、189-191頁に収録。
(212) 昭和18年（1943）5月に日本アルミは台湾北部の基隆に工場を設立した。しかし、最終的には建設されなかった。台湾通信社編『台湾年鑑』昭和19年版、607頁。
(213) Samuel P. S. Ho, *Economic Development of Taiwan, 1860-1970*. (New Haven: Yale University Press, 1978), p.75.
(214) 例えば、新興窒素は三菱系の日本化成によって合併された後に、花蓮港庁は三菱グループを非常に歓迎し、この動向は花蓮港庁の「工業界の一大飛躍」と期待された。『台湾日日新報』1941年11月19日、第2版。
(215) 台湾通信社編『台湾年鑑』昭和19年版、617頁。
(216) Carter J. Eckert, "Total War, Industrialization, and Social Change in Late Colonail Korea," in Peter Duus, R. H. Myers and Mark R. Peattie eds., *The Japanese Wartime Empire, 1931-1945*., pp.13-14.
(217) 『東台湾新報』1941年10月28日、第3版。
(218) 張家菁『一個城市的誕生：花蓮市街的形成与発展』138-139頁。
(219) 上の注に同じ。142-143頁。
(220) 広谷致員「花蓮港工業化と農業開発問題」15頁。
(221) 武田晴人編『地域の社会経済史：産業化と地域社会ダイナミズム』（東京：有斐閣、2003年）、2頁。
(222) 昭和11年（1936）花蓮街の人口は17,301人で、昭和18年（1943）の花蓮港市は39,480人。台湾総督府官房調査課編『台湾総督府第四十統計書』昭和11年（台北：台湾総督府、1938年）、44-45頁。台湾省行政長官公署統計室編『台湾省五十一年来統計提要』（台北：台湾省行政長官公署統計室、1946年）、85頁。
(223) 張家菁『一個城市的誕生：花蓮市街的形成与発展』140頁。屋部仲栄編『台湾地方産業報国』、97頁。
(224) Bruce Cumings, "The Legacy of Japanese Colonialism in Korea," in Raman H. Myers and Mark R. Peattie eds., *The Japanese Colonial Empire, 1895-1945*. (Princeton: Princeton University Press,

1984), p.487.

(225) 以下に観察する企業社数と資本額は、主に本社が東台湾地域に設置した現地の企業を指す。株式会社、合資会社および合同名義の企業を含む。しかし、明治製菓、森永製菓など本社を東台湾に設置していない企業は含んでいない。

(226) 台東庁には9社の農業会社、8社の工業会社が設置された。花蓮港庁には79社の会社。そのうち、工業会社は37社、商業26社、農業はわずか5社、その資本額比重はそれぞれが87.9％、5.2％および0.6％である。台湾総督府殖産局編『台湾商工統計』(第22次、台北：台湾総督府、1942年)、2-3頁。

第6章　結　　論

　台湾東部の台東庁と花蓮港庁の自然・人文条件は良好ではなく、昔から台湾の政治、経済の辺地的位置に所在していた。日本の統治初期においては、台湾総督府は政権の強化のために翻弄され、自然と管理を顧みる暇がなかった。現地に対しては、特殊化の方針を取り、民間企業の経営に放任する地域政策を採用した。しかし、交通の不便、市場と労働力の不足によって、日本内地の大資本の進出を誘引するのが難しかった。明らかに、植民地東部の辺地経済の近代化および資本主義化の展開は西部よりも遅々としていた。東台湾の植民地経済の出現について、矢内原忠雄が指摘した日本内地の大企業による漸進的な「蚕食現象」は、最初から見られなかった。他方、このような低開発地域に直面し、台湾総督府による大量のインフラ建設の投入が必要になり、コストとリスクがさらに高くなり、植民地主義の「搾取論」の観点は完全に適用することができなかった。

　明治末期から大正初期に至るまで、植民地政府は人口の少ない東部を帝国政府の移民基地にするように試みていた。しかし、直ちに失敗し、再び現地の日本私営企業の経営に放任する策を採用するようになった。しかしながら、民間企業は営利を目的にし、現地の発展に必要とする各種の建設への投資には消極的であり、成果が芳しくなかった。大正末期以降、総督府は国の力で東部開発を試みていたが、経費に限度があり、執行が困難なために、常に具体的な調査の後に早くも開発計画は消失した。ここから見えるように、台湾総督府は投資収益率の観点から植民地

統治について、辺地の東部を積極的に開発するか否かは、終始躊躇して決められなかった。つまり、植民地政府の東台湾経営に、日本植民地主義のもう一つの姿を見ることができるのである。

1930年代の戦争準備期および戦争期に入り、一方では世界の経済形態は自由貿易から自給自足を主とするブロック経済の発展へと展開するようになった。他方では、日本帝国圏内の資源に限りがあり、長期にわたり外国の原料に依存していた。それに帝国の絶えざる過度の拡大に対応し、軍需資源の確保のために極力その準備が必要であった。資源の遊閑放置は許されず、植民地の辺地の開発が必要になった。1930年代半ばに、東部開発論の呼び声が高まり、日中戦争の勃発以降、東台湾は国家と企業の共同構築の下で、産業開発計画を積極的に展開するようになった。

過去の私営企業の経営状態が芳しくない事実を見て、植民地政府は単に営利追求を目標とするのではなく、政府の政策に合わせることができる企業を辺地に導入して開発させるようになった。昭和11年（1936）末、帝国政府および植民地政府から多くの特権が与えられ、官民共同出資による超大型の拓殖型国策会社の台湾拓殖株式会社（以下、台拓）が設立された。自然の成り行きとして、台拓は東部の資源開発の重い負担を荷なうことになった。日本の紡績産業が必要とする海島綿を東部に栽培することができ、西部に比べて東部は熱帯作物の栽培に適切であると考えていた。そして、広大な官有未開墾の林野地を擁し、台湾総督府と台拓はこの地で熱帯作物の栽培業を優先的に推進するように決意した。昭和11年（1936）に、台拓は「東部開発調査委員会」から提出された開発方策を東部事業の青写真とした。開墾、造林および移民事業が最初に東部で展開されたのみならず、その後、次第に西部地域にも推進されるようになった。長期にわたり、東部の投資事業は全台湾の第2位を占めるよう

　　　　　　　　　第 6 章　結　　論　　　　　　　305

になった。

　昭和12年（1937）7月、まず、台拓は台東庁で出張所を設置し、農林業および移民事業に重点を置いた。台湾の西部や華南、南洋地域の経営の仕組みと比べると、西部と島外地域は最終的には支店ランクに昇格したが、東部の経営組織は終始かわらず出張所ランクの位置を保ち、組織での格付けランクが高くなかった。辺地の組織の仕組みの中での格付けにおいて、東部事業の規模拡張には限界があることは明白であった。

　台拓の東部の経営戦略は、帝国政府の戦略の変化に従って、前後2つの段階に大まかに分けることができる。また、地域資源の相異によって、明らかに空間的配置の差異をもたらした。台拓創業の初期、台東庁の未墾地が最も多く、軍需熱帯作物および優良作物品種の栽培に適し、東部で唯一の農産試験場を持っていた。それに、山地開発の要地であり、台拓によって熱帯栽培業の試験地、並びに台東興発、台湾綿花および星規那の3つの拓殖型会社の投資や新設が計画された。明らかに、産業の配置からは「台東重視・花蓮軽視」の現象を生み、組織の仕組みおよび人事の配置からもこのような特色を反映していた。そのほかに、農林業重視の事業性質に合わせ、成果が速く得られるように、東部機構の創設時に所長から基層職員に至るまで、主に地方政府の産業技術官僚（テクノクラート）の「現地採用」主義が顕著であり、出張所の組織も政府の編制に従い、台拓の辺地組織の政府依存の色彩を充分にあらわしている。

　昭和13年～19年（1938～1944）の間に、台拓は台東庁と花蓮港庁の2つの庁の8つの開墾事業地、3つの栽培造林事業地および大武山地開発事業地が次々と設置され、開墾、栽培造林および移民事業を推進するようになった。台東庁の事業地が最も多く、しかも綿作を主とし、花蓮港庁は苧麻の栽培に着手した。開墾事業は荒地の開墾を優先したが、初期

計画の大半の開墾地は、綿花、苧麻、蓖麻、黄麻（ジュート）などの国策作物の栽培を必要とし、軍需熱帯作物の栽培を中心とする傾向が顕著であった。栽培事業は帝国政府および総督府の戦時農業増産政策に完全に合わせ、時局の変化に従って、戦略的価値の高い作物の栽培に調整していた。最初は各種の南洋原産で、非台湾原生の新しい軍需作物を絶えず試験栽培した。戦争末期になると、苧麻以外に、大部分の国策作物の栽培の成果は順調には行かなかった。それに決戦期に不足していた資源の供給を目標にし、栽培の効果が芳しくない作物や情勢のニーズに合わない作物を直ちに放棄し、台湾の畑地や山坡地（山の斜面地）に適した原生作物を優先的に栽培するようになった。

自然の災害や労働力の不足によって、台拓の東部での農林事業は予期の成果よりも遥かに低いが、しかしながら、シュナイダー（J. A. Schneider）が指摘したように決して無成果ではなかった。昭和15年（1940）以降、日本、朝鮮および台湾西部は次第に米穀の増産に向かったが、東部は依然として熱帯作物を中心にした事業地が最も多く、面積も最も広範囲であった。つまり、東部は植民地辺地として、日本帝国圏内の軍需の熱帯栽培試験地の戦略的地位を充分にあらわしていた。他方、東部事業地は河川の荒廃地、浅山丘陵地および山地地帯などのフロンティアに位置していた。台拓の現地での経営は、戦時体制下の国防資源の開発および生産力拡充計画の需要を秘かに含んでいた。植民地の限界土地の全面的な利用および拡張について、国策性は明らかに営利性よりも高かったのである。台拓が東台湾で提唱した多元化の作物栽培は、面積が大幅に拡大しただけではなく、戦後の現地の山坡地の利用にも影響している。

東台湾の全面的開発のために、過去の植民地政府が帝国政府の想像的

な「東台湾の内地化」構想を満足させたが、しかし、台拓は逆に西部から本島人（漢人）を直接的に導入し、開墾および軍需指定作物の栽培の任務を負うことになった。新興作物の大多数は先に移民から試作を行い、その後に対外的に普及するようになった。台拓は本島人を主とする移民事業を行ったが、以前に実施した総督府の官営移民政策とは大いに相異していたのみならず、朝鮮の東洋拓殖株式会社、満州の満洲拓殖公社の場合の、帝国政府の内地人（日本人）偏重の移民政策と比べても極めて異なっており、移民事業の規模も微々たるものであった。台拓が東部で本島人の移民を実施したのは、主に現地の内地人の移民の効果が芳しくなかったためであり、本島人の移民が成功したのは、熱帯作物の栽培に非常に慣れていたからである。しかし、東部のフロンティアの土地開墾の環境は悪く、移民離れが頻繁に起こり、移民事業の成果は創業時の予測に到達することができなかった。それにも拘わらず、相対的に台拓の西部の内地人の移民事業は進んだが、東部の内地人移民事業は停滞して進まなかった。台拓の本島人移民は綿花および苧麻などの国策作物の栽培を主力とし、終始持続的に推進され、かつ様々な補助金および安価な地租代金によって移民の永住を誘引するようになった。明治末期以来の東台湾の官営および私営移民事業と比べると、わずか10年間で台拓は優れた成果を挙げ、東部移民史上において最大規模の集団移民の実現をもたらしたのである。台拓の本島人移民は植民地政府の辺地移民政策に対する宣伝効果を持ち、東部では本島人の移民ブームが出現し、戦時台湾の人口移入の最もホットな地域になった。そのほかに、移民政策および軍需産業の推進過程の中で、地方の庁・県、植民地政府および帝国政府の植民地辺地政策には依然として差異が存在していた。

　直属の農地開墾事業以外に、昭和12～13年（1937～1938）に台拓は台

東庁で3つの拓殖型企業を新設あるいは投資した。台東興発は最初に設立した拓殖型会社であり、主に地場の日本企業家が出資し、台拓が育成投資型の支援方式を採用した。台東興発は重点的に東部労働力の協力事業を行い、特に地方庁から原住民の労働力配分の特権を提供してもらった。しかし、いったん政府から特権が回収されると、台東興発は直ちに経営の困窮に直面するようになり、終戦前には既に倒産した。ここから見られるように、台湾は植民地40数年の発展を経ていたが、東部の地場資本は依然として資金力が弱く、明らかに東部の開発は国家や日本の内地大資本による資金の投入が必要であった。相対的に、台拓は全額や高額による投資で子会社の形式を設け、直接的、漸進的に台湾綿花会社と星規那会社の経営権を掌握し、台湾、華南および南洋地域の綿花とキナノキ（キニーネ）事業の発展を主導した。2つの企業の運営は次第にスムーズに発展するようになった。しかし、台湾綿花はもともと東部の高級海島綿の発展を目標にしたが、最終的には成功の手前で失敗した。東台湾の綿花の生産量および原綿の加工量も微々たるものであり、逆に台湾の南部が台湾綿花会社の綿花と綿業の生産センターになった。キナノキ事業は相当成功し、東部は帝国圏内で最も早く、最も重要な生産基地になった。星規那会社は日本帝国の南進の足跡に合わせ、海外のキナノキ事業の生産と運営を統括するようになった。

　台拓は台東庁を中心に軍需熱帯農業および拓殖企業を発展させ、試験的性質が高く、東部をこの企業の熱帯栽培業の大本営にした。それだけでなく、東台湾の人材、物産の品種および技術を華南および南洋に移植し、植民地の辺地の戦略的地位を大幅に向上させた。まず、昭和15年（1940）から東部のベテランの所長と職員を華南、南洋地域の新設事務所や本社の南方部門に次第に転属させ、同時に南洋関連の社員も東台湾

で短期訓練を受けていた。明らかに、東部機構は台拓の南進を目的とする農業開墾の人材資源の育成所であった。初代の台東出張所所長の後藤北面は、東台湾の熱帯栽培モデルを完全にコピーし、海南島と南洋地域に移植した。その次に、大正年間以前に、台湾は南洋から種子を輸入し、試験的に栽培している。逆に戦時中は、台湾で長年にわたり改良した綿花、苧麻などの種子を日本帝国主義勢力の南進に沿って、南方に拡散・普及させるようになった。台湾の農業の近代化の経験も一歩進んで華南および南洋に伝播するようになった。それに、東部の本島人の移民事業は、台拓の南洋移民の試金石であり、移民の経験の大半はコピーされて、英領ボルネオに移植するようになった。そのほかに、台東の星規那会社は、台拓のキナノキ事業の指揮センターになり、世界最大のキナノキ産地のジャワの事業を統括した。明らかに、台拓の目的は東台湾での熱帯栽培業の研究成果と経験を、華南および南洋地域の企業創業の使命に応用することにであった。これは戦時の植民地の辺地の日本の南進拡張における位置付けをあらわすものにほかならない。南洋の特殊な新しい作物の栽培、普及および経験を再輸出するのが台拓の事業の特色であり、満州と朝鮮の国策会社ではこのような現象はなかったのである。

　前期の台東庁は熱帯栽培業を核心とする産業の配置のほかに、昭和13年（1938）後半以降、日本帝国の軍需重化学工業の拡大の必要性が急速に高まり、花蓮港庁における台拓の東部工鉱業センターとしての位置が次第にクローズアップされるようになった。同時に、苧麻業が順調に発展し、「花蓮重視・台東軽視」の現象も益々顕著になった。他方、国策会社の経営は依然として植民地主義の枠組みから抜け出すことはできなかったが、日本人の昇進を優先し、日本人と台湾人の間では差別待遇を採用した。しかし、昭和15年（1940）以降、東部出張所の人事異動が次

第に頻繁になり、戦局が厳しくなり、戦線が拡大して、日本人が足りず、止むなく台湾人を大量に起用するようになり、台湾人が上級社員に昇進するチャンスが訪れることになった。

　後期の重化学工業の展開は、一種の資源確保の戦略であり、南洋の原料を台湾の工業の発展に結合するように図った。植民地政府は花蓮港庁を東部工業化の基地とすることを企図し、最も重要なキーポイントは昭和14年（1939）に花蓮港の建設工事が完成したことである。南洋の原料を東台湾に輸送し製造することが可能になり、それに花蓮港庁内には豊富な水力発電の潜在力、広大な臨港工業区および地下資源の埋蔵量が豊富であったことである。昭和13～16年（1938～1941）、台拓は帝国政府および植民地政府の生産力拡充計画に合わせて、ニッケル軽金属製造の東邦金属、尿素石膏肥料製造の新興窒素、金鉱採掘の台湾産金および日本帝国圏内唯一の石綿製品製造の台湾石綿などの4大重化学会社に、前後して投資や新設するようになった。産業に対する国策の度合いの大小が異なり、帝国政府と植民地政府の支援および資源の配分にも相異があり、これらの企業の運営効果も大きく異なっていた。東邦金属および台湾石綿は終始一貫して生産力拡充計画の重点企業に編入され、植民地政府の全面的な支持が得られた。そして、帝国政府からの指令を受け、運営状況が最も良く、利潤を挙げることができた。台湾産金は最初に重点企業に入れられたが、決戦期に銅鉱は金鉱の生産よりも重要であり、解散させられるようになった。新興窒素が製造した尿素石膏は、終始帝国政府の生産力拡充計画に編入されず、ただ植民地政府が提唱した産業であったので、最初から戦時の資材の不足に大きく制限を受け、展開が遅々として、最後には三菱財閥に合併された。台拓の東部鉱工業の発展は、戦時台湾の工業化の帝国政府の戦略的配置の中の計画性と統制性を存分にあらわし

ていた。ここから見られるように、台拓はやはり帝国の「戦争の機器」であり、台拓の台湾での利益が帝国の利益よりも重視されるというシュナイダー（J. A. Schneider）の主張は、必ずしも妥当性があるとは考えられない。

電力が完全に開発されず、戦争の資材不足の制限の下で、花蓮港庁の工業化には窮迫性と発展の限界があった。しかし、朝鮮の東拓の大都市の投資偏重傾向に対し、台拓の資本および労働力の不足の植民地辺地に、新興の重化学工業の投入は、日本植民地政策の創挙にほかならない。次に、戦時の日本帝国圏内の自給自足を達成するために、植民地の産業発展は日本内地の発展と同じ軌跡を辿っていた。しかし、台湾は帝国の最南端地の地政学的位置に所在し、その工業化は南洋の原料の直接的利用という特殊的な意義を持ち、産業戦略の配置も日本帝国の拡張圏の影響を受けることになった。即ち、戦時花蓮港庁の工業化は、花蓮港から南洋の原料や現地の特殊な鉱脈埋蔵の利用による発展を図っていた。そのために、過去の植民地辺地の後進性を改めて、はじめて東部は台湾の西部とほぼ同じ歩調で、共に重化学工業化を推進することになった。一方では、宗主国日本から資本、技術、設備および制度の移入の移植型工業化の特徴を持っていた。他方、太平洋戦争以降、日本は欧米の最新技術を入手することができず、これらの新興重化学工業もその独自性によって台湾の現地での研究開発と再創造ができた。

再び国策会社と東部地域の発展を見ると、1930年代半ばの台拓の進出は、もともと植民地の辺地に位置する東台湾に対し、疑いもなく大きな衝撃を与え、この地に対する台拓の影響は、台湾のほかの地域よりも顕著である。おおまかに言えば、総督府および台拓の辺地の改造という初志を達成したと考えられる。まず、台拓の進出の前に、東部の２つの庁は低開発で、資本および労働力が相当不足の地域であった。企業の近代

化と資本主義化の度合いも全台湾の末席を占め、昭和12年（1937）以前、花蓮港庁の企業の総資本額は500万円余に過ぎなかった。しかしその後、台拓の主導の下で熱帯栽培業と軍需重化学工業の発展によって、日本内地の大企業がこの地に投資するようになり、資本規模も100万円単位、1,000万円単位を投入するようになった。台拓の企業投資の総資本額は2,700万円に達し、それ以前の花蓮港庁内の5倍強である。他方、戦争時に花蓮港庁に進出した鉱工業企業は、東部地域の水力発電を共同で開発しただけでなく、近代化の企業経営モデルと技術を持ち込んで、戦後の花蓮の工業化の基礎を築くことになった。これは戦後初期の台湾石綿の成果から明らかに検証することができる。第2に、東台湾の産業は米穀とサトウキビ栽培の農業を主とし、熱帯栽培業および工業化の大幅な推進に従って、産業の多元化および計画的発展に転向するようになった。特に限界地域は新興熱帯農業の新天地で、景観が大幅に変化するようになり、原住民でさえも熱帯作物を試行栽培するようになった。フロンティア土地の多元化栽培は、戦後に至るまで持続され、「台拓地」という用語も1990年代以前の東部浅山丘陵地の重要なシンボルになった。第3に、1930年代以前の東部は、長年大量の集団移民の移入を吸引することが難しく、官営移民や私営移民のいずれの成果にも限界があった。しかし、1930年代半ば以降、台拓の主導の下に新興企業は集団移民を積極的に推進し、大量の就業のチャンスと契機をもたらした。移民の自由移入を吸引し、東部の人口が2倍へと急速に増加して、新たな村落が多く出現した。台東街も新興熱帯企業の進出で、建設が一新され、規模が拡大し、産業都市へと向かって発展するようになった。花蓮港市は戦争の時局の下で新たに建設された工業都市であり、台湾第2の臨港工業区が出現し、台東街に替わって東部の地域センターになった。それによって、日本植

民地統治末期から戦後の花蓮市の地位を構築するようになった。第4に、花蓮港庁と台東庁の産業はもともと農業生産を主としていたが、戦時の植民地政府は帝国の戦略的配置に合わせ、台拓の主導の下で、東部産業の空間的再構築を展開した。これによって、「農業台東・工業花蓮」という産業の異なった発展のイメージが形成されるようになった。

確かに、台拓は東台湾地域を成功的に改造したが、目的と市場から言えば、戦時東部の熱帯栽培業と工業化は地方の需要によって生まれてきたものではなく、植民地の辺地経済の内部との関連は大きくはない。それは帝国政府の生産力拡充計画に合わせて、製品や一次製品を宗主国日本に再輸出し、あるいは宗主国市場および軍需産業に直接に供給して、日本の戦時経済システムの中に統合することであった。そのために、マイヤーズ（Ramon H. Myers）の満州および華北での観察のように、東台湾も戦争によって出現した植民地辺地の「飛び地経済」であると見ることができる。その次に、植民地辺地の戦争時の開発は、とことんまで追い詰められた方式の開発戦略を採用したことにその局限性を持っていた。しかし、辺地の全面的開発、経済の近代化および資本主義化は、迫られて急速に展開され、後に東部の農産試験場および米崙工業区は植民地時代に残された"遺産"になり、戦後の現地の農業および工業の発展にある程度の役割を果たした。それは戦時東部の産業開発に対し、植民地の飛び地経済および植民地の遺産の二重性を持っていた。

総じて言えば、西欧諸国の植民地帝国に対し、確実に日本は植民地の依存が最も深い植民国家であった。戦時の国防資源開発の切迫の下で、国策会社を通じて東台湾を全面的に開発し、新興軍需産業を新たに再構築したことであった。帝国政府および総督府の代理者としての台拓は、

命令を受けて植民地の辺地を改造し、地域資源の差異に沿って、台東庁を軍需産業の熱帯農業試験地に変化させ、花蓮港庁を東部の工鉱業の基地に改造した。帝国圏内に東台湾のいくつかの独自性において、1、2位を誇る拓殖型や重化学企業を持ち、帝国全体の戦略的配置に一席の座を占めるようになった。そして、台拓は熱帯栽培の経験を更に一歩進んで華南および南洋に複製して移植し、熱帯地域の台湾の日本帝国における位置付けの特殊性を存分に反映していた。他方、国策会社台拓の東部経営は、軍国日本の経済の統制化、計画化および工業化を充分に統合させるようになった。そして、戦時経済および植民地の辺地の資本主義化および経済近代化の過程を結合させたのである。

付　　録

付録1　台拓の東台湾事業の職員の任免

出張所	資格	姓名	任免状況	前職	資料来源
台東出張所	技師	後藤　北面	昭和12年7月19日、台東出張所主任 昭和13年4月1日、台湾綿花株式会社台東工場主任 7月1日、台東出張所所長、10月、星規那会社理事（取締役）。 昭和15年2月、海南島陵水事務所、馬嶺事務所所長に転任	台東庁勧業科技師	D15-223 D23-316 D25-341 D28-400、 E15-9
	技師	押見　仁	昭和15年2月、台東出張所所長 16年12月11日、任期内で死亡		E15-9； B999-73
	副参事/参事	石塚　正吉	昭和16年12月17日、台東出張所所長 昭和19年4月1日、参事に昇格、台東出張所所長兼花蓮港出張所所長、後に花蓮港出張所所長に転任	昭和12年台中支店書記と土地課課長	B1997-91、 B2300、1997-91、 2300、C27、 D94-142、D149-18
	技手/技師	平川　一郎	昭和19年4月1日、台東出張所所長代理、技師に昇格	高雄支店技手	D149-18
	社員	西島　佐十	昭和20年、台東出張所所長		B2036-11
	書記	跡部　孔夫	昭和12年7月31日、着任 昭和18年12月10日、台拓化学工業株式会社に転出		D15-223、 D141-579
	書記	奈良　倉重	昭和13年10月1日、着任	総務部	D27-381
	書記	佐野　福一	昭和14年2月2日、着任 昭和17年11月4日、南方第一部第二課に転任		D32-15、 D115-490
	書記	竹野　博	昭和17年7月15日、着任 昭和18年1月1日、三亜農場に転任		D108-275、 D119-13
	書記	吉岡幸太郎	昭和18年4月7日、着任	南方二部第三課	D125-144
	技手	吉良九州男	昭和12年10月25日、兼職	拓殖課技手	D18-245
	技手	加来　惟康	昭和13年6月1日、着任 昭和14年10月12日、台東出張所長不在時代理 昭和16年12月11日、台東出張所所長代理、12月18日所長代理解任、昭和18年4月7日新竹出張所に転任		D24-322、D42-267、 D94-142、D125-144

台東出張所	技手	端詰　富吉	昭和13年着任済、昭和14年3月9日任、6月30日解職、星規那株式会社に転任		D33-37、D37-169
	技手	清瀧　龍三	昭和13年着任済、昭和17年10月1日、業務部南洋課に転任		D113-436
	技手	日高　杢哉	昭和13年着任済		F23-24
	技手	山田　正	昭和13年着任済		F23-24
	技手	松原　新吾	昭和17年2月28日、着任 10月1日、業務部南洋課に転任	台南支店	D95-51、D112-436
	技手	馬奈木文夫	昭和17年9月27日、着任 昭和19年4月26日、花蓮港出張所を兼担		D113-417、D151-67
	技手	□地　富雄	昭和19年1月21日、着任 4月26日、花蓮港出張所を兼担		D145-458、D151-67
	嘱託医師	彭　華澤	昭和13年7月1日、任命		D26-360
	嘱託	安部　忠一	昭和14年、着任 昭和19年3月20日、依願離職		B410-128 D148-596
	雇員／書記	津留　博	昭和13年着任済 昭和16年、台湾第三部隊に入隊 昭和18年7月1日、書記に昇格 昭和18年11月10日、総務部経理課に転任		D86-256、D151-291、D140-537
	雇員	氏原　久雄	昭和16年着任 昭和17年7月15日、藤橋牧場に転任		B999-73、B1136-556
	雇員	蔡　振廷	16年2月1日、着任		D74-452
	雇員	高本　信定	16年9月11日、着任	三亜農林事務所	D88-210
	雇員	齊藤　敏治	昭和16年9月30日、依願離職		D89-199
	雇員	藤田　角一	昭和16年4月1日、着任	陵水事務所傭員	D77-421
	雇員／技手	戸田　策郎	昭和16年6月1日、雇員に任命 昭和18年7月1日、技手に昇格		D81-312、D131-291、D140-537
	雇員	鹿毛　祐爾	昭和17年7月13日、傭員から雇員に昇格	前任は傭員	D110-368
	雇員	竹田　静夫	昭和17年7月13日、雇員に任命 初鹿から台東に転任	前任は傭員	D110-368
	雇員	青田　安雄	昭和17年7月13日、雇員に任命 昭和18年1月22日、依願離職	前任は傭員	D110-368、D120-40
	雇員	酒向　準子	昭和17年12月18日、雇員に任命 昭和18年8月23日、依願離職		D119-10、D134-362
	雇員	巫　絮昌	昭和18年1月1日、雇員に任命		D120-34
	雇員	周　少卿	昭和18年1月1日、着任		B2274-12
	雇員	松浦　吉治	昭和18年1月10日、雇員に任命 昭和18年11月8日、依願離職		D121-60、D139-521

付　　録

台東出張所	雇員	巫　　晶	昭和18年2月1日、新竹出張所に転任		D121-68
	雇員	江　金　波	昭和18年2月1日、就任	新竹出張所	D121-68
	雇員	内藤寿美男	昭和18年2月5日、就任	拓殖課	D121-70
	雇員	今村　光雄	昭和18年2月5日、雇員に任命		D122-82
	雇員	植田　幸作	昭和18年5月17日、着任	経理課	D128-198
	雇員	東　　與助	昭和18年6月7日、雇員に任命		D130-256
	雇員	野村　中則	昭和18年7月7日、着任	南方第一部第一課	D131-295
	雇員	川島　正男	昭和18年7月7日、着任	上に同じ	D131-295
	雇員	上川床ミネ	昭和15年着任 昭和18年7月1日、依願離職		D131-296、B419-18
	雇員	清水　綾子	昭和18年7月1日、雇員に任命		D132-312
	雇員	河合ひな子	昭和18年10月12日、雇員に任命		D138-488
	雇員	黄　瑞　奇	昭和19年1月1日着任、雇員に任命		D143-423
	雇員	張　瑞　吟	昭和19年1月1日着任、雇員に任命		D143-423
	雇員	林　顕　賢	昭和19年1月1日着任、雇員に任命 昭和20年1月11日、離職		D143-423、D167-154
	雇員	支広三千穂	昭和19年4月5日着任、雇員に任命		D149-20
	雇員	石塚　悦子	昭和20年1月20日着任、雇員に任命		D167-153
	傭員／雇員	前田　良平	昭和13年着任 昭和17年4月1日、雇員に昇格 初鹿事業地に転任		D101-125、B1136-569
	傭員／雇員	涂　樹　妹	昭和14年9月1日着任、傭員 昭和18年7月1日、雇員に昇格 昭和19年4月26日、花蓮港出張所に兼任		B2274-12、D132-308、D151-67
	傭員	張　明　発	昭和15年4月6日、着任		B2274-12
	傭員／雇員	陳　立　水	昭和16年4月1日、着任 昭和19年1月1日、雇員に任命		D144-439、B2274-12
	傭員／雇員	江　西　鑫	昭和19年1月1日、雇員に昇格 昭和19年4月26日、花蓮港出張所に兼任		D144-439、D151-67
	傭員	鄭　秀　英	昭和17年7月1日、着任		B1136-629
新開園事業地	嘱託	近藤　三郎	昭和16年6月19日、着任 昭和17年2月28日、依願離職		D82-300、D98-78
	雇員	王　俊　明	昭和19年1月着任		B2308
	傭員	詹　昭　慶	昭和20年1月1日、着任		B2274-13
新武呂	雇員	青木　長男	昭和17年2月16日、雇員に任命		D102-151
池上	傭員	鍾　順　全	昭和16年7月着任		B2308

池上	傭員	温　阿　登	昭和18年12月、着任		B2308
	傭員	中田　　清	昭和20年2月1日、着任	戦後、林清に改名	B2274-13
	傭員	廖　添　徳	昭和20年7月1日、着任		B2274-13
都蘭	雇員	傳元　太郎	昭和18年1月1日、着任、雇員	18年4月13日、岩本武夫に改姓名	D120-36
	傭員	郝　玉　楊	昭和18年7月、着任		B2308
初鹿	雇員	前田　良原	昭和17年7月4日、着任	台東出張所	D106-253
	雇員	曾　俊　文	昭和19年10月5日、着任		B2274-12
	傭員	中田　栄治	昭和15年8月、着任	陳隆記に改名	B2308、B2274-13
台湾綿花会社	書記	西村　保介	昭和16年7月5日、着任		D83-289
	書記	川邑己之助	昭和16年7月14日、着任		D83-289
知本農場	技師	芹澤　　立	昭和19年6月1日、知本薬草栽培農場主任に任命、知本農場に駐在		D153-111
花蓮港事務所	技師	田中　正頴	昭和13年9月11日、花蓮港事務所主任に着任 昭和15年は出張所長	前職は花蓮港庁産業技師	D27-381；A137
	技師	中村　武久	昭和16年、花蓮港出張所所長に就任 昭和17年10月5日、業務部南洋課に転任		D113-440、D149-18
	副参事	松井　三省	昭和17年10月5日、花蓮港出張所所長に転任 昭和19年4月1日、拓務部土地課に転任	海口支店長代理	同上
	副参事／参事	石塚　正吉	昭和19年4月1日、花蓮港出張所所長兼台東出張所長に任命、民国35年、花蓮港出張所所長に任命	台東出張所所長	D149-28 B2300
	技手／技師	鈴木　丈夫	19年4月1日花蓮港出張所所長代理、技師に昇格 昭和20年5月5日、花蓮港出張所所長代理 昭和20年5月19日、鶴岡事業地主任兼任	台中支店技手	D149-18、B2047
	技手	伊藤　　旭	昭和20年花蓮港出張所所長に就任		B2036-11
	書記	青木　　婧	昭和17年7月15日、陵水農場に転任		D108-275
	書記	岡崎　武繁	昭和17年8月7日、着任	陵水農場書記	D111-399
	書記	山田竣介助	昭和18年9月1日、休職 台湾石綿会社に転出		D135-401
	書記	山元　義顕	昭和18年1月13日、着任	経理課	D120-38
	技手	清杉　九一	昭和14年6月5日、任命 昭和17年10月1日、業務部南洋課に転任	花蓮港事務所時在任	D36-125、D112-436
	技手	松永　主一	昭和17年、着任		B1136-474

付　録

花蓮港事務所	技手	堀　　正	昭和17年11月14日、技手に就任 昭和18年8月3日、鶴岡事業地主任兼苧麻綿試験工場 9月13日、苧麻事業所および所長不在時代理を兼任 民国34年12月10日、離職		D115-492、 D133-341、 D136-428、 B2300
	技手	河野　盛時	昭和18年8月1日、技手に就任		D133-342
	技手	陳　春枝	昭和19年4月12日着任、技手に任命		D150-43
	技手	藤澤　和人	昭和19年5月4日、着任 昭和20年1月15日、離職	拓殖課技手	D151-67、 D167-154
	雇員	林　阿義	昭和16年1月1日、雇員に任命 花蓮港出張所勤務、長良事業地駐在		D73-474
	雇員／嘱託	栗林　新平	昭和16年1月1日、花蓮港出張所勤務、長良事業地駐在、昭和17年7月1日嘱託に改任、民国34年12月10日、離職		D73-473、 D109-305、 B2300
	雇員／書記	木村　速雄	昭和17年1月24日、着任 昭和20年9月1日、書記に昇格	昭和13年拓殖課見習、土地課	D96-51、 D185-94
	雇員	御船　清市	昭和17年4月16日、瑞穂苧麻綿工場、雇員に任命 昭和18年9月17日、苧麻事業所に転任		D102-154、 D136-429
	医務嘱託	張　　輝	昭和13年9月10日、着任		D32-17
	雇員	松林　正義	昭和17年、着任		B1136-474
	雇員	堀尾　花子	昭和17年7月1日、雇員に任命 昭和18年1月22日、依願離職	前任は傭員	B1136-307、 D120-40
	雇員	阪本午之進	昭和17年7月13日、雇員に任命 昭和18年9月17日、苧麻事業所に転任	前任は傭員	D110-368、 D136-429
	雇員	游　金坤	昭和18年1月1日、雇員に任命 昭和20年2月10日、依願離職		D120-33、 D170-158
	雇員	鐘ヶ江明雄	昭和18年1月1日、雇員に任命		D120-34
	雇員	宮上　八郎	昭和18年1月23日、臨時駐在に任命 昭和18年3月18日、免職	経理課	D121-61、 D124-116
	雇員	増馬　ミチ	昭和18年1月28日、雇員に任命 昭和18年10月11日、依願離職		D121-66、 D138-492
	雇員	林　阿叢	昭和18年5月28日、雇員に任命		D129-228
	雇員	内之倉正人	昭和18年7月7日、着任 昭和19年5月29日、依願離職	南方第一部第一課	D131-295、 D152-91
	雇員	青木　幸子	昭和18年7月7日、雇員に任命 昭和19年3月15日、依願離職		D132-312、 D148-596
	雇員	游　祥麒	昭和18年10月15日、拓務部拓務課に転任		D138-489
	雇員	後藤　章二	昭和18年11月11日、臨時駐在に任命 昭和19年2月15日、臨時駐在を解除	経理課	D140-537、 D145-460

花蓮港事務所	雇員	古川 勇蔵	昭和19年1月15日着任、雇員に任命		D143-423
	雇員	張 柱	昭和19年1月20日着任、雇員に任命		D145-45
	雇員	須原 政雄	昭和19年1月21日着任、雇員に任命		D145-45
	雇員	小林新太郎	昭和19年1月21日着任、雇員に任命 昭和19年12月28日、拓務部拓殖課に転任		D145-45、 D167-148
	雇員	曾 甘露	昭和19年4月17日着任、雇員手に任命		D150-43
	傭員	山本 猪一	昭和14年7月着任	花蓮事務所	B368-66
	傭員	林 貴春	昭和17年8月20日、依願離職		B1136
鶴岡	雇員	鍋谷 時雄	昭和17年9月1日鶴岡事業地、雇員に任命		D111-401
	雇員	謝 逢保	昭和17年9月1日鶴岡事業地、雇員に任命 昭和18年7月15日、依願離職		D111-401、 D132-317
	雇員	岡本真一郎	昭和18年2月5日就任	拓殖課	D121-70
	技手	山城 親助	昭和18年10月4日、鶴岡事業地臨時駐在に任命 昭和18年12月1日、解任	南方第一部第一課	D137-467、 D141-575
	技手	洲鎌 実	昭和18年10月4日、鶴岡事業地臨時駐在に任命 昭和18年12月1日、解任	巴丹事務所	D137-467、 D141-575
	雇員	楊 鳳繡	昭和18年10月4日、鶴岡事業地臨時駐在に任命 昭和18年11月9日、解任	マニラ事務所技手	D137-467、 D141-575、 D140-537
	技手	松延 彪夫	昭和18年10月4日、鶴岡事業地臨時駐在に任命 昭和18年12月1日、解任	古晋事務所	D137-467、 D141-575、 D141-576
	技手	松原 健二	昭和18年10月11日、鶴岡事業地臨時駐在に任命 昭和18年12月1日、解任	南方第一部第一課	D138-488、 D141-576
	雇員	中川 哲男	昭和18年11月9日、鶴岡事業地臨時駐在に解任	マニラ事務所	D140-537
	雇員	林 松連	昭和19年3月31日、鶴岡事業地臨時駐在に任命	巴丹事務所待機中	D148-588
	雇員	陳 瑞意	昭和20年1月29日、花蓮港出張所着任、鶴岡事業地に駐在。		D167-149
	傭員	呉 盛春	昭和17年8月16日着任		B1136-69
	傭員	曾 接発	昭和17年9月7日着任		B1136-69
長良	傭員/雇員	曾川 八郎	昭和17年5月7日、傭員に着任 昭和18年1月1日、雇員に任命 民国34年12月10日、依願離職		D119-14、 B2300、 B1136-752

付　　録　　　　　　　　321

苧麻棉工場	傭員	陳　清進	昭和17年4月16日、着任		B1136-79
	傭員	劉　阿統	昭和17年4月16日、着任		B1136-79
	傭員	太宰　美雄	昭和17年5月7日、着任		B1136-758
苧麻事業所	嘱託	森　五郎	昭和17年10月1日、嘱託に転任 昭和18年9月1日、瑞穂苧麻事業所長に就任		D113-440、D135-399
	雇員	陳　玉寿	昭和19年2月16日、着任 昭和19年6月8日、花蓮港出張所勤務に戻る	花蓮港出張所	D146-515、D153-112
	雇員／副参事	桜井　信脅	昭和19年3月1日、着任 昭和20年7月1日、副参事に昇格		D147-180
	雇員	黄　栄盛	昭和19年4月12日、着任		D150-43
	雇員	林　木鎮	昭和19年12月8日、着任		D166-144
	雇員	黄　連風	昭和19年12月25日、依願離職		D167-149
	臨時嘱託	西　　衣	昭和20年4月25日、着任		D175-3
	雇員	御　　船	昭和20年4月25日、着任		D175-3
	雇員	張　炳煙	昭和20年5月24日、着任 昭和20年9月離職	河内支店就任せず	D177-12、D183-65
	雇員	筒井　文広	昭和20年7月15日、着任	林業部豊原出張所	D179-21

（資料）　A：新高新報編『台湾紳士名鑑』昭和12年、B：『台湾拓殖株式会社文書』、C：興南新聞社編『台湾人士鑑』（昭和18年版）、D：台拓編『台湾拓殖株式会社社報』、E：台拓調査課編『事業要覧』昭和14-19年度、F：台拓編『役員及び職員名簿』昭和13年版、『東台湾新報』昭和16年12月25日、第1版。

付録2　台拓の東台湾の事業地

出張所	台東出張所				
栽培地別 昭和15年	東部第一栽培地	東部第一栽培地	東部第一栽培地	東部第一栽培地	東部第二栽培地
事業地	都蘭	初鹿	萬安	新開園	池上
日治地名	新港郡都蘭庄都蘭	卑南庄日奈敷	関山郡池上庄萬安	池上庄新開園	関山郡池上庄池
所在位置	台東県東河郷都蘭	台東県卑南郷初鹿	台東県池上郷萬安	台東県池上郷錦園	台東県池上郷池
許可時期	昭和12.12.24	昭和13.1.25	昭和13.1.25	昭和13.3.28	昭和14.3.23*
期限	昭和12.12.24から10年間	昭和13.1.25から10年間	昭和13.1.25から10年間	昭和13.3.28から5年間、のちに14年間に変更	
総面積	958.117	1052.708	843.0976	881.4665	71.9911
官有地許可総面積 初定	777甲	870甲	670甲	781甲	877甲
官有地許可総面積 民国35年資料	777甲／実測938.365甲	870甲／実測1009.445甲	843.0976甲	881.4665甲／955.7295甲（試栽培74甲を含む）	71.9911甲（利用面積）
社有収購地の面積	昭和14年度社有収購地19.75甲	43.26甲。昭和14年度1.146甲収購。			
耕地面積	554甲	598甲	365甲	612甲	700甲
開墾面積 14年	254甲	445甲	158甲	336甲	—
開墾面積 15年	385甲	484甲	265甲	537甲	80甲
開墾面積 民国35年	277.9659甲	548.1058甲	196.1398甲	548.1058甲	63.7665甲
許可条件	租借	租借	租借	租借	租借
土地所有権者	総督府、台拓	総督府、台拓	総督府	総督府	総督府
栽培作物 初定	綿花、蓖麻、ジュート	綿花、蓖麻、ジュート	綿花、蓖麻、ジュート	綿花、蓖麻、ジュート	魚藤
栽培作物 昭和15年	綿花、蓖麻、陸稲、サツマイモ、サトウキビ、落花生	綿花、水稲、陸稲、サツマイモ、サトウキビ、落花生、雑作	綿花、蓖麻、水稲、陸稲、サツマイモ、サトウキビ、落花生、雑作	綿花、水稲、陸稲、サトウキビ、サツマイモ、蓖麻、雑作	サトウキビ、サツマイモ、雑作、魚藤
栽培作物 昭和16年	綿花、洋麻、ジュート、大麦、水稲、陸稲、サツマイモ、サトウキビ、花生、バナナ	綿花、洋麻、大麦、水稲、陸稲、サツマイモ、サトウキビ、花生、バナナ	棉花、洋麻、ジュート、大麦、水稲、陸稲、サツマイモ、サトウキビ、花生	綿花、ジュート、大麦、水稲、陸稲、サツマイモ、サトウキビ、花生、バナナ	
栽培作物 昭和19年	タチナタマメ、バナナ、サツマイモ、落花生、大麦	バナナ、サツマイモ、大麦、タチナタマメ、陸稲、烏豆	サツマイモ、バナナ、タチナタマメ、落花生、蓬莱米、黒豆、トウモロコシ、豌豆、サトウキビ	サツマイモ、豌豆、タチナタマメ、落花生、サトウキビ、バナナ、蓬莱米、トウモロコシ、烏豆	
栽培作物 民国35年					
説明	昭和14年1月23日八里の予約を許可、開墾造林地21.18甲				昭和15年、魚藤栽培地、池上農場と称していた
事業地範囲	馬馬尾、都蘭、八里、佳里など4地を含む	岩湾、初鹿、稲葉三部落、もと北絲闌、日奈敷を含む			

（資料）『台拓文書』第127冊。第467冊、60頁、162頁。第564冊。第755冊、11-12頁。第745冊。第777冊。第95 2777冊。第2800冊。第2822冊。第2968冊。国有財産局編『都蘭事業地建地分割計算表』手書き本、196

付　録　　323

	花蓮港出張所				
東部第二栽培地	東部第一栽培地	東部第一栽培地	東部第一栽培地	東部第二栽培地	東部第二栽培地
新武呂	大里	鶴岡	落合	長良	萬里橋
関山郡関山庄	玉里郡富里庄大里	鳳林郡瑞穂庄鶴岡	玉里郡玉里庄落合	玉里郡玉里長良	鳳林郡萬里橋
関山鎮新武呂	花蓮県富里郷東里	花蓮県瑞穂郷鶴岡	花蓮県玉里鎮楽合	玉里鎮長良	鳳林鎮萬里農場？
昭和13年著手	昭和13.5.14	昭和13.5.14	昭和14.1著手	昭和14.9.23*	昭和19年著手
14.6.30から○年間	①13.5.14から10年間、②18.5.4	①13.5.14から10年間、②18.5.4から5年間	17.3.7から15年間	①19.5.26から10年間、②19.4.24から2年間	
	1070.768	790.8161	255.14	375.47	178.5836
○○甲	1060甲	714甲	255甲	469甲	149.8612
9.462甲	①1060甲／実測1044.643甲、②26.125甲	①698.87甲／実測739.8甲、②32.875甲、合計730.745甲	255.14甲	①370.47甲、②6.324甲／実測6.375甲	149.86甲花蓮港農業会から租借
		昭和14年社有収購地19.1399甲。			28.7224甲は社有収購地。
40甲	850甲	694甲	150甲	350甲	―
―	335甲	405甲	―	―	―
○甲	405甲	502甲	100甲	―	―
9.462甲	393.9917甲	411.5692甲	62甲	144甲	
租借	租借	租借	租借	租借	租借
総督府	総督府	総督府、台拓	総督府	総督府	花蓮港農会、台拓
苧麻	苧麻	苧麻	苧麻、桐	煙草	苧麻
サトウキビ、雑○、魚藤	苧麻、水稲、陸稲、サトウキビ、サツマイモ、落花生、雑作	苧麻、サトウキビ、サツマイモ、落花生、雑作	苧麻、陸稲、サトウキビ、サツマイモ	―	―
	苧麻、バナナ、サツマイモ、水稲、落花生、サトウキビ、里イモ、薑	苧麻、サツマイモ、サトウキビ、バナナ、落花生、陸稲、パイナップル			
木材伐採と木炭製造	落花生、サツマイモ、水稲、苧麻、梧桐、桂竹、莿竹	陸稲、落花生、タイワンアカシア、九弓、莿竹、梧桐、苧麻		サツマイモ、落花生、黒豆	苧麻
	大里第一、第二事業地に分割。	鶴岡第一、第二事業地に分割。	昭和13年8月25日、開墾を申請	長良第一、第二事業地に分割	
	安通、呉江、富農段	南岡、北岡			

7頁。第1073冊。第1674冊。第2299冊、183頁。第2309冊。第2347冊、9頁。第2348冊、168-171頁、178-182頁、里地政事務所蔵『土地台帳』、鶴岡段。

付録3　台東出張所職員の経歴

氏　名	職　別	着任時期	入社年齢	在職時間	経　歴
後藤　北面 (1893)	技師	昭和12年7月	44歳	東部在職 3年間	大分県人、明治26年生。大正6年3月歩兵少尉、大正6年9月～昭和3-4年台東庁庶務課技手、大正14年台東庁農務主任と勧業課産業技手、昭和6年6月台湾産業技師台東庁産業課、昭和12年7月、台東出張所主任、昭和13年7月1日、台東出張所所長、昭和13年、台湾綿花株式会社台東工場主任を嘱託、昭和13-14年台東庁協議会会員、昭和13年、星規那会社理事、昭和15年2月、海南島陵水事務所、馬嶺事務所所長に転任。
押見　仁	技師	昭和15年2月	東部任職 時56歳	1年間半余	福島県人、明治17年生、明治44年東北帝大農業科卒業。明治45年宮崎農事試験場技師、大正8年鳥根県農事試験場技師、大正10年鳥取県農事試験場技師、大正12年～昭和3年台南州立農事試験場産業技師、場長、地方技師、昭和4年台南州勧業課地方技師、昭和14年台湾総督府殖産局農務課技師兼肥料試験所所長、昭和15年2月台東出張所所長。
石塚　正吉 (1894)	技師／ 副参事 ／参事	昭和12年入社、昭和16年12月台東着任	東部任職時、47歳	台拓在職9年間余、東部在職6年間	東京市人、明治27年生。大正13年台中州税務吏、昭和2-11年総督府内務局地方課技師、昭和11-16年台拓台中支店書記和土地課課長、昭和16年12月17日台東出張所所長、昭和19年4月参事、花蓮港出張所所長兼台東出張所所長、昭和20年花蓮港出張所所長に転任。
跡部　孔夫	書記	昭和12年7月		6年間	山梨県人、昭和11年台東庁庶務課嘱託、昭和12年台東庁庶務課所属、昭和18年12月10日台拓化学工業株式会社に転出。
加来　惟康	技手	昭和13年6月		東部在職5年間	福岡県人、昭和3-11年台湾総督府内務局地方課技手、昭和12年地理課技手、昭和14年10月12日台東出張所所長代理、昭和16年12月11日台東出張所所長代理、昭和12月18日所長代理免職。昭和18年4月7日新竹出張所に転任。
端詰　富吉	技手	昭和13年		1年間余	昭和3-4年台東庁大武支庁警部補、昭和13年台東出張所に入り、昭和14年3月9日着任、6月30日退職、星規那株式会社に転出。
清瀧　龍三	技手	昭和13年		5年間	大分県人、陸軍歩兵少尉。昭和12年台東庁庶務課土木雇員、昭和17年10月業務部南洋課に転任。

付　　録　　　　　　　　　325

日高　杢哉	技手	昭和13年			広島県人、大正14年台東庁勧業課雇員、昭和4年台東庁庶務課技手、昭和11-12年同庁庶務課産業技手新港支庁に駐在。
馬奈木文夫	技手	昭和17年9月			福岡県人、昭和12年台東庁庶務課雇員、昭和13-16年台東庁勧業課森林主事関山郡に駐在、昭和19年4月花蓮港出張所兼職。
涂　樹妹	傭員／雇員	昭和14年9月	36歳	7年間	公学校卒業、阿緱庁職務課主任職、入社・傭員、昭和18年7月雇員に昇格、昭和19年4月花蓮港出張所に兼職。
周　少卿	雇員	昭和18年1月	20歳	3年間	台北商業学校卒業
陳　立水	傭員	昭和16年4月	24歳	5年間	埼玉農民講道館卒業、傭員、19年1月雇員に昇格。
張　明発	傭員	昭和15年4月	35歳	6年間	公学校卒業
陳　隆記	傭員	昭和12年8月	23歳	9年間	農業補修学校卒業
清水　綾子	雇員	昭和18年			台東庁警務課雇員
傅元　太郎	雇員	昭和18年1月	19歳	3年間	宜蘭農業学校卒業、都蘭事業地
郝　玉揚	傭員	昭和18年7月	48歳	3年間	公学校卒業、都蘭事業地
王　俊明	雇員	昭和19年1月	19歳	2年間弱	台南農業学校卒業、新開園事業地
曾　俊文	雇員	昭和19年10月	21歳	1年間余	宜蘭農業学校卒業、新開園事業地
詹　昭慶	傭員	昭和20年1月	24歳	1年間未満	公学校卒業、新開園事業地
鍾　順全	傭員	昭和16年7月	29歳	4年間	公学校卒業、池上事業地
温　阿登	傭員	昭和18年12月	51歳	2年間	公学校卒業、池上事業地
中田　清（原名林清）	傭員	昭和20年1月	27歳	1年間未満	公学校卒業、池上事業地
廖　添徳	傭員	昭和20年7月	33歳	1年間未満	公学校卒業、池上事業地

（資料）『台湾官民職員録』昭和3年版、375頁、524頁、526頁、583-584頁。昭和4年版、389頁、527頁、583-584頁。昭和5年版、407-408頁、414頁。『台湾総督府及付属官署職員録』昭和8年版、96頁、昭和11年版、111頁、昭和12年版、695-696頁、昭和13年版、742-744頁、昭和14年版、133頁、昭和15年版、638頁、昭和16年版、693頁。『台東庁人名要鑑』34頁、『台拓文書』第2308冊。『台湾人士鑑』昭和18年版、27頁。『台湾紳士名鑑』昭和12年版、219頁。三浦正三編『台湾殖産関係職員録』、964頁。台拓編『役員及職員名簿』昭和13年版、20頁。

付録4　花蓮港出張所職員の経歴

氏　名	職　別	着任時期	入社年齢	在職時間	経　歴
田中　正穎	技手	昭和13年9月	45歳		鹿児島県人、明治26年生。 大正4年7月鹿児島高等農林学校卒業、 同年7月台湾総督府民政部技手、 大正13年殖産局特産課技手、 昭和5年台湾総督府殖産局大南庄蔗苗養成所技手、 昭和8年台湾総督府殖産局技手と主事、 昭和9年-12年花蓮港庁産業技師、 昭和13年9月11日花蓮港事務所主任、 昭和14年出張所所長。
松井　三省	副参事	昭和17年10月	45歳		明治30年生、大正5年台北中学校卒業。 宜蘭庁税務使、台北州属、台湾総督府属。 昭和12年府地方理事官、高雄州で勤務。 同年7月台拓に入社、高雄支店書記と土地課課長、高雄支店長代理、海口支店長代理を経て、昭和17年10月任花蓮港出張所所長。
鈴木　丈夫	技師	昭和19年4月	39歳	1年間余	昭和18年入社、台中支店技手に就任。 昭和19年4月1日花蓮港出張所所長代理、技師に昇格。
松永　主一	技手	昭和17年			広島県人。 昭和13年台湾総督府殖産局大南庄蔗苗養成所雇員。
河野　盛時	技手	昭和18年8月	44歳	2年間余	鹿産農専卒業。 昭和3年台中州大甲郡役所庶務課技手、長良事業地。
肥後　茂	技手	昭和19年	45歳	1年間	東京農大専卒業。 花蓮港出張所農務課。
陳　春枝	技手	昭和19年4月	38歳	1年間	台湾商工卒業。 昭和12年総督府内務局嘱託、花蓮港出張所土地計画、土地整理与租借関係を担当。
山元　義顕	書記	昭和18年1月	29歳	台拓5年4カ月間、東部在職2年間	長崎商専卒業。 台拓経理課、花蓮港出張所経理課。
黒田　政雄	書記	昭和19年	44歳	1年間	公学校卒業。 花蓮港出張所庶務課文書係。

付　録　　　　　　　　　327

木村　速雄	書記	昭和17年1月	19歳	4年間余	宜蘭農林学校卒業。 昭和16年台拓入社、土地課雇員、 昭和20年9月1日書記に昇格、農務課。
鐘ケ江明雄	雇員	昭和18年1月	20歳	2年間余	屏東農林学校卒業。 花蓮港出張所農務補。
陳　玉寿	雇員	昭和19年2月到任	20歳	台拓6年間4カ月、東部在職2年間	宜蘭農校卒業。 苧麻事業所、萬里橋事業地で農林業務を担当。
張　　柱	雇員	昭和19年1月	33歳	2年間	国民学校高等科卒業。 会計業務担当。
陳　瑞意	雇員	昭和20年1月	41歳	1年間に近い	公学校卒業。 花蓮港出張所、鶴岡事業地駐在。 長良庶務会計、大里事業地農林業務担当。
李　廷開	雇員		22歳	台拓在職4年間2カ月	農民講道館卒業。 鶴岡事業地農業務担当。
陳　進題	雇員		21歳	台拓在職4年間2カ月	農民講道館卒業。 鶴岡事業地農業務担当。
江　西鑫	傭員／雇員		18歳	台拓在職7年間4カ月	公学校卒業。 測量講習卒、台東出張所任職、 昭和19年1月1日雇員に昇格。 昭和19年4月26日花蓮港出張所を兼職、測量を担当。
呉　盛春	傭員	昭和17年8月	25歳	4年間	国民学校高等科卒業。 鶴岡事業地農務補。
徐　阿清	傭員		29歳	台拓在職3年間9カ月	国民学校五年修中退。 鶴岡事業地機械修理。
黄　満祥	傭員		40歳	台拓在職2年間4カ月	公学校卒業。 大里事業地庶務補、雑役。
曾　接発	傭員	昭和17年9月	17歳	4年間	国民学校卒業。 鶴岡事業地農務補。

（資料）『台湾官民職員録』昭和3年版、378頁、502頁、昭和5年版、414頁。『台湾総督府及付属官署職員録』昭和8年版、115頁、昭和12年版、118頁、昭和13年版、133頁。『台拓文書』第2309冊。『台湾紳士名鑑』昭和12年、137頁。『台湾人士鑑』昭和18年版、366頁。

付録5　台拓島内の栽培と造林作物成果の変遷

項　目	綿　花
計　画	昭和14年総督府の計画で10年間に本島で7万5,000甲を栽培。 昭和17年の計画、台東庁の事業地3年間で1,912甲。
昭和13年度	台東庁の初鹿、都蘭、新開園、萬安事業地で移民により114甲を栽培。
昭和14年度	台東庁で198甲を栽培。
昭和15年 8月	台東庁初鹿事業地で直営栽培54甲。そのうち、海島綿25甲、陸地綿29甲。 141甲は移民の栽培。成果は極めて良好。社皮事業地25甲。
昭和16年 8月	初鹿で海島綿、陸地綿各25甲を栽培。 ＊5-7カ月で播種45甲、そのうち、7甲は直営、38甲は移民の栽培。7月に芽が出た後、8月の旱魃で、30甲が枯れ廃棄、その他は旱魃の影響で、生育不良、収穫は僅か7甲。
昭和17年 2月	初鹿45甲、長期の旱魃で30甲を廃耕。都蘭50甲、萬安40甲、移民による栽培、合計で135甲。
昭和17年 12月	最初の3、4年間の成績が悪く、17年度から移民に70甲の栽培を奨励。 10甲の直営指導圃を設置。新しい耐虫性品種を育成。
昭和18年＊	東部事業地65甲、新港7甲、社皮10甲を栽培、合計で82甲。 各事業地に指導圃を設け、移民栽培を指導。
昭和19年 2月	様々な障碍のため、18年度から各事業地で3甲の試栽培の指導圃を設置、移民に栽培。 ＊栽培中止、適地適作主義を採用、糧食増産を展開。

項　目	苧　麻
計　画	総督府計画10カ年で5,440甲を栽植。昭和13年から花蓮港庁3カ年で1,100甲を栽植計画。
昭和13年度	鶴岡164甲（130甲）、大里で36甲を栽植。後に暴風雨の損害で廃棄。 ＊大里と鶴岡には10甲の指導模範圃。
昭和14年度	花蓮港庁鶴岡で242甲を栽植。昭和14-15年度に暴風雨。＊大里と鶴岡で151甲を栽植。 大南澳で30甲、合計181甲の栽植を完了。成績が良好。
昭和15年 8月	496甲の開墾栽植を完成。＊243甲の植栽完成、鶴岡198甲、大里45甲。
昭和16年 8月	鶴岡と大里事業地で276甲を栽培、台南新化、新竹獅潭で栽培の予定。 旱魃の影響で、移民が大量離去。
昭和17年 2月	移民による栽培。鶴岡と大里で計230甲を栽培。
昭和17年 12月	鶴岡と大里で250甲の栽培、同時に台南、新竹の2つの州の事業地で進行。
昭和18年＊	＊新化と獅潭地区で試栽培。＊東部事業地の栽培以降、数回の暴風雨害で、移民が退去。栽培面積が減少、予定栽培面積が減少。情勢に応じて増産。鶴岡と大里計118甲。
昭和19年 2月	鋭意経営の結果、鶴岡の2、3年以内に200甲を栽培。大里は昭和18年度に新たに35甲を栽培、全部で予定210甲。＊栽培面積を135甲に次第に増加。

付　　録　　　　　　　　　　　　　　329

項　目	蓖　麻
計　画	総督府は昭和9年から蓖麻の栽植と製油場の設置を奨励。 昭和12年から愛国蓖麻植栽運動に参加、自給自足を目標。
昭和13年度	台拓の東部事業地の栽植は107甲。1甲当たりに40円の補助金を提供。 ＊天候と耕作の不順により、収穫面積は38甲、37万斤。
昭和14年度	200甲の予定栽培地に95甲を栽培済。＊移民によって40甲を栽培。＊事業を縮小
昭和15年 8月	移民栽培を極力奨励。
昭和16年 8月	
昭和17年 2月	
昭和17年 12月	
昭和18年＊	
昭和19年 2月	
項　目	魚　藤（デニス）
計　画	昭和12年の計画は台東庁の池上事業地で400甲を栽培。昭和13年度の計画は大武に昭和14年度から3年間の栽培で195甲。適作地調査の結果、池上に実施。
昭和13年度	関山新武呂渓の右岸で苗木を育成、成果は良好。＊池上の原野で苗木60万株を育成。 6、7月に旱魃によって、予定量を達成せず、植栽は6.44甲。 適切の雨量のため、移植率は90％、発育が順調。
昭和14年度	昭和13年度に池上で試栽培の苗圃を設ける。苗圃8甲を栽培。栽培面積は80甲、150万株苗。 ＊昭和14年9月の萬安事業地の本圃の1.85甲の栽培、大半が流失。 10月、新武呂事業地の風雨災害により流失、事業の進展に遅延。 ＊数年間の豪雨、堤防の崩壊、流失、埋没。水利計画に影響。
昭和15年 8月	新武呂渓の右岸に20甲の栽培を完成。16年度に池上の原野で100甲を増殖の予定。 ＊昭和15年6月の池上原野の20甲を栽培。＊昭和4年度事業を縮小。昭和15年4月に新武呂の11.35甲を栽培、80％の残存、生育が順調。9月に暴風雨の損害、回復に時間が必要。
昭和16年 8月	池上原野に60甲を栽培、成果が良好。台南、台中、新竹の3地で栽培の計画を予定。 ＊池上の原野17甲、新武呂35甲、成績が良好。肥料の獲得のため、養豚事業を開始。 昭和17年度に台中銃櫃で栽培の予定、苗木育成。 ＊4-5月の栽植が完成、残存率が80％。7-8月の旱魃のため、5甲に苗が不足、再度補充。
昭和17年 2月	昭和15年度植栽の11.35甲に3月に収穫の予定。16年度新武呂と池上は47.3甲を栽培。
昭和17年 12月	池上原野で85甲を栽培。＊新武呂43甲、池上の原野で12.26、計54.46甲、成績が良好。 台中銃櫃が昭和17年度に10甲の栽培を予定。
昭和18年＊	＊台東庁の適地に3カ年計画で200甲の栽培を目標。池上60甲、台中銃櫃7甲。世界情勢の変化により、南方共栄圏からの輸入ができず、国内の需要の増加のため、増加計画を予定。
昭和19年 2月	技術研究の必要があり、年々の暴風雨に損害。栽培で確認し、農薬品企業化計画の推進。 池上栽培62甲、新化18甲、銃櫃3甲。

項　目	ナタールパーク（黒梻）
計　画	総督府は昭和9年から試験的に栽培、昭和12年の計画によると、造林は2,500甲。台拓の10カ年計画は1,000甲。植林8年後に伐採。
昭和13年度	台東庁関山郡蕃地の高砂族保留地は13カ所、各駐在所に委託し、30甲を栽培。22甲が成功。＊台拓が直営。
昭和14年度	前期は虫害で殆どが全滅。昭和14年は初鹿事業地が部分的に10甲を直営。太麻里蕃地は32甲。＊害虫による損害で、発芽の成績が芳しくない。虫の駆除の方法と造林法を研究。
昭和15年8月	初鹿で20甲を栽植。台中魚池銃櫃に10甲。初鹿に17甲の栽植が完成、しかし、虫害により、予定の目標に達成できない。＊13年度の台東蕃地所に40甲を栽培、修整補種を実施。
昭和16年8月	管理修整中、造林用の移植苗圃を設置、培育が良好。
昭和17年2月	予定の造林は5甲。昭和17年度に試験性移植造林を行い、虫害が激しく、廃耕を心配。過去4カ年の60甲の成績が泡に。
昭和17年12月	＊初鹿で5甲の苗木試栽培を進行、成績が良い。増植の予定。
昭和18年＊	国策の需要が変化せず、昭和18年度に銃櫃と獅潭で5甲を新たに栽培、成績が良い。増植の予定。
昭和19年2月	
項　目	キナノキ（規那）
計　画	6,000甲の造林計画を決定。＊台拓の塩酸と硫酸の自給国策の下で、5年内に造林6,000甲を計画。
昭和13年度	栽植面積110甲。＊台東庁知本で造林。開墾面積102甲、93甲を栽培。
昭和14年度	5年間で6,000甲の栽培の予定。＊大武山地で125甲を造林、前年の5甲を修整。
昭和15年8月	245甲の栽植が完成。＊知本、大渓、太麻里、甲仙、来義社、新武呂などの農場。
昭和16年8月	知本の169甲、太麻里蕃地の138甲、花蓮清水の4甲、高雄来義の81甲、甲仙の8甲、合計で400甲。
昭和17年2月	480甲の造林を完成、知本の208甲、太麻里の両地160甲、来義79甲、甲仙8甲、清水25甲。
昭和17年12月	＊昭和17年3月に栽植面積529甲を完成、台東庁、高雄州、花蓮港庁の経営。
昭和18年＊	
昭和19年2月	高雄州、花蓮港庁、台東庁で21,413甲を経営、栽植737甲を完成。
項　目	洋　麻（アンバリヘンプ）
計　画	昭和15年度から初鹿事業地で実施。総督府のジュートの増産計画に参加。繊維資源の確保。
昭和13年度	
昭和14年度	
昭和15年8月	台東庁初鹿事業地で10甲を試栽培、年々の増殖を予定。＊直営、成績は良い。

付　　録　　　　　　　　　　331

昭和16年8月	昭和16年度から50甲の栽培を開始。実際の播種は43甲，7-8月に旱魃のため、5甲が廃耕。 ＊過去の成績が良好のため、増植。
昭和17年2月	＊38甲の管理、成績良好。
昭和17年12月	＊初鹿直営の栽培5甲。将来は移民の栽植を予定。
昭和18年＊	
昭和19年2月	

項　目	煙　　　　草
計　画	花蓮港長良清水渓畔の河川荒廃地から4,000甲適作地を獲得。日本人と台湾人の共同耕作。
昭和13年度	
昭和14年度	昭和14年7月、花蓮港庁長良事業地に乾燥室20棟を建設。黄色煙草28甲を栽培。 ＊10月に暴風雨に遭遇。
昭和15年8月	乾燥室30棟を増設、70甲の予定栽培。実際の栽培は50.4甲。 ＊暴風雨に遭遇し、再度播種、収穫が遅延したが、成績は良好。 煙草は3年の輪作、休閒地は綿花、落花生、サツマイモ3甲を栽培。
昭和16年8月	昭和16年に54甲を栽培。乾燥室36棟を建設。＊栽培の成績良好。
昭和17年2月	年々の栽培は54甲。36棟の54甲を栽培。
昭和17年12月	年々の栽培は54甲＊36棟の54甲を栽培。。
昭和18年＊	＊昭和18年6月耕作の成績良好。 耕作人27世帯、乾燥小屋36棟、耕作面積約50甲、3年輪作，そのほかに、100甲耕地。
昭和19年2月	乾燥室35棟あり、成績は相当良好。水利設施の完成後、耕地拡張の計画。 ＊肥料、農薬の不足、栽培困難。

項　目	油　　　　桐
計　画	昭和12年度計画では台東庁の大武山地で10年間に820甲の栽植。 後の計画は高雄州旗山で栽植。
昭和13年度	
昭和14年度	＊大武山地太麻里蕃地で20甲の造林。＊予定地は許可せず、事業は着手不能。〇魚池3甲。
昭和15年8月	10年間に大武地方で820甲の栽培の予定。試栽培後、適作地調査の結果、桐材の不足のため、台中魚池銃櫃で20甲の造林。
昭和16年8月	台南州新化郡南化庄で50甲の造林。
昭和17年2月	
昭和17年12月	
昭和18年＊	
昭和19年2月	

項　目	樟　樹（楠）
計　画	昭和16年10月、大里で10カ年で450甲の造林計画を予定。
昭和13年度	昭和13年花蓮、台東と台中で毎年400甲を造林、5年間の計画。
昭和14年度	
昭和15年8月	
昭和16年8月	大里事業地で造林20甲の目標選定、苗木の養成。＊新増植15甲。
昭和17年2月	大里で新植15甲。
昭和17年12月	
昭和18年＊	
昭和19年2月	

項　目	相　思　樹（タイワンアカシア）
計　画	昭和16年10月、台東庁初鹿で10年間に220甲を予定。 昭和16年度から7カ年計画により、台東庁事業地で575甲を栽植。
昭和13年度	
昭和14年度	
昭和15年8月	
昭和16年8月	昭和16年度の初鹿事業地で造林20甲。
昭和17年2月	造林50甲の予定。＊初鹿20甲、都蘭10甲、新開園10甲、萬安10甲、進行中。
昭和17年12月	昭和18年度より獅潭で6カ年計画で215甲を栽植、銃櫃4カ年計画で127甲を栽植、鶴岡10カ年計画50甲、新化6カ年計画で1,085甲を進行。
昭和18年＊	＊昭和18年10月初鹿20甲、都蘭20甲、新開園20甲、萬安15甲、鶴岡5甲、獅潭25甲、銃櫃20甲、新化200甲を栽植。
昭和19年2月	＊初鹿で80甲、都蘭で50甲、新開園で55甲、萬安で50甲、鶴岡で80甲、大里で栽植。

項　目	竹
計　画	昭和16年10月、鶴岡10カ年275甲造林の計画予定。
昭和13年度	
昭和14年度	
昭和15年8月	
昭和16年8月	大里で桂竹5甲、莉竹2甲、計7甲、鶴岡で造林25甲。
昭和17年2月	大里で7甲、鶴岡で12甲。
昭和17年12月	
昭和18年＊	
昭和19年2月	＊初鹿で桂竹25甲、新開園で桂竹25甲、鶴岡で莉竹5甲、桂竹5甲。

付　録　　　　　　　　　　　　　　333

項　目	紅　茶
計　画	昭和15年、総督府11ヵ年増殖計画に応じて1万1,000甲を増植。台拓は台東蕃地で計画を進行。
昭和13年度	台東庁の大武地方蕃地と台中州新高郡で、200甲規模の苗木を養成。＊大武で114甲を栽植。
昭和14年度	大武で42甲を栽植の予定。適作地調査の結果、台中州魚池で3甲の樹木園を栽植。＊栽培地の獲得に時間が必要で、遅延が発生。
昭和15年8月	台中州魚池銃櫃の2甲の樹木園で栽植。16年度で本格栽培の予定。
昭和16年8月	昭和16年度で本格栽培。茶園5甲、苗圃1.67甲で栽植済み。管理中。
昭和17年2月	銃櫃の本圃で5.76甲、苗圃1.771甲。
昭和17年12月	昭和17年8月に相当良い成績。近年では増産可能。昭和18年に40甲を植栽。
昭和18年＊	
昭和19年2月	決戦下の生産計画、本事業に再検討の必要、新植に停滞。
項　目	梧　桐
計　画	3年以内に台中州で450甲の植栽を予定。新竹～台中一帯には自然林。14年～21年に銃櫃で160甲を植栽の予定。
昭和13年度	
昭和14年度	台中銃櫃で2甲の造林。＊予定地の許可が得られず、事業の着手不能。
昭和15年8月	1甲の苗圃。16年度に年間50甲の予定。銃櫃7,000株の養成中。植栽14.22甲。
昭和16年8月	台中銃櫃12甲の造林、昭和17年度から新竹事業地に造林100甲の予定。
昭和17年2月	昭和17年度に新竹獅潭で5ヵ年計画の進行。300甲の造林予定。初鹿、新開園で造林10甲の予定。
昭和17年12月	昭和18年度から6ヵ年で350甲の栽植予定。＊昭和17年度の獅潭に8甲、銃櫃53甲、初鹿5甲、新開園5甲。
昭和18年＊	獅潭15甲、銃櫃42甲、初鹿と新開園に各5甲、計71甲。
昭和19年2月	＊銃櫃94甲、獅潭63.3甲、初鹿10甲、新開園5甲。昭和19年の計画の増産、台中州160甲、獅潭6ヵ年計画350甲、花蓮280甲、台東庁下の事業地増産。
項　目	軽　木（バルサ）
計　画	昭和12年、台東庁は10年間で150甲の栽植を計画。高雄旗山で栽植。
昭和13年度	
昭和14年度	＊予定地が許可されず、事業の着手不能。
昭和15年8月	10年間で150甲を栽植の予定。試栽培。＊太麻里蕃地で15甲を試栽培。
昭和16年8月	＊調査の結果、計画を中止。
昭和17年2月	＊高雄州新化郡で造林10甲。
昭和17年12月	
昭和18年＊	
昭和19年2月	＊飛行機用材。昭和19年度から適作地を選択し植栽。

項　目	サツマイモ
計　画	総督府10カ年大増産計画に対応。
昭和13年度	
昭和14年度	
昭和15年8月	総督府の10カ年で増産の計画。新港、崙背で栽植。
昭和16年8月	新化事業地4カ年栽植計画、1,600甲を計画。
昭和17年2月	
昭和17年12月	新港に70甲、農民訓練所に20甲、崙背に130甲、新化に50甲、池上に5甲。
昭和18年＊	
昭和19年2月	＊社有地栽培のほかに、事業地で栽培。 新化に142甲、新港に113甲、東部事業地に197甲。直営に15甲。
項　目	サトウキビ
計　画	
昭和13年度	
昭和14年度	○昭和14年度、都蘭事業地の移民に貸欵し、サトウキビの苗栽植の購入の予定。
昭和15年8月	
昭和16年8月	
昭和17年2月	
昭和17年12月	
昭和18年＊	
昭和19年2月	
項　目	＊大　　麦
計　画	
昭和13年度	
昭和14年度	
昭和15年8月	
昭和16年8月	昭和16年度に試栽培に着手。
昭和17年2月	台東試験地14甲、新港7甲、農民訓練所3甲。
昭和17年12月	
昭和18年＊	
昭和19年2月	＊指導圃種で大麦1甲を栽植。

付　録　　　　　　　　　　　　335

項　目	＊防　風　林
計　画	昭和16年度より３カ年の栽植計画。
昭和13年度	
昭和14年度	
昭和15年8月	
昭和16年8月	初鹿50甲、都蘭150甲、新開園150甲の防風造林を計画。
昭和17年2月	
昭和17年12月	
昭和18年＊	
昭和19年2月	

(資料)　台拓『事業要覧』昭和14年度-18年度、台拓『事業摘要』昭和16年度。『台拓文書』第23冊、28頁。
　　　　第127冊、110-111頁、第132冊、45-46頁、68頁、96-110頁、第163冊、第194冊、320頁、第231冊、
　　　　5-6頁、27頁、28頁、第285冊、86-90、第357冊、270頁、第407冊、40-42頁、第415冊、452頁、
　　　　第467冊、80-81頁、165頁、第507冊、21-35頁、第753冊、41-43頁、第755冊、4-7頁、第756冊、64
　　　　頁、第759冊、第815冊、350-351頁、414-415頁、第825冊、10頁、第828冊、24頁、第829冊、35-36頁、
　　　　第864冊、344頁、第995冊、110-111頁、148頁、第1038冊、205-217頁、第1062冊、30頁、第1313冊、
　　　　30-36頁、第1138冊、31-36頁、78-80頁、第1141冊、47頁、第1188冊、頁373頁、553頁、第1389冊、
　　　　頁104-106頁、第1398冊、頁7頁、第1484冊、頁852-859頁、第1472冊、177頁、199-200頁、第1810冊、
　　　　506-618頁、第1945冊。
(説明) 1．＊『事業要覧』の記載でなく、『台拓文書』各年度の資料。○は「外務省外交史料館茗荷谷研
　　　　修所旧蔵記録」。
　　　 2．各栽培植物の属性、効能および用途は、付録7を参照。

付録6　東台湾各事業地の栽培項目と数量

初鹿事業地　　　　　　　　　　　　　　　　　　　　　　　　　　　　　　　　　　　（単位：甲）

栽植項目／面積	昭和12年度	昭和13年度	昭和14年度	昭和15年度	昭和16年度	昭和17年度	昭和18年度	昭和19年度	昭和21年接収
綿花	45	45	45	44.2	45	29	25		
蓖麻	−	12	−	−	−	−	−		
梧桐	−	−	−	−	−	5	5	15	
黒栲（ナタールバーク）	−	−	10	17	30	5	−		
相思樹（タイワンアカシア）	−	−	−	−	20	20	20	80	
洋麻	−	−	−	10	43	5			
桂竹								25	
紅木（アケノキ）								3	

都蘭事業地　　　　　　　　　　　　　　　　　　　　　　　　　　　　　　　　　　　（単位：甲）

栽植項目／面積	昭和12年度	昭和13年度	昭和14年度	昭和15年度	昭和16年度	昭和17年度	昭和18年度	昭和19年度	昭和21年接収
綿花	24	35	66	97.5	−	23	15	−	
蓖麻	−	83	−	−	−	−	−	−	
相思樹	−	−	−	−	−	10	20	50	

新開園事業地　　　　　　　　　　　　　　　　　　　　　　　　　　　　　　　　　　（単位：甲）

栽植項目／面積	昭和12年度	昭和13年度	昭和14年度	昭和15年度	昭和16年度	昭和17年度	昭和18年度	昭和19年度	昭和21年接収
綿花	35	35	34	28		28（萬安を含む）	25（萬安を含む）	−	
蓖麻	12	−	−	−	−	−	−	−	
梧桐	−	−	−	−	−	5	5	5	
相思樹	−	−	−	−	−	10	20	55	
桂竹	−	−	−	−	−	−	−	25	

萬安事業地　　　　　　　　　　　　　　　　　　　　　　　　　　　　　　　　　　　（単位：甲）

栽植項目／面積	昭和12年度	昭和13年度	昭和14年度	昭和15年度	昭和16年度	昭和17年度	昭和18年度	昭和19年度	昭和21年接収
綿花	10	10	26	30	−	28（新開園を含む）	25（新開園を含む）		
相思樹	−	−	−	−	−	10	15	50	

付　録　　　　　　　　　337

池上事業地　　　　　　　　　　　　　　　　　　　　　　　　　　　（単位：甲）

栽植項目／面積	昭和12年度	昭和13年度	昭和14年度	昭和15年度	昭和16年度	昭和17年度	昭和18年度	昭和19年度	昭和21年接収
魚藤（デニス）	－	－	－	－	12	11			
樟木（楠）	－	－	－	－					
桂、莉竹	－	－	－	－					
相思樹									

大里事業地　　　　　　　　　　　　　　　　　　　　　　　　　　　（単位：甲）

栽植項目／面積	昭和12年度	昭和13年度	昭和14年度	昭和15年度	昭和16年度	昭和17年度	昭和18年度	昭和19年度	昭和21年接収
苧麻	10	36	28.775	45	51	75	67	35	17
樟木	－	－	－	－	15	15			－
桂、莉竹	－	－	－	－	桂竹5、莉竹2	7		?	20
梧桐									35
相思樹								?	

鶴岡事業地　　　　　　　　　　　　　　　　　　　　　　　　　　　（単位：甲）

栽植項目／面積	昭和12年度	昭和13年度	昭和14年度	昭和15年度	昭和16年度	昭和17年度	昭和18年度	昭和19年度	昭和21年接収
苧麻	162	164	123.0308	198	199	198	51	100	
相思樹	－	－	－	－	－	－	5	80	
桂竹	－	－	－	－	20	10	－	5	
莉竹	－	－	－	－	5	2	2	5	
梧桐	－	－	－	－	－	－	－	5	
九荢	－	－	－	－	－	－	15	15	
陸稲									
落花生									

長良事業地　　　　　　　　　　　　　　　　　　　　　　　　　　　（単位：甲）

栽植項目／面積	昭和12年度	昭和13年度	昭和14年度	昭和15年度	昭和16年度	昭和17年度	昭和18年度	昭和19年度	昭和21年接収
煙草	－	－	－	28	64	72	－	－	
木麻黄	－	－	－	－	2新植	－	－	－	
魚藤				0.1甲試作					
洋麻	－	－	－	1試作	－	1	－	－	
綿		－	－	0.3甲試作				5	

（資料）『台拓文書』第127冊、第132冊、44-45頁、第231冊、24頁、第285冊、86-87頁、第407冊、40頁、第467冊、80頁、第753冊、41頁、第755冊、6-7、第815冊、351頁、413-414頁、第825冊、10頁、第828冊、25頁、第829冊、35頁、第955冊、110頁、第1313冊、36頁、第1138冊、36頁、第1472冊、177頁、第1389冊、373頁、第1718冊、第1810冊、507頁、第1989冊、第2773冊、101頁、第2822冊。

付録7　台拓の東部熱帯栽培作物の用途と理由

作物名	属性、用途と効能	栽培原因
綿花（cotton）	繊維資源、日本の産業原料の中で最も重要な位置を占めていた。民需の衣服原料、火薬の原料、包帯などなどの軍需原料。	日本の紡績業は世界第1位。しかし、高級品はイギリス製に劣っていた。東部の綿花の品質は優良。輸入を減少させ、国策的要因。長年の試栽培の結果、綿花の栽培の可能性を確定した。総督府の10カ年栽植計画に応じた。米穀転作作物。
キナノキ（規那、hyprid Cinchona）	喬木、原産地は南米のペルー。樹皮にキナ酸、解熱ができ、マラリアの特効薬のキニーネの原料、および強壮剤、解熱性諸病の治療薬。	キナノキはオランダ領ジャワの独占事業であるが、有事の際には、自産自給が必要である。輸入を減少し、日中戦争後の需要が増加した。国防と国際収支の調整には必須作物。台湾は帝国圏内の唯一の産地。
ジュート（Jute、黄麻）	草本。台湾の原生植物。米、砂糖、肥料およびその他の原料や製品などの包装用袋、繊維の資源。	米穀転作作物。70%はイギリス領インドから輸入、残りは満州と中国から輸入。有事の際に、輸入が中断し、自給自足が必要である。輸入の減少。軍事上では大量に使用、国防上にはその意義がある。台湾は帝国圏内最適の産地。
苧麻（Ramie）	多年生草本灌木。茎部靭皮の繊維には光沢があり、強靭かつ耐水性、水電の絶縁、染色しやすく、重要な紡績作物。洋麻（アンバリヘンプ）と同じ衣服、簾幕、ロープ、甲板防水布、武器や担架を覆う布などの軍需製品。	軍需製品は主に中国からの輸入では、大きな不安があり、増産の必要がある。総督府の10カ年計画に応じ、繊維資源の確保、輸入の減少の必要がある。米穀の転作作物。昭和15年に台湾産の苧麻は飛行機用翼としての使用が確認され、当局は奨励を強化した。
蓖麻（Castor bean）	草本、原産地はインド、アジアから北アフリカ。医薬、生活用品。蓖麻油の原料、自動車と飛行機の潤滑油、軍需補給品、化学製品の代用品。	主に満州、インドとタイからの輸入に依存していた。台湾種は満州種の果実よりも大きい。昭和12年からの愛国蓖麻植栽運動に合わせて、自給自足を目標にしていた。米穀転作作物。
魚藤（デリス、Derris）	常緑蔓植物、全株には毒がある。農作物、家畜および衣服の害虫駆除剤、船底の塗料、皮膚病薬。農用衛生医薬材料。	輸入代替、自給自足が目的。綿花害虫駆除剤、綿花事業の進展により需要が増加。総督府の昭和13年からの8カ年栽植計画に応じて2,500甲の計画。
黒栲（ナタールバーク、Acacia leucophloea, Black wattle）	落葉性小喬木や灌木。原産地は東オーストラリア。タンニン酸（単寧）の原料、染料、皮革工業の重要原料、軍靴など軍需品、弾薬箱、薬用原料。	資源の自給、輸入の減少。皮革産業の発展により、輸入が激増し、軍事国防上では自給の必要があり、軍部の希望であった。台拓は総督府の資源増産方針に対応した。総督府の蕃人授産、山地開発政策の一環。

付　録　　　　　　　　　　　　339

洋麻 (アンバリヘンプ、 Brown Indianhemp)	ジュートに類似、繊維と変わらない。 ジュートの代替品。	ジュートの代用品、自給自足、輸入の減少。 山の斜面地に生長ができ、他の作物との競争関係が少ない。
煙草		総督府の専売局の奨励。
油桐 (Wood oil tree)	落葉喬木、中国、日本に分布。種子を搾りだすと桐油が取れる。ペンキの原料、楽器の材料、化学工業の原料。飛行機と軍艦の塗料。 建材、家具、農具および漁業網の塗料、防水布、油紙、油脂。タンニン酸を含む。木材はタンスなどの箱櫃とマッチ棒の材料。	輸入の減少、自給の資源。 飛行機、車両および建築家具の発達により、需要が増加。 日中戦争の後、自給の必要を自覚。
桐（梧桐、白桐、 Chinese Parasol)	落葉大喬木、中国に分布。 台湾の原生植物。木材は楽器の製造、樹皮はパルプ用、ロープ用、種子は食用や搾油に適している。	産地は中国に限られる。 台湾の原産が多く、輸入の減少。 時局下での飛行機の原料の自給が緊急。
樟樹 (Camphor tree) 楠	常緑大喬木。台湾の原生植物。 医薬、防虫、香料、火薬の原料。 葉と樹皮は治腹の鎮痛と下痢の治療薬。	化学工業の進歩により、需要が増加。 総督府の樟樹（楠）増殖計画に対応。
相思樹 (Taiwan acacia) タイワンアカシア	常緑喬木，台湾の原生作物。木材が硬く重い、木炭材料、杭木や枕木の材料。樹皮には多量なタンニン（単寧）、タンニン酸の資源。皮革のなめし用。	昭和16年度に木炭の増産に合わせて、需要が増加。 豆科植物で、土地改良、防風林および水源の保養。
桂竹 (Markino bamboo)、 莿竹 (Thorng bamboo)	桂竹、地下茎が横に伸び、側面から単軸の散生。 莿竹、地下茎が合軸叢生、桿肉が硬く厚い。強度が高い。 台湾の原生植物。建築用、カゴ類、建築用と家具、農工芸用。用途は広範に渡る。桂竹筍は食用。	東部の竹材不足、土地の利用政策に対応。 産業の発展、竹材の大量不足、増産が必要。
紅茶	灌木や小喬木。	輸入の減少、国際収支の改善、山地の茶園経営。総督府の長年の研究結果。総督府の全島に1万甲の紅茶園設置の計画に対応。
軽木 (Balsa、バルサ)	喬木、原産地は米州熱帯地域。 浮游材、絶縁体および飛行機内部の装飾用。救命ボートや救命浮物の材料。	軍需用材。 熱帯経済物資の自給を目標。
サツマイモ (Sweet potato)	草質蔓植物。食糧、飼料および戦時の発酵とアルコール産業の原料。 決戦下の食糧と軍需化学の原料。	日中戦争勃発後、無水アルコール産業の進展により、需要が増加。 嘉義化学工場の原料の確保。

トウモロコシ	食糧とアルコールの原料。	トウモロコシに砂糖を加えると、アルコールの原料になる。
大麦（Barley）	一年生植物、食糧作物、ビールの原料、軍馬の飼料。	食糧用。台湾での栽培に適していた。島内のビールの原料の不足。昭和18年から南方に供給。必要とする原料の自給。
木麻黄（Ironwood）／防風林	常緑大喬木、耐乾燥、耐強風・塩風。タンニン（単寧）の成分があり、製皮革の原料。材質が硬く、器材の製作や建材用、海岸防風林と砂防止用。	東部の夏の暴風雨の被害軽減、農作物の増収。
紅木（アケノキ，Anatto）	常緑灌木、種子は染料用、樹皮の繊維はロープの原料、根は解熱、セキの鎮痛、薬用植物。原産地は南米。	
立刀豆（白鳳豆、洋刀豆，jack bean）タチナタマメ	草本植物。根、葉、果実と種子は薬用。軟らかい芽と種子は食用。	
黄蜀葵（秋葵，Okra）	草本植物、パルプの原料。三義地方の野生。	
銀合歓（White Popinac）	落葉小喬木や灌木。生長が速い。太陽の光が多い場所が好きで、耐乾燥性。原産地は南米、水土保持用。木材は雕刻、薪材用、葉は飼料、種子は珈琲の代用品。未成熟の種子は薬用。軟らかい葉、芽と熟した果実は食用。	
九芎（Subcostate crape myrtle）	落葉大喬木。台湾の原生植物。木材は建築、枕木、薪炭と農具用。マラリア治療薬。芽は蛇傷の治療薬、傷薬。	

(説明) 1. 台拓の進出前、東部では既に試栽培された部分的な植物。その生長型態と栽作原因は表3－2を参照。
2. 植物の品種が多く、情報不充分のもとでは、時には完全にその類属を判断することが難しい。戦時台湾の植物の原貌を保つために、日本統治時の文献記載を主とした。植物の属性の1部分は戦後の植物図鑑から補充した。

(資料)『台湾日日新報』大正元年、5月22日、第2版。昭和12年1月4日、第4版、18年2月9日、第1版、昭和18年5月16日、第2版。『台湾殖産年鑑』昭和13年、323頁。『台拓文書』第507冊、29頁、第759冊、第829冊、第1810冊。台拓会社調査班「企業上所見の南支有用植物」外務省外交史料館茗荷谷研修所資料、E114、昭和13年。『台湾造林主木各論後編』、263-278頁。大蔵省管理局編『日本人の海外活動に関する歴史的調査』、台湾編2（東京：大蔵省管理局、1947年）、50-56頁。鄭武753『台湾植物図鑑』（台北：茂昌、2000年）。行政院農委会ホームページ「台湾野生植物資料庫」、2011年1月29日アクセス（http://plant.tesri.gov.tw/plant/)、「台湾樹木解説資料庫」、2011年1月29日アクセス（http://subject.forest.gov.tw/species/twtrees/)。

付録8　台拓による東台湾会社投資の重要理事・監事

<table>
<tr><th rowspan="4">設立期間（昭和）</th><th>台東興発</th><th>台湾綿花</th><th>星規那</th><th>新興窒素</th><th rowspan="2">東邦金属</th></tr>
<tr><td>12年4月</td><td>12年5月</td><td>13年8月</td><td>14年8月</td></tr>
<tr><td>台湾畜産</td><td>台湾国産自動車</td><td>台湾産金</td><td>台湾石綿</td><td>13年7月</td></tr>
<tr><td>13年3月</td><td>12年7月</td><td>14年12月</td><td>16年9月</td><td></td></tr>
<tr><th rowspan="4">大株主</th><td>台東興発</td><td>台湾綿花</td><td>星規那</td><td>新興窒素</td><td>東邦金属</td></tr>
<tr><td>台東拓殖製糖、台東開拓、桜組</td><td>台拓</td><td>台拓、台湾星製薬</td><td>朝鮮化学、台拓。17年に日本化成により合併、三菱系列に納入</td><td>古河電工、藤山組、赤司</td></tr>
<tr><td>台湾畜産</td><td>台湾国産自動車</td><td>台湾産金</td><td>台湾石綿</td><td></td></tr>
<tr><td>台拓、日本水産、加藤恭平、台北、台南と新竹畜産会</td><td>杉原産業会社、杉原佐一</td><td>台拓、日本産金振興会社</td><td>台拓、砂田鄰太郎</td><td></td></tr>
<tr><th rowspan="4">昭和14年</th><td>台東興発</td><td>台湾綿花</td><td>星規那</td><td>新興窒素</td><td>東邦金属</td></tr>
<tr><td>専務理事・大澤友吉、理事・重確森太（台東開拓、台東製糖）、飯干太加次（桜組）、後藤北面（台拓台東出張所所長）、陳振宗（台東庁協議員）。監事・千代田弘（台東自動車会社）、渡邊晋。</td><td>社長・加藤恭平、常務理事・山田拍採（台拓理事）、理事・日下辰太（台拓理事）、森萬吉（台拓台南支店長）；理事兼社長・鈴木謙。監事・大西一三（台拓理事）、川副龍雄（台拓監理課長）。</td><td>社長・加藤恭平、理事・日下辰太、後藤北面、監事・川副龍雄。</td><td>社長・山下太郎（朝鮮化学）、専務理事・右近又雄（朝鱃化学）、常務理事・山本源太郎、水島勝正、川崎良三、理事・井版孝（台拓監事）、原邦造（台拓監事）、藤山愛一郎（台拓理事）、大西一三（台拓理事）、日糖社長）、三宅環、小澤武夫。監事・松本悉治、津田信吾、石坂泰三。</td><td>社長・赤司初太郎、専務理事・和田盛一。理事・中川末吉（古河電工）、白石元冶郎、藤山愛一郎、鈴木三郎助、梅野清太、林荘太郎、東馬三郎、上島清蔵（古河電工）。常任監事・安部政次郎。監事・後宮信太郎、山成喬六、望月軍四郎、香田五郎。</td></tr>
<tr><td>台湾畜産</td><td>台湾国産自動車</td><td>台湾産金</td><td>台湾石綿</td><td></td></tr>
<tr><td>社長・加藤恭平、常務理事・市島徹太郎（日本水産）、理事・日下辰太、山田拍採、林準二。監事・喜多収一郎、蓑田静夫。</td><td>代表理事・井出松太郎（杉原産業専務理事）、理事・大西一三、後藤曠二、杉原佐一（杉原産業社長）。監事・玉置仁知。</td><td></td><td></td><td></td></tr>
</table>

	台東興発	台湾綿花	星規那	新興窒素	東邦金属
昭和15年	理事・後藤北面から押見仁（台拓台東出張所所長）に変更、重確森太から馬通策へ	理事・森萬吉の死去によって、喜多収一郎（台拓台南支店長）に変更。監事・川副龍雄が辞任。	顧問・星一、加藤恭平を増員。社長を置かない。代表理事・日下辰太。理事に山田拍採、馬場弘（星製薬）、大林寛治（星製薬）。監事・大西一三。	無変動	理事・梅野清太と監事・少望月軍四郎の死去による除席。
	台湾畜産	台湾国産自動車	台湾産金	台湾石綿	
	理事・林準二から前田寿一に変更。監事・喜多収一郎から川副龍雄に変更	理事・杉原佐一は監事に変更。理事・後藤曠二から林将治、大友保蔵に変更。	社長・加藤恭平。常務理事・三田善喜。理事・日下辰太、松本彬、村上伸雄、大西一三。監事・高橋周三		
	台東興発	台湾綿花	星規那	新興窒素	東邦金属
昭和16年	無変動	理事・喜多収一郎10月に辞任、坂井春太（台拓台南支店長）に変更。監事・川副龍雄は高山三平に変更。	監事に1席増加、押見仁、近岡源三になった。	無変動	無変動
	台湾畜産	台湾国産自動車	台湾産金	台湾石綿	
	人員を変動し、監事が常任監事・川副龍雄と監事・蓑田静夫に改めた。	監事・玉置仁知から杉原佐一に変更	無変動	社長・加藤恭平、常務理事・久貝弘勝。理事・日下辰太、砂田鄰太郎、中村武久。監事：砂田礼修、近岡源三	
	台東興発	台湾綿花	星規那	新興窒素	東邦金属
昭和17年	社長・渡辺晋、理事・飯干太加次、千代田弘、伊藤道顕、馬田順全。監事・森田岸松、頼金木。	11月に社長・加藤恭平の辞任、12月に山田拍採に選任。	理事に前田稔が増員、監事・押見仁から石塚正吉に変更。	昭和17年4月に日本化成と合併の後、社長・山下太郎、理事・右近又雄が日本化成会社に入る。	昭和17年に秋山孝之輔を理事に新任、その他は連任。同年8月鈴木三郎助が理事を辞任。
	台湾畜産	台湾国産自動車	台湾産金	台湾石綿	
	監事・川副龍雄から桑原政夫に変更	代表理事・杉原佐一、理事・後藤曠二から平沢越郎に改め、監事を中村秀に変更	監事に近岡源三を増員	無変動	

（資料）　台拓調査課編『事業要覧』昭和14年度、46-75頁、昭和15年度、43頁、昭和16年度、56-81頁。『台湾日日新報』昭和17年1月6日、第2版、4月20日、第2版、『台拓文書』第2012冊。東邦金属製錬株式会社編『営業報告書』第1回～第12回、昭和13年～19年。台湾綿花株式会社編『営業報告書』第1期～第7期、昭和12～18年。竹本伊一郎編『台湾会社年鑑』昭和18年度、37頁、44頁、67頁、136-152頁。新高新報編『台湾紳士名鑑』（台北：新高新報社）、137頁；興南新聞『台湾人士鑑』（昭和18年）、14頁、30頁、105頁、108頁、207頁、208頁、411頁。入沢渗編『台東庁人名要鑑』（台北：東台湾宣伝協会、1925年）、35頁。台拓『役員及び職員名簿』（1938年）。根上峰吉編『花蓮港庁下官民職員録』（花蓮：花蓮港庁、1941年）、41頁。

参考文献

1．史料
(一) 未刊行史料
（1） U.S. National Archives, "Japan at War and Peace, 1930-1949: U.S. State Department Records on the Intenal Affairs of Japan," 1935-1938, No.893-894A.
（2） 三井物産会社『三井物産会社第8回支店長会議資料』(五)、1921年、三井文庫に所蔵。
（3） 『本邦会社関係雑件：台湾に於ける会社現況概要』「外務省記録」E2.2.1.3-22、1945年、外務省外交史料館所蔵。
（4） 「外務省茗荷谷研修所旧蔵記録」『本邦会社関係雑件：台湾拓殖株式会社』E112-E124、1937-1945年、外務省外交史料館所蔵。E2.2.1-E124, 1937-1945年
（5） 「台湾拓殖株式会社設立ニ際シ本会社ニ要望スベキ事業ニ関スル件」『陸軍省昭和十年密受大日記』七冊ノ内、第二号、S10-2-4、第30件、日本防衛庁所蔵。
（6） 『公文類聚』第60編-64編、1936-1940年、国立公文書館所蔵。
（7） 『土地台帳』：都蘭、初鹿、鶴岡段はそれぞれ成功、台東、玉里戸政事務所に分別して所蔵。
（8） 交通局道路港湾課編『第二次生産力拡充計画基本調査資料：台湾の商港及び工業港』、手書き本、1941年。
（9） 『戸籍寄留簿』池上、卑南戸政事務所に分別して所蔵。
（10） 台北地方法院「工場財団登録簿」花蓮市地政事務所所蔵。
（11） 台湾総督府『台湾総督府公文類纂』第5420冊、6567冊、第10079冊、第10096冊、第10101冊、第10349冊、国史館台湾文献館所蔵。
（12） 国有財産局『都蘭事業地建地分割計算表』手書き本、1968年。
（13） 国有財産局『都蘭事業地都蘭段地積計算表』手書き本、1982年。

(14) 国有財産局『台湾土地銀行台東分行代営国有新開園事業地積計算表』手書き本、1979年。
(15) 荻野萬之助「花蓮港蕃地煙草栽培に関する意見書」手書き本、1914年。
(16) 台湾拓殖株式会社『台湾拓殖株式会社文書』第1冊-第2857冊。
(17) 台湾拓殖株式会社『業務概要』手書き本、1938年12月。
(18) 台湾総督府『台湾に於ける熱帯有用植物栽培に就て』手書き本、1915年。
(19) 台湾総督府官房課『台湾重要産業生産力拡充4ケ年計画調査書』手書き本、1937年。
(20) 台湾総督府殖産局『東部地方拓殖計画書』手書き本、1929年。
(21) 台湾総督府殖産局『東部開発計画ニ関スル豫備調査』手書き本、1926年。
(22) 台湾総督府殖産局『東部開発計画調査書』手書き本、1926年。
(23) 台湾総督府殖産局『山地開発概略計画調査書：台東地方』手書き本、1937年。
(24) 口述歴史インタビュー記録資料（場所別、訪問の前後別順序、林玉茹による聞き取り訪問と記録）：
　　1．初鹿高台
　　　陳坤木、1912年生、戸籍・彰化二水、移民、2000年3月21日訪問。
　　　邱其順、1923年生、苗栗公館、移民、2000年3月22日、2007年4月29日訪問。
　　　姜華玉、1929年生、中壢新屋、2000年5月4日訪問。
　　2．瑞源
　　　楊陳兜、雲林虎尾塗庫、1927年生、移民、2007年4月28日訪問。
　　3．都蘭
　　　林岡市、1914年生、宜蘭、2000年10月10日訪問。
　　4．池上
　　　（池上村）：蔡連青、1914年生、台中、1999年11月18日訪問。
　　　　　　　　　李阿輝、1923年生、中壢、1999年11月10日訪問。
　　　（錦園村）：邱瑞祥、1924年生、新竹芎林、1999年11月10日訪問。
　　　　　　　　　邱瑞乾、新竹芎林、2000年5月5日訪問。
　　　　　　　　　潘国神、1920年生、高雄旗山、2000年5月5日訪問。
　　　（水墜村）：江広東、1921年生、台中霧峰、移民、2000年5月5日訪問。

（二）既刊史料

（1） 『東台湾新報』1941〜1942年。
（2） 『台湾日日新報』1926〜1944年。
（3） 『台湾農事報』1928〜1941年。
（4） 『台湾農会報』1939〜1942年。
（5） 『台湾農業会報』1941年。
（6） 『読売新聞』1937〜1941年。
（7） 入沢滲編『台東庁人名要鑑』、台北：東台湾宣伝協会、1925年。
（8） 三日月直之『台湾拓殖会社とその時代』、福岡：葦書房、1993年。
（9） 三浦正三編『台湾殖産関係職員録』台北：台湾農友会、1939年。
（10） 大山綱武「東台湾電力興業：古河財閥と台湾」『台湾時報』26(4)、昭和18年4月号、1943年4月、48-54頁。
（11） 大谷光瑞『熱帯農業』、東京：有光社、1942年。
（12） 大谷猛市「東部台湾の移民事業に就て」、『東台湾研究叢書』第2輯、台北：成文出版社、原刊1924年、1984年復刻版、44-49頁。
（13） 大蔵省管理局編『日本人の海外活動に関する歴史的調査』、第12巻、第13巻、台湾編1、2、東京：大蔵省管理局、1947年。
（14） 工藤弥九郎「規那造林六千甲に就て」、『台湾農会報』1(8)、1939年8月、125-131頁。
（15） 執筆者不明「台湾に於ける農業移民物語」『経友』4(1)、1935年1月、53-58頁。
（16） 中尾鷹雄「東部台湾の熱帯農産業」、『台湾時報』、昭和15年4月号、82-91頁。
（17） 中研院台湾史研究所のホームページ「台湾日記知識庫」、(2011年2月26-27日と1月26日にアクセス)
　　　ネットアドレス：http://taco.ith.sinica.edu.tw/tdk/。
（18） 井出季和太編『台湾治績志』、1937年原刊、台北：南天書局、1977年復刻版。
（19） 古川松舟、小林小太郎『台湾開発誌』、台北：台北印刷株式会社、1915年。
（20） 古藤斉助『領台後の花蓮港史談』、出版先不明、1941年。

(21) 市川四郎「東部地方に於ける熱帯農産企業」、『台湾農会報』1(4)、1939年4月、82-85頁。
(22) 田村貞省「東部台湾に於ける栽培事業」、坂田国助『第二回本島経済事情調査報告』、台北：南支南洋経済研究会、1932年、67-108頁に収録。
(23) 田里維章『戦時下台湾の生産増強』、台南：小出書籍部、1943年。
(24) 石渡達夫「花蓮港築港の完成と東部産業の将来」『台湾地方行政』10(5)、昭和14年10月号、40-53頁。
(25) 石渡達夫「築港後に於ける花蓮港庁産業の躍進」、竹本伊一郎『台湾経済叢書』8、台北：台湾経済研究会、1940年、158-191頁に収録。
(26) 企画院『昭和十四年度生産力拡充実施計画』、東京：企画院、1939年。
(27) 企画院研究会『国策会社の機能と本質』、東京：同盟通信社、1943年。
(28) 向高祐興「東台湾工業化」『台湾時報』25(7)、1942年7月、11-20頁。
(29) 安詮院貞熊「失業問題と森林資源」、『台湾山林会報』16、1925年11月、10-14頁。
(30) 竹本伊一郎編『台湾会社年鑑』、昭和18年版、台北：台湾経済研究会、1943年。
(31) 行政院農業委員会のホームページ、「台湾樹木解説資料庫」、（2011年1月29日にアクセス）

ネットアドレス：http://subject.forest.gov.tw/species/twtrees/。
(32) 行政院農業委員会特有生物保育中心のホームページ、「台湾野生植物資料庫」、（2011年1月29日にアクセス）

ネットアドレス：http://plant.tesri.gov.tw/plant/。
(33) 西村高兄「東部台湾の開発に就て」、『台湾地方行政』10(3)、1944年3月、7-14頁。
(34) 西海枝満寿夫「本島の規那栽培事業」『台湾農会報』4(4)、1942年4月、80-93頁。
(35) 佐々英彦「東台湾開拓問題」、東台湾研究会編『東台湾研究叢書』第26編、成文出版社、1926年10月、1985年復刻版、12-51頁。
(36) 佐治孝徳「築港竣工後の台東庁産業展望」、『台湾時報』、昭和14年10月号、1939年10月、210-219頁。

(37)　呉玉階「石綿工業今昔」、『花蓮文献』4、1955年12月、99-100頁。
(38)　赤木猛市「国策上より観たる東部開発問題」、『台湾農事報』、第273号、1929年9月、606-628頁。
(39)　拓務大臣官房調査課編『拓務要覧』、昭和13年版、東京：杉田屋、1939年、448頁。
(40)　拓務省拓南局編『南洋邦人農企業現況一覧』、海外拓殖調査資料第45輯、東京：拓務省、1942年。
(41)　拓務省拓務局編『南洋栽培事業要覧』、昭和9年版、海外拓殖調査資料第28輯、東京：拓務省、1935年。
(42)　東邦金属製錬株式会社編『営業報告書』、第1回〜12回、1938-44年。
(43)　東台湾新報社編『東台湾便覧』1925年：成文出版社、1985年復刻版。
(44)　林献堂著、許雪姫編『灌園先生日記』、第1-16冊（1927-1944年）、台北：中央研究院台湾史研究所、近代史研究所、2000-2009年。
(45)　松澤勇雄『国策会社論』、東京：ダイヤモンド社、1941年。
(46)　泊武治「交通上より見たる花蓮港築港の役割」、『台湾時報』、昭和14年10月号、1939年10月、182-187頁。
(47)　花蓮港庁編『花蓮港庁管内概況及事務概要』、昭和12年版、14年版、15年版、成文出版社、1985年復刻版。
(48)　屋部仲栄『台湾地方産業報国』、台北：自主出版、1939年。
(49)　星一『蕃人と内地人との協力：台湾蕃界及東部開拓』、台北：台北印刷株式会社、1935年。
(50)　星製薬株式会社『昭和九年下半期星製薬会社営業報告書』、台北：星製薬株式会社、1934年。
(51)　根上峰吉編『花蓮港庁下官民職員録』、花蓮港市：東台湾宣伝協会、1941年。
(52)　高原逸人「開港と東台湾産業の躍進」、『台湾時報』、昭和14年10月号、1939年10月、188-209頁。
(53)　高原逸人『東部台湾開発論』、台北：南方産業文化研究所、1940年。
(54)　高橋春吉「鉱業上より見たる東部台湾」、『台湾時報』、大正15年9月号、1926年9月、10-16頁。

(55) 高橋亀吉『現代台湾経済論』、東京：千倉書房、1937年。
(56) 張麗俊著、許雪姫、洪秋芬編『水竹居主人日記』、第1-10冊（1906-1937年）、台北：中央研究院近代史研究所、2000-2004年。
(57) 野田経済研究所『戦時下の国策会社』、東京：野田経済研究所、1940年。
(58) 閉鎖機関整理委員会『閉鎖機関とその特殊清算』、東京：クレス、2000年。
(59) 鹿子木小五郎『台東庁管内視察復命書』、1912年原刊、成文出版社、1985年復刻版。
(60) 喜多孝治「内地人移民か本島人移民か」、『東台湾研究叢書』、第2輯、成文出版社、1924年5月、1985年復刻版、16-18頁。
(61) 森本寛三郎『武田百八十年史』、大阪：武田薬品工業株式会社、1962年。
(62) 筒井太郎『東部台湾案内』、1932年原刊、成文出版社、1985年復刻。
(63) 新高新報編『台湾紳士名鑑』、台北：新高新報社、1937年。
(64) 楠井隆三『戦時台湾経済論』、台北：南方人文研究所、1944年。
(65) 実業之台湾社編『台湾経済年鑑』、昭和17年版、台北：実業之台湾社、1942年。
(66) 福原一雄『南方林業経済論』、東京：霞ヶ関書房、1942年。
(67) 台東庁編『産業状況』、台東：台東庁、1933-1936年。
(68) 台東庁編『台東庁産業要覧』、昭和7～12年度、台東、1933-1936年。
(69) 台東庁編『台東庁統計書』、第8～13統計書、大正13～昭和10年度、台東：台東庁、1924-1935年。
(70) 台東庁編『台東庁管内概況及事務概要』、昭和12年版、昭和15年版、台東：台東庁、1937年、1940年。
(71) 台湾拓殖株式会社編『役員及職員名簿』、昭和13年版、台北：台拓、1938年。
(72) 台湾拓殖株式会社編『事業概況書』、台北：台拓、1942年。
(73) 台湾拓殖株式会社編『事業摘要』、台北：台拓、1941年。
(74) 台湾拓殖株式会社編『台湾拓殖株式会社法施行令』、台北：台拓、1936年。
(75) 台湾拓殖株式会社編『台湾拓殖株式会社社報』、第1-190号。
(76) 台湾拓殖株式会社編『営業報告書』、第1回～第8回、昭和12年～昭和19年。
(77) 台湾拓殖株式会社調査課『事業要覧』、昭和14-19年度、台北：台拓、1939-44年。

(78) 台湾省行政長官公署統計室編『台湾省五十一年来統計提要』、台北：台湾省行政長官公署統計室、1946年。
(79) 台湾畜産興業株式会社編『台湾畜産興業株式会社要覧』、台北：台湾畜産興業会社、1942年。
(80) 台湾産金株式会社編『営業報告書』、第一期〜第三期、1940-1942年。
(81) 台湾通信社『台湾年鑑』、昭和12〜19年版、1944年原刊、台北：成文出版社、1985年復刻版。
(82) 台湾綿花株式会社『台湾綿花株式会社営業報告書』、第1期〜第7期、昭和12〜18年。
(83) 台湾新民報社『台湾人士鑑』、台北：台湾新民報社、1937年。
(84) 台湾経済年報刊行会『台湾経済年報』、昭和16年版〜19年版、東京：国際日本協会、1942-45年。
(85) 台湾銀行調査課編『台湾に於ける新興産業』、台北：台湾銀行、1935年。
(86) 台湾総督府編『台湾官民職員録』（昭和3年〜5年版）、台北：台湾時報、1928〜1930年。
(87) 台湾総督府編『台湾総督府及付属官署職員録』（昭和8年版〜16年版）、台北：台湾時報、1933-1942年。
(88) 台湾総督府外事部編『決戦下の台湾経済』、台北：台湾総督府外事部、1944年。
(89) 台湾総督府官房課編『施政四十年の台湾』、1935年原刊、成文出版社、1985年復刻版。
(90) 台湾総督府編『台湾に於ける母国人農業殖民』、台北：台湾総督府、1929年。
(91) 台湾総督府殖産局編『台湾の工業』、台北：台湾総督府殖産局、1940年。
(92) 台湾総督府殖産局編『台湾ノ傾斜地利用ニ関スル豫察調査』、台北：台湾総督府、1920年。
(93) 台湾総督府殖産局編『台湾の農業移民』、台北：台湾総督府、1938年。
(94) 台湾総督府殖産局編『台湾商工統計』、第2次、3次、15次、16次、22次。台北：台湾総督府、1923-42年。
(95) 台湾総督府殖産局編『台湾造林主木各論』、後編、台北：盛文社、1923年。
(96) 台湾総督府殖産局編『台湾農業移民の現状』、台北：台湾総督府、1935年。

(97) 台湾総督府殖産局編『熱帯産業調査会調査書：移殖民ニ関スル調査書』、第1巻、台北：台湾総督府、1935年)。
(98) 台湾総督府編『台湾日誌』(1919-1944)、台北：南天書局、1994年。
(99) 台湾総督府編『台湾統治概要』、台北：台湾総督府、1945年。
(100) 台湾総督府編『台湾総督府事務成績提要』、昭和5-7年度、成文出版社、1985年復刻版。
(101) 台湾総督府編『台湾総督府官営移民事業報告書』、台北：台湾総督府、1919年。
(102) 台湾総督府編『台湾総督府府報』、第2585号、1936年1月14日。
(103) 台湾総督府編『台湾総督府統計書』、第13冊（明治42年）、第39冊（昭和10年）、第40冊（昭和10年）、第46冊（昭和17年）、1899-1944年。
(104) 台湾総督府編『臨時産業調査会答申書：台湾産業計画要項』、台北、台湾総督府、1930年。
(105) 広谷致員「花蓮港工業化と農業開発問題」、『台湾農会報』3(11)、1941年11月、8-20頁。
(106) 興南新聞編『台湾人士鑑』、台北：興南新聞社、1943年。
(107) 鍾石若編『躍進東台湾』、成文出版社、原刊1938年、1985年復刻版。
(108) 桜井芳次郎「東部台湾に於けるバナナの生産に就て」、『台湾農事報』、第413号、1941年4月、449-472頁。
(109) 桜田三郎『事業概観』、台北：台湾拓殖株式会社、1940年。
(110) 塩見喜太郎編『台湾銀行会社録』昭和13年版、台北、台湾実業興信所、1938年。
(111) 枠本誠一『「台湾拓殖」の出来るまで』、東京：財界之日本社、1936年。
(112) 畠中正行編『台湾殖産年鑑』、台北：台湾と海外社、1938年。

2．専門書文献

(一) 日本語・中国語

（1） 三輪芳朗『計画的戦争準備・軍需動員・経済統制』、東京：有斐閣、2008年。
（2） 山本有造『日本植民地経済史研究』、名古屋：名古屋大学出版会、1992年。
（3） 久保文克『植民地企業経営史論：「準国策会社」の実証研究』、東京：日本経済評論社、1997年。
（4） 小林英夫『帝国日本と総力戦体制：戦前・戦後の連続とアジア』、東京：有志舎、2004年。
（5） 小林英夫『「大東亜共栄圏」の形成と崩壊』、東京：御茶の水書房、2006年。
（6） 大石嘉一郎『日本資本主義の構造と展開』、東京：東京大学出版会、1998年。
（7） 大石嘉一郎『日本資本主義史論』、東京：東京大学出版会、1999年。
（8） 下谷政弘『戦時経済と日本企業』、京都：昭和堂、1990年。
（9） 中村孝志編『日本の南方関与と台湾』、奈良：天理教道友社、1988年。
（10） 中村哲、安秉直編『近代朝鮮工業化の研究』、東京：日本評論社、1993年。
（11） 中村哲編『東アジア資本主義の形成：比較史の視点から』、東京：青木書店、1994年。
（12） 中村哲『近代アジア史像の再構成』、東京：桜井書店、2000年。
（13） 中村哲編『1930年代の東アジア経済』、東京：日本評論社、2006年。
（14） 中村隆英編『「計画化」と「民主化」』、東京：岩波書店、1989年。
（15） 中村隆英『昭和史』、東京：東洋経済新報社、1993年。
（16） 井上晴丸、宇佐美誠次郎『危機における日本資本主義的構造』、東京：岩波書店、1951年。
（17） 矢内原忠雄『帝国主義下の台湾』、東京：岩波書店、1929年。
（18） 石井寛治『日本経済史』、東京：東京大学出版会、1976年。
（19） 安井国雄『戦間期日本鉄鋼業と経済政策』、京都：ミネルヴァ書房、1994年。
（20） 安藤良雄『太平洋戦争の経済史的研究：日本資本主義の展開過程』、東京：東京大学出版会、1987年。
（21） 社会経済史学会編『一九三〇年代の日本経済』、東京：東京大学出版会、1982年。

(22) 河合和男等『国策会社・東拓の研究』、東京：不二出版、2000年。

(23) 近藤正己『総力戦と台湾：日本植民地崩壊の研究』、東京：刀水書房、1996年。

(24) 武田晴人編『地域の社会経済史：産業化と地域社会のダイナミズム』、東京：有斐閣、2003年。

(25) 金子文夫『近代日本における対満州投資の研究』、東京：近藤出版社、1991年。

(26) 金洛年『日本帝国主義下の朝鮮経済』、東京：東京大学出版会、2002年。

(27) 若林正丈、呉密察編『跨界的台湾史研究：与東亜史的交錯』、台北：播種者出版、2004年。

(28) 林継文『日本拠台末期（1930-1945）戦争動員体系之研究』、台北：稲郷、1996年。

(29) 林呈蓉『近代国家的摸索与覚醒：日本与台湾文明開化的進程』、台北：呉三連史料基金会、2005年。

(30) 林玉茹『殖民地的辺区：日治時期東台湾的政治経済発展』、台北：遠流出版事業、2007年。

(31) 林玉茹・李毓中『戦後台湾的歴史学研究：1945-2000（七）：台湾史』台北：行政院国家科学委員会、2004年、（森田明監訳『台湾史研究入門』汲古書院、2004年）。

(32) 長島修『日本戦時企業論序説：日本鋼管の場合』、東京：日本経済評論社、2000年。

(33) 柯志明『米糖相剋：日本殖民主義下台湾的発展与従属』、台北：群学出版、2003年。

(34) 後藤乾一『昭和期日本とインドネシア：1930年代「南進」の論理・「日本観」の系譜』、東京：勁草書房、1986年。

(35) 後藤乾一『近代日本と東南アジア南進の「衝撃」と「遺産」』、東京：岩波書店、1995年。

(36) 高橋正雄、金津健治『近代日本産業史』、東京：講談社、1967年。

(37) 高橋泰隆『昭和戦前期の農村と満州移民』、東京：吉川弘文館、1997年。

(38) 高嶋雅明『企業勃興と地域経済：和歌山県域の検証』、大阪：清文堂、2004年。

(39) 夏黎明編『辺陲社会及其主体性論文集』、台東：東台湾研究会、2005年。
(40) 涂照彦『日本帝国主義下の台湾』、東京：東京大学出版会、1975年。
(41) 原朗編『近代日本の経済と政治：中村隆英先生還暦記念』、東京：山川出版社、1986年。
(42) 張宗漢『光復前台湾之工業化』、台北：聯経出版、1980年。
(43) 張家菁『一個城市的誕生：花蓮市街的形成与発展』、花蓮：花蓮県文化局、1996年。
(44) 張素玢『台湾的日本農業移民（1909-1945）：以官営移民為中心』、台北：国史館、2001年。
(45) 張静宜『戦時体制下台湾特用作物増産政策之研究（1934-1944）』、高雄：復文図書出版社、2007年。
(46) 陳秀淳『日拠時期台湾山地水田作的展開』、台北：稲郷出版社、1998年。
(47) 浅田喬二編『「帝国」日本とアジア』、東京：吉川弘文館、1994年。
(48) 黄紹恒『台湾経済史中的台湾総督府：施政権限、経済学与史料』、台北：遠流出版事業、2010年。
(49) 梁華璜『台湾総督府南進政策導論』、台北：稲郷出版社、2003年。
(50) 鈴木隆史『日本帝国主義と満州』（上、下）、塙書房、1992年。
(51) 黒瀬郁二『東洋拓殖株式会社：日本帝国主義とアジア太平洋』、東京：日本経済評論社、2002年。
(52) 満州移民史研究会編『日本帝国主義下の満州移民』、東京：龍渓書舎、1976年。
(53) 趙川明『美農高台地区部落史』、台東：国立台東師範学院、1999年。
(54) 蔡龍保『推動時代的巨輪：日治中期的台湾国有鐵路（1910-1936）』、台北：台湾古籍出版社、2004年。
(55) 鄭全玄『台東平原的移民拓墾与聚落』、台東：東台湾研究会、1995年。
(56) 鄭武燦『台湾植物図鑑』、台北：茂昌図書、2000年。
(57) 鍾書豪『百年来的花蓮糖業発展史』、台東：東台湾研究会、2009年。
(58) 藤原彰、今井清一編『十五年戦争史』第3冊：太平洋戦争、東京：青木書店、1989年。
(59) 蘭信三『満州農業移民の歴史社会学』、京都：行路社、1994年。

(60) 歐陽泰（Andrade, Tonio Adam）著、鄭維中訳『福爾摩沙如何変成台湾府？』、台北：遠流出版事業、2007年。

(61) マーク・ピーティー（Peattie, Mark R.）著、浅野豊美訳『植民地：帝国50年の興亡』、東京：読売新聞社、1996年。

(二) 英語

(62) Barclay, George W., *Colonial Development and Population in Taiwan*. New Jersey: Princeton University, 1954.

(63) Barlow, Tani E. ed., *Formations of Colonial Modernity in East Asia*. Durham, London: Duke University Press, 1997.

(64) Barnhart, Michael A., *Japan Prepares for Total War. The Search for Economic Security, 1919-1941*. Ithaca: Cornell University Press, 1987.

(65) Beasley, William G. *Japanese Imperialism, 1894-1945*. New York: Oxford University Press, 1987.

(66) Bisson, Thomas, *Japan's War Economy*. New York: Institute of Pacific Affairs, 1945.

(67) Cooper, Frederick, *Colonialism in Question: Theory, Knowledge, History*. Berkeley: University of California Press, 2005.

(68) Duus, Peter, Ramon H. Mayers and Mark R. Peattie, eds., *The Japanese Wartime Empire, 1931-1945*, New Jersey: Princeton University Press, 1996.

(69) Fairbank, John K., Edwin O. Reischauer, and Albert M. Craig, *East Asia: The Modern Transformation*. Boston: Houghton Mifflin, 1965.

(70) Ho, Samuel P. S., *Economic Development of Taiwan, 1860-1970*. New Haven: Yale University Press, 1978.

(71) Ka, Chih-ming, *Japanese Colonialism in Taiwan: Land Tenure, Development, and Dependency, 1895-1945*. Colorado, Oxford: Westview Press, 1995.

(72) Miller, David Harry and Jerome O. Steffen, eds., *The Frontier:*

Comparative Studies. Oklahoma: University of Oklahoma, 1977.
(73) Myers, Ramon H. and Mark R. Peattie, eds., *The Japanese Colonial Empire, 1895-1945*. Princeton: Princeton University Press, 1984.
(74) Roberts, John G., *Mitsui: Three Centuries of Japanese Business*. New York: Weatherhill, 1973.
(75) Shin, Gi-Wook and Michael Robison, eds., *Colonial Modernity in Korea*. Cambridge, London: Harvard University Asia Center, 1999.
(76) Smitka, Michael ed., *The Interwar Economy of Japan: Colonialism, Depression, and Recovery, 1910-1940*. New York: Garland Publishing, 1998.
(77) Snyder, Jack, *Myths of Empire: Domestic Politics and International Ambition*. Ithaca, N.Y.: Cornell University Press, 1991.
(78) Sugiyama, Shinya, and Milagros C. Guerrero, eds, *International Commercial Rivalry in Southeast Asia in the Interwar Period*, New Haven: Yale Southeast Asia Studies, 1994.
(79) Winckler, Edwin A. and Susan Greenhalgh, eds., *Contending Approaches to the Political Economy of Taiwan*. Armonk, N.Y.: M.E. Sharpe, 1988.

3．学術論文

（1） やまだあつし「植民地時代末期台湾工業の構造：国民党の接収記録を利用して」、『人文学報』79号（京都大学人文科学研究所）、1997年、59-75頁。
（2） 小林英夫「1930年代後半期以降の台湾『工業化』政策について」、『土地制度史学』61、1973年、21-42頁。
（3） 小林英夫「1930年代植民地『工業化』の諸特徴」、『土地制度史学』71、1976年4月、29-46頁。
（4） 小林英夫「植民地経営の特質」、大江志乃夫等編『植民地化と産業化』、東京：岩波書店、1993年、3-26頁。
（5） 小林英夫著、許佩賢訳「従熱帯産業調査会到臨時台湾経済審議会」、黄富三、古偉瀛、蔡采秀編、『台湾史研究一百年：回顧与研究』、台北：中央研究

院台湾史研究所籌備処、1997年、41-68頁。
（6）　大畑篤四郎「南進論的系譜」、矢野暢編『東南アジアと日本』、東京：弘文堂、1991年。
（7）　久保文克「台湾拓殖株式会社の『南方進出』」（Ⅰ）、（Ⅱ）、東京：『中央大学企業管理研究所年報』、第13、14号、1992年、1993年、77-106頁、145-182頁。
（8）　山本有造「『大東亜共栄圏』構想とその構造：『大東亜建設審議会』答申を中心に」、古屋哲夫編『近代日本のアジア認識』、東京：緑蔭書房、1996年、549-581頁。
（9）　山崎志郎「生産力拡充計画の展開過程」、近代日本研究会編『近代日本研究9：戦時経済』、東京：山川出版社、1987年、27-58頁。
（10）　中村孝志「台湾と『南支・南洋』」、中村孝志編『日本の南方関与と台湾』、奈良：天理教道友社、1988年、5-31頁。
（11）　中村隆英「『準戦時』から『戦時』経済体制への移行」、近代日本研究会編『近代日本研究9：戦時経済』、東京：山川出版社、1987年、1-26頁。
（12）　中村隆英「概況：1937-54年」、中村隆英編『「計画化」と「民主化」』、東京：岩波書店、1989年、5-68頁。
（13）　戸辺秀明「ポストコロニアズムと帝国史研究」、日本植民地研究会編『日本植民地研究の現状と課題』、東京：アテネ社、2008年、57-91頁。
（14）　王世慶「台湾拓殖株式会社檔案及其史料価値」、国立台湾大学歴史学系編『台湾史料国際学術研討会論文集』、台北：台大歴史系、1993年、157-176頁。
（15）　王世慶「台湾拓殖株式会社之土地投資与経営：以総督府出資之社有地為中心」、劉澤民、傅光森編『台湾拓殖株式会社檔案論文集』、南投：国史館台湾文献館、2008年、1-55頁。
（16）　北波道子「戦前台湾の電気事業と工業化」、『台湾史研究』15、1998年3月、16-28頁。
（17）　北波道子「日月潭電源開発と台湾の工業化」、『人文学報』（京都大学人文科学研究所）、第85号、2001年6月、89-110頁。
（18）　北波道子「東アジア資本主義の歴史構造と台湾の工業化」、『新しい歴史学のために』2006年度（4）、2008年、21-24頁。

(19) 朱徳蘭「十五年戦争と日本企業の経済活動」『九州国際大学社会文化研究所紀要』第43号、1999年3月、183-196頁。

(20) 朱徳蘭「日拠広州時期（1938-1945）的広州社会与台拓国策公司的自来水事業」、唐力行編『家庭、社区、大衆心態変遷国際学術研討会』、安徽：黄山書社、1999年、400-410頁。

(21) 朱徳蘭「従台拓檔案看日拠広東時期的中日合辦事業」、葉顕恩等編『中国伝統社会経済与現代化』、広東：人民出版社、2001年、332-346頁。

(22) 朱徳蘭「台湾拓殖株式会社在広東的経済活動：以農業事業為例（1939-1943年）」、国史館編『台湾与中国大陸関係史討論会論文集』中国現代史専題研究報告22輯、台北：国史館、2001年、419-439頁。

(23) 朱徳蘭「台湾拓殖株式会社文書中的広東檔案資料」、周偉民編『瓊粤地方文献国際学術研討会論文集』、海口：海南出版社、2002年、434-471頁。

(24) 朱徳蘭「台湾拓殖株式会社的政商網絡関係（1936-1945）」、『台湾史研究』12(2)、2005年12月、75-119頁。

(25) 朱徳蘭「戦時台湾拓殖株式会社広東支店的鎢礦収購活動（1939-1943）」、劉澤民、傅光森編『台湾拓殖株式会社檔案論文集』、175-202頁。

(26) 江美瑤「日治時代以来台湾東部移民与族群関係：以関山、鹿野地区為例」、国立台湾師範大学地理研究所碩士論文、1997年。

(27) 伊藤正直「対外経済関係」社会経済史学会編『一九三〇年代の日本経済』、東京：東京大学出版会、1982年、23-102頁。

(28) 谷ケ城秀吉「戦時経済下における国策会社の企業行動：台湾拓殖の華南占領地経営を事例に」、『東アジア近代史』10、2007年3月、103-127頁。

(29) 何玉雲「池上平原的土地利用与農業経営」、国立台湾師範大学地理研究所碩士論文、1996年。

(30) 何鳳嬌「戦後台湾拓殖株式会社社有地的接収与処理」、『国史館学術集刊』7、2006年3月、257-295頁。

(31) 何鳳嬌「戦後台湾拓殖株式会社事業地的接収与経営」、『国史館学術集刊』、16、2008年6月、223-258頁。

(32) 李文良「林野整理事業与東台湾土地所有権之成立型態（1910-1925）」、『東台湾研究』2、1997年12月、169-196頁。

(33) 李文良「帝国的山林：日治時期台湾山林政策史研究」、台北：国立台湾大学歴史研究所博士論文、2001年。

(34) 李紀平「『寓兵於農』的東部退撫老兵：一個屯墾的活歴史」、花連：国立東華大学族群関係与文化研究所碩士論文、1997年。

(35) 李敏慧「日治時期台湾山地部落的集団移住与社会重建」、国立台湾師範大学地理研究所碩士論文、1997年。

(36) 並木真人「朝鮮的『殖民地近代化』、『殖民地公共性』和対日協力：殖民地政治史、社会史研究之前置性考察」若林正丈・呉密察編『跨界的台湾史研究：与東亜史的交錯』台北：播種者出版、2004年、71-112頁。

(37) 孟祥瀚「台湾東部之拓墾与発展」、国立台湾師範大学歴史研究所碩士論文、1988年。

(38) 河合和男「国策会社・東洋拓殖株式会社」、河合和男等編『国策会社・東拓の研究』、東京：不二出版、2000年、2-30頁。

(39) 河原林直人著、鍾淑敏訳「関於台湾拓殖株式会社檔案」、『近代中国史研究通訊』、26、1998年9月、128-138頁。

(40) 林聖欽「花東縦谷中段的土地開発与聚落発展」、国立台湾師範大学地理研究所碩士論文、1995年。

(41) 林玉茹「戦時経済体制下台湾東部水産業的統制整合」、『台湾史研究』6(1)、2000年6月、59-92頁。

(42) 林玉茹「国家在東台湾歴史上的角色」、『東台湾研究』5、2000年12月、161-168頁。

(43) 林玉茹「殖民与産業改造：日治時期東台湾的官営漁業移民」、『台湾史研究』7(2)、2001年6月、51-93頁。

(44) 林玉茹「国策会社的辺区開発機制：戦時台湾拓殖株式会社在東台湾的経営系統」、『台湾史研究』9(1)、2002年6月、1-54頁。

(45) 林玉茹「国家与企業同構下的殖民地辺区開発：戦時『台拓』在東台湾的農林栽培業」、『台湾史研究』10(1)、2003年6月、85-139頁。

(46) 林玉茹「戦争、辺陲与殖民産業：戦時台湾拓殖株式会社在東台湾投資事業的佈局」、『中央研究院近代史研究所集刊』、43、2004年3月、117-172頁。

(47) 林玉茹「殖民地辺区的企業：日治時期東台湾的会社及其企業家」、『台大歴

史学報』33、2004年6月、315-363頁。
(48) 林玉茹「軍需産業与辺区政策：台拓在東台湾移民事業的転向」、『台湾史研究』15(1)、2008年3月、81-129頁。
(49) 林孟欣「台湾総督府対岸政策之一環：福大公司対閩粤的経済侵略」、台南：国立成功大学歴史語言研究所碩士論文、1994年。
(50) 林孟欣「台湾総督府対岸政策之一環」、『台湾風物』47(3)、1997年9月、89-125頁。
(51) 林蘭芳「日治時期東台湾的電気建設与産業発展：以民営会社為主的探討」、中央研究院台湾史研究所主催「国家与東台湾区域発展史研討会」、中央研究院台湾史研究所籌備処、2001年、213-248頁。
(52) 周婉窈「従「南支南洋」調査到南方共栄圏：以台湾拓殖株式会社在法属中南半島的開発為例」、劉澤民、傅光森編、『台湾拓殖株式会社檔案論文集』、2008年、103-168頁。
(53) 周菊香「檔案評估：以台湾拓殖株式会社檔案為例」、『台北文献』（1996年6月）、55-88頁。
(54) 金子文夫「対外経済膨張の構図」、原朗編『日本の戦時経済：計画と市場』、東京：東京大学出版会、1995年、175-195頁。
(55) 金早雪「東洋拓殖株式会社における国策投資と戦時体制」河合和男等編『国策会社・東拓の研究』、東京：不二出版、第4章、2000年、109-142頁。
(56) 岡崎哲二「戦時計画経済と価格統制」、近代日本研究会編『近代日本研究9：戦時経済』、東京：山川出版社、1987年、175-198頁。
(57) 長岡新治郎「熱帯産業調査会と台湾総督府外事部の設置」、『東南アジア研究』18(3)、1980年12月、446-459頁。
(58) 長島修「日本におけるアルミニウム産業政策」、後藤靖編『日本帝国主義の経済政策』、東京：柏書房、1991年、162-197頁。
(59) 松永達「東洋拓殖株式会社の移民事業」、河合和男等編『国策会社・東拓の研究』、東京：不二出版、2000年、143-170頁。
(60) 波多野澄雄「日本海軍と『南進』：その政策と理論の史的展開」、清水元編『両大戦間期日本・東南アジアの諸相』東京：アジア経済研究所、1986年、207-236頁。

(61) 施添福「日本殖民主義下的東部台湾:第二台湾的論述」、中央研究院台湾史研究所籌備処主催「台湾社会経済史国際学術研討会:慶祝王世慶先生七五華誕」、中央研究院台湾史研究所籌備処、2003年5月、1-47頁。

(62) 施添福「日治時代台湾東部的熱帯栽培業和区域発展」、国立台湾大学歴史系・中央研究院台湾史研究所籌備処主催「台湾史研究百年回顧与専題研討会」、1995年12月15-16日、1-50頁。

(63) 施添福「台湾東部的区域性:一個歴史地理学的観点」、夏黎明、呂理政編『族群、歴史与空間:東台湾社会与文化的区域研究研討会』、台東:国立台湾史前文化博物館籌備処、2000年、1-8頁。

(64) 姚人多「認識台湾:知識、權力与日本在台之殖民治理性」、『台湾社会研究季刊』42、2001年、119-182頁。

(65) 後藤乾一著、李季樺訳「台湾与東南亜1930-1945」、黄富三等編『台湾史研究一百年:回顧与研究』、台北:中央研究院台湾史研究所籌備処、1997年、69-84頁。

(66) 夏黎明「国家作為理解東台湾的一個角度」、『東台湾研究』5、2000年12月、154-160頁。

(67) 夏黎明「池上平原文化景観的空間過程:土地、社群与国家的論述」、『東台湾研究』4、1999年12月、159-192頁。

(68) 高橋泰隆「植民地経済と工業化」、浅田喬二編『「帝国」日本とアジア』東京:吉川弘文館、1994年、131-151頁。

(69) 高淑媛「日治時期東台湾工業結構和政府政策」、中央研究院台湾史研究所主催「国家与東台湾区域発展史研討会」、2001年、249-273頁。

(70) 高淑媛「戦時台湾生産拡充政策之成立」、『台北文献』、149、2004年9月、103-133頁。

(71) 高淑媛「台湾戦時生産拡充政策之実施成効:以工業為中心之分析」、『成大歴史学報』29、2005年6月、165-214頁。

(72) 原朗「太平洋戦争期の生産増強政策」、近代日本研究会編『近代日本研究9:戦時経済』、東京:山川出版社、1987年、231-256頁。

(73) 柴田善雅「台湾拓殖株式会社の南方事業活動」、『日本植民地研究』20、2008年、1-21頁。

(74) 野田公夫「総力戦体制と農業増産政策」、德永光俊、本多三郎編『経済史再考：日本経済史研究所開所70周年記念論文集』、大阪：大阪経済大学日本経済研究所、2003年、403-421頁。

(75) 張炎憲、范雅鈞「台湾拓殖株式会社在台湾之工礦事業経営」、『台湾拓殖株式会社論文集』、南投：国史館台湾文献館、2008年、56-102頁。

(76) 張隆志「殖民現代性分析与台湾近代史研究」、若林正丈、呉密察編『跨界的台湾史研究：与東亜史的交錯』、台北：播種者出版、2004年、133-160頁。

(77) 張静宜「台湾拓殖株式会社之研究」、桃園：中央大学歴史研究所碩士論文、1997年。

(78) 張静宜「台湾拓殖株式会社在南洋貸款投資事業之初探」、『東南亜季刊』、3(3)、1998年、83-101頁。

(79) 張静宜「台湾拓殖株式会社組織推移之探討」、『台湾風物』48(2)、1998年6月、43-83頁。

(80) 張静宜「台湾拓殖株式会社董事任用之分析」、『台北文献』131、2000年3月、139-158頁。

(81) 張静宜「台湾拓殖株式会社与日本軍国主義」、国立成功大学歴史研究所博士論文、2003年。

(82) 張蓉峻「台湾東部移墾的家族個案考察：以玉里長良連氏家族為例」、国立花蓮師範学院郷土文化研究所碩士論文、2003年。

(83) 清水元「アジア主義と南進」、大江志乃夫等編『近代日本と植民地：統合と支配の論理』、東京：岩波書店、1993年。

(84) 康培德「清代『後山』地理空間的論述与想像」、『台大文史哲学報』61、2004年11月、299-318頁。

(85) 陳慈玉「一九四〇年代的台湾軍需工業」、『中華軍史学会会刊』9、2004年4月、145-189頁。

(86) 陳鴻図「農業環境与移民事業：台東庁下私営移民村的比較」、『両岸発展史研究』4、2007年12月、35-80頁。

(87) 梁華璜「『台湾拓殖株式会社』之成立経過」、『成大歴史学報』6、1979年、187-222頁。

(88) 堀和生「植民地の独立と工業の再編成：台湾と韓国の事例」、中村哲編

『東アジア資本主義の形成：比較史の視点から』、東京：青木書店、1994年、189-227頁。

(89) 堀和生「植民地帝国日本の経済構造：1930年代を中心に」、『日本史研究』462、2001年2月、26-54頁。

(90) 黄春江「台湾之石綿」、『台湾銀行季刊』3(2)、1950年3月、129-139頁。

(91) 湊照宏「日中戦争期における台湾拓殖会社の金融構造」、『日本台湾学会報』7、2005年5月、1-17頁。

(92) 湊照宏「太平洋戦争期における台湾拓殖会社の金融構造」、『日本植民地研究』18、2006年6月、35-50頁。

(93) 游重義「台湾分館館蔵台湾拓殖株式会社資料及其利用」、国立中央図書館台湾分館編『慶祝中央図書館台湾分館建館七十八週年紀念暨改隷中央二十週年紀念館蔵与台湾史研究論文発表研討会彙編』、台北：中央図書館台湾分館、1994年、99-116頁。

(94) 游重義「台湾拓殖株式会社之成立及其前期組織研究」、台北：国立台湾師範大学歴史研究所碩士論文、1997年。

(95) 游重義「台湾拓殖株式会社創立之背景（上、下）」、『国立中央図書館台湾分館館刊』2(2)、2(3)、1995年12月、1996年3月、100-111頁、75-102頁。

(96) 葉万貞「台湾工業産出結構的演変：1912-1990」、『経済論文叢刊』24(2)、1996年、227-274頁。

(97) 葉淑貞「日治時代台湾的地租水準」、『台湾史研究』8(2)、2001年12月、97-143頁。

(98) 葉淑貞「台湾近百年工業成長型態之剖析」、『台湾銀行季刊』60(2)、2009年6月、304-339頁。

(99) 葉淑貞「日治時期台湾経済的発展」、『台湾銀行季刊』60(4)、2009年12月、224-273頁。

(100) 曾令毅「植『油』報国：蓖麻栽培与戦時台湾社会」、『台湾史学雑誌』7、2009年12月、85-114頁。

(101) 富永憲生「一九三二－三六の日本経済：高度成長過程の分析」、原朗編『近代日本の経済と政治』、東京：山川出版社、1986年、326-348頁。

(102) 褚塡正「戦時『台拓』的嘉義化学工場之研究（1938―1945）」、国立中正

大学歴史研究所碩士論文、1999年。

(103) 褚塡正「戦時台湾拓殖株式会社之研究：試析嘉義化学工場、1939-1945」(上)(下)、『台北文献』141、142、2002年9月、12月、87-118頁、87-121頁。

(104) 褚塡正「台拓三徳礦業所之経営困境研究：1940-1946」、『台北文献』150、2004年12月、131-164頁。

(105) 齊藤直「国策会社における「国策性」との「営利性」：戦時期の台湾拓殖における増資をめぐる議論の検討」、『早稲田商学』416、2008年6月、71-103頁。

(106) 劉碧蓉「日治時代在台規那造林的政商関係：以星製薬会社為例」、曾一士編『全球化与両岸社会発展』、台北：国父紀念館、2008年、189-209頁。

(107) 劉序楓「台湾総督府対華南調査活動初探：以対福建之調査為中心（1937-1945）」中央研究院中山人文社会科学研究所主催「台湾資本主義発展学術研討会」、台北：中央研究院中山人文社会科学研究所、2011年12月27-28日。

(108) 橋本寿朗「産業構造の重化学工業化と資本の組織化」、社会経済史学会編『一九三〇年代の日本経済』、東京：東京大学出版会、1982年、103-185頁。

(109) 簡栄聰「台湾拓殖株式会社檔案典蔵過程及其価値評估」、『台湾文献』45(2)、1994年6月、89-111頁。

(110) 簡栄聰「台湾拓殖株式会社「華南事業檔案」反映之史料価値」、『檔案与微縮』40（1996年）、22-41頁。

(111) 鍾淑敏「殖民与再殖民：日治時期台湾与海南島関係之研究」、『台大歴史学報』、31、2003年6月、169-221頁。

(112) 鍾淑敏「政商与日治時期東台湾的開発：以賀田金三郎為中心的考察」、『台湾史研究』11(1)、2004年6月、79-117頁。

(113) 鍾淑敏「台湾総督府的『南支南洋』政策：以事業補助為中心」、『台大歴史学報』34、2004年12月、149-194頁。

(114) 鍾淑敏「台湾総督府与南進：以台拓在海南島為中心」、劉澤民、傅光森編『台湾拓殖株式会社檔案論文集』、2008年、205-246頁。

(115) 鍾淑敏「台湾拓殖株式会社在海南島事業之研究」、『台湾史研究』12(1)、(二)英語2005年6月、73-114頁。

(116) Chang, Han-yu and Ramon H. Myers, "Japanese Colonial Development

Policy in Taiwan, 1895–1906: A Case of Bureaucratic Entrepreneurship." *Journal of Asian Studies*. Vol.22, No.4, August 1963, pp.433–449.

(117) Cumings, Bruce, "The Legacy of Japanese Colonialism in Korea," in Raman H. Myers and Mark R. Peattie. eds. *The Japanese Colonial Empire, 1895–1945*. Princeton: Princeton University Press, 1984, pp.478–496.

(118) Duus, Peter, "Introduction," in Peter Duus, Ramon H. Mayers and Mark R. Peattie, eds. *The Japanese Wartime Empire, 1931–1945*, New Jersey: Prineeton University Press, 1996, pp.8–14.

(119) Eckert, Carter J., "Total War, Industrialization, and Social Change in Late Colonial Korea," in Peter Duus, R. H. Myers, and Mark R. Peattie eds., *The Japanese Wartime Empire, 1931–1945*. New Jersey: Princeton University Press, 1996, pp.3–39.

(120) Gold, Thomas B., "Colonial Origins of Taiwanese Capitalism," in Edwin A. Winckler and Susan Greenhalgh eds., *Contending Approaches to the Political Economy of Taiwan*. Armonk, New York: An East Gate Book, 1988, pp.101–117.

(121) Sumio Hatano, "The Japanese Navy and the Development of Southward Expansion," in Sugiyama Shinya and Milagros C. Guerrero eds., *International Commercial Rivalry in Southeast Asia in the Interwar Period*. New Haven: Yale Southeast Asia Studies, 1994, pp.95–108.

(122) Ho, Samuel Pao-San, "Agricultural Transformation under Colonialism," *The Journal of Economic History*, Vol.28, No.3, Sep., 1968, pp.313–340.

(123) Ho, Samuel Pao-San, "Colonialism and Development: Korea, Taiwan, and Kwantung," in Ramon H. Myers, Mark R. Peattie eds., *The Japanese Colonial Empire, 1895–1945*. Princeton: Princeton University Press, 1984.

(124) Kobayashi, Hideo, "The Postwar Economic Legacy of Japan's

Wartime Empire," in Peter Duus, R. H. Myers, and Mark R. Peattie eds., *The Japanese Wartime Empire, 1931–1945*. New Jersey: Princeton University Press, 1996, pp.324–334.

(125) Kimura, Mitsuhiko, The Economics of Japanese Imperialism in Korea, 1910–1939," *Economic History Review*, 48:3, August 1995, pp.555–574.

(126) Mizoguchi, Toshiyuki and Yamamoto, Yuzo, "Capital Formation in Taiwan and Korea," in Michael Smitka ed., *The Interwar Economy of Japan*, New York: Garland Publishing, 1998, pp.51–71.

(127) Myers, Ramon H., "Creating a Modern Enclave Economy: The Economic Integration of Japan, Manchuria, and North China, 1932–1945," in Peter Duus, R. H. Myers, and Mark R. Peattie eds., *The Japanese Wartime Empire, 1931–1945*, New Jersey: Princeton University Press, 1996, pp.136–170.

(128) Nakagane, Katsuji, "Manchukuo and Economic Development," in Michael Smitka ed., *The Interwar Economy of Japan*. New York: Garland Publishing, 1998, pp.73–98.

(129) Peattie, Mark R., "Nanshin: The 'Southward Advance,' 1931–1941, as a Prelude to the Japanese Occupation of Southeast Asia," in Peter Duus, R. H. Myers, and Mark R. Peattie eds., *The Japanese Wartime Empire, 1931–1945*. New Jersey: Princeton University Press, 1996, pp.189–242.

(130) Rice, Richard, "Economic Mobilization in Wartime Japan: Business, Bureaucracy, and Military in Conflict," *Journal of Asian Studies*, Vol.38, No.4, August, 1979, pp.689–706.

(131) Schneider, J. A., The Business of Empire: The Taiwan Development Corporation and Japanese Imperialism in Taiwan 1936–1946. Ph.D. dissertation, Harvard University, 1998.

(132) Schneider, J. A. "The Taiwan Development Company and Indochina: Subimperialism, Development and Colonial Status," *Taiwan Historical*

Research, Vol.5, No.2, Dec., 2000, pp.101-133.
(133) Scott, David, "Colonial Governmentaility," *Scocial Text* 43 (Autumn 1995), pp.191-220.

訳者あとがき

　本書は林玉茹著『国策会社與殖民地辺区的改造―台湾拓殖株式会社在東台湾的経営（1937－1945）』（中央研究院台湾史研究所、2011年8月）の全訳である。著書の林玉茹女史は、現在の台湾史学界の中堅研究者として、最も注目される1人であり、訳者も早くからその成果を通じて多くの刺激と啓発を受けると同時に、今後の一層研究の発展を期待して止まらないところである。

　女史の研究は清代台湾の社会経済史からスタートしたが、その後、植民地時期の東台湾へと移行した。その背景には、女史がかつて学んだ台東師専（現・国立台東大学）当時に培われた、東部地域の風土に対する強い愛着と関心にある。それが更に発展して、東部地域を研究対象とするようになったのは、その日本植民地時代の目覚ましい変化であり、それを推進した国策会社の台湾拓殖株式会社の役割の解明であった。

　以来10年以上にわたって、東部の地域研究と台拓の東部経営に関する膨大な、内外の史料と文献収集の上に、フィールドワークを精力的に行い、その間の個別的成果を、体系的、総合的に集大成したのが本書である。女史にとって、最初の本格的な専門的学術研究書であり、女史の強い研究意欲と探究心の結晶である。本書が台湾史研究所の「研究専刊」の第1号に選ばれたのも当然であろう。

　ところで本書の日本語訳を意図したのは、その内容が台湾史、中国史の優れた研究成果であるにとどまらず、むしろ日本近代史、あるいは日本の植民地研究にとって、極めて重要かつ有益な成果であり、関係研究に寄与するところが大であると確信したからである。周知のように、満州拓殖株式会社（満拓）や東洋拓殖株式会社（東拓）などの満州、朝鮮

の国策会社の研究に比べて、台湾の場合の研究は相対的に少ないことを考えると、それらの先行研究を踏まえながら、著書独自の観点からの総体的な実証研究であり、しかも旧植民地の研究者による最初の成果であることに、極めて大きな意義があると考えられる。

訳者は太平洋戦争中、学徒動員によって名古屋の某軍需工場において、生産労働に従事した経験をもっているが、戦局の悪化とともに、原材料の不足などによって生産力の急速的な低下は覆い難く、それに加えて空襲による工場破壊は軍需生産の崩壊と、学徒動員の意義の喪失をもたらした。こうした生々しい実体験が、本書は台拓の東台湾経営の客観的事実と直結していたことを教えてくれている。つまり、我々の経験が、日本帝国の軍需生産体制の末期的状態の一環であったことを、台拓の東台湾経営の分析を通じて明確にしているのである。

要するに、台拓の東台湾経営は、15年戦争下における日本帝国の国策＝軍需生産体制の縮図であり、その地域的投影にほかならない。その意味では、本書は研究者のみならず、広く日本の一般読者にも、昭和前半の15年戦争史に対する認識と理解のため、ぜひご高読を推賞し期待するものである。

本書の翻訳の分担は、朝元照雄君が主に第3章、第5章、第6章、付録などを担当し、森田が第1章、第2章、第4章を担当したが、全般にわたり、朝元君の協力がなければ、実現は到底不可能であった。その友誼に深く感謝したい。

なお、今回も出版事業の厳しい状況のなか、敢えて選書の1冊に配慮頂いた汲古書院社長の石坂叡志氏のご厚意に、深く謝意を表すとともに、関係編集者にも多くの点で細心の助力を頂いたことに感謝したい。

2011年11月1日

森田　明

索　引

人名地名索引

(ア行)

赤司初太郎	232
旭	159
旭村	159
アメリカ	237, 256
イギリス	256
池上	58, 64, 121, 123, 127, 159
伊澤多喜男	46
石塚正吉	70, 74
インド	106, 221, 237
インドネシア	242, 255
梅野清太	255
英領北ボルネオ	200
英領ボルネオ	194, 195, 309
江口豊次	113
エジプト	237
愛媛県	157
王世慶	13, 16, 21
大磐誠三	50, 51, 99, 188, 234
大原	159
押見仁	73
オーストラリア	221
落合	58, 64, 65, 107
オランダ	256
オランダ領ボルネオ	194

(カ行)

何鳳嬌	18
海南島	76, 134, 309
嘉義	57, 96, 106, 238
加来惟康	72
賀田金三郎	157
桂太郎	6
加藤恭平	7, 50, 118, 163, 232, 238, 263, 266
加藤高明	46
カナダ	266, 274
華南	221, 224, 238, 255, 256, 271, 308
金子文夫	8, 20
華北	220, 313
花蓮	274
花蓮港	122
花蓮港街	275, 276
花蓮港市	280, 281, 312
河原林直人	13
簡栄聰	13
関山地区	189
喜多孝治	160
北ボルネオ	134
邱其順	181
姜華玉	181
玉里	130, 186
玉里鎮	65
宜蘭	157
日下辰太	50, 165
久保文克	12, 15, 20
呉全域	157
黒瀬郁二	20
京城	228, 259, 278
元山	275
恒春	96, 106
興南	275
後藤北面	72, 75, 107, 135, 309
小林躋造	162
近藤正己	194

(サ行)

斉藤直 20
敷島村 162, 198
柴田善雅 19, 21
ジャック・スナイダー (Jack Snyder) 10
ジャワ 242, 244, 309
上海 268
朱徳蘭 13, 16, 19, 21
周婉窈 19, 20
周菊香 13
秀姑巒渓 123
シュナイダー (J.A. Schneider) 8, 14, 129, 138, 306, 311
鍾淑敏 16, 19
初鹿 58, 64, 110, 124, 167, 177, 239
白勢黎吉 262
新開園 58, 64, 114, 167, 174, 177, 239
新港 106
仁川 228, 278
新竹 157, 259
新竹州 186, 189
新武呂 58, 64, 127
新武呂渓 123
鈴木丈夫 74
砂田鄰太郎 254, 265, 266
スマトラ 194
施添福 4, 155
清津 275
セレベス 193, 239, 258

(タ行)

タイ 134, 193, 239, 255
大英帝国 277
大渓 243
台中 53, 61, 262
台中州 186, 189
台東 122, 238
台東街 238, 272, 276, 281, 312
台南 53, 61, 96, 106, 158, 262
台南州 239
大武 121, 124, 188
台北 96, 228, 238, 253, 254, 259, 266
大武山地 119
大武地域 56
大里 58, 64, 65, 114, 119, 167, 177, 183
高雄 61, 106, 228, 247, 274, 280
高雄州 239, 243
高須隆千代 114
高原逸人 182, 190
田里維章 189
田中正頴 73
谷ヶ城秀吉 19〜21
谷川清 130
田端幸三郎 50
玉浦重一 111
太麻里 124, 243
タワオ 194
竹東 57
知本 99, 124, 162, 243
中国 237
褚塡正 13, 18
張炎憲 18
張静宜 13, 14, 19
張静蘭 16
張麗俊 23
朝鮮 139, 220, 224, 225, 228, 237, 278, 309, 311
長良 58, 64, 65, 123, 127, 176, 183
陳坤木 181
陳春枝 77
月野 159
月野村 160
鶴岡 58, 64, 65, 110, 114, 119, 124, 167, 177
涂照彦 3, 12, 232

土居美水 189	174, 177, 239	(Romon H. Myers)
東京 53, 253, 256	萬里橋 58, 107, 110	10, 220, 313
東南アジア 16, 257	比嘉一正 114	松沢勇雄 20
徳高班 159	久宗董 163	マレー半島 193
斗湖 196	卑南大渓 187	満州 139, 191, 220,
豊田村 266	平塚広義 48	309, 313
豊原 57	ビルマ 258	湊照宏 20
都蘭 58, 107, 110, 114,	フィリピン 193, 239,	南アフリカ 255, 256
167, 177, 239	255, 256	美農高台 182
	福島県 157	宮本勝 111, 113, 114
(ナ行)	釜山 228	美和 159
中川健蔵 49, 186	藤田淳教 130	毛利之俊 113, 180
長島修 41	藤村寛太 50	森五郎 58
中村哲 9	フランス 277	
中村隆英 11	古荘幹郎 249	(ヤ行)
南投 192	ブルース・カミングス	矢内原忠雄 3, 4, 303
南米 241	(Bruce Cumings)	山岸金三郎 189
南米諸国 255	276	山下太郎 259
南洋 139, 221, 224,	米畜工業区 250, 260,	山田拍採 238
238, 256, 271, 275,	313	游重義 13〜15
308〜311	ベトナム 193, 239, 255	葉淑貞 268
新高村 192	ホー	横川長太 111, 113, 262
西村高兄 45	(Samuel. P.S.Ho)	吉野村 197
	11	
(ハ行)	星一 99	(ラ行)
バリ 193	ボルネオ 193	来義 243
馬嶺 135		雷公火 159
范雅鈞 18	(マ行)	羅東 57, 265
萬安 58, 64, 114, 167,	マイヤーズ	劉萬 189

琉球	255	林柏寿	186	ローデシア	257
梁華璜	12, 15	林孟欣	13	ロンボック	193
陵水	135	ルソン	193		
里壠（関山）	159	連碧榕	186	**(ワ行)**	
林玉茹	16	鹿野	159	和田盛一	247
林献堂	23, 186	鹿寮	159		

事項索引

(ア行)

愛国栽培	126
亜鉛	255
麻	196
アッサム紅茶	130, 245
阿美（アミ）族	110
アルミ	274
粟	129
アンパリヘンプ（洋麻）	115, 174, 183, 196, 198
「育成投資型」企業	226
池上事業地	123
移住型植民地	155
移住植民地	4
委託経営	113, 114, 175
稲作	131
移民会社	191
移民基地	303
移民栽培地	122
移民事業	167, 304, 307
移民収容10カ年計画	162
移民奨励要領	159, 160
移民ブーム	131, 132
請負代行者	111, 114
請負代行人	170
エスニックグループ（族群）人口	183
塩水港製糖	107, 160, 272
塩水港製糖会社	47
塩水港製糖株式会社	51
塩水港パルプ工業	248
罌粟（ケシ）	245
大麦	115, 121, 130, 174, 183, 198

(カ行)

海外事業地	279
開墾	65
開墾型事業地	72
開墾栽培事業地	122
開墾事業	65, 167
開墾事業地	66, 109, 115, 167, 305
海島綿	106, 119, 135, 239
海南島	15
開発の帝国主義（developmental imperialism）	15
開洋燐鉱株式会社	224
カカオ	120
化学肥料	259
嘉義化学工場	18
嘉義農場直営圃	239
河川荒廃地	127, 132, 138
河川砂金	263
賀田組	157, 159
カーバイド（炭化物）	258, 260, 261
花蓮港	247, 250
花蓮港事務所	56, 64
花蓮港出張所	58, 60, 64, 66, 70, 74
花蓮港製錬所	256
花蓮港庁	3, 27, 49, 57, 102, 124, 131, 133, 137, 167, 220, 229, 234, 246, 247, 271, 275, 313, 314
花蓮港電気株式会社	247
花蓮港の築港の完成	56
花蓮港米斎工業区	261
花蓮港臨海地域	248
花蓮港臨港工業区	252
花蓮港臨港地帯	250
花蓮重視・台東軽視	

事項索引　カ～コウ

70, 77, 80, 309
加路蘭港　　　　　273
官営移民　　　　46, 312
官営移民事業　47, 156, 161
官営移民政策　　　307
官営移民村　　159, 188
官営移民適地調査　163
官営農業移民　　　158
官営農業移民事業　197
柑橘　　　　　　　120
干拓　　　　　　　 65
官有原野地　　　　137
官有地問題　　　　 45
企画院　　　　　　253
企画院審議会　　　253
希元素工業株式会社
　　　　　　　　　264
技術官僚　　　　　 73
規那　　　　　　　241
キナノキ（キニーネ）
　53, 98, 102, 107, 119,
　120, 125, 126, 133, 135,
　　　　　　242～244, 271
キナノキ（キニーネ）
　事業　　　　　　308
義務出役制　　　　236
共同自家発展事業　248
共同投資方式　　　229

「協力投資型」企業226
漁業移民　　　　　163
魚藤（デリス）64, 65,
　　　98, 120, 121, 123,
　　　125, 130, 135
金　　　　　　253, 262
金鉱　　　　　　　251
金属製錬事業　　　257
近代飛び地経済
　（modern enclave
　economy）　10, 220
銀銅鉱　　　　　　251
久原農園　　　　　194
クロム　　　　　　255
クロム鉱業株式会社
　　　　　　　　　224
クロム鉱石　　　　256
軍国主義搾取論　　 14
軍需鉱工業　　　　 17
軍需鉱工業企業　　220
軍需産業複合体
　（military-industrial
　complex）　　　 10
軍需資源　　　　　132
軍需資源の確保　　304
軍需鉱工業企業　　280
軍需指定作物　　　307
軍需重化学工業　274, 312

軍需政策的移民　　199
軍需熱帯作物　305, 306
軍需熱帯農業　　　308
軍需農産物　　　　122
計画統制経済　　　270
軽金属　　　　253, 257
硅酸ニッケル鉱石　258
硅石　　　　　　　251
桂竹（ケイチク）115, 118, 175
軽木（バルサ）　　119,
　　　120, 125, 126, 130
瓊麻　　　　　　　196
『経友』雑誌　　　170
限界土地　　　129, 132
原住民　138, 235, 236, 312
原始林　　　　　　132
原生作物　　　　　306
現地採用　　　　72, 73
「現地採用」主義　305
興粵公司　　　　　 19
後期官営農業移民　162
工業花蓮・農業台東
　　　　　　　　　278
鉱業経営政策　　　268
鉱業所　　　　　　263
工業の飛び地　　　281
工鉱業の基地　　　314

「高砂族」(原住民) 133	栽培造林事業 119	山地物産 237
香辛料 258	栽培造林事業地 305	三徳鉱業 18
紅茶 98, 119, 120, 122, 125, 133	桜組 232, 236	私営移民 184, 312
	雑穀 126, 182	私営移民計画 158
高度工業港 249	サツマイモ 114, 120, 121, 123, 129, 174, 175	私営移民事業 161
黒拷（ナタールパーク） 245		事業所 71
	サトウキビ 102, 114, 131, 138, 164, 174, 175, 236, 273	事業地 64, 65
国際協商 97, 136		事業部 57
国際港湾 249		試験栽培 130
国際市場 221	サブ帝国主義 (sub-imperialism) 15, 16	莉竹 115, 118, 175
国策会社 5, 13, 17, 42, 138, 139		指定作物 175
	差別待遇 309	指定作物の制限 181
国策作物 137, 306	山岳金鉱 263	地場資本 232, 308
国防経済動員計画 281	産業開発計画 304	資本型植民地 4, 155
国防資源開発 313	産業技術官僚 305	資本主義的経営 235
国防資源の開発 306	産業奨励館 251	社有地 58, 66
国民政府 245	散居聚落 182	社有買収地 110
ココ椰子 196	蚕食現象 303	上海大禾実業公司 267
小作農 111	山地移民 245	秋葵（オクラ） 122
国家総動員計画 165	山地開発計画調査 133	重工業 254
珈琲 101, 102, 120	山地開発事業 234	集団移民 312
ゴマ 122, 196	山地開発事業地 122	重点作物 167
ゴマ樹 134	山地開発調査 103	自由貿易 304
米 175	山地企業化 134	授産 120, 134
	山地興産株式会社 233	10ヵ年内地人官営移民計画 198
(サ行)	山地資源調査 51	
財政経済3原則 98	山地総合開発計画 51, 97	10ヵ年綿花増産方針 238
栽培事業 65, 167		
栽培事業地 66, 137	山地地帯 138	黄麻（ジュート） 65,

97, 114, 120, 135, 174, 196, 198, 306	新興作物　129	石炭　257
準官営移民　156, 200	新興重化学工業　311	石灰石　251, 259, 260
樟樹　120, 125, 126	新興窒素　228, 229, 248, 250, 253, 254, 260, 264, 270, 276, 280, 310	石灰窒素　259〜261
承租地　160		石綿（アスベスト）　265
樟脳　138		石綿鉱　251
消費性作物　120	新興窒素工業株式会社　226, 259	石綿鉱業　274
植民地近代化　3		石綿鉱山　268
植民地経済　303	新興熱帯企業　138, 271	石綿鉱石　268
植民地工業の飛び地論　220	新興熱帯栽培業の基地化　188	石綿糸布　266
植民地時代の遺産　281	新興熱帯産業　279	石綿統制企業　269
植民地主義の「搾取論」　303	新興熱帯農業　312	繊維　120
	新港農場　187	繊維工業　254
植民地統治万能論　155	新竹出張所　61	浅山丘陵地　138
植民地の共同構築　94	新武呂事業地　123	戦時経済システム　313
植民地の飛び地経済　281	水晶鉱　251	戦時資源開発　156, 232
	水稲　273	戦時総動員法　252
植民地の飛び地産業　267, 270	杉原産業株式会社　107, 129, 187, 232, 272	戦時統制経済政策　11
		戦時農業増産政策　306
植民地辺地政策　307	スズ　255	専売局　121
食糧増産第一主義　125, 174	製材　274	専門栽培事業地　72, 122
	生産力拡充計画　219, 280, 306, 310	
初鹿事業地　110, 123, 123, 124, 126, 171, 176		相思樹（タイワンアカシア）　115, 118, 120, 121, 124, 125, 175
	製炭事業　237	
新開園事業地　171	製糖　274	造船　257
新興軍需工業都市　276, 280	製糖企業　272	総動員試験研究令　257
	西部社有地　53	総督府殖産局　73, 106, 162, 198
新興軍需産業　313	西部本島人　187	

事項索引　ソ〜タイ

租借地（貸渡地）　66	台東出張所　52, 56, 58, 59, 64, 66, 70, 74, 76, 79, 107, 235, 242	229, 254
租借料（田租）　111		台湾石綿株式会社　226, 266
(夕行)	台東拓殖合資会社　159	台湾開発10カ年計画 93
第1次生産力拡充計画　263, 264, 270, 254	台東拓殖製糖　160, 232, 236	台湾化学株式会社　260
第1次東部大規模調査　197	台東拓殖製糖株式会社　159	台湾化学工業株式会社　259
第1回生産力拡充計画　252	台東庁　3, 27, 49, 57, 102, 124, 130, 131, 133, 137, 167, 220, 229, 234, 246, 271, 313, 314	台湾化成株式会社　226
代作奨励協議会　97		台湾化成工業株式会社　227
大豆　126		台湾銀行　6
台拓檔案学　13		台湾金属統制株式会社　226
台拓の海外事業　22	台東庁協議会　76	台湾国産自動車　228, 229
大東亜共栄圏　251	台東熱帯農業試験支所　130	
大東亜経済圏　121		台湾国産自動車株式会社　253
台東開拓　232, 236	台東綿花加工工場　241	
台東開拓会社　197	台南州農事試験場　73	台湾産金　228, 229, 254, 264, 270, 280, 310
台東開拓株式会社　160	大日本製糖　255	
台東港　272	台農2号　193	台湾産金会社　229
台東興発　229, 233, 271, 279, 305, 308	台北帝国大学　20	台湾産金株式会社　226, 254, 262, 263
	太平洋戦争　14, 249, 311	
台東興発会社　226, 228, 232, 237	大武山地開発事業地　305	台湾重要産業生産力拡充計画　255
台東興発株式会社　226, 235, 236	大里事業地　110	台湾重要産業生産力拡充4カ年計画　253
台東出張所　167	台湾石綿　229, 254, 269, 280, 310, 312	台湾重要産業生産力4カ年計画　165
台東重視・花蓮軽視　59, 77, 79, 279, 305	台湾石綿会社　228,	台湾重要産業調整委員会　246

台湾植民地政策 277	台湾綿花株式会社 56, 106, 135, 165, 174, 225, 238	長良事業地 123, 181
台湾人資本 281		直営 113, 175
台湾総督府 43, 200		直営栽培地 122
台湾拓殖株式会社 5, 20, 156, 304	高雄港 250	直営地 171
	拓殖型会社 305	「直接投資型」企業 225
台湾拓殖株式会社起業目論見書（創業計画書） 157	拓殖型企業 233, 279, 308	苧麻 53, 64, 97, 98, 101, 102, 107, 114, 118〜120, 125, 126, 129, 130, 135, 137, 164〜166, 174, 183, 196, 198, 305, 306, 309
	拓殖型国策会社 12, 304	
台湾拓殖株式会社接収委員会 8	拓殖企業 234	
	拓殖事業 95, 224	
台湾拓殖株式会社法案 41	拓務省 43	
	拓務部 57	苧麻作地 173
台湾畜産 228, 229	多元化農業政策 98	苧麻事業 65
台湾畜産興業会社 226, 235	煙草 64, 65, 120, 123, 125, 126, 173	苧麻事業所 59, 61, 67, 172
台湾苧麻紡績会社 129		苧麻試験所 52
台湾電気合同株式会社 247	タピオカノキ（キャッサバ） 196	苧麻綿試験工場 58
	タングステン 255	蒲草（薬草のあけび） 120
台湾電灯 255	短茎苧麻および屑茎苧麻綿状化 58	
台湾電力株式会社 6, 247		鶴岡事業地 173, 181
	探鉱奨励規則 267	適地適作 115
台湾特用植物 14	地域的産業組合 247	鉄鋼 257
台湾農産工業会社 129	チーク 121	デリス（魚藤） 245
台湾綿花 228, 229, 232, 233, 245, 279, 305	地租（小作料） 172	デリス（魚藤、殺虫剤原料） 196
	茶 138	
台湾綿花会社 226, 235, 253, 308	朝鮮化学工業株式会社（朝鮮化学） 232, 259〜261	澱粉工場 174
		電力事業 274
台湾綿花会社台東工場 76		電力 247
		銅 255

東海電極製造	255	東部事業地	306	吐根	245
糖業帝国主義	219	東部地域のセンター	281	土地改革	18
桐材	125			土地銀行	19, 110
投資会社	52	東部地方拓殖計画書	47	土地所有権	160
投資企業	224, 225	東部鉄道	161, 186	土地部	57
投資事業	220, 221, 304	東部農業試験場	130	飛び地経済	313
投資収益率	303	東部農産試験場	48, 102	豊田鉱業所	265
東台製糖会社	174			豊田事業地	266
東拓	311	東邦金属	228, 229, 247, 250, 253, 254, 258, 260, 264, 269, 274, 276, 280, 310	都蘭事業地	64, 173
東拓法	224				
東部移民事業	177			**（ナ行）**	
東部開発	303			内地資本	232
東部開発計画調査	161, 199	東邦金属会社	262	内地人	236
東部開発調査委員会	46, 48, 78, 304	東邦金属製錬	248	内地人農業移民	200
		東邦金属製錬株式会社	226, 255	内地農業移民	188
東部開発調査会	164	トウモロコシ	120	内地人農業移民計画	190
東部開発論	5, 102, 304	東洋協会	6	内地人農業移民事業	197
東部官営移民計画	163	東洋拓殖会社	224		
東部官営移民事業	162	東洋拓殖株式会社	6, 13, 20, 43, 126, 176, 190, 278, 307	ナタールパーク（黒栲）	98, 119, 120, 124〜126, 130, 133, 135
東部軍需産業	271				
東部鉱業所	263				
東部鉱業所台東支所	263	東洋電化	248, 250	鉛	255
		得其黎渓第1発電所	261	南興公司	224
東部工鉱業センター	309	得其黎渓の第2発電所	261	南巡道路	189
東部鉱産ブーム	251			南進	12, 191, 194
東部産金株式会社	262	特殊有用作物の増産計画	164	南進拡張政策	20
東部山地開発	51			南進基地論	43
				南進政策	134

南進ブーム	200	
南進論	43	
南方企業費	244	
南洋移植	192	
南洋移民	192, 309	
南洋移民計画	194, 195	
南洋開発組合	194	
南洋興農組合	194	
南洋事業	21	
南洋事務所	74	
南洋拓殖株式会社	6	
南洋綿花栽培	193	
新高港	250	
日月潭水力発電プロジェクト	44, 247	
日満（満州国）地域経済圏	97	
日系資本	281	
ニッケル	253, 255, 257, 269	
日中戦争	10, 106, 201, 277, 279, 281	
日本アルミ	250	
日本アルミ会社	274	
日本アルミ製造	247, 248	
日本化成	261, 270	
日本化成工業株式会社	260	
日本鋼管	255
日本産金株式会社（日本産金）	232, 254, 263
日本植民地主義	280
日本植民地政策	311
日本水産株式会社（日本水産）	232, 235, 259
日本窒素肥料株式会社	275
日本電気冶金	255
日本電工	274
日本綿糸	106
尿素石膏	253, 259～261
尿素石膏化学産業	274
熱帯果樹	102
熱帯栽培業	96, 99～101, 106, 134, 136, 138, 277, 312
熱帯栽培事業	75, 234
熱帯栽培試験場	56
熱帯作物	126, 137
熱帯作物栽培	198
熱帯作物産業	247
熱帯産業会議	134
熱帯産業調査会	43, 48, 164
熱帯性特殊作物	165
熱帯拓殖型企業	235
熱帯拓殖企業	17, 220, 233, 271, 279
熱帯特殊有用作物	136
熱帯農業	44
熱帯農業開墾事業	76
熱帯農業学校	131
熱帯農業試験場	130
熱帯農業試験地	314
農会（農協）	175
農業開墾拓殖企業	277
農業台東・工業花蓮	279, 313
農協（農会）	110
農産試験場	313
農地開墾事業	307
農民移民事業	157
農林拓殖事業	52

(ハ行)

買収地	66
パイナップル	101, 102
白鳳豆（タチナタマメ）	122
芭蕉繊維事業	65
客家人	160
パパイヤ	120
蕃害	158, 186
蕃地	133
蕃地開発調査	51
萬里橋事業地	64

事項索引　バン〜ミツ

萬里橋苧麻事業地　169	125, 126, 135, 166, 196, 198, 306	228, 229, 308
東台湾開発計画調査　46	標準化栽植　115	星規那株式会社　124, 235
東台湾開発調査委員　17	肥料試験所　73	星規那産業株式会社　225, 242
東台湾開発調査委員会　99	封鎖型植民地　4, 155	星製薬　242, 245
東台湾電気興業株式会社　248	風土病　181, 186	星製薬株式会社　241
東台湾電力　276	福大公司　224	細川式尿素質肥料製造法　260
東台湾電力会社　262	藤山　232	本島人　236
東台湾電力興業株式会社　260	古河　232, 274	本島人移民　187〜190, 200
東台湾電力第2発電所　261	古河財閥　274	本島人移民計画　187
東台湾内地化（日本化）計画　17	古河電気工業　255	本島人移民事業　176, 184, 190, 192
東台湾の内地化（日本化）　26, 47, 155, 158, 307	ブロック経済　304	本島人（台湾人）の移民事業　156
	分作制　173	
	風土病　158	
	並行的移民政策　190	本島人の農業集団移民事業　184
砒化ニッケル鉱石　257	米穀　102, 114, 126, 138, 164	
飛行機　257	米作　125	**（マ行）**
非鉄金属　253	米糖農業　219	松本商工　166
非鉄金属産業　274	ベリリウム　255	満州事変　9, 136, 224
非鉄金属資源　255	辺地移民政策　307	満州拓殖公社　176, 191, 307
卑南大圳灌漑区　162	辺地企業　220	
卑南（プュマ）族　110	紡績産業　106	満州ブーム　188
苧麻　65, 97, 98, 102, 107, 114, 120, 122,	蓬萊米（ジャポニカ米）　135	満鉄株式会社　13
	北進論　43	三井　51, 274
	星規那　229, 233, 279, 305	三井物産　272
	星規那会社　76, 134,	

三菱	51, 232, 274	
三菱工業株式会社	275	
三菱財閥	262, 310	
南満州鉄道株式会社	6, 20	
民間企業	138	
民間資本	237	
民族基地	158	
明治製菓	272	
明治製糖	106	
明治製糖株式会社	51	
綿花	53, 64, 65, 98, 102, 106, 107, 114, 118, 120, 122, 123, 125～127, 130, 135, 137, 164～166, 183, 196, 198, 237, 253, 271, 306, 308, 309	
綿花栽培	106	
綿花栽培組合	106	
綿花事業	65
綿花種子油	238
綿作	305
綿作地	173
森永製菓	106, 272
森永製菓株式会社	51

(ヤ行)

薬用	120
野菜	182
有機合成事業	261
優良作物品種	305
油脂	120
油桐	120, 125
養鶏	182
養豚	182
養豚事業	123
洋麻（アンパリヘンプ）	120, 121, 124～126, 130

(ラ行)

落花生	123
落花生油	238
陸稲	129
理蕃政策	72, 133
理蕃（先住民統治）事業	46, 186
硫安	259
硫化鉄	251
硫酸	260
里壠支庁	188
臨海道路	186
林業部の設立	57
臨港工業区	250, 280, 312
臨時産業調査会	248
臨時台湾経済審議会	254
労働力供給事業	236

(著者略歴)
林　玉茹 (Lin, Yu-Lu)
台湾・台南県帰仁に生まれる。国立台湾大学大学院歴史学研究所（歴史学研究科）修了。歴史学修士、歴史学博士。台湾社会経済史、海洋史、地域研究を専攻。
現　在　台湾・中央研究院台湾史研究所副研究員、国立台湾師範大学台湾史研究所兼任教授。
著　書　『清代台湾港口的空間結構』（知書房、1996年）、『清代竹塹地区的在地商人及其活動網絡』聯経、2000年、『戦後台湾的歴史学研究1945‐2000：台湾史』（共著、行政院国家科学委員会、2004年）（日本語版：森田明監訳『台湾史研究入門』汲古書院、2004年）、『鹿港郊商許志湖家与大陸的貿易文書（1895‐1897）』（共編、中央研究院台湾史研究所、2006年）、『殖民地的辺区：東台湾政治経済的発展』（遠流、2007年）、『代書筆、商人風：百歳人瑞孫江淮先生訪問記録』（共著、2008年）、『麻豆港街的歴史、族群与家族』（編著、台南県政府、2009年）、『台南県平浦族古文書集』（編著、台南県政府、2009年）など。

(訳者略歴)
森田　明（もりた　あきら）
1929年　奈良に生まれる
1953年　広島文理科大学史学科（東洋史学専攻）卒業
現　在　文学博士、大阪市立大学名誉教授
著　書　『清代水利史研究』（亜紀書房、1974年）、『清代水利社会史の研究』（国書刊行会、1990年）（中訳版：鄭樑生訳『清代水利社会史研究』台湾国立編訳館、1996年）、『清代の水利と地域社会』（中国書店、2002年）（中訳版：国家清史編纂委員会編訳『清代水利与地区社会』山東画報出版社、2008年）、『山陝の民衆と水の暮らし―その歴史と民俗』（汲古書院、2009年）など。
監訳書　林玉茹・李毓中著『台湾史研究入門』（汲古書院、2004年）

朝元　照雄（あさもと　てるお）
1950年　台湾に生まれる
1985年　筑波大学大学院社会科学研究科博士課程修了、博士（経済学）
現　在　九州産業大学経済学部教授
著　書　『現代台湾経済分析』（勁草書房、1996年）、『台湾経済論』（共編著、勁草書房、1999年）、『台湾の経済開発政策』（共編著、勁草書房、2001年）、『台湾の産業政策』（共編著、勁草書房、2003年）、『開発経済学と台湾の経験』（勁草書房、2004年）、『台湾農業経済論』（共著、税務経理協会、2006年）、『台湾経済入門』（共編著、勁草書房、2007年）、『台湾経済読本』（共編著、勁草書房、2010年）、『台湾の経済発展：キャッチアップ型ハイテク産業の形成過程』（勁草書房、2011年）、『台湾史研究入門』（共訳、汲古書院、2004年）など。

台湾拓殖株式会社の東台湾経営
　—国策会社と植民地の改造—　　　　　　　汲古選書58

2012年5月17日　発行

　　　　　　　　　著　者　林　　　玉　　　茹
　　　　　　　　　訳　者　森　　田　　　　　明
　　　　　　　　　　　　　朝　元　　照　　雄
　　　　　　　　　発行者　石　　坂　　叡　　志
　　　　　　　　　印刷所　モリモト印刷

　　　　　　　　　発行所　汲　古　書　院
　　　　　　〒102-0072　東京都千代田区飯田橋2-5-4
　　　　　　電話03(3265)9764　FAX03(3222)1845

ISBN978-4-7629-5058-2 C3322
Lin, Yu-Lu／Akira MORITA, Teruo ASAMOTO　©2012
KYUKO-SHOIN, Co, Ltd. Tokyo

蘭領台湾史——オランダ治下38年の実情

林田芳雄著 三八年間に亘るオランダの統治下にあった台湾島のありのままの姿と、台湾原住民のさまざまな出来事を原住民の視点から捉え、草創期の台湾史を解明する。

【内容目次】

本 編

I オランダ台湾長官と中国海賊——一六二四〜一六三六——ソンク、ウィット時代（一六二四〜一六二七）／ヌイツ時代（一六二七〜一六二九）／プットマンス時代（一六二九〜一六三六）

II 一六二七年台湾原住民代表訪日の経緯——一七世紀初頭の大員港と新港社／新港社住民の日本往還ン事件の余波

III 安定期のオランダ統治——一六三六〜一六四六——統治形態／住民対策／北台湾領有

IV ラメイ島原住民族滅尽の記——蘭領台湾時代の悲劇——島名の由来と侵攻の動機／虐殺と虜掠の繰り返し／島の変転と島民の命運／忘却されたラメイ島の惨劇

V オランダ領台湾の終焉——一六四六〜一六六二——台湾を巡る内外情勢の変化／原住民懷柔とキリスト教伝道／漢族移民問題／鄭軍来襲と蘭領台湾時代の幕切れ

附 篇

VI 一七世紀初頭の澎湖を巡る明蘭の攻防——澎湖の歴史地理学的考察／一六世紀後半における華南沿海情勢／蘭船の澎湖寄港と明国の態度／オランダの澎湖占領と撤退

VII 何喬遠と『閩書』——何喬遠とその時代／『閩書』／『閩書』とその周辺

あとがき

▼384頁／定価4725円

春秋學用語集

岩本憲司著 「春秋学」という称謂は、例えば「経済学」のような、現在行われている学問、言い換えれば、我々自身の営為を呼ぶものとは、本質的に異なる。もし、経済学と同じレベルの言い方が必要とされるならば、"我々のなすべきことは「春秋学」である"と言わねばならない。つまり「春秋学」とは、学問そのものではなく、学問の対象を指す言葉なのである。かくして、このような意味での春秋学の用語を集めたものが本書である。また、著者の前著『春秋左氏伝杜預集解』『春秋穀梁伝范甯集解』『春秋公羊伝何休解詁』『春秋繁露義証』上・下』の四冊の改訂を兼ねている。本書は、春秋学の用語のうち、一般的ではあるが陳腐でないものを集めて掲げ、辞典風に簡潔な解説を付した「一般篇」と、普通の語学的アプローチではなかなか明らかにし難い春秋学の特殊用語について、「春秋学」学の立場から、専ら論理的に分析を試みた「特殊篇」で構成される。

【内容目次】

〔一般篇〕春秋・春秋学・孔子説経語話・感生帝説・天統・偏戦・離会義例・惰母致子説・文實・獲麟・遂事・原心定罪・左饮・赴告・三伝長短・再受命・本事・三世・春秋説・何休学・茄盟・拠乱・微言大義・孔子史記・強幹弱枝・通辞・端門之命・微辞・豪釐千里・三統・空言・属辞比事・後聖・卯金刀・七等・大一統・三科九旨・五始・災異説・素王秘教の四十二語。

〔特殊篇〕分民・不嫌・喪至・主書・以名通・無大夫・無王・微者・起文・当国・斉人語・引取之・悪悪・従可知・贖傷公・懷悪・王魯・内辞無伝・刑人・孰城之・鄭伯男也・孟子・中国・渝平・文実・中寿・以春秋為春秋・従不疑・不以者・可証・吾已矣夫・所致・礼経・夏不田・紀叔姬・因国・伯子男一也・不教民・両事・不致之辞・母弟・成宋乱・為礼・政在季氏・日卒・言伐者の五十語。

▼284頁／定価3150円

48 出土文物からみた中国古代

宇都木章著　中国の古代社会を各時代が残したさまざまな「出土文物」を通して分かりやすく解説する。本書はNHKラジオ中国語講座テキスト「出土文物からみた中国古代」を再構成したものである。

▼256頁／定価3150円

49 中国文学のチチェローネ
——中国古典歌曲の世界——

大阪大学中国文学研究室　高橋文治（代表）編　廓通いの遊蕩児が懐に忍ばせたという「十大曲」を案内人に、中国古典歌曲の世界を散策する。

▼300頁／定価3675円

50 山陜の民衆と水の暮らし
——その歴史と民俗——

森田 明著　新出資料を用い、歴史的伝統としての水利組織の実態を民衆の目線から解明する。

▼272頁／定価3150円

51 竹簡が語る古代中国思想（三）
——上博楚簡研究——

浅野裕一編（執筆者＝浅野裕一・湯浅邦弘・福田哲之・福田一也・草野友子）　好評既刊（汲古選書42・46）に続く第三弾。『上海博物館蔵戦国楚竹書』第七分冊を中心とした研究を収める。

▼430頁／定価5775円

52 曹雪芹小伝

周汝昌著　小山澄夫訳　『曹雪芹小伝』本文三十三章・付録三篇の全訳。『紅楼夢』解明に作者曹雪芹の研究が必須であることは言を俟たない。本書では章ごとに訳者による詳細な注が施される。原著・原注はもとより、この訳注が曹雪芹研究の有益な手引きとなる。伊藤漱平跋。

▼口絵4頁／620頁／定価6300円

53 李公子の謎——明の終末から現在まで——

佐藤文俊著　『李自成の乱』の大衆の味方"李公子"とは一体何者か。伝承発生当時から現在までの諸説を整理し、今後の展望を開く。

▼248頁／定価3150円

54 癸卯旅行記訳註——銭稲孫の母の見た世界——

銭単士釐撰　鈴木智夫解説・訳註　『癸卯旅行記』とは、近代中国の先進的女性知識人銭単士釐（せんたんしりん）が二〇世紀最初の癸卯の年（一九〇三年）に外交官の夫銭恂とともに行った国外旅行の記録である。

▼262頁／定価2940円

55 政論家施復亮の半生

平野 正著　中国において一九九〇年代末より政論家施復亮が注目されるようになった。ここに施復亮の一九二〇年代から四〇年代における思想とその変化を明らかにする。

▼200頁／定価2520円

39 中国の文章——ジャンルによる文学史

褚斌杰著／福井佳夫訳

中国における文学の種類・形態・様式である「ジャンル」の特徴を、各時代の作品に具体例をとり詳細に解説する。本書は褚斌杰著『中国古代文体概論』の日本語訳である。

▼340頁／定価4200円

40 図説中国印刷史

米山寅太郎著

静嘉堂文庫長である著者が、静嘉堂文庫に蔵される貴重書を主として日本国内のみならずイギリス・中国・台湾など各地から善本の図版を集め、「見て知る中国印刷の歴史」を実現させたものである。印刷技術の発達とともに世に現れた書誌学上の用語についても言及する。

▼カラー8頁／320頁／定価3675円　好評再版

41 東方文化事業の歴史——昭和前期における日中文化交流

山根幸夫著

義和団賠償金を基金として始められた一連の事業は、高い理想を謳いながら、実態は日本の国力を反映した「対支」というおかしなものからスタートしているのであった。著者独自の切り口で迫る。

▼260頁／定価3150円

42 竹簡が語る古代中国思想——上博楚簡研究

浅野裕一編〈執筆者＝浅野裕一・湯浅邦弘・福田哲之・竹田健二〉

これまでの古代思想史を大きく書き替える可能性を秘めている上海博物館蔵の『上博楚簡』は何を語るのか。

▼290頁／定価3675円

43 『老子』考索

澤田多喜男著

新たに出土資料と現行本『老子』とを比較検討し、現存諸文献を精査することにより、〈老子〉なる名称のある時期から漢代の一時代では、それ以前には出土資料にも〈老子〉なる名称の書籍はなかったことが明らかになった。

▼440頁／定価5250円

44 わたしの中国——旅・人・書冊

多田狷介著

一九八六年から二〇〇四年にわたって発表した一〇余篇の文章を集め、三部（旅・人・書冊）に分類して一書を成す。著者と中国との交流を綴る。

▼350頁／定価4200円

45 中国火薬史——黒色火薬の発明と爆竹の変遷

岡田登著

火薬はいつ、どこで作られたのか。火薬の源流と変遷を解明する。口から火を吐く「吐火」・隋代の火戯と爆竹・唐代の火戯と爆竹・竹筒と中国古代の練丹術・金代の観灯、爆竹・火缶……。

▼200頁／定価2625円

46 竹簡が語る古代中国思想（二）——上博楚簡研究

浅野裕一編〈執筆者＝浅野裕一・湯浅邦弘・福田哲之・竹田健二〉

好評既刊『汲古選書42』に続く第二弾。『上海博物館蔵戦国楚竹書』第五・第六分冊を中心とした研究を収める。

▼356頁／定価4725円

47 服部四郎 沖縄調査日記

服部旦編・上村幸雄解説

昭和三十年、米国の統治下におかれた琉球大学に招聘された世界的言語学者が、敗戦後まもない沖縄社会を克明に記す。沖縄の真の姿が映し出される。

▼口絵8頁／300頁／定価2940円

29 陸賈『新語』の研究　福井重雅著

秦末漢初の学者、陸賈が著したとされる『新語』の真偽問題に焦点を当て、緻密な考証のもとに真実を追究する一書。付節では班彪「後伝」・蔡邕「独断」・漢代対策文書について述べる。
▼270頁／定価3150円

30 中国革命と日本・アジア　寺廣映雄著

前著『中国革命の史的展開』に続く第二論文集。全体は三部構成で、辛亥革命と孫文、西安事変と朝鮮独立運動、近代日本とアジアについて、著者独自の視点で分かりやすく俯瞰する。
▼250頁／定価3150円

31 老子の人と思想　楠山春樹著

『史記』老子伝をはじめとして、郭店本『老子』を比較検討しつつ、人間老子と書物『老子』を総括する。
▼200頁／定価2625円

32 中国砲艦『中山艦』の生涯　横山宏章著

長崎で誕生した中山艦の数奇な運命が、中国の激しく動いた歴史そのものを映し出す。
▼260頁／定価3150円

33 中国のアルバ——系譜の詩学　川合康三著

「作品を系譜のなかに置いてみると、よりよく理解できるように思われます」（あとがきより）。壮大な文学空間をいかに把握するかに挑む著者の意欲作六篇。
▼250頁／定価3150円

34 明治の碩学　三浦　叶著

著者が直接・間接に取材した明治文人の人となり、作品等についての聞き書きをまとめた一冊。今日では得難い明治詩話の数々である。
▼380頁／定価4515円

35 明代長城の群像　川越泰博著

明代の万里の長城は、中国とモンゴルを隔てる分水嶺であると同時に、内と外とを繋ぐアリーナ（舞台）でもあった。そこを往来する人々を描くことによって異民族・異文化の諸相を解明しようとする。
▼240頁／定価3150円

36 宋代庶民の女たち　柳田節子著

「宋代女子の財産権」からスタートした著者の女性史研究をたどり、その視点をあらためて問う。女性史研究の草分けによる記念碑的論集。
▼240頁／定価3150円

37 鄭氏台湾史——鄭成功三代の興亡実紀　林田芳雄著

日中混血の快男子鄭成功三代の史実——明末には忠臣・豪傑と崇められ、清代には海寇・逆賊と貶されて、民国以降は民族の英雄と祭り上げられ、二三年間の台湾王国を築いた波瀾万丈の物語を一次史料をもとに台湾史の視点より描き出す。
▼330頁／定価3990円

38 中国民主化運動の歩み——「党の指導」に抗して　平野　正著

本書は、中国の民主化運動の過程を「党の指導」との関係で明らかにしたもので、解放直前から八〇年代までの中共の「指導」に対抗する人民大衆の民主化運動を実証的に明らかにし、加えて「中国社会主義」の特徴を概括的に論ずる。
▼264頁／定価3150円

20 グリーンティーとブラックティー
中英貿易史上の中国茶
矢沢利彦著　本書は一八世紀から一九世紀後半にかけて中英貿易で取引された中国茶の物語である。当時の文献を駆使して、産地・樹種・製造法・茶の種類や運搬経路まで知られざる英国茶史の原点をあますところなく分かりやすく説明する。
▼260頁／定価3360円

21 中国茶文化と日本
布目潮渢著
近年西安西郊の法門寺地下宮殿より唐代末期の大量の美術品・茶器が出土した。文献では知られていたが唐代の皇帝が茶を愛玩していたことが証明された。長い伝統をもつ茶文化—茶器について解説し、日本への伝来と影響についても豊富な図版をもって説明する。カラー口絵4葉付
▼300頁／品切

22 中国史書論攷
澤谷昭次著
先年急逝された元山口大学教授澤谷先生の遺稿約三〇篇を刊行。東大東洋文化研究所に勤務していた時「同研究所漢籍分類目録」編纂に従事した関係から漢籍書誌学に独自の境地を拓いた。また司馬遷『史記』の研究や現代中国の分析にも一家言を持つ。
▼520頁／定価6090円

23 中国史から世界史へ　谷川道雄論
奥崎裕司著　戦後日本の中国史論争は不充分なままに終息した。それは何故か。谷川氏への共感をもとに新たな世界史像を目ざす。
▼210頁／定価2625円

24 華僑・華人史研究の現在
飯島渉編「現状」「視座」「展望」について15人の専家が執筆する。従来の研究を整理し、今後の研究課題を展望することにより、日本の「華僑学」の構築を企図した。
▼350頁／品切

25 近代中国の人物群像
——パーソナリティー研究——
波多野善大著　激動の中国近現代史を著者独自の歴代人物の実態に迫る研究方法で重要人物の内側から分析する。
▼536頁／定価6090円

26 古代中国と皇帝祭祀
金子修一著
中国歴代皇帝の祭礼を整理・分析することにより、皇帝支配による国家制度の実態に迫る。
▼340頁／定価3990円　好評再版

27 中国歴史小説研究
小松　謙著
元代以降高度な発達を遂げた小説そのものを分析しつつ、それを取り巻く環境の変化をたどり、形成過程を解明し、白話文学の体系を描き出す。
▼300頁／定価3465円

28 中国のユートピアと「均の理念」
山田勝芳著　中国学全般にわたってその特質を明らかにするキーワード、「均の理念」「太平」「ユートピア」に関わる諸問題を通時的に叙述。
▼260頁／定価3150円

11 中国語文論集 文学篇　太田辰夫著

本巻は文学に関する論考を収める。『紅楼夢』新探／『鏡花縁』考／『児女英雄伝』の作者と史実等。付固有名詞・語彙索引

▼350頁／定価3568円

12 中国文人論　村上哲見著

唐宋時代の韻文文学を中心に考究を重ねてきた著者が、詩・詞という高度に洗練された文学様式を育て上げ、支えてきた中国知識人の、人間類型としての特色を様々な角度から分析、解明。

▼270頁／定価3059円

13 真実と虚構――六朝文学　小尾郊一著

六朝文学における「真実を追求する精神」とはいかなるものであったか。著者積年の研究のなかから、特にこの解明に迫る論考を集めた。

▼350頁／定価3873円

14 朱子語類外任篇訳注　田中謙二著

朱子の地方赴任経験をまとめた語録。当時の施政の参考資料としても貴重な記録である。『朱子語類』の当時の口語を正確かつ平易な訳文にし、綿密な註解を加えた。

▼220頁／定価2345円

15 児戯生涯――一読書人の七十年　伊藤漱平著

元東京大学教授・前二松学舎大学長、また『紅楼夢』研究家としても有名な著者が、五十年近い教師生活のなかで書き綴った読書人の断面を随所にのぞかせながら、他方学問の厳しさを教える滋味あふれる随筆集。

▼380頁／定価4077円

16 中国古代史の視点　私の中国史学(1)　堀敏一著

中国古代史研究の第一線で活躍されてきた著者が研究の現状と今後の課題について全二冊に分かりやすくまとめた。本書は、1時代区分論　2唐から宋への移行　3中国古代の土地政策と身分制支配　4中国古代の家族と村落の四部構成。

▼380頁／定価4077円

17 律令制と東アジア世界　私の中国史学(2)　堀敏一著

本書は、1律令制の展開　2東アジア世界と辺境　3文化史四題の三部よりなる。中国で発達した律令制は日本を含む東アジア周辺国に大きな影響を及ぼした。東アジア世界史を一体のものとして考究する視点を提唱する著者年来の主張が展開されている。

▼360頁／定価3873円

18 陶淵明の精神生活　長谷川滋成著

詩に表れた陶淵明の日々の暮らしを10項目に分けて検討し、淵明の実像に迫る。内容＝貧窮・子供・分身・孤独・読書・風景・九日・日暮・人寿・飲酒　日常的な身の回りに話題を求め、田園詩人として今日のために生きる姿を歌いあげ、遙かな時を越えて読むものを共感させる。

▼300頁／定価3364円

19 岸田吟香――資料から見たその一生　杉浦正著

幕末から明治にかけて活躍した日本近代のドクトル・ヘボンの和英辞書編纂に協力し、わが国最初の新聞を発行、目薬の製造販売を生業としつつ各種の事業の先鞭をつけ、清国に渡り国際交流に大きな足跡を残すなど、謎に満ちた波乱の生涯を資料に基づいて克明にする。

▼440頁／定価5040円

汲古選書

既刊58巻

1 言語学者の随想
服部四郎著

わが国言語学界の大御所、文化勲章受賞、東京大学名誉教授故服部先生の長年にわたる珠玉の随筆75篇を収録。透徹した知性と鋭い洞察によって、言葉の持つ意味と役割を綴る。

▼494頁/定価5097円

2 ことばと文学
田中謙二著

京都大学名誉教授田中先生の随筆集。
「ここには、わたくしの中国語乃至中国学に関する論考・雑文の類をあつめた。わたくしは〈ことば〉がむしょうに好きである。生き物さながらにうごめき、またピチピチと跳ねっ返り、そして話しかけて来る。それがたまらない。」(序文より)

▼320頁/定価3262円　好評再版

3 魯迅研究の現在
同編集委員会編

魯迅研究の第一人者、丸山昇先生の東京大学ご定年を記念する論文集を二分冊で刊行。執筆者=北岡正子・丸尾常喜・尾崎文昭・代田智明・杉本雅子・宇野木洋・藤井省三・長堀祐造・芦田肇・白水紀子・近藤竜哉

▼326頁/定価3059円

4 魯迅と同時代人
同編集委員会編

執筆者=伊藤徳也・佐藤普美子・小島久代・平石淑子・坂井洋史・櫻庭ゆみ子・江上幸子・佐治俊彦・下出鉄男・宮尾正樹

▼260頁/定価2548円

5・6 江馬細香詩集「湘夢遺稿」
入谷仙介監修・門玲子訳注

幕末美濃大垣藩医の娘細香の詩集。頼山陽に師事し、生涯独身を貫き、詩作に励んだ。日本の三大女流詩人の一人。

総602頁/⑤定価2548円/⑥定価3598円　好評再版

7 詩の芸術性とはなにか
袁行霈著・佐竹保子訳

北京大学袁教授の名著「中国古典詩歌芸術研究」の前半部分の訳。体系的な中国詩歌入門書。

▼250頁/定価2548円

8 明清文学論
船津富彦著

一連の詩話群に代表される文学批評の流れは、文人各々の思想・主張の直接の言論場として重要な意味を持つ。全体の概法に加えて李卓吾・王夫之・王漁洋・袁枚・蒲松齢等の詩話論・小説論について各論する。

▼320頁/定価3364円

9 中国近代政治思想史概説
大谷敏夫著

阿片戦争から五四運動まで、中国近代史について、最近の国際情勢と最新の研究成果をもとに概説した近代史入門。1阿片戦争 2第二次阿片戦争と太平天国運動 3洋務運動等六章よりなる。付年表・索引

▼324頁/定価3262円

10 中国語文論集　語学・元雑劇篇
太田辰夫著

中国語学界の第一人者である著者の長年にわたる研究成果を全二巻にまとめた。語学篇=近代白話文学の訓詁学的研究法等、元雑劇篇=元刊本「看銭奴」考等。

▼450頁/定価5097円